Alle verhalen

Leverbare boeken van Tessa de Loo bij De Arbeiderspers:

Isabelle (1989)
Het rookoffer (1992)
De tweeling (1993)
Een varken in het paleis (1998)
Een bed in de hemel (2000)
Alle verhalen (2003)

Tessa de Loo
Alle verhalen

Uitgeverij De Arbeiderspers
Amsterdam · Antwerpen

Dit boek verscheen eerder onder de titel *Alle verhalen tot morgen.*

Eerste druk juli 1995
Vijfde druk oktober 2003

Omslag: Bram van Baal
Foto omslag: Elizabeth Knox / Masterfile

ISBN 90 295 2813 3 / NUR 301
www.boekboek.nl

Inhoud

De meisjes van de suikerwerkfabriek

Muziekles

'Je moet je vingertoppen rechter op de snaren zetten,' riep Johan, 'dat heb ik net nog tegen je gezegd.'

Toms benige vingers kromden zich en probeerden verkrampt de positie van het C-akkoord in te nemen.

'Spreiden,' zei Johan.

Rood tot aan zijn haargrens staarde Tom naar zijn vingers, die een diagonaal over de breedte van de gitaarhals moesten vormen. Nog nooit had hij over zijn hand of vingers nagedacht. Tot nu toe hadden ze gewoon alles gedaan: brood in zijn mond stoppen, ballen gooien en vangen, iemand een mep geven, een pen vasthouden, schrijven. 'Ik kan het niet,' zuchtte hij, 'echt niet.'

'Natuurlijk kun je het,' zei Johan geërgerd, 'toen ik zo oud was als jij kon ik alle akkoorden vlekkeloos spelen.'

In de herfst was zij gekocht, de gitaar. Fabrication especial de la casa de Juan Cortés in Madrid.

Op de muziekschool had Tom noten leren lezen, de maat slaan, zingen, blokfluit spelen en een geïmproviseerd orkest van triangels, sambaballen en tamboerijnen op het raspbord begeleiden.

De blokfluit was na het examen op weg naar huis uit zijn tas gegleden en waarschijnlijk onder de wielen van een auto terechtgekomen. De volgende morgen werd de kastanjebruine Aura in duizend splinters verspreid over het wegdek teruggevonden. Alleen het mondstuk was nog gedeeltelijk intact. Overmeesterd door een gevoel van onherroepelijkheid raapte Tom de splinters bijeen. Wat hier verloren was gegaan: op zondagavonden fluit spelen in het open raam. Nu restte hem alleen het door de directeur in schuinschrift ondertekende diploma en was hij een soort matroos op het droge.

Felix, in zijn witte muizegezicht de glinsterende ogen van een sensatiebeluste oude vrouw die een moord of een ongeluk komt melden, onthulde dat hij had gezien hoe een paar jongens de fluit ongemerkt uit Toms tas namen, waar het mondstuk uitnodigend uitstak. Als een leeg soepblik schopten ze het instrument over het plaveisel heen en weer tot ze er genoeg van hadden en het lieten liggen waar het lag. Het enige wat Felix nu van Toms vader verwachtte was wraak. Dat deze imposante gestalte met zware baard de jongens zou achterhalen en straffen, streng en zonder mededogen. In gedachten zag hij zichzelf als een stiekeme toeschouwer van de vernederendste strafmaatregel die hij zich kon voorstellen: het over de knie leggen, het afstropen van de broek, de twee glanzende billen die hulpeloos in zicht kwamen en zich moesten laten geselen met een losgegespte broekriem. Felix verstrekte Toms vader de informatie die tot aanhouding van de daders moest leiden: ze zaten niet op de muziekschool, maar wel op dezelfde voetbalclub als Tom.

Waarom was het zo on-Hollands heet in die dagen? Zelfs de bomen en planten zweetten, slap hingen de bladeren aan de stelen. Je opwinden over een blokfluit was onmogelijk; het kostte al moeite op de been te blijven. Die Felix, zijn bleke spichtige lichaam ten spijt, was zo fel en heetgebakerd als de Arabieren met hun eeuwenoude traditie van oorlog voeren in door de zon geblakerde woestijnen. Eigenlijk is Tom aan een echt instrument toe, dacht Johan, de blokfluit is hij ontgroeid. Een echt instrument: Piano? Viool? Klarinet, saxofoon, trompet? Orgel, al of niet elektronisch? Gitaar? Moet ik gewoon een winkel met hem binnenstappen en uit die immense sortering van houten klankkasten en koperen blazers er een, die hem wel aanspreekt, laten inpakken als een teddybeer? Ik moet er achter zien te komen of er een tokkelaar, een strijker of een blazer in hem schuilt.

In het volle bewustzijn van Lisa's afkeer keken ze naar de televisie, broederlijk en samenzweerderig. De overspannen opwinding van de popgroepen en het tot in je merg doordringende volume van de muziek werkten op haar zenuwen: dit was een leugen, dit had niets te maken met het gewone leven, dat voortkabbelde en geen hoogtepunten kende en vroeg om mensen die beheerst de dingen deden die gedaan moesten worden.

Vanuit Johans oksel blies Tom rose bellen van kauwgom. Het was of zich in zijn binnenste een borrelende zuurstokrose rubbermassa bevond, die een uitweg zocht via zijn slokdarm. Sommige bellen zwollen en zwollen tot zijn neus erin verdween. Dan porde hij Johan in zijn zij en keek hem over de bel heen dringend aan: voordat het wonder in elkaar zeeg moest hij bewonderend 'oh' geroepen hebben.

Ze zagen hoe een drumstel in alle graden van hevigheid bespeeld werd door de drummer van de Outfits, wiens broek werd opgehouden door ouderwetse bretels. Zo werd deze dracht niet alleen in ere hersteld, maar ook gepropageerd omdat de broekophouders niet meer als in grootvaders tijd verscholen gingen onder vest en colbert. Met getergde blik gaf hij de trommels en deksels ervan langs, zijn hoofd wild heen en weer gooiend, alsof hij geplaagd werd door vreselijke hoofdpijnen of nachtmerries.

Tom kauwde op de maat. De drummer was even heroïsch als sommige helden uit televisieseries. Hij herinnerde zich een film over races met door paarden getrokken wagens op twee wielen. Keer op keer liet de menner zijn zweep op de glanzende paardeRuggen neerkomen, de dieren steeds opdrijvend tot nog grotere snelheid. De wind streek door zijn haren, zijn kin stak ferm vooruit, hij had niet alleen macht over zijn eigen paarden, maar over de hele race: hij won. Zo bewerkte de drummer met zijn stokjes de deksels en de trommels, op hol geslagen met drumstel en al.

Door openstaande ramen en deuren drong de septemberwarmte de huizen binnen. In geen enkele kamer vond Lisa rust. Vanachter een der coniferenhagen penetreerde het geluid van een elektrische zaag de nabijgelegen tuinen en huizen, snerpend en angstaanjagend. De kunst is onverstoorbaar te blijven, dacht Lisa, als ik het niet wil horen dan hoor ik het niet. Ik ga gewoon door met het sluiten van knoopjes, hoewel Johan ze weer allemaal open moet maken. Dan vouw ik de overhemden op, de mouwen plat aan de achterkant en leg ze in de kast op het stapeltje. Maar halverwege vergat ze waar ze mee bezig was. Haar handen vielen slap langs haar lichaam. Op blote voeten slenterde ze de trap af. Beneden keek ze terloops uit het raam naar het baksteenpatroon van de schuur, dat scherp geprononceerd was door het felle zonlicht. Er werd niet meer gezaagd. Een vogel kwetterde vlakbij. Ergens in een achtertuin werd een gesprek gevoerd. Werkelijk rust hebben, dacht Lisa, niets te hoeven.

Het zagen begon weer. Lisa liet zich op de bank vallen en staarde naar haar roodgelakte teennagels; ze keken allemaal terug. Blindelings greep ze een tijdschrift. Het was een geluk dat Roelie er doorheen sliep.

Toen Tom uit school kwam lag zijn moeder op de bank te slapen met een tijdschrift opengeslagen op haar buik. Hij liep naar de keuken, opende de ijskast en trok er een fles cola uit. Op tafel lagen de stokjes van zijn kapotte xylofoon, waarmee hij al een week lang allerlei ritmes uitprobeerde. Hij nam een flinke slok, zette een pan op tafel en liet de stokjes beurtelings op de deksel en het houten tafelblad neerkomen. Zijn schouders en polsen zaten los, zijn hoofd zat vol flarden muziek, die in zijn gedachten zichtbaar werden als zigzaglijnen van afwisselende breedte, smekend om in ritme omgezet te worden. Maar de stokjes vielen als hagelstenen neer, ze leidden een eigen leven.

Ineens voelde hij dat er twee ogen in zijn rug prikten. Terwijl zijn handen sprongetjes bleven maken keek hij over zijn schouder. Zijn moeder stond in de deuropening. Verwilderd keek ze hem aan, haar rechterwang rood alsof ze kiespijn had.

'Wil je daarmee ophouden,' zei ze schor, 'nu meteen.'

Het tempo waarmee de stokjes neerkwamen verminderde tot slow. Afwachtend keek Tom opzij.

'Nee, helemaal ophouden,' zei Lisa, 'je weet toch, dat meneer Froombos overspannen is? Hij kan absoluut niet tegen lawaai. Zijn vrouw heeft de mensen uit de buurt gevraagd er rekening mee te houden.' Lisa fluisterde bijna en begon te hoesten, heel gedempt achter haar hand. Ze had zwarte vlekken onder haar ogen, zag Tom nu.

'O,' zei hij, liet de stokjes in zijn broekzak glijden en sjokte de gang in. Meneer Froombos kon doodvallen en zijn vrouw erbij. Hij ging op een traptrede zitten en trommelde met zijn vingers op zijn dijbenen. Tata, tata, overspannen. Geen wonder dat je ziek werd als je 't niet kon hebben dat andere mensen zich vermaakten. Overspannen, tata tata. Hij tikte zachtjes op de spijlen van de trapleuning.

Zou het mogelijk zijn met het stokje in je rechterhand drie keer te tikken, terwijl je met 't andere stokje twee keer tikte? Tom draaide zich een kwartslag, zodat hij recht voor de trapspijlen kwam te zitten. Rechts probeerde hij te denken: een, twee, drie, en links: een, twee. Niet alleen zijn lichaam moest hij in twee helften opsplitsen, maar ook zijn gedachten. De rechterhand had steeds de neiging zich aan te sluiten bij de linker, zoals hijzelf wanneer hij met zijn vader wandelde diens pas overnam. Onbewust, om de rechterhand tot gehoorzaamheid te dwingen, zette Tom zijn slagen meer kracht bij. Het moest kunnen.

Boven begon Roelie te huilen. De deur van de huiskamer zwaaide driftig open. Weer dook Lisa op in de deuropening, woedend nu als een tot het uiterste getergde.

'Nou is het afgelopen,' riep ze. Haar stem was onvast en gebroken, alsof ze ieder ogenblik in huilen kon uitbarsten.

Met trillende vingers rukte ze Tom de stokjes uit handen en brak ze voor zijn neus in tweeën. Het laatste ritmische geluid dat ze maakten was krk krk. Ze liep naar de keuken en gooide de resten in de pedaalemmer. Daarna keerde ze terug en liep, Tom opzij duwend, de trap op. Het langsstrijken van haar rok van dunne zomerstof veroorzaakte een lichte tocht langs zijn slapen. Boven tilde ze Roelie uit bed, die onmiddellijk ophield met huilen.

'Dat gedoe met die stokjes,' hoorde hij haar zeggen, 'de hele week al, 't is om hartstikke gek van te worden.'

Gelaten keek Tom naar zijn lege handen.

Alsof het een spelletje knikkeren betrof stelde Felix Tom voor om, evenals hijzelf, viool te gaan spelen. Zijn vader had gezegd dat ze dan later duo's van Bach konden spelen.

Al vanaf zijn achtste jaar speelde Felix twee uur per dag met zijn kinderstrijkstok op zijn kinderviool, terwijl zijn vader of moeder de bladzijden omsloeg van het boek vol oefeningen en krachttoertjes, dat op de ijzeren muziekstandaard stond. Onvermurwbaar tikte de metronoom als een perpetuum mobile de maat. Wanneer hij een fout maakte werd Felix berispt en als hij vals speelde, uit de maat raakte, of als zijn streek niet vloeiend was, dan moest hij woensdag- of zaterdagmiddag thuisblijven om extra te studeren. Zo nu en dan lieten zijn ouders glimlachend doorschemeren dat er in Felix wel eens een wonderkind zou kunnen steken. Het ging in de kunst toch om tien procent talent en negentig procent zwoegen.

Tom schraapte met zijn nagels over het hout van de tafel waaraan ze thee dronken. Er kwam een laagje boenwas onder zijn nagels. Het leek hem best leuk om duo's van Bach met Felix te spelen.

'Wie is Bach?' vroeg hij.

'Dat is een beroemde componist,' legde Felix uit, 'hij heeft veel vioolmuziek geschreven.'

'We zullen er eens over nadenken, Felix,' zei Toms moeder hooghartig. Ze nam de lege kopjes van de tafel.

Die avond, terwijl Felix hoogstwaarschijnlijk zijn zoveelste loopje stond te oefenen, las Tom horizontaal op de bank *Kuifje in Amerika*.

'Dat is toch niets voor jou, Tommie, een viool,' zei Lisa.

'Een viool?' Johan ging rechtop zitten. De krant gleed van zijn knieën. 'Hoezo, een viool?'

'Je mag drie keer raden,' zei Lisa, 'wie hem vanmiddag op het idee bracht viool te gaan spelen.'

Het was even stil.

'Felix,' zei Johan.

Jezus. Viool. Daar kon je alleen klassieke muziek op spelen.

'Weet je dat een beetje viool al gauw zo'n drie-vierduizend gulden kost?' zei Johan, 'en 't duurt minstens een jaar voordat je er een melodietje op kunt spelen. Wat vind je er zelf van Tom?'

Tom reageerde niet. Kuifje was door de zwartvoetindianen aan een totempaal vastgebonden. Ze wilden hem de duisternissen des doods inzenden.

'Nee, viool dat lijkt me niks,' zei Johan. 'Nou ja, als hij per se wil.'

Elke namiddag omstreeks vijf uur klonk er vanuit het huizenblok aan de overkant van de straat opzwepende pianomuziek. Zelfs op sombere grijze dagen als er een kille noordenwind waaide en het leek alsof er geen hoop meer was dan spoelde met de pianoklanken een golf van lichtzinnigheid door de straat. Het was Helmert Koning die dat bewerkstelligde. De godganse dag had hij les in handenarbeid gegeven, tientallen poppen van papier-maché en geboetseerde bloempotten en asbakken waren onder zijn auspiciën vervaardigd en de herinnering daaraan speelde hij nu weg op zijn spierwitte glanzende piano in zijn pikzwarte kamer met futuristische stalen, glazen en plastic meubels. Dansend zat hij op de kruk, doldriest galoppeerden zijn vingers over de toetsen, de tonen wervelden weg onder zijn vingers vandaan. Helmert bestond dan al niet meer, hij was muziek geworden.

De straat had twee gezichten. Voordat Tom ging voetballen was hij nog grauw en eentonig met zijn gelijkvormige huizen: links twee blokken van zes, rechts zes maal twee onder een kap. Vierentwintig voortuinen, die sprekend op elkaar leken. De sprieterige boompjes in de stoep werden overeind gehouden door palen die vijf keer zo dik waren.

Toen Tom terugkwam van het voetbalveld, bezweet en tintelend, was er beweging gekomen in de straat. Als een geweldige, op drift geraakte glijbaan gleed hij weg uit de buurt, omhoog, omlaag, over bergen, door dalen. De boompjes, niet langer door de palen in hun bewegingsvrijheid gehinderd, zwiepten heen en weer, hun takken omstrengelden elkaar.

Heupwiegend keek Tom naar de pianist die geen gordijnen had maar alleen een ongegeneerd woekerende oerwoudplant.

Wat hij eigenlijk al een hele tijd wist drong nu tot hem door. Dit was het wat hij wilde: zoals Helmert Koning wilde hij spelen, zoals Helmert Koning wilde hij zijn. Dat hij daar niet eerder aan gedacht had, het was zo natuurlijk en vanzelfsprekend. Met forse stappen liep hij naar huis. Het was een bevrijdend idee, dat hij piano ging spelen.

Op zijn bord lag een landschap. Een zandberg van aardappelpuree, een grasveld van spinazie en een donkerbruine akker met doorploegde voren van rundvlees. Er tussendoor stroomde een jusrivier. Tom nam een hapje zand.

Johan en Lisa kauwden op een brok vlees en keken hem met ronde ogen aan. Hij had ze net op de hoogte gesteld van zijn voornemen piano te gaan spelen.

'Hoe kom je daar zo bij?' vroeg Johan verbaasd, terwijl hij met zijn vingers een stukje rafelig vlees tussen zijn tanden wegpeuterde. Voor het eerst viel het Tom op dat zijn vader een ring droeg met een ovale witte steen erin. Een oog zonder iris en pupil.

'Zo'n piano als Helmert Koning,' zei Tom, 'dat wil ik.'

'Ah,' Johan ging rechtop zitten, 'meneer wil zo'n piano als Helmert Koning. Zo'n modieus, witgelakt meubel en dan maar van die sneltreinmuziek spelen.'

'Fantastische muziek!' riep Tom verontwaardigd. Wild mengde hij het weiland, het zand en de rivier en nam een onberedeneerde hap.

Even was Johan sprakeloos. Waarom zei Tom nooit iets over zijn gitaarmuziek, die toch oneindig veel subtieler en gevarieerder was dan de altijd op hetzelfde neerkomende boogie woogie en honkey tonkey van Helmert Koning, die sinds zijn scheiding de jolige vrijgezel uithing en steeds nieuwe vrouwen meesleepte naar huis om ze als een rattenvanger van Hamelen te hypnotiseren met zijn niets-aan-de-hand-muziek.

Roelie benutte de stilte om de aandacht naar zich toe te trekken. Hiervoor beschikte zij over een vindingrijkheid die aan het onuitputtelijke grensde. Deze keer kletste ze met de bolle kant van haar lepel midden in de spinazie.

'Wat doe je nou,' jammerde Lisa.

Bespikkeld als een kievitsei en boosaardig glimlachend keek Roelie om zich heen. Eindelijk had ze wraak genomen op de weerzinwekkende groene blubber. En iedereen keek naar haar, weliswaar geschrokken en verwijtend, maar ze keken naar haar.

Waarom ben ik toch steeds zo moe, dacht Lisa. Ze stond op en haalde een doekje. Voorzichtig boende ze Roelies gezicht schoon en maakte het corpus delicti los uit de stevige greep van haar vingers. Roelies lip begon te trillen, in haar ogen kwam een lodderige, naar binnen gekeerde blik. Hik-hik, als een bromfiets die moeizaam start, kwam ze sputterend op gang om te eindigen in gebrul met lange uithalen.

'Breng dat kind naar boven,' riep Johan, 'ik kan m'n eigen gedachten niet verstaan.'

Over haar moeders ene schouder hangend werd Roelie afgevoerd. Het geluid verwijderde zich langzaam naar boven. Stil aten Tom en zijn vader verder. Het tikken van vork en mes op de borden werd nu oorverdovend, evenals het happen en het kauwen. Het vlees smaakte eigenlijk naar niets. Het is gewoon een stuk dooie koe, zeiden ze bij Felix, vleeseters zijn kadavervreters.

'Als je wilt zullen we een tweedehands piano voor je kopen,' zei Johan, 'of huren.'

Langs zijn vader heen staarde Tom naar buiten. Zo te zien was er wind opgestoken, de dunne bomen zwiepten heen en weer. Misschien is hij mijn vader helemaal niet, dacht hij, is er ergens een vergissing gemaakt. Ik kan in de verkeerde familie terechtgekomen zijn.

Lisa kwam weer binnen en schoof achter haar bord.

'Een piano dat kan niet hoor,' zei ze, 'er is gewoonweg geen plaats voor in huis.'

'Maar hij kan toch wel...' zei Johan en keek taxerend rond in de kamer. Het enige stuk rechte muur werd in beslag genomen door een bergmeubel, dat plaats bood aan een geluidsinstallatie, boeken, tijdschriften, lampen, planten en een aantal tot niets dienende voorwerpen, zoals een porseleinen hond en kat uit Engeland, die star voor zich uit keken en een ding met twee glanzende metalen balletjes die eindeloos tegen elkaar aan bleven tikken als ze een duwtje kregen. De andere muren werden onhandig in tweeën gedeeld door de deur naar de gang en de deur naar de keuken.

'En boven?'

'Boven,' zei Lisa, 'op de slaapkamers? Daar heb je het probleem van het schuine dak.'

Ik moet een instrument kiezen, dacht Tom, dat klein is en geen geluid maakt.

Van de echte herfst, zoals die op illustraties in schoolboekjes werd voorgesteld, met paddestoelen, vlammend rode bladeren en zilveren spinnewebben, was bij Tom in de straat niets te zien. Wel begon iedere dag met een dichte mist, die traag optrok en soms de hele dag bleef. De wereld werd klein.

Eén ding was niet aan seizoenen gebonden: het gitaarspel van zijn vader. Er ging geen dag voorbij of hij liet zijn gitaar klagen, jammeren, huilen, dansen, springen, juichen, gillen. 'Power to love,' zong hij erbij, of 'We gotta live together.' Af en toe pauzeerde hij om een plaat op te zetten. Dan nam Jimi Hendrix het over met zijn band.

Tom hoorde het niet meer. Vanaf de wieg waren deze klanken over hem uitgestort, hij was er mee grootgebracht, zoals andere kinderen met pap of cornflakes. Er verscheen een nieuw soort muziek aan zijn firmament: waren geheimzinnige krachten achter de schermen van de radio, televisie en platenmaatschappijen er verantwoordelijk voor of was de tijd gewoon rijp voor deze rockrevival? Opnieuw schalde de stem van Elvis Presley uit de luidsprekers, op het televisiescherm danste Jerry Lee Lewis de piano aan flarden en vanaf de pas geperste lp's schreeuwde Little Richard dat hij 'the hill in music' was. Piepjonge rock-and-rollgroepjes verschenen uit het niets, met brillantine in het haar, zwartleren jacks aan en witte gymschoenen.

Onder in de kast, wist Tom, lag een stapeltje platen van zijn moeder in gescheurde papieren hoezen. Opeens klikte er iets: hij haalde ze tevoorschijn.

Trefzeker reed Johan achteruit de garage binnen. Mijn garage, dacht hij, mijn auto. Als ik aan een nieuwe toe ben, koop ik een Volvo.

Vanuit de garage liep hij via het rommelhok naar de keuken. 'Angel,' floot hij, maar ging halverwege over in 'Stepping Stone'. Voordat hij de deur naar de keuken opende gaf hij met vlakke hand een klap op de bakstenen muur.

'Hallo...' riep hij. Bij de tweede lettergreep liet hij de toon dalen naar een diepe bas en uitgalmen als boven een echoput. De geur van gebakken uien prikkelde zijn neusvleugels. Hij had honger als een wolf. In een flits verwachtte hij dat vrouw en kinderen hem tegemoet zouden snellen om hem te begroeten en om de hals te hangen, elkaar als concurrenten in hun liefde voor de vader, de minnaar, de kostwinner, wegduwend.

Lisa hurkte op de grond, gebogen over een kapotgevallen ei en probeerde de slijmerige massa met een doekje op te dweilen. Haarslierten hingen voor haar gezicht. Jaren geleden had ze met haar hartvormige rose mond en lange blonde haren sprekend op de vriendin van een bekende zanger geleken. Ik kan zo bij haar weg, dacht Johan, niets bindt me. En als ik toch blijf, moet ik bedenken dat ik onafhankelijk ben, kan gaan en staan waar ik wil, kan denken wat ik wil.

Verstrooid keek Lisa op. 'Ben je nu al thuis?'

'Kapotgevallen?' vroeg Johan.

Ze knikte.

Van achter de gesloten deur van de kamer klonk muziek, die een oud, weemakend sentiment in hem opriep: een kermis, een snack-bar, een bromfiets, een meisje met een paardestaart en een tintelende, zinnenprikkelende lach.

'Ik heb vanmorgen een geweldige transactie gesloten,' zei hij, 'al zeg ik het zelf.'

'O?' zei Lisa. Haastig liep ze met het druipende doekje naar de gootsteen. Waar haal ik zo gauw een ander ei vandaan, dacht ze.

'Vanmorgen vroeg,' zei Johan en kreeg het weer warm bij de gedachte, 'kocht ik telefonisch een partij plastic van Frühwolf in Keulen voor bijna twee ton en een half uur later verkocht ik de zaak, zonder van mijn stoel te zijn opgestaan, door aan een firma in Maastricht voor twee en een halve ton. Zadelhoff stond paf!'

'Wat hebben wij daaraan?' vroeg Lisa. Ik wou dat ik een heleboel eieren had, dacht ze, om ze stuk voor stuk kapot te gooien, op iedere tegel een.

'Als ik een van hun topverkopers word piep je wel anders,' zei Johan en ging de huiskamer binnen. Zo makkelijk liet hij zich de triomf niet ontnemen. Hij sloot de deur en leunde er tegenaan.

Van het ene grote raam aan de straatzijde tot het andere, dat recht er tegenover gelegen uitkeek op de achtertuin, was de kamer gevuld met rock-and-roll: 'Go go go, Johnny, go,' en: 'Johnny be good.'

In de richting van een omvangrijke spiegel met mahoniehouten lijst, die de spiegelbeelden van generaties van Lisa's familieleden opgeslorpt had bewoog zich een bijna onherkenbaar vermomd wezen. In het glas werd een grote zwarte zonnebril weerkaatst, een donkerblonde rechtopstaande kuif, een Hawaiiaans overhemd met palmbomen en zonsondergangen erop, een strakke zwarte broek en witte gymschoenen en een gitaar die Johan bekend voorkwam en die voor buik en borst gehouden werd, waardoor enkele palmen aan het oog onttrokken werden.

De gitarist liep op zijn hurken naar de spiegel toe. Daar aangekomen draaide hij honderdtachtig graden en begaf zich ritmisch in de richting van de deur. 'He was playing guitar like he was ringing a bell.' Aan zijn vooruitgeschoven onderkaak was te zien dat hij voor niemand bang was en heel wat in de onderwereld had vertoefd. Verdachte dingen had hij zien gebeuren, die het daglicht niet konden velen en waarvan de weerschijn in zijn ogen te zien zou zijn als hij ze niet wijselijk verborgen hield achter de donkere glazen van zijn zonnebril. Met 'Go... Johnny be good...' eindigde het nummer abrupt. Voor de zoveelste keer op weg naar de spiegel stopte de gedaante even plotseling als de muziek en ging rechtop staan.

'Hallo,' zei Johan grijnzend, 'Ouwe rocker.'

De zonnebril werd afgezet.

'Bis,' zei Johan, 'we want more.'

Wantrouwend keek Tom in zijn richting. Een vette spriet haar was uit zijn kuif ontsnapt en hing in een boog over zijn voorhoofd.

'Wie zingt dat nummer ook alweer?' vroeg Johan.

'Chuck Berry,' antwoordde Tom schor.

'En die gekke bewegingen die je erbij maakt?'

Johan zakte door zijn knieën en probeerde zijn onderbenen vooruit te gooien.

'Dat is de duck-walk.'

'Prachtig,' zei Johan.

'Ik speel niet op je gitaar,' zei Tom vlug, 'ik hou hem alleen maar vast.'

'Prima, prima.' Johan stond op en pakte de platenhoes. De ogen bijna gesloten lachte Chuck Berry zijn witte tanden bloot. De lach van het succes.

'Nog een keer,' zei Johan en liet de diamant op de plaat zakken.

Tom zette de bril op en pakte de gitaar.

Opnieuw staarde Johan naar het wonder dat zich aan Tom voltrok. Als een kleine duivel danste hij uitdagend zijn spiegelbeeld tegemoet. Hij begon als een onbeduidende figurant op de achtergrond, maar nam snel in omvang toe tot hij een professionele rock-zanger was, die zijn evenbeeld onaangedaan bekeek alvorens het via een uitgebalanceerde zwaai met de gitaar de rug toe te keren.

'Go go go, Tommie go,' zong Johan zachtjes. Hij klikte met zijn middelvinger tegen zijn duim. Wat een soul! Bloed van mijn bloed, dacht hij. Wij hebben talent, Tom en ik, wij zijn geschapen voor de muziek. Tom zou het wel eens ver kunnen brengen; hij heeft lef met z'n smalle billetjes in z'n nauwe broek. Beroemdheden zijn ook eens kind geweest met een vader die overdag op kantoor of in een fabriek werkte en 's avonds na de zuurkool met losgegespte broekriem de tuin inslenterde om te zien hoe de duiven het maakten. Over die vaders hoorde je nooit iets. Ik zou Toms manager kunnen worden. Zadelhoff zoekt het dan verder maar uit met zijn polyaethyleen, polypropeen, polyvinylacetaat.

Beroemd te zijn, vrijheid, macht. Het talent en de eerbied die men daarvoor heeft bieden nooitgekende voorrechten en genietingen. 'Ssst,' fluisteren ze in de gangen, 'hij slaapt nog, gisterenavond heeft hij zich weer helemaal gegeven.' Op hun tenen sluipen ze rond, deuren worden behoedzaam geopend en gesloten. Laat je je terloops ontvallen dat je graag een jasje zou hebben als Terence Hill in 'The big spender' van 1953, dan zullen ze koortsachtig stad en land afzoeken of het natuurgetrouw laten kopiëren door een eersteklas kleermaker, die verder alleen koningen en keizers kleedt. Heb je een nieuw instrument nodig of ultramoderne Japanse opnameapparatuur of een extra vleugel aan je studio, ze kopen het voor je, ze bouwen het voor je, ze vinden het voor je uit. Wil je zwarte bloemen in een kristallen vaas, je krijgt ze. Verlang je naar een slanke vrouw met borsten als peren en koperkleurige haren, ze ligt diezelfde avond smachtend tussen je lakens.

De kamer vibreerde. Als een komeet schoot de kleine Tom op de spiegel af, die een extra dimensie in de kamer bracht, een poort naar de toekomst.

God, wat ben ik dol op die jongen, dacht Johan. Ik zou hem kunnen begeleiden. We kopen een bus voor als we op toernee gaan en schilderen er in zwart met goud 'Father and son' op. Is dat gek? En 'The mama's and the papa's' dan? Het nummer was weer afgelopen. Als bevroren bleef Tom in de houding staan.

Johan tilde de naald op en nam het plaatje van de draaitafel. En Lisa? Nadenkend schoof hij 'Johnny be good' in de hoes. Die is misschien wel blij als we opgehoepeld zijn, dacht hij.

'Tom jongen, wij gaan morgen een gitaar kopen.'

Zwijgend staarde Tom in de spiegel.

Johan ging achter hem staan.

'Wat vind je ervan?'

Een imaginaire Tom nam zijn zonnebril van zijn neus en keek hem uitdrukkingloos aan.

'Wil je soms geen gitaar?'

'Jawel.'

'Nou dan,' zei Johan. Father and son, hij zag het voor zich.

Om een hecht onderbouwde muzikale basis te krijgen werd Tom op aanraden van Felix' ouders op gitaarles gedaan bij Vittorio Knop, wiens vader nog als eerste violist in het Concertgebouworkest had gespeeld. Elke woensdagmiddag fietste hij naar het andere eind van de stad met de gitaar in een imitatieleren hoes op zijn rug. Al spoedig werd het hem duidelijk, dat de kunst grote inspanningen en opofferingen vergt. In het begin hoefde hij alleen tegen de novemberstormen in te tornen, maar later voegden zich daar striemende regen- en sneeuwbuien bij. Wat was de stad breed als je van oost naar west moest.

Na drie maanden speelde hij 'In einem Bächlein helle' van Franz Josef Küffner, 'Chant populair' van Giuliani en 'Pasan los soldados' van Emilio Pujol, of liever: hij ploegde erdoor. Steeds bleef hij in een moeilijke passage steken. Dan begon hij opnieuw. Zijn onderlip had hij stukgebeten, op zijn vingertoppen zat een flinke laag eelt.

Aanvankelijk eerbiedig hoorde Johan het aan, want dit soort keiharde oefeningen was hem vreemd. Tien, twintig, dertig keer hetzelfde, noot voor noot, hortend, stotend, haperend. Met zijn voet tikte Tom de maat, hardop tellend: ene tweeje, ene tweeje. Als klauwtjes stonden zijn vingers op de snaren. Tenslotte vormde zich dan uit die chaos van klanken iets dat in de verte op muziek leek.

Naarmate de winter vorderde groeide Johans ongeduld. Er zat geen schot in het gitaarspel van Tom. Het was zoiets als een tuin aanleggen en beginnen met het verzamelen van zandkorrels. En wat een iel geluid. De gitaar, verrukkelijk orgiastisch verlengstuk van je lichaam, gereduceerd tot een laf en krachteloos instrument voor mensen als de ouders van Felix, die geen dieren aten en geen bloemetjes vertrapten in het veld, die zich zonder verzet zouden laten doodschieten als er maar geen ruwe taal bij gebezigd werd.

Johan begreep dat het hoog tijd werd dat hij Tom zelf de fijne kneepjes van het gitaarspelen bijbracht. Het was al lente, buiten stonden de knoppen op springen, alles barstte van energie en levenslust, maar Tom zat ingetogen achter zijn muziekboek met zijn linkervoet op een krukje miezerige nootjes aan de gitaar te ontfutselen.

'Wat zou je ervan zeggen als ik je eens de beginselen van de rock en de blues leerde?' vroeg Johan.

Verstrooid veegde Tom met zijn vingers over de snaren.

'Ik bedoel,' verduidelijkte Johan, 'wat simpele akkoorden en ritmes. Je wilt toch ook wel eens een nummertje pure onvervalste rock spelen?'

'Vittorio Knop zegt dat 't allemaal rotzooi is,' zei Tom, 'hij zegt dat 't niets met muziek te maken heeft.'

'Dat is dan zielig voor Vittorio Knop,' zei Johan.

'Waarom?' vroeg Tom.

'Hoe zou jij het vinden als er geen rock-and-roll was?'

'Hoe bedoel je?'

'Nou, als het gewoon niet bestond, nooit was bedacht door iemand.'

'Rottig,' zei Tom.

'Voor Vittorio Knop bestaat de rock-and-roll dus niet,' zei Johan.

'O...' Een vaag lachje gleed over Toms gezicht.

'Wat doen we, zal ik je wat akkoorden leren?'

Tom knikte.

Ze hadden zeker al drie zaterdagochtenden geoefend, als het er geen vier waren. Van buiten drongen allerlei geluiden door: het maaien van gras, het starten van auto's, gelach en gepraat, pianomuziek. Ergens in huis jammerde Roelie en verhief Lisa haar stem.

Toms haar hing in plukken voor z'n ogen. Zijn gulp stond half open. Onder op de gitaar zat een rose stuk kauwgom geplakt. Voortdurend manoeuvreerde hij zijn linkerhand in een andere stand, van hol gebogen tot plat tegen de achterkant van de gitaarhals aan. Af en toe rukte Johan aan zijn elleboog of riep: 'Ga wat rechterop zitten, je ligt met je neus op de snaren.' Hij wist niet meer hoe hij zijn vingers moest bewegen, zijn arm, zijn elleboog, zijn hele lichaam. Alles prikte. Van achter een muur klonk zijn vaders stem: het C-akkoord, D-mineur, A-zeven, barré, je duim, je wijsvinger, je pink. De gitaar was loodzwaar geworden, een onhandelbare klankkast met een steel eraan. Er was geen vat op te krijgen. Af en toe keek Tom tersluiks omhoog. Vanonder zijn haar zag hij zijn vaders wenkbrauwen in een diepe frons. Hij leek op de pelsjager in *Alexej's vossejong*, zoals die op de ruw geschetste illustratie keek, op het moment dat hij ontdekte dat iemand zijn strikken en klemmen had leeggeroofd: de borstelige wenkbrauwen naar de neuswortel gebogen, een diepe verticale rimpel ertussen, zijn dikke haar recht overeind, zijn lippen strak toegeknepen.

Ik wil dat het ophoudt, dacht Tom.

'Maar dat is het C-akkoord toch niet,' riep zijn vader, 'verdomme, ik heb het je wel twintig keer voorgedaan, het C-akkoord is het makkelijkste dat er bestaat. Geef de gitaar maar weer hier, dan zal ik het je nog één keer voordoen.'

Willoos liet Tom zich de gitaar afnemen. Zijn vaders vingers bewogen zich over de snaren als sprinkhanen, die zich van de ene grasspriet naar de andere haasten. Tom zag alleen de beweging. In gedachten zag hij knikkers rollen, doorschijnende, geaderde, melkwitte. Hij richtte ze stuk voor stuk op een zelfgegraven putje, maar halverwege kregen ze een afwijking naar links of naar rechts en gingen hun eigen weg. Tenslotte was zijn knikkerzak zo plat als een leeggelopen ballon. Ik win ze allemaal terug, dacht hij. Zijn vader speelde maar door. Hij was nu in de stemming gekomen en speelde zijn eigen muziek met half gesloten ogen, vage teksten murmelend.

Achter zijn vader zag Tom de tuin glinsteren in het zonlicht. De spitse, licht bewegende blaadjes van een wilg deden hem denken aan kanoën op een meer. Tussen de bladeren van de planten op de vensterbank door gluurden drie paar ogen de kamer binnen, zag hij nu. Er werden grimassen getrokken. Iemand stak zijn tong uit. Een ander hield een voetbal omhoog, zodat hij boven de planten uitstak, wees erop en maakte een vragende beweging met zijn hoofd.

Tom knikte.

Hij keek naar zijn vader, stond zo onopvallend mogelijk op en liep op zijn tenen naar de deur.

'Hé, waar gaat dat heen?' Bruusk draaide Johan zich om.

Tom wees naar het raam. 'Ze vragen of ik kom voetballen.'

Verbaasd keek zijn vader naar buiten.

'Wie zijn dat?'

'Jongens van de voetbalclub.'

'Zijn dat die rotjongens die je blokfluit vernield hebben?'

Tom haalde zijn schouders op.

'Nou?'

'Ik weet niet.'

'Ik weet niet? Ik weet niet? Je weet toch wie dat waren?'

Tom staarde naar de parketvloer.

'En ga je nou gewoon met ze voetballen alsof er niets gebeurd is?'

Achter zijn rug drukte Toms hand de deurklink zachtjes naar beneden. De deur opende zich op een kier. Met zijn ene schouder duwde Tom hem verder open, zodat hij achterwaarts de keuken in kon.

'Leuk is dat,' riep Johan, 'en wij maar instrumenten voor je kopen, blokfluiten, gitaren, noem maar op.'

Tom opende de buitendeur en sprong naar buiten als iemand die zeeziek een schip verlaat en haastig op de vaste wal springt.

Op een rij verlieten ze de tuin. De voorste sprong in plaats van het te openen sierlijk over het tuinhek heen, de anderen volgden zijn voorbeeld. Tom haalde diep adem. De geur van pas gemaaid gras prikkelde zijn neusvleugels.

De meisjes van de suikerwerkfabriek

'Wie wil er nog een bonbon?' vraagt Cora.

Haar mollige hand maakt met de half leeggegeten doos een vluchtig rondgaande beweging. Niemand schenkt er aandacht aan. Trix vist een blonde haar uit haar mond, waarvan niet uit te maken is of het er een van haarzelf of van hem is. Lien doet vergeefse pogingen om een sigaret aan te steken. Haar handen trillen. Ik zit maar naar ze te staren in de vage verwachting dat een van hen uitleg zal geven over het gebeurde of een soort verantwoording zal afleggen. Bestaat er voor het vergrijp waaraan we ons schuldig gemaakt hebben een woord, een naam of een juridische term?

'Ik ben zelfs m'n bonbons vergeten,' zegt Cora, 'kan je nagaan.' Ze haalt de schade nu ruimschoots in. De ene na de andere verdwijnt in haar cyclaamrode mond.

'Godverdomme,' zegt Lien en kijkt ons door haar dikke brilleglazen een voor een veelbetekenend aan. We lachen zenuwachtig.

Trix' ogen zijn lichter blauw dan ooit. 'Als ze vragen gaan stellen,' fluistert ze, 'dan weet ik nergens van.'

'We weten er geen van allen iets van.' Cora's vingers peuteren aan een rose zilverpapiertje. 'Laat ze maar komen.'

'We hebben hem nog nooit gezien.' Met rukkerige bewegingen neemt Lien de loodzware bril van haar poppeneus, niet zonder gevoel voor dramatiek haar halfblinde ogen ontblotend. 'Nog nooit,' zegt ze bezwerend. Dan, alsof ze geschrokken is van haar geladen woorden, strijkt ze opnieuw een lucifer af en doet een wilde trek aan haar sigaret. Ditmaal brandt hij onmiddellijk en de rook trekt als bij een experimenterend kind regelrecht haar slokdarm in, waar hij een hevige hoestprikkel opwekt die de tranen over haar wangen doet stromen.

Mijn gedachten verdringen elkaar koortsachtig, in hun haast over elkaar struikelend, en hoewel ze er elk op uit zijn klaarheid te verschaffen, veroorzaken ze niets dan verwarring. Hebben wij onszelf, hoewel ieder een eigen leven leidt tussen het moment waarop we 's avonds vermoeid de trein uitstappen en de volgende ochtend als we onze doezelige, lome lichamen de treeplank ophijsen, in het dagelijks samenzijn tussen de wielen ongemerkt aan elkaar uitgeleverd en zijn we door de gebeurtenis van deze ochtend voor eeuwig aan elkaar geklonken? Hoe kunnen er in het warme gevoel van lotsverbondenheid, dat door mij heen stroomt, steeds bressen geslagen worden door de beklemmende gedachte, dat mijn medeplichtigheid daarvan de oorzaak is.

We naderen onze bestemming. Het strakke polderlandschap met rechte sloten zal spoedig overgaan in een lappendeken van volkstuintjes die de stad aankondigen. Tot nu toe heb ik elke dag gehuiverd bij het idee te moeten wonen in een van de boerderijen in het geometrische niemandsland. Vandaag niet: de wereld is ineengeschrompeld tot deze coupé en degenen die zich erin bevinden.

'Een van u zal mij voor zonsopgang verraden,' zegt Trix met een holle, gedragen stem en ik verbeeld me dat de blik die ze in mijn richting werpt bedoeld is om me eraan te herinneren dat ik de nieuwkomer in het gezelschap ben.

'Ach onzin,' roept Cora, 'we zitten allemaal in hetzelfde schuitje.' Als elke ochtend gooit ze de lege doos in de prullenbak onder het raam en zucht voldaan. Ze heeft ontbeten.

Al jaren reisden zij samen in deze coupé, die zich in het uiteinde van de trein bevond, in het puntje van de staart dat meestal buiten de overkapping van het station tot stilstand kwam alsof het er niet werkelijk bijhoorde en onderweg verloren zou kunnen worden zonder dat iemand het merkte. 's Morgens bezette een van hen de coupé en hield hem vrij van indringers.

Was voor de anderen deze dagelijkse reis al een ingesleten gewoonte, voor mij was het nog geen maand geleden dat ik deze route voor het eerst aflegde. Nadat we elkaar op het werk hadden leren kennen nodigden ze me uit in hun heiligdom, hun coupé, alsof deze speciaal gereserveerd was voor het personeel van de suikerwerkfabriek. Door hun aanwezigheid kreeg de ruimte de intimiteit van een huiskamer of een stamcafé: de doos bonbons van Cora stond als een pot koffie of een fles jenever centraal op het uitklaptafeltje, Lien die zichzelf geen moment van ledigheid gunde zat te breien en Trix lag languit met haar slanke, in glanzende nylons gestoken benen op de bank in een modetijdschrift of roddelblad te bladeren. Ze wisselden ervaringen uit, gaven elkaar op een laconieke manier raad en lachten het hardst om hun eigen ellende. Het wereldgebeuren was voor hen net zo iets als het wisselende, ongrijpbare landschap achter het raam: het voltrok zich buiten hun invloed om en al vonden er steeds veranderingen plaats, in wezen bleef alles aan zichzelf gelijk en had het geen zin er woorden over vuil te maken.

Door de drie oudere conducteurs die op deze lijn dienst deden werden ze 'de meisjes' genoemd. Elke dag bood Cora ze een bonbon aan, maar ze bleven hardnekkig bedanken. Niet zonder weerzin gingen hun ogen van de doos naar Cora's omvangrijke gestalte alsof die tot in de bolle vingertoppen gevuld was met bonbons en er louter kersenlikeur door haar aderen stroomde.

Maar wanneer ze verkouden waren of er bleek en afgetrokken uitzagen lieten ze zich graag door haar bemoederen. Maakte Cora een opmerking over hun buikjes, voortschrijdende kaalheid of potentie dan protesteerden ze alleen voor de vorm.

Trix, als object van hun mateloze bewondering, schroomde niet die te voeden: zodra de deur werd opengeschoven nam zij een behaagzieke houding aan. De blik van de dienstdoende conducteur vestigde zich onmiddellijk trefzeker op de verleidelijke passagier, waarna hij betrapt en beschaamd naar Cora gleed, die het lijdzaam gadesloeg.

Met Lien spraken ze over de laatste voetbalwedstrijd, over schaatsen, boksen en wielrennen, al naar gelang het seizoen. Er was geen tribune waarop zij en haar man in het weekend ontbraken en al liet ze ook daar haar breipennen dansen, ze wist precies wat er zich afspeelde.

Voor de conducteurs was de coupé een rustpunt in een trein vol wisselende passagiers. Vertederd vergaven ze de meisjes hun vergeetachtigheid als ze hun treinabonnement niet tijdig verlengd hadden. Soms zelfs liet een van hen de trein wachten terwijl Cora koffie uit een stationsautomaat haalde en met haar matronelichaam terugwaggelde naar het bijna vergeten, er half bij bungelende uiteinde van de trein.

Door het glas in de tuindeuren zag ik onnatuurlijk grote, rode tulpen die op de een of andere manier de toespraak benadrukten, die mijn vader tegen mij hield, terwijl we met zijn drieën aan de ovale tafel zaten onder de met shantoeng beklede hanglamp die zwart zag van de vliegepoep, mijn vader, mijn moeder en ik.

'Ze heeft een boekje over je opengedaan,' zei mijn vader geheimzinnig en dreigend.

Ik verplaatste mijn voet onder de tafel, stootte op een andere, zacht bewegende voet en trok abrupt de mijne terug.

'Ik moet zeggen, het is fraai zoals jij alle kansen die je geboden worden weet te verspelen.'

Mijn moeder haalde haar neus op.

'Het enige waarin je een indrukwekkende vindingrijkheid tentoonspreidt is spieken, heeft ze gezegd.' Met zijn vingers trommelde hij op tafel. 'Je schijnt het te hebben gepresteerd voor de klas een gedicht op te zeggen, waarvan je de tekst met een veiligheidsspeld tussen de plooien van je rok had vastgemaakt, zodat je alleen maar af en toe een blik naar beneden hoefde te werpen.'

Vluchtig keek ik naar mijn rok. Het was niet dezelfde van toen, herinnerde ik me, maar wel net zo'n model: meters wijd met drie petticoats eronder. Een voor een had Ruud ze naar beneden getrokken. Halverwege bleef hij met zijn vingers haken in het schuimrubber van de zachtgele; er zat nu een gat in.

'En dat allemaal terwijl buiten van dat schorem met bromfietsen ongegeneerd de klas in stond te kijken en naar je lachte en floot.'

Overgoten door zonlicht dat schitterde in het chroom van hun sturen en koplampen tartten ze de school en alle imbecielen die er les gaven. Vooraan stond, schuin tegen zijn brommer leunend, in het zwart, Ruud. De enige kleuren aan hem waren het blauw van zijn half toegeknepen ogen en het rode kopje van de lucifer, die hij grijnzend tussen zijn tanden heen en weer liet bewegen. Af en toe streek hij loom met zijn hand door zijn achterover gekamde kuif.

Als in trance galmde ik:

Wat kan ik, zonder U,
als eeuwig, eeuwig sterven;
wat heb ik, zonder U,
dat ik beminnen zal?

Nerveus tikte juffrouw Kalmoes op het raam en gebaarde de jongens te verdwijnen. Ze was niet meer dan een machteloze mus met haar vaalbruine mantelpak en haar peper-en-zoutkleurige permanent. Onverstoorbaar keken de jongens naar haar als naar een uitheemse aap die gekke sprongen maakt. In de klas heerste een stemming als in een hondenkennel wanneer er nieuwe bazen in de kooien gluren. De klas blafte bijna. Onder de verbeten blik van de lerares zette ik mijn voordracht voort:

Henen laat mij,... laat
daar 't altijd zomer is
en zonnelicht mij spoeien...

'Nergens heb je belangstelling voor,' zei mijn vader, 'behalve dan voor het andere geslacht.'

'Met zo'n meisje trouwen ze niet,' vulde mijn moeder zachtjes aan, 'ze lopen achter je aan, ze gebruiken je en gooien je weg, en uiteindelijk nemen ze een fatsoenlijk meisje.' Ze zag er bleek en bloedeloos uit. Diepe kringen had ze onder haar ogen. Het is geen pretje, dacht ik, om je hele leven met mijn vader op te trekken. Ik ben er nu al doodop van.

'We zijn ten einde raad, je moeder en ik,' vervolgde mijn vader. Uit de binnenzak van zijn colbert haalde hij het horloge tevoorschijn dat hij gekregen had ter gelegenheid van zijn vijfentwintigjarig jubileum als onderwijzer. Hij wierp er een schuine blik op en borg het weer op. Het was zijn bridgeavond, erg lang kon het dus niet meer duren.

'Eerst hebben we het op de middelbare school met je geprobeerd en toen dat niets uithaalde dachten we: laten we haar op de huishoudschool doen, dan leert ze tenminste koken en naaien. Maar ook daar blijkt het niets anders te zijn dan gedonderjaag en leegloperij.'

Traag cirkelde een vlieg rond zijn hoofd. Hij moest in huis overwinterd hebben, de loomheid van de winterslaap hield hem nog gevangen. 'Je weet, je vader is een socialist.' Met een ongerichte handbeweging veegde hij de vlieg weg. 'Vrijheid, gelijkheid en broederschap heb ik hoog in mijn vaandel staan. Maar ik weet ook dat het grauw, de grote massa, gespeend is van alle cultuur. Als ze maar niet na hoeven te denken, dan zijn ze in hun element. En het is treurig, maar jij schaart je daar nu bij. Ik had voor mijn dochter een betere toekomst uitgestippeld, maar jij beslist anders. Kortom,' hij schraapte zijn keel, 'ga jij maar werk zoeken. Dondert niet wat: winkelmeisje, hulp in de huishouding, in de fabriek, kantoren schoonhouden, noem maar op.'

Alsof ze mijn doodvonnis had horen uitspreken wierp mijn moeder een geladen blik op mij, waarin medelijden en schaamte om voorrang streden. Gelaten zat ze erbij, slachtoffer van haar dochter.

Ik deug niet, dacht ik.

Werkte ik maar vast in een winkel of in een fabriek, het kan nooit zo slopend zijn als met mijn ouders in deze kamer te moeten zitten en ze zulke vreselijke dingen te horen zeggen, waar ik niets tegenin kan brengen. Als ik mijn ogen afwend om ze niet te hoeven aankijken, is er niets dat troost biedt. Alles wekt een mateloze moeheid in me op: de gedrapeerde worteldoek boven de schoorsteenmantel, de sanseveria's op de vensterbank, de portretten aan de muur van dode familieleden waar iedereen een hekel aan had en de zware leunstoel van mijn vader met een slijtageplek in het midden, die steeds aan zijn lichamelijkheid herinnert. Wat ben ik mijn vader moe.

Hoe mijn zusje en ik na schooltijd op hem moesten wachten, totdat hij met minutieuze precisie zijn schriften en boeken gerangschikt en in zijn aktentas geschoven had, zijn pen, gum en liniaal opgeborgen in een speciaal laatje, het bord schoongesponsd, de banken in gelid opgesteld, propjes papier in de prullenbak geworpen, de schooldeur gesloten, rondhangende kinderen van het plein verjaagd. Hoe hij vervolgens, op het punt met ons de drukke, door zware kastanjebomen overschaduwde verkeersweg voor de school over te steken met zijn ene hand de nek van mijn zusje omvatte en met zijn andere hand de mijne, zeggende: 'Eerst naar links kijken, dan naar rechts en dan nog een keer naar links.' En hoe wij tezamen, in volmaakte harmonie, de straat overstaken.

'La douce France,' zei hij, mij van boven mijn Franse themaboek dat hij opengeslagen voor zich hield indringend aanziend. 'La dous Fráánse.' Een douche van speeksel trof mijn gezicht tussen zijn getuite lippen vandaan. 'Frankrijk is de bakermat van de Westeuropese cultuur. Het heeft beroemde filosofen, pedagogen, schilders, literatoren, politici voortgebracht. De Fransen zijn niet zo'n onbehouwen volk als de Hollanders. Zij sprrreken vóórrr in de mond.' De r sprak hij uit als een zangvogel.

Ik was nooit in Frankrijk geweest en hoopte er ook nooit te komen.

Behalve Cora werkten we allemaal op de dropafdeling. Waar de vloeibare drop neerdrupte in de vormpjes hield Trix toezicht.

Soms verliep de toevoer van de drop te snel; als hete pek kolkte de vloeistof uit de vormpjes, drupte van de plaat af en vormde een glimmend zwarte rivier onder de machine. Zo snel mogelijk zette Trix dan het hele proces stil en zocht een monteur om het mankement te verhelpen. Inmiddels strekten wij onze ruggen. Met vier vrouwen werkten we aan het eind van de band, waar de dropjes in cellofaanzakjes kwamen aanrollen; het was onze taak ze dicht te smelten. We zegenden de haperingen van de machine, soms baden we erom, alleen al om het stilvallen van het lawaai, dat onze lichamen en geesten murw maakte.

Cora zat bij de bonbons. Elke namiddag ontvreemdde ze een doos voor de volgende ochtend. Mijn ogen moeten uit mijn hoofd gepuild hebben, de eerste keer dat ik Cora zag ontbijten. Met mollige, beringde handen peuterde ze het ene papiertje na het andere los. ''n Mens moet wat,' zei ze. Nadenkend streek ze een zilverpapiertje glad. 'Thuis kan ik nou eenmaal geen hap door m'n keel krijgen 's morgens.'

Bijna twee zitplaatsen nam ze in beslag. In haar paarse jurk met felgele nopjes leek ze een geweldig paasei. Boven haar hoofd hing een foto van een slanke vrouw in een witte jurk, die op een oudhollands ophaalbruggetje leunde.

'Hoe komt dat?' vroeg ik.

'M'n man,' zei Cora, 'hij is ziek, al zo'n zes, zeven jaar. De ziekte van Parkinson, zei de dokter indertijd. Nou hij wordt bedankt, zei ik, waarom heeft hij die smerige ziekte niet bij zich gehouden? Wat moet mijn man ermee?'

Haar donkerbruine ogen keken mij verontwaardigd aan alsof het gisteren had plaatsgevonden. Ik voelde me ongemakkelijk, alsof ik medeschuldig was. De ergste ziektes konden zomaar van de ene dag op de andere toeslaan. Miljarden bacteriën en virussen loerden dag en nacht op een kans in ons lichaam binnen te dringen en op onze zwakste plekken hun vernietigingsslag te beginnen. Nog geraffineerder waren de kwaadaardige elementen, erfenissen van voorouders, vanaf onze geboorte in ons lichaam aanwezig, rustig afwachtend tot ze de tijd rijp achtten om zich te openbaren. Ik hoefde er alleen maar aan te denken om warm en zweterig te worden van angst en pijn te voelen op willekeurige plekken in mijn lichaam.

'Hij heeft geen controle meer over zijn bewegingen,' zei Cora, ''s morgens moet ik hem wassen, aankleden, naar beneden loodsen en zijn pap voeren, waarvan de helft voortdurend als kwijl over zijn kin druppelt.' Ze gaapte hartgrondig. Haar tong was een glimmend rose diertje dat zich kromde. 'Nu zijn de kinderen uit huis en heb ik er een groot kind bijgekregen.'

Cartoons van groteske manwijven met barse gezichten, die een tegenstribbelende echtgenoot onder de arm droegen alsof hij een takkenbos was, kwamen me voor de geest.

'Soms wil hij met alle geweld fietsen,' zei Cora, 'maar hij is al drie keer onderweg van zijn fiets gevallen.'

'Je moet hem rustig laten fietsen,' zei Trix, 'misschien valt hij een keer dood.' Dromerig staarde ze naar buiten; mistslierten dreven bij vlagen voorbij. Haar lange wimpers raakten haar wangen, wanneer ze haar ogen sloot.

'Dan heeft ze toch niemand meer om voor te zorgen.' Met een geruite mannenzakdoek wreef Lien haar brilleglazen schoon. Haar muizeoogjes met wallen eronder keken in de richting van Cora, die haar schouders ophaalde.

De eerste week kwam ik 's avonds uitgeput thuis. Mijn ledematen voelden beurs aan, mijn ruggegraat leek op verschillende plaatsen geknapt als de mast van een zeilschip na een zware storm; met geen mogelijkheid kon ik rechtop zitten. Mijn vader herinnerde me aan m'n tafelmanieren en mijn moeder keek zorgelijk; ik vroeg me af of ze een nieuwe debâcle vreesde of bang was voor mijn gezondheid en was in mijn vermoeidheid geneigd het negatiefste aan te nemen. Als ik eindelijk in bed lag, kon ik niet in slaap komen. In het labyrint onder mijn schedeldak krioelden beelden van de afgelopen dag en galmden de echo's van ratelende machines, flarden muziek en menselijke stemmen, die er boven uit probeerden te komen.

's Morgens in de trein, nog vermoeider dan de avond tevoren, vroeg ik me af hoe de anderen dit nu al jaren volhielden. Als dit mijn voorland is, dacht ik, dan ben ik liever dood. Maar onmiddellijk begon dan in mijn gedachten m'n vader te protesteren, niet tegen mijn dood, maar tegen mijn afkeer van het werk. Met kracht sprak hij zijn meest geliefde leuzen uit: arbeid adelt, recht op werk, proletariërs aller landen verenigt u, ledigheid is des duivels oorkussen, de handen uit de mouwen steken, vele handen maken licht werk. Zijn stem schalde, hij lachte kwaadaardig en maakte uitzinnige koprolletjes, roepend: we leven om te werken, we leven om te werken.

Zoals voor iedereen die zijn werk verafschuwt was de maandagochtend het zwaarst; de week was een berg waar een kei tegenop gezeuld moest worden.

Eerst dacht ik dat het dat lamlendige begin-van-de-week-gevoel was waardoor Trix bij onze binnenkomst nors uit het raam bleef kijken, hoewel de langs het glas naar beneden sijpelende regendruppels het uitzicht vertroebelden. Als een hond die zich droog schudt ontdeed Cora zich van haar regenjas, waarbij de druppels ons in het gezicht spatten. Ze ging tegenover Trix zitten, onder diep gezucht van de bank toen haar volle gewicht erop neerkwam. Met een geroutineerd gebaar opende ze de doos bonbons. Daarna leek ze tot rust te komen en kreeg ze aandacht voor de buitenwereld.

'Jezus,' riep ze en staarde ontzet naar Trix, 'wat is er met jou gebeurd?'

Trix haalde haar schouders op. Hun profielen, dat van Cora met een van verbijstering opengezakte mond, tekenden zich af tegen het raam.

'Wie heeft dat in godsnaam gedaan?' riep Cora.

'Dolf,' zei Trix onverschillig.

'Moet je eens zien,' zei Cora. Haar zware gestalte boog zich voorover. Met ongewone tederheid nam ze Trix' gezicht tussen haar handen en keerde het naar ons toe.

'Godsamme,' zei Lien.

Even leek het, door de halve duisternis in de coupé, alsof Trix' linkeroog eruit gerukt was en vanaf haar wenkbrauw tot halverwege haar wang een donkere krater had achtergelaten. Ik had de coupé wel uit willen sluipen om het niet te hoeven zien. Gezichten met wijnvlekken, lodderogen, hazelippen, spastische mensen, gebochelden, mongolen, invaliden, als ik niet keek, dan bestonden ze ook niet. Roerloos keek ik naar Trix' linker gezichtshelft. De huid was donkerpaars gezwollen. Haar ooglid was opgezet en bedekte bijna het hele oog; ik vroeg me af of ze er nog iets mee kon zien. Dwars door haar wenkbrauw liep een jaap van gestold bloed. Het zag eruit alsof het nooit meer goed zou komen, alsof ze zich de rest van haar leven met een gezicht zou moeten behelpen dat een schreiend contrast in zich droeg: de ene helft behoorde toe aan een engel, de andere helft aan een melaatse. Haar goede oog, anders felblauw, was nu grijs en uitdrukkingloos.

'Waarom?' vroeg Cora.

'Omdat 't een klootzak is.' Trix wendde haar hoofd weer af en keek naar de grond. Het was heel stil in de coupé. De regen striemde langs het raam. Mijn natte kousen begonnen te drogen. Het jeukte, maar ik durfde niet te krabben.

'Doet het pijn?' hoorde ik mezelf met een schorre stem vragen.

'Hier doet 't pijn,' zei Trix, legde niet zonder pathetiek een hand onder haar linkerborst en keek ons vluchtig aan met haar ene oog.

'Wat is er dan gebeurd?' vroeg Lien.

Trix zuchtte. 'Ik wist wel dat ik het aan iedereen zou moeten uitleggen. Het liefst zou ik me een maand lang verbergen. Wat moet ik vertellen? Zaterdagavond is het begonnen. Op de bruiloft van mijn broer. Eppo Engelhardt, een vriendje uit mijn jeugd. Die was er ook. Ik had hem in geen jaren gezien. De laatste keer was hij nog een mager jongetje met sproeten, ik won van hem met vechten. Hij was een hele kerel geworden met een ruige zwarte baard, ik keek mijn ogen uit. Hij trouwens ook. Als Eppo er niet was geweest, was er niets gebeurd. Wat is het hier benauwd. Kan er geen raam open?'

'Dan regent het in,' zei Cora.

'We hebben gedanst tot we er bij neervielen. En veel gelachen. Het is gek,' haar toon daalde, we bogen ons naar haar toe, 'maar ik dacht even: hier leef ik voor, om heel af en toe zoiets als dit mee te maken.'

Ze zweeg.

'Wat moet ik vertellen? Het is gebeurd.'

'Wat is er gebeurd,' vroeg Lien opnieuw.

Trix bestudeerde haar nagels. 'Hoe meer ik me vermaakte, hoe meer Dolf de pest in kreeg. Met een onheilspellende blik in zijn ogen liep hij rond alsof hij iedereen wel met een mitrailleur zou willen neermaaien. Om half twaalf trok hij me van de dansvloer. Hij wou naar huis. "Ga maar vast," zei ik, "ik kom later wel." Maar hij wou niet alleen gaan. "Dan blijf je nog," zei ik, "mijn broer trouwt maar een keer." "Dat valt nog maar te bezien," zei hij. "Als je niks leukers weet," zei ik en trok me los om verder te dansen. Maar hij kwam me achterna en siste tussen zijn tanden: "Jij gaat met mij mee naar huis of ik doe je wat!" Toen werd ik ook giftig. Zachtjes zei ik in zijn oor: "Sodemieter op man en laat mij met rust." Woedend draaide hij zich om. Even later was hij nergens meer te bekennen. Ziezo, dacht ik, die zijn we kwijt.'

Ongemakkelijk schoof ze heen en weer. 'Heeft iemand een sigaret voor me?'

Haastig grabbelde Lien in haar tas en stopte Trix het hele pakje in de hand met een begerige uitdrukking op haar gezicht als iemand die de zoveelste gulden in de juke-box stopt om hem door te laten spelen.

'Ik zie er niet uit, hè? Vertel eens eerlijk: is het echt afschrikwekkend?'

'Het is meer alsof je een ongelukje hebt gehad,' loog Cora.

'Denk je,' zei Trix gretig, 'dat ze me zullen geloven als ik zeg dat het een ongeluk was?'

'Ga nou door,' zeurde Lien.

Iets minder gespannen ging Trix verder: 'Om een uur of drie kwam ik thuis. Alle lichten brandden. Het enige verlichte huis in de hele straat. Niets aan de hand, zei ik tegen mezelf. Maar toen ik binnen kwam schrok ik me dood. Hebben jullie wel eens een verkeersongeluk gezien, met iemand badend in het bloed op de grond? Zo lag Dolf erbij, helemaal slap, op de bank, vol rode vlekken op zijn kleren. Toen ik dichterbij kwam zag ik dat het rozeblaadjes waren van een bos donkerrode rozen die ik vorige week op onze trouwdag van hem had gekregen. Stuk voor stuk had hij ze afgeplukt, het leken er honderden. Door zijn wimpers lag hij naar me te loeren. "Madam komt eindelijk thuis," zei hij, "half vier." "Ja," zei ik, "en ze gaat meteen naar bed." "Ho ho!" Hij stond op. De bloemblaadjes vielen op de grond. Met een ijzeren greep pakte hij me bij m'n arm. "Nu is het mijn beurt," riep hij. De aderen op zijn voorhoofd waren gezwollen en zijn ogen bloeddoorlopen met een koortsige blik erin, zoals bij dieren in de dierentuin, die in een kleine kooi almaar heen en weer lopen. Ik kreeg minachting voor hem, ik wilde dat ik hem nooit gekend had. "Ik ga naar bed," zei ik nog eens. "O nee." Mijn arm werd bijna fijngeknepen. "Dat gaat zo maar niet. Na alles wat jij uitgevreten hebt is het nu mijn beurt." "Uitgevreten?" zei ik, "je maakt me misselijk. Je kent Eppo niet eens." Nou,' laconiek haalde ze haar schouders op, 'en toen gebeurde het. Wat moet ik er over vertellen, jullie kunnen het zelf zien.'

Eigenlijk wilde ik helemaal niet naar Trix kijken, maar toch kon ik mijn ogen niet van haar afhouden. Haar gezicht had in zijn gladde volmaaktheid altijd onaantastbaar geleken. Dat de dwaze gevoelens in een heel ander lichaam, samengebald in een uitschietende vuist, daar verandering in konden brengen en zulke naargeestige sporen nalaten vond ik angstaanjagend. Inmiddels verging ik van de jeuk aan mijn benen. Het kwam me voor dat jeuk, als je door omstandigheden niet kon krabben, minstens even kwellend was als pijn.

'Viel je flauw?' vroeg Lien.

'Ja, nee, half.' Trix liet haar hoofd hangen. 'Ik viel op de grond. Mijn oren suisden. Het drong maar half tot me door dat hij intussen mijn avondjurk omhoog stroopte. Met zijn ene hand omklemde hij mijn polsen boven mijn hoofd. Af en toe hoorde ik hem vloeken. Het was of er geen eind aan kwam.'

'Wat een zwijn,' zei Cora, 'mijn handen jeuken.'

Ze had eens twee ruziënde mannen met de hoofden tegen elkaar geslagen, vertelde men op de fabriek, ze moest ijzingwekkend sterk zijn. In een visioen zag ik hoe zij als niets ontziende wraakgodin de man van Trix tussen haar borsten wurgde, tergend langzaam haar schouders naar voren brengend, een vage glimlach op haar lippen, een bonbon tussen haar tanden.

Ademhalen was bijna onmogelijk geworden. Condens van verdampende regendruppels uit onze kleren en haren was neergeslagen op het raam. We zaten in een stoomketel onder hoge druk.

'Wat ga je nu doen?' vroeg Lien.

Met haar ene oog staarde Trix naar de punt van haar schoen. Het lange haar schoof voor haar gezicht.

'Ik kan niet zonder hem,' zei ze. Met trillende vingers trok ze nog een sigaret uit het doosje.

Niemand zei iets. Lien pakte haar breiwerk. Cora nam nog een bonbon, ik krabde eindelijk mijn benen.

We hadden de grens van het begrijpelijke bereikt en waren gestuit op de kwellende tegenstrijdigheden die in ieder van ons huisden en die misschien wel onze uiteindelijke ondergang zouden veroorzaken. Dat erkenden we stilzwijgend.

Ik wist hoe het was jezelf willoos overgeleverd te weten. Als ik bij Ruud achter op de brommer schoof, boorden de ogen van de meisjes zich in mijn rug. Vroeger bestond ik nauwelijks voor ze, maar nu vroegen ze me dweepziek waar ik mijn jurken kocht en mijn zwarte ballerina's. Ze vroegen hoe ik het klaarspeelde mijn paardestaart zo hoog op te binden. Zelfs m'n slechte rapporten pleitten in mijn voordeel: ze bewezen dat ik de wereld van onze ouders, waarvan ambitie, zelfdiscipline en prestatie de pijlers waren, aan mijn laars lapte.

Het was of hij het wegdek met ons wilde aanvegen, zo dicht naderden we het plaveisel wanneer Ruud in volle vaart de bocht om ging. Met mijn ene hand hield ik mijn rokken bij elkaar, met de andere klampte ik me vast aan zijn stugge leren jas. De anderen waren op het plein achtergebleven onder het blauw-witte uithangbord van Milano, de ijssalon. Ze zouden wel snel ieder huns weegs gaan nu Ruud vertrokken was. Hij was onmisbaar. Zijn aanwezigheid maakte hen tot groep.

Het motregende. De mededeling dat de vorst zich had teruggetrokken tot in Noord-Scandinavië had met het overige nieuws bij mij thuis de maaltijd opgeluisterd. 'Er kan nog van alles gebeuren,' zei mijn vader, 'ik herinner me een elfstedentocht in maart. Koning Winter is nog niet verslagen.' Dat was voor de kinderen op school, dat Koning Winter.

De atmosfeer was bijna lauw. Ik was nog nooit in dit deel van de stad geweest. De huizen waren vier, vijf verdiepingen hoog en vormden twee muren met een smalle straat ertussen. Op iedere hoek was een café waarvoor mensen rondhingen alsof het een zomeravond was. Op een sinaasappelkistje zat een klein meisje aan een rietje te zuigen, dat uit de hals van een limonadeflesje stak.

We stopten voor de flauw verlichte etalage van een meubelzaak. Ruud zette de brommer tegen de pui en viste een sleutel uit zijn zak, waarmee hij de winkeldeur opende. We glipten naar binnen. Zorgvuldig deed Ruud de deur achter ons op slot. In het vage lichtschijnsel stonden bankstellen, kasten, eethoeken onbezield en niemand tot nut kriskras door elkaar. De vraag: 'Wat gaan we eigenlijk doen?' lag steeds op mijn lippen, hoewel ik het precies wist, maar niet wilde geloven. We liepen tot achter in de winkel waar rechtop staande rollen vloerbedekking de wacht hielden over complete slaapkamerameublementen, die hun tijd afwachtten om door iemand in bezit genomen te worden.

'Van wie is dit allemaal?' vroeg ik.

'Van mijn vader,' zei Ruud nors.

Hij schudde zijn leren jas van zich af en wierp hem op het dichtstbijzijnde bed. In drie stappen was hij bij mij. Even bleef hij roerloos staan. Nu zou hij moeten zeggen dat hij mij mooi vindt, dacht ik, en bijzonder, en dat hij al die tijd alleen maar aan mij gedacht heeft, dat hij gek wordt van verlangen als ik nu niet zou toegeven.

Hij boog zich voorover en drukte zijn lippen op mijn mond. Een van de rollen vloerbedekking prikte in mijn rug. Het is vast kokos, dacht ik, alleen kokosmat prikt zo. Even zat mijn bovenlip klem tussen zijn voortanden en de mijne.

'Heb je het wel eens gedaan,' vroeg Ruud, 'met iemand?'

Ik onderdrukte de neiging om doorgewinterd en onverschillig te doen, alsof ik al een heel verleden achter de rug had. 'Nee,' zei ik eerlijk en ergerde me eraan dat mijn stem zo benepen en schuchter klonk.

Met een weids gebaar in het rond wijzend zei Ruud: 'Welk van deze schitterende bedden vind je het mooiste?'

Onwillig liet ik mijn ogen over de slaapkamerafdeling gaan. De bedden waren monsterlijk, inclusief de nachtkastjes aan weerszijden en de schemerlampjes met goudgalon. Ze leken op het tweepersoonsledikant van mijn ouders, dat pompeus was en preuts tegelijk. Ik gruwde van het idee dat ik erin verwekt was en uit hun lichamen voortgekomen.

'Nou,' zei Ruud, 'zoek er maar een uit.' Er zat een ondertoon van spot in zijn stem.

Met de gehoorzaamheid van een gehypnotiseerde liep ik tussen de ledikanten, lits-jumeaux en twijfelaars door op zoek naar het bed waarin ik datgene met me zou laten gebeuren, waar iedereen het altijd over had zonder erover te spreken, waarvan de meisjes uit de groep dachten dat ik het al lang deed en waarover mijn ouders met toegeknepen lippen het stilzwijgen bewaarden. Aan het eind van de rij ontdekte ik het weerzinwekkendste bed van allemaal: gouden spijlen met dikke glimmende knoppen en mollige engeltjes die trossen bloemen meetorsten.

'Ruud,' riep ik, 'ik heb er een gevonden.'

Hij kwam aanlopen met een dik, gevouwen kleed in zijn handen.

'Dit bed,' zei ik, over de knoppen strijkend, 'is echt fantastisch.'

Ik hoopte dat hij nu mijn spot zou opmerken, maar hij zei alleen 'Prima' en begon het kleed over de satijnige sprei op het bed uit te spreiden. Het offerkleed, dacht ik. Waarom ging ik niet gewoon weg, rechtsomkeert, tussen de bedden door, de vloerbedekking, de eethoeken, de kasten, de zithoeken? Waarvan was ik onder de indruk geweest, de eerste keer dat ik hem zag? Waren het zijn ogen, blauwer dan blauw, die over de hoofden van de anderen heen in de verte keken alsof hij horizonten zag die voor hen onzichtbaar bleven? Was het zijn donkerblonde haar dat precies zo bleef zitten als hij het kamde? Was het zijn zelfvertrouwen?

Ruud streek de plooien in het kleed glad en kwam overeind. Hij legde zijn handen op mijn schouders, keek me veelbetekenend aan en drukte me langzaam op het bed.

Rond mijn twaalfde jaar had de oudste broer van mijn moeder mij zonder kwade opzet gehersenspoeld op het gebied van de erotische fantasie. Sindsdien koesterde ik een droombeeld van de ideale, onweerstaanbare vrouw aan wie ik mijzelf vroeg of laat zou willen toetsen.

'De mooiste vrouwen van Indië,' zei oom Harry, 'waren die van Singaraja. Soepel, verleidelijk, fris als een lotusbloem. Ze wisten wat een man toekomt.'

Ik zag meisjes met tot aan de taille reikend, blauwzwart haar voor me, een gave, lichtbruine huid, een sarong om de smalle heupen en gevlochten bloemen om de hals.

'Harry,' zei mijn vader, 'ik twijfel er niet aan dat de vrouwen van Singaraja lieftallige wezentjes waren, maar wil je er rekening mee houden dat we hier in Holland zijn en dat er twee onschuldige kleine meisjes aan tafel zitten?'

Oom Harry wierp zijn hoofd in de nek en lachte uitbundig. Even keek mijn moeder angstig in de richting van mijn vader, toen giechelde ze achter haar hand.

'Weten jullie wel,' zei oom Harry, 'dat meisjes van hun leeftijd,' zijn blik gleed van Louise naar mij, 'daar al lang rijp zijn en heel geraffineerd een man aan de haak weten te slaan? De Hollandse meisjes,' hij liet zijn stem dalen, 'worden kunstmatig kind gehouden.'

Mijn vader, niet gewend in zijn eigen huis te worden onderwezen, en zeker niet in de losse zeden, stelde hautain voor dat men van gespreksonderwerp zou veranderen.

Stukjes zeep bracht oom Harry voor mijn moeder mee, in romantische verpakking en geurend dwars door het papier heen, flesjes parfum, beschilderde waaiers en turks fruit, allemaal geschenken die in de ogen van mijn vader het toppunt van overbodigheid waren en om diezelfde reden voor ons juist heel begeerlijk. Wanneer Louise en ik erom vroegen schoof oom Harry met genoegen zijn trui omhoog om de littekens op zijn rug te tonen. De Jappen hadden hem gegeseld omdat hij de meest gevreesde maar ook belachelijke onder hen achter zijn rug geïmiteerd had. Liever waren we een kind van oom Harry geweest en met hem meegegaan naar Indië, als het er tenminste precies zo uitzag als het schilderij bij hem in de kamer beloofde: op de voorgrond diepgroene dessa's omzoomd door palmen, op de achtergrond een spitse berg die zich in de blauwe hemel boorde met een spierwitte top. Waarom smolt de sneeuw niet als het er echt zo heet was als oom Harry zei?

Nadat Ruud met kleine rukjes mijn petticoats en mijn rok naar beneden getrokken had, mijn jarretelletjes losgemaakt en kousen afgestroopt, verplaatste zijn aandacht zich naar het bovenste deel van mijn lichaam. Ik ben een ding, dacht ik, ik laat met mij doen. Hij trok mijn trui uit en ik deed mijn armen omhoog. Als vanzelf schikte ik me in de eeuwenoude traditie die mij de passieve rol toebedeelde. Alleen bij het gefrunnik aan de sluiting van mijn bh moest ik de behoefte het van hem over te nemen onderdrukken. Al deze belachelijke details in de voorbereiding strookten helemaal niet met de voorstelling die ik jarenlang gekoesterd had en die nu eens overhelde in de richting van een onstuimige overmeestering die ons uiteen zou doen spatten in een duizelingwekkend vuurwerk, dan weer in de richting van gevoelige strelingen, verkenningstochten van elkaars lichaam, eindigend in de volmaakte versmelting waarbij we al wat aards was en verdorven achter ons lieten. Als een hatelijk voorwerp wierp hij tenslotte mijn bh van zich af. Daarna gleden zijn koele handen vanaf mijn hals naar beneden. Ik was ongerust omdat ik niet opgewonden raakte en alleen maar heel klinisch en rationeel lag te denken: wat gaat hij nu doen, wat is zijn volgende handeling? Met enkele snelle bewegingen trok hij mijn broekje uit, richtte zich op, ontdeed zich van zijn kleren en liet ze als een hoop lompen op de grond vallen. Even stond hij in al zijn manlijkheid rechtop naast het bed en keek op mij neer. En hoewel ik zeker zo nieuwsgierig was naar zijn lichaam als hij naar het mijne, sloeg ik onmiddellijk mijn ogen neer. Wat voor aanblik bood ik? Ik had mezelf door zijn ogen willen zien. Kon ik maar in het bed wegzinken, door de vloer heen en de bodem van onze stad, dwars door de aarde heen om aan de andere kant van de wereld op een stil en vreedzaam strand te belanden, waar ik met rust gelaten zou worden.

Langzaam liet hij zich voorover zakken om, een en al donkerte, op me neer te komen. Nu moet ik diepe, intense gevoelens koesteren, dacht ik, voor degene die in mijn leven een historisch en nooit meer terug te draaien daad gaat verrichten. Maar van een bewuste, contemplatieve beleving zoals ik mij die ooit gedroomd had kwam niets terecht. Het was of ik met een vlijmscherp mes werd opengestoken. Vanaf het middelpunt van mijn lichaam verspreidde zich een wanordelijk vlammende pijnscheut in alle richtingen tot in mijn vingertoppen, tenen, haarwortels toe. Ik schreeuwde, maar als in een nachtmerrie bracht ik geen geluid voort. Telkens opnieuw stak hij toe, alsof ik van binnen aan flarden moest, alsof ik nooit meer heel en van mezelf zou mogen zijn. Bij iedere pijngolf kreeg ik het warmer, oceanen van levenbrengend vocht verlieten mijn lichaam en vloeiden weg in het dorre bed. Zijn hoofd zakte op mijn schouder; het haar rook aards en menselijk en troostte me op een onbegrijpelijke manier. Ik begroef mijn gezicht erin totdat hij zijn hoofd ophief in een korte schreeuw. Van ver klonk de sirene van een ziekenauto. In een flits leek het me een logisch vervolg van ons samenzijn dat ik nu, gewond als ik was, zou worden afgevoerd naar het ziekenhuis om daar door een alles begrijpende chirurg liefdevol te worden geheeld, zodat ik weer gezond en pril zou zijn als voorheen. Als verlamd lag Ruud op me. Het leek of hij steeds zwaarder werd, mijn longen vulden zich maar half. Tenslotte liet hij zich van me af rollen tot hij op zijn rug naast me lag.

Even keek hij naar het plafond, toen keerde hij zijn gezicht naar me toe. Zijn ogen peilden mijn toestand. Hij vroeg: 'Hoe vond je het?'

'Het deed wel pijn,' zei ik.

'Dat hoort erbij,' zei hij bijna trots en lachte kort.

Hij stak een sigaret op. Tersluiks keek ik naar het gloeiend rode puntje. Het krenkte me dat bij hem de ene vorm van genot zo makkelijk op de andere volgde.

Niet lang daarna werd ik snel en efficiënt naar huis gereden. De motregen was echte regen geworden. Er is niemand om aan te vertellen hoe het geweest is, dacht ik, en huilde met mijn gezicht tegen zijn rug. De regendruppels en mijn tranen mengden zich en drupten op het asfalt, de route van de meubelzaak naar mijn ouderlijk huis markerend.

Op de fabriek waren alle dagen eender.

Zo snel als de band liep, zo traag verliep de tijd. Hier brachten we verreweg het grootste deel van de week door, de rest, de buitenwereld, was maar decor. Het was alsof we in een reusachtige smidse in het binnenste van de aarde werkten, koortsachtig de raderen smerend om haar draaiende te houden, onbewust van wat zich aan haar oppervlakte afspeelde.

Op een middag stapte de chef onze afdeling binnen in gezelschap van een man, die eruitzag als een Amerikaan vanwege zijn sportieve, gezonde gestalte met bebop-haar en een gemakkelijke lach die beloofde dat alles mogelijk was, geen berg te hoog, geen probleem dat niet door het menselijk brein kon worden opgelost, geen oorlog die niet gewonnen kon worden.

'We hebben een charmante gastvrouw nodig,' zei de chef met stemverheffing om zich boven het geraas en gestamp van de machines uit verstaanbaar te maken, 'die onze artikelen aan een aantal potentiële klanten kan presenteren.'

Keurend gleden hun blikken over ons heen. Onze ogen bleven bedeesd neergeslagen, het dichtsmelten van de zakjes ging onvertraagd door.

Wat zagen zij, onze vriendelijke neerbuigende chef en zijn kortgeknipte collega die zich breed lachend gereed hield de uitverkorene van deze dag op te eten als een hamburger met een gezond blaadje sla ertussen.

Zij zagen zichzelf weerspiegeld in de dikke brilleglazen van Lien, ze zagen de grijze, gepermanente kruinen van de twee andere vrouwen, ze zagen mij zoals ik me voelde sinds ik een meisje met een toren van zwart, getoupeerd haar als een mascotte bij Ruud achterop had zien zitten met haar armen om zijn middel geslagen.

'Hier zijn geen schoonheidskoninginnen,' riep Lien snibbig, 'daarvoor moet u bij de controle zijn.' Waarmee ze hen doorverwees naar Trix.

'Ze zijn allemaal hetzelfde,' bromde Lien, 'ze willen een madonna voor hun kinderen en een Marilyn Monroe in bed. Moet je zien,' haar handen lieten de zakjes in de steek die zich onmiddellijk ophoopten en trokken haar truitje glad, 'je zou toch niet zeggen dat ik twee kinderen heb gehad.'

Het zelfgebreide, zwart-geel gestreepte truitje rimpelde toen ze het weer losliet over haar platte kleine-meisjesborst als de huid van een rups voor zijn ontpopping.

'Eigenlijk is Paul precies zo als de anderen,' zei ze, 'daarom hou ik hem steeds in de gaten.'

'Bedoel je,' vroeg ik, 'dat je hem eigenlijk bewaakt?'

'Wat dacht je dan?' Ze leek verontwaardigd. 'Dat ik voor de lol naar al die voetbal- en bokswedstrijden ga?' Hardnekkig probeert de zon door de laaghangende mist heen te breken. We rijden door het mooiste gedeelte van het traject: de heide met haar grillige, breed uitstoelende dennen en berken die zilverwit oplichten in de nevel. Graag zou ik de mysterieuze wereld binnenstappen. Met mijn armetierige, stadse fantasie stel ik me voor dat ik tegelijk met het langzaam optrekken van de mist de zon zou zien doordringen tot in de diepste holtes en de dieren, zich lui uitrekkend, zien ontwaken.

Ik kan me niet herinneren wanneer ik het laatst in een bos was, steeds dringt het beeld van het stadspark zich op, dat te veel mensenwerk en te weinig natuur is met zijn grindpaden, geschoren grasvelden, bloemenborders, vijvers met tussen de sinaasappelschillen en rottende broodresten welopgevoede eenden, en wemelend van de bejaarden, eigenlijk net een begraafplaats waarin alleen de grafstenen ontbreken, maar waarvoor in de plaats de lijken gewoon op de groengeschilderde bankjes zitten te kwetteren en te knikkebollen en de vogels hun uitgedroogde broodresten toewerpen.

Misschien zijn we geen van allen goed uitgeslapen na het weekend, als bezadigde poezen op fluwelen kussens lui onderuit liggend staren we dromerig en soezerig naar buiten. Cora zuigt, schijnbaar gedachteloos, heel lang op één bonbon.

Wanneer plotseling, in tegenstelling tot het trage openschuiven waaraan we gewend zijn, de deur met een ruk wordt opengetrokken, schieten we geschrokken overeind uit onze halfslaap. Een jonge, onbekende, glanzend opgepoetste conducteur, voorzien van de noodzakelijke attributen, stapt onze coupé binnen.

'De plaatskaarten alstublieft,' zegt hij met afgemeten stem. Lichtelijk ongeduldig kijkt hij van achter een scherp metalen brilletje van de een naar de ander, alsof hij zich erover verbaast, dat wij niet wapperend met onze abonnementen klaar zitten. Zo traag mogelijk, verstrooid zoekend in tassen en zakken, halen we onze maandkaarten tevoorschijn. Samen zijn we één log lichaam vol tegenzin. Met de precisie van een schoolmeester bestudeert hij de gegevens op onze kaarten.

'Deze is verlopen,' zegt hij en kijkt me door zijn glinsterende brilleglazen doordringend aan, 'u had vandaag uw maandkaart moeten vernieuwen.'

'Oh,' zeg ik en automatisch gaan mijn handen geschrokken naar mijn wangen, 'ik ben het totaal vergeten.'

'Hindert niks hoor,' zegt Cora goedmoedig, 'dat overkomt ons allemaal wel eens. Morgenochtend haal je gewoon een nieuwe.'

'Dan zal ik nu een retourtje voor u uitschrijven,' zegt de conducteur.

'Hoe bedoelt u, een retourtje uitschrijven?' vraagt Cora achterdochtig.

'Voor deze rit natuurlijk.' Hij raakt geïrriteerd, het duurt hem te lang. Sprakeloos kijkt Cora hem aan. Ik bedenk koortsachtig dat ik geen geld bij me heb.

'Die is goed,' Cora lacht naar ons, 'dat hebben we nog nooit meegemaakt.'

Met gefronste wenkbrauwen en bars toegeknepen lippen neemt hij Cora's gestalte in zich op. Hij kijkt of hij zijn ogen zou willen spoelen, opdat ze iets anders zouden zien, bijvoorbeeld zijn vriendinnetje, dat altijd keurig een plaatsbewijs koopt en op dit vroege tijdstip nog in haar wollig rose bed ligt te dromen van hem en de volledig verzorgde reizen, die ze samen zullen gaan maken op kosten van de NS.

'Al jaren reizen we op en neer, de spoorwegen worden rijk van ons,' roept Cora verontwaardigd, 'en dan komt er ineens zo'n krentenweger.'

Driftig trekt de conducteur zijn boekje tevoorschijn en begint met felle pen te schrijven.

Cora loopt rood aan. 'Wat verbeeld jij je wel? Wij reisden al met de trein toen jij nog geboren moest worden.'

Hij houdt zich doof en scheurt verbeten het papier van het bloknootje. Terwijl hij het mij aanreikt grist Cora's mollige hand het weg.

'Jezus,' ze buigt zich naar Trix toe, 'moet je zien, die zeikerd heeft nog een boete gerekend ook.'

En dan, in een fractie van een seconde, terwijl ik nog steeds als een dwaas met mijn lege, geopende portemonnee in de hand zit toe te kijken, bekijkt Cora hem ongegeneerd met haar donkere ogen en neemt een beslissing op dezelfde koele en definitieve wijze als een willekeurige koning of keizer uit de historie, wiens tolerantie een grens bereikt heeft en die vanaf zijn troon, na de schuldige met een korte wikkende en wegende blik te hebben gemonsterd, met een handbeweging tegen zijn raadsman zegt: sluit hem op, of: hang hem op, en er verder ook niet meer mee lastig gevallen wil worden.

Bruusk staat ze op en met haar verrijzen alle imposante welvingen, die haar lichaam rijk is, en alle gele dansende nopjes op haar paarse jurk. Wijdbeens, er is geen ontkomen aan, gaat ze voor hem staan en licht losjes met haar ene hand de bril van zijn neus.

'Het gaat niet door,' zegt ze.

Als van zijn ziel beroofd knippert de conducteur wereldvreemd met zijn oogleden en bijt nerveus op zijn onderlip.

'Geef hier,' zegt hij schor en doet een wilde greep naar zijn bril, die door Cora met gestrekte arm hoog boven het hoofd wordt gehouden.

'Geef mijn bril terug.'

Cora lacht hem breed toe, haar liefste lach, sterretjes in haar ogen.

Moeder, moeder, de beer is los, denk ik. Een vreemd en verrukkelijk soort opwinding tintelt door me heen; ik heb het voorgevoel dat er iets onherroepelijks gaat gebeuren, waarna niemand van ons nog dezelfde zal zijn als voorheen.

'Jij krijgt je brilletje terug als je het biljet in duizend stukjes scheurt,' zegt Cora, 'eerder niet.'

Verward door de snelle machtswisseling staart hij haar aan. Met zijn ene hand grijpt hij naar de leren tas, die op zijn buik hangt, met de andere naar zijn pet als om zich ervan te vergewissen dat hij nog in functie is.

'Ik denk er niet over,' zegt hij dapper.

'Goed.' Met een diepe zucht geeft Cora de bril over aan Trix, die in de hoek bij het raam zit. Alsof er ooit overleg is gepleegd en er goede afspraken zijn gemaakt over het scenario van deze scène gaat Trix over tot een handeling die volmaakt aansluit bij de bedoeling van Cora: ze draait het raampje open en houdt met haar hand de bril in de mistige buitenlucht, terwijl ze in een bevallige houding staat waarbij de welving van taille naar heup geprononceerd uitkomt. Met haar lieftallige glimlach lijkt ze sprekend op het soort vrouwen dat in prospectussen leunend tegen de motorkap van een Mercedes mannen tot kopen verleidt.

'Niet doen,' roept de conducteur in paniek, 'geef mijn bril terug.'

'Ik heb je gezegd schat wat voor ruil we willen maken,' zegt Cora kalm alsof ze op de markt marchandeert met een onwillige klant.

In het nauw gedreven kijkt hij beurtelings woedend om zich heen en angstig naar het raam, waarachter het kostbaar kleinood met precies naar de zwakte van zijn ogen geslepen diamanten ieder ogenblik verbrijzeld dreigt te worden.

'Op het eerste station waar we stoppen maak ik er werk van,' roept hij.

'Horen jullie dat? Hij gaat er werk van maken!' Met een vanzelfsprekendheid alsof ze hem van de kapstok plukt neemt Cora de pet van zijn hoofd en zet hem op haar eigen zwart geverfde haren. Jolig lacht ze ons over haar schouder toe. Zonder pet is de conducteur tenger en kwetsbaar met zijn blonde zijdeachtige krulletjes tot in zijn nek.

'Weet je dat je mooie blauwe ogen hebt?' vraagt Cora.

Hij slikt moeilijk alsof er per ongeluk een pruimepit naar achteren geschoten is, en doet een onbeheerste greep naar de pet, maar Cora is hem voor en overhandigt de pet buigend aan Lien. 'Vinden jullie ook niet dat hij mooie ogen heeft?' Een voor een vallen we haar bij en kijken naar hem met dezelfde dweepzieke bewondering als naar een film met James Dean in de hoofdrol, waardoor hij nog zenuwachtiger wordt. Hij heeft vast een hekel aan de hysterie van vrouwen die, bodyguards en zaalwachters trotserend, het podium beklimmen om Elvis Presley te kunnen aanraken; hij vereenzelvigt zich dan niet met Elvis Presley, maar met de zaalwachters, de mannen met de petten op en de uniformen aan.

'Geef nu je tas maar hier,' zegt Cora, 'met alles d'r op en d'r aan.' Perplex staart hij haar aan. Nog nooit heeft iemand hem zo'n oneerbaar voorstel gedaan. Sprakeloos schudt hij zijn hoofd.

'Vooruit,' zegt Cora, 'kijk maar eens wat er anders met je bril gebeurt.'

Met soepele polsbewegingen laat Trix hem, slechts tussen twee vingers geklemd, heen en weer bewegen in de mist.

Er is in Cora een kracht losgebarsten die elke weerstand breekt, zoals een snelstromende rivier in moessontijd bomen ontwortelt en met zich meesleurt.

'Toe maar, geef je speelgoed maar aan mamma.'

Gelaten ontdoet hij zich van zijn schoudertas. Zonder er zelfs maar een blik op te werpen geeft Cora hem aan Lien, die hem in een hoek frommelt achter haar eigen versleten boodschappentas, waar de breipennen uitsteken als de antennes uit een draagbare radio.

'Zo,' zegt Cora, 'kom je al op andere gedachten?'

Afwachtend staan ze tegenover elkaar, Cora wel een hoofd groter dan hij. Hoe heeft ze zo groot kunnen worden, denk ik, en zo sterk. Het moet wel een kolossaal korset zijn waar zij zich iedere morgen in- en iedere avond uitrijgt. Even lijkt het of de vrede getekend zal worden, alsof hij zal gaan zeggen: 'Jullie hebben gelijk, waar maak ik me eigenlijk druk over, wat kan 't me schelen, als ik maar met rust gelaten word,' maar plotseling duwt hij met zijn ene hand Cora opzij en schiet op Trix af. Met zijn volle gewicht stort hij zich op haar. Al zijn aandacht geldt zijn bril, verbeten reikt hij naar de hand die de bril vasthoudt; het is een wonder dat Trix hem niet loslaat van pure schrik.

Even lijkt Cora van haar stuk gebracht: beduusd als een dikke dame die haar hondje kwijt is (wat gek, daarnet was hij er nog) draait ze zich om. Maar dan is ze ook in een stap bij Trix' belager, grijpt hem in de kraag van zijn conducteursjasje en trekt hem achterover van Trix af. Zijn ogen puilen uit, hij is een en al bloeddorstigheid en gromt. Een hond, die in het vuur van de strijd door zijn ongeïnteresseerde vrouwtje van zijn grootste vijand gescheiden wordt.

Trix veegt enkele haarslierten uit haar gezicht en trekt haar jurk glad. Ze ziet er niet eens geschrokken uit, eerder lijkt ze op een jong meisje, dat verfomfaaid en met een rood hoofd en glinsterende ogen uit de bosjes komt kruipen na een stoeipartij met een jongen.

Achter het raam schiet een buitenaards projectiel voorbij; Lien heeft, om een daad te stellen, de pet de vrijheid gegeven.

Met zijn benen trappend en met zijn armen in het wilde weg om zich heen stompend probeert de conducteur los te komen. Cora grijpt zijn armen en draait ze op zijn rug. 'Pak hem bij zijn benen,' sist ze. Trix en Lien graaien ieder naar een been en gaan er aan hangen om er vat op te krijgen. Mijn hart bonkt in mijn keel. Ik ben niet gewend aan ruzies en vechtpartijen, bij mij thuis blijft alles altijd onderkoeld en ondergronds, de wreedste oorlogen worden in ijzingwekkende beleefdheid uitgevochten.

'Wij trekken hem zijn uitsloversjasje uit,' zegt Cora.

Omdat iedereen al een aandeel heeft in het temmen van het beest rusten Cora's ogen nu op mij. Met bibberende handen pak ik de onderkant van een mouw bij de stugge stof en begin te trekken. Het valt niet mee, iemand die zich hevig verzet uit zijn jasje te helpen. Werkte hij maar een beetje mee, denk ik, dan ging het veel gemakkelijker. Aan Cora's gezicht is te zien, dat ze al haar kracht nodig heeft om hem in toom te houden; als een gewonde tijger vecht hij om los te komen, terwijl zijn ogen haat seinen naar zijn aanvallers.

'Nu zijn stropdas,' zegt Cora koel als een chirurg, die de zuster om het ontleedmesje vraagt. Gehoorzaam buig ik me over hem heen en even kijken we elkaar peilloos diep in de ogen, ik met in mijn ene hand zijn stropdas alsof ik hem ga wurgen.

Wat weet ik van mensen? Niets. Er zijn er een paar, zoals mijn vader, over wie ik noodgedwongen tot in den treure heb nagedacht. En nu zie ik in deze grote pupillen, die bijna al het blauw uit zijn ogen verdrongen hebben, de angst heen en weer schieten als opgejaagde visjes in de diepzee. Ik geloof dat zijn angst veel heviger is dan zijn haat, die hem als het ware nog een beetje op de been houdt. Een golf van medelijden, die erg slecht gelegen komt, brengt me in verwarring. Met snelle vingers maak ik zijn stropdas los.

'En,' vraagt Cora op een toon alsof ze al geen antwoord meer verwacht, 'hoe staat het ermee?'

Hij zwijgt. Doodstil ligt hij nu. Broedt hij ergens op? Afwachtend slaan we hem gade. Ineens spant hij zijn lichaam, gooit zijn hoofd in zijn nek en spuugt Cora in het gezicht.

'Zijn overhemd,' zegt Cora bars tegen mij, terwijl haar paarse schouder het speeksel wegveegt.

Hij draagt net zulke manchetknopen als mijn vader. Ik peuter ze los. Als ik zijn mouw halverwege uitgetrokken heb maakt hij een onbeheerste beweging waardoor de stof openscheurt, zoals een konijn in zijn poging zich uit een strik te bevrijden zijn eigen huid opentrekt. Een smalle bleke borst komt tevoorschijn met wat schuchtere blonde begroeiing.

Ik leun achterover.

'Zijn broek.' Cora lijkt ongeduldig. 'We zullen hem laten voelen dat hij maar een doodgewone jongen is.'

'Trek een man een uniform aan,' zegt Trix, 'en hij krijgt meteen kapsones.'

Uniformen dat zijn, nog steeds, de Duitsers. In colonnes optrekkend, met stampende laarzen, de hand gestrekt, liederen dreunend, zo marcheren ze nog in archieffilms, de boeken en de geheugens van allen die het gezien hebben. Waar zijn we mee bezig, denk ik, we zijn niet meer te stoppen, we hebben iets ontketend dat sterker is dan wijzelf.

Terwijl ik zijn riem losmaak zie ik Ruud in het schemerdonker aan de rand van het bed staan, met snelle trefzekere bewegingen zijn riem opengespend en ik lig weer op het diepe zachte bed vol verbazing en afkeer over mijn gewilligheid. Het is me een raadsel waarom ik voortdurend doe wat ik eigenlijk niet wil.

Met veel moeite ontdoen Lien en Trix hem van zijn glanzend zwart gepoetste schoenen. Om een broekspijp uit te kunnen trekken moet het been even bijna losgelaten worden. Zoals schermers en boksers een zwak moment van hun tegenstanders afwachten om te kunnen toeslaan benut de conducteur dit ogenblik voor een felle, goedgemikte trap. Trix tuimelt achterover en grijpt met beide handen naar haar gezicht.

'Ik zal jullie,' hijgt hij.

Waarom zij, denk ik, waarom juist Trix met haar al vaker geteisterde gezicht. Maar zijn blote voet heeft niet veel schade aangericht, zij herstelt zich snel. Ongehinderd trek ik zijn lange broek uit.

Even lijkt het of zijn kracht gebroken is. Slap hangt zijn bovenlichaam in de schoot van Cora, die neerhurkt in het middenpad. Het had op de kruisafneming van Christus kunnen lijken met Cora als de smartelijk treurende moeder en hij als de deerniswekkend gestorven martelaar als er niet in plaats van een wit kuisheidsdoekje zo'n glanzend lichtblauw broekje om zijn lendenen gespannen had.

Als ik later trouw, denk ik, koop ik zulke broekjes voor mijn man.

Wat gebeurt er nu? Aarzelen we? Ieder van ons is ondoorgrondelijk. Taxerend kijken we elkaar over het lichaam van de conducteur heen aan.

'We gaan door,' zegt Trix. Met een ferme hoofdbeweging schudt ze haar manen naar achteren.

'Toe maar,' ze knikt mij toe.

Met verlamde handen sta ik naast hem. Nooit heb ik iemand zo in het nauw gebracht gezien.

Hij kijkt alsof we op het punt staan hem door het opengedraaide raam naar buiten te schuiven of, erger nog, alsof hij een dergelijke dood verkiest boven datgene wat wij van plan zijn.

Wat willen we? Willen we ons wreken, hem tot het uiterste vernederen? Of willen we onszelf een nieuw soort opwinding bezorgen om de sleur te doorbreken? Het is me onmogelijk in beweging te komen. Was ik maar een stuk mechanisch speelgoed met een sleuteltje in de rug waarmee ze me konden opwinden, zodat ik onaangedaan deze handeling kon verrichten. Drie paar ogen dwingen me het te doen, één paar smeekt me het niet te doen. Is dit de toetssteen van hun vriendschap? Moet ik nu bewijzen dat ik hun gezelschap waard ben?

'Laat mij maar,' zegt Trix.

Ze komt overeind. Beschaamd en opgelucht neem ik haar plaats in. Dit zal haar act worden, zo is het voorbestemd, ik zie het aan de verleidelijke glimlach om haar lippen terwijl haar ogen die van de conducteur zoeken.

In een samenbundeling van zijn laatste krachten brult hij: 'Blijf van me af, blijf godverdomme van me af...'

Wanhopig kronkelt hij zich in de onmogelijkste houdingen om los te komen uit onze greep, ik voel de gespannen bundeling van spieren in zijn been. Resoluut grijpt Trix het broekje met beide handen beet en trekt het van zijn heupen omlaag.

Gekweld wendt hij zijn hoofd af. Een zonnestraal heeft door de mist heen weten te dringen en schijnt recht in de coupé, het lichaam van de conducteur in een warme gloed hullend. Er valt een stilte tussen ons, die benadrukt wordt door het denderen van de wielen over de rails.

Cora, als een vredige matrone, laat peinzend haar ogen over het naakte lichaam gaan. Alle wraakgevoelens schijnen haar te hebben verlaten, haar greep op zijn armen is verslapt en hij hangt tegen haar aan als de verloren zoon die teruggekeerd is in de moederschoot.

Gedachteloos streelt Lien zijn been, voortdurend haar korte neus optrekkend in een rimpel om haar bril omhoog te duwen, een voor ons vertrouwde tic.

Trix' gewoonlijk zo verveelde gezicht is nu een en al leven. Ze heeft blosjes van opwinding, haar neusvleugels trillen en haar ogen schitteren als nooit tevoren. Zo mooi heb ik haar nog nooit gezien. Het lichtblauwe broekje houdt ze als een fetisj in de hand.

De zon schijnt warm op mijn rug. Ik voel de spanning uit me wegvloeien als na een hevig onweer in een opgeklaarde atmosfeer. Van mij mag de trein zich tot in de oneindigheid door het landschap blijven boren terwijl wij staren naar het eeuwig andere, vreemde, uitdagende, angstaanjagende, vertederende.

Met de statigheid van een priesteres uit de oudheid buigt Trix zich voorover en kust hem op zijn borst. Een rilling trekt door hem heen, het been in mijn hand krijgt weer een eigen wil. Langzaam en met nadruk bewegen Trix' lippen zich van zijn borst naar zijn buik, haar haren waaierend over hem heen. Vanaf zijn onderbuik beschrijft ze een boog via de heup naar zijn dijbenen, waarop korte haartjes glinsteren.

Niemand van ons zegt iets, het is of we een geheim ritueel bijwonen, waarin zich een wonder voltrekt aan zijn geslacht dat groeit en zich verheft tot het sidderend en tot het uiterste gespannen een schaduw werpt op zijn buik. Als in trance laat Trix haar lippen over de binnenkant van zijn dijbeen gaan. Een rauwe kreet, die onder uit zijn buik lijkt te komen en vergezeld gaat van krampachtige schokken in zijn borst en schouders maakt abrupt een einde aan het weldadige gevoel dat in ons geslopen is.

Trix komt overeind en haar roes maakt plaats voor verbazing als ze ziet dat hij ligt te huilen in Cora's schoot en zijn gezicht probeert te verbergen in de plooien van haar paarse jurk. Cora, als een alles vergevende en begrijpende moeder, strijkt hem troostend over zijn haar. Onthutst over het effect van haar liefkozingen plukt Trix nerveus aan het onderbroekje dat ze nog steeds in haar hand houdt.

De trein mindert vaart.

Ik weet alleen maar wat er in onze coupé gebeurde; naar al het gegaap en gehoest, de stille blikken en vertrouwelijke gesprekken, de irritaties en de dromerijen in de rest van de trein kan ik alleen maar gissen. De conducteur is in principe de enige die neutraal blijft omdat hij zich tijdens de reis van het ene compartiment naar het andere blijft begeven.

De onze niet. Die heeft zijn ronde niet af kunnen maken. De aanblik van een station heeft hem enigszins tot zichzelf gebracht. Uitgeput is hij gaan staan, wankelend heeft hij de schuifdeuren geopend.

'Wacht,' zegt Cora, 'je kleren.'

Haastig verzamelen we zijn eigendommen. Hij luistert niet. We bestaan niet meer voor hem. Onvast op zijn benen strompelt hij naar het balkon, Cora waggelt achter hem aan met ons in haar kielzog.

'Kleed je aan,' roept ze, 'je kunt zo toch niet uitstappen.'

We stoppen zijn broek, sokken, overhemd, stropdas, zijn bril en zijn tas in het jasje, knopen het met de mouwen dicht en duwen de bundel in zijn armen. Verwonderd, alsof hij een vondeling aangereikt krijgt, kijkt hij ons aan.

God zij dank wachten er geen andere reizigers op dit balkon. Haastig gaan we terug naar onze coupé, wij hebben onze bestemming nog niet bereikt. Onze opgewonden, warme lichamen tegen elkaar aan, de neuzen tegen het glas, zien we de conducteur uitstappen.

Een fors aantal passagiers staat op het perron te dringen. Voor de naakte reiziger wijken ze perplex uiteen. Hij schrijdt tussen de rijen door met het bundeltje kleren voor zijn borst en staart ernstig voor zich uit alsof hij zijn eerste zoon naar de doopvont voert.

Rose, met bizarre stukjes geel ertussen

Schijnbaar ongevoelig voor de hitte of daardoor juist tot leven gewekt klauterde vlak voor mijn oog een scharlakenrood spinnetje langs een grasspriet omhoog. Een rode spin, verdwaald uit een wereld waar de bomen blauw waren, de luchten geel en de maan paars, bij toeval terechtgekomen in de groene uitgestrektheid van ons grasveld. Toen hij het hoogste punt bereikt had, bleef hij roerloos zitten. Zou er iets in hem omgaan, dacht ik, verwondert hij zich, vraagt hij zich af of één spinneleven toereikend zal zijn om alle grasprieten van dit gazon te beklimmen?

Ik sprak met mezelf af: als hij honderd tellen blijft zitten zonder zich te bewegen, dan heb ik me de pijnlijke gebeurtenis van deze middag maar verbeeld, dan heb ik m'n vader door mijn opmerking niet in opperste staat van verlegenheid gebracht tegenover zijn in de watten gelegde bezoek.

In m'n gesteven jurk was ik mezelf komen presenteren, want zo wilden mijn ouders het. Door de vier verwachtingsvol naar mij opgeheven gezichten, alsof ze alles van mij zouden accepteren, raakte ik in een overmoedige stemming en had ik iets gezegd dat onherroepelijk was.

Een zeurderige pijn in mijn maag bleef me er voortdurend aan herinneren; om het niet te voelen was ik op mijn buik in het gras gaan liggen.

Ik zou het nooit meer goed kunnen maken.

Moedeloos begon ik te tellen, maar halverwege vergat ik waar het voor was en hield er mee op. Het was te heet om je hoofd erbij te houden. Zelfs de duizendvoudige schaduw van de acacia waar ik onder lag bood nauwelijks koelte. De bovenste knoopjes van mijn jurk had ik al los gemaakt, maar rond mijn middel en bovenarmen bleef hij knellen. De jurk gunde me niet dat ik groeide; ik verdacht mijn moeder ervan me kunstmatig kind te willen houden. Alles baadde in het zonlicht en deed pijn aan mijn ogen. Het bemoste beeld van een gedrochtelijke mannenfiguur met bokkepoten en een staart, dat midden in het gras stond, was uitdrukkingsloos geworden. Meestal scheen hij zijn aanwezigheid in onze tuin als een misplaatste grap te beschouwen, te oordelen naar het opkrullen van zijn mondhoek, terwijl de andere in diepe minachting neerwaarts boog; nu had de overdaad aan licht onverschilligheid in hem gewekt.

In de schaduw van de sokkel zat Mathijs het binnenwerk van een ouderwetse koperen wekker uit elkaar te peuteren. De onderdelen stopte hij in een roestig blikje dat naast hem stond. Zijn aandacht was net zo gespannen als het veertje in de klok moest zijn geweest voordat het door hem werd losgetrokken. De wereld om hem heen bestond niet meer: door het mechanisme van het uurwerk te ontraadselen zou hij het mysterie van het universum blootleggen. Zijn mond hing hierbij open, met uitpuilende onderlip.

Er kriebelden beestjes in mijn knieholtes, ik sloeg mijn benen op en neer in het gras.

Het terras was door Gisela in beslag genomen. Ze had haar beduimelde poppen en speelgoedbeesten in de witgeschilderde tuinstoelen gerangschikt en schonk uit een miniatuurtheepot citroengele limonade in miniatuurkopjes. Vol behagen omdat ze alle touwtjes in handen had hielp ze hen met drinken. Alleen de beer was een spelbreker: zijn hoofd knakte steeds voorover omdat er geen vulling meer in zijn hals zat. Behoedzaam omvatten haar mollige handen de minuscule oortjes van de kopjes, traag bewoog ze zich van de een naar de ander, ze geruststellend toesprekend en soms wat aan hun houding verschikkend.

Nooit meer zou ik onbekommerd kunnen spelen. Misschien was ik er ineens te oud voor geworden. Vroeg of laat kwam er een dag waarop je er niets meer aan vond de moeder te zijn van een serie celluloid poppen, of je te verbeelden dat een van versleten lappen in elkaar geflanste tent je huis was.

Ik had er zo'n voorgevoel van dat ik nooit meer ergens zin in zou hebben. Het begon nu ook overal te jeuken, alsof alle insekten uit de tuin in slagordes tussen de grashalmen doorgetrokken waren om mijn lichaam te komen kwellen.

Het huis zweeg. De ramen en deuren waren hermetisch gesloten om de hitte buiten te houden. Hoge bomen met roerloos neerhangende bladeren bogen zich over het dak heen, het huis in een kom van schaduw beddend. Aan de straatkant vormden de ineengestrengelde kruinen het dak van een tunnel, waardoorheen de buitenwereld in de tuin kon binnendringen. Zo had zich die morgen meneer De Gaai, wiens naam dagenlang als een zucht door het huis was gegaan en zich had schuilgehouden achter gesloten deuren, toegang verschaft tot ons huis. Zijn vrouw, haar beige plissérok had ik tussen de boomstammen door zien schemeren terwijl ze zich kattig voortbewoog op hoge naaldhakken, volgde in zijn kielzog.

Twee dagen eerder was Parel niet aan de maaltijd verschenen. Het geëmailleerde bakje met rauw hart bleef onaangeroerd, uren later waren de malse rode brokken bruin geworden met harde, uitgedroogde randen.

'Het is een volwassen kater,' zei mijn vader, 'hij zal wel op vrijersvoeten zijn.'

's Nachts schrok ik wakker. Een klaaglijk en verwijtend gemauw was tot mijn onderbewustzijn doorgedrongen. Parel was teruggekomen! Nadat hij, met zijn voorpoten krassend in de groene verf, tegen de deur was opgeklauwd zat hij nu troosteloos voor zich uit te staren, niet begrijpend waarom hij een gesloten, katvijandig huis tegenover zich vond.

Haastig gleed ik uit bed. Mijn lichaam was klam, rillend sloop ik over het koude zeil. De deur ging zacht piepend open. Geruisloos, bijna zwevend, ging ik de trap af, de gang door, de keuken, de bijkeuken. Vochtige lakens, die aan waslijnen te drogen hingen, sliertten om me heen en probeerden als witte wieven greep op me te krijgen. 'Ik kom eraan Parel,' fluisterde ik, 'ik kom eraan.'

Met mijn volle gewicht ging ik aan de grendel hangen om hem open te schuiven. Er viel een streep maanlicht naar binnen, toen een brede baan. Daarin had zich het silhouet van Parel moeten bevinden.

Koortsachtig speurde ik het terras af, keek achter de vuilnisbak, onder de tuintafel, achter een pot met petunia's. Daarna liet ik mijn ogen over het grasveld gaan; de bomen wierpen er strenge schaduwen overheen. De man met de bokkepoten lachte mysterieus naar een oor, alsof hij alles van Parels verblijfplaats wist. Waarom kijk je niet achter mijn sokkel, fluisterde hij, schijtluis! Ik huiverde.

Aarzelend, alsof het een met kroos bedekte sloot kon zijn, zette ik een voet op het vochtige gras. De lucht drong kil door mijn nachtpon heen. Ik hoorde mezelf roepen, een vreemd schril geluid voortbrengen dat niet op mijn stem leek. Op alle mogelijke toonhoogten riep ik zijn naam: van lief en uitnodigend tot hard dwingend en ongeduldig. Maar de tuin bleef nadrukkelijk leeg en ademde Parels afwezigheid. De struiken en planten waar hij tijdens zijn sluiptochten met zijn donszachte vacht langsgestreken was, het gras waarin hij op zijn rug heen en weer rolde, de bomen die hij razendsnel verticaal beklom en verliet: zij alle ontkenden zijn bestaan.

Terwijl ik, ingespannen turend, in de donkere holtes tussen struiken en bomen probeerde door te dringen alsof ik Parels gestalte door geconcentreerd te kijken aan de duisternis zou kunnen afdwingen, omklemde een grote hand mijn arm en trok me achteruit van het grasveld af. Mijn vader, in een verfomfaaide pyjama, met rechtopstaande haren en dikke wallen onder zijn ogen die schaduwen wierpen op zijn wangen, keek me verwilderd aan en siste ingehouden: 'Ben je helemaal gek geworden? Je maakt de hele buurt wakker!' Driftig frommelde hij me het huis in.

Ik rende voor hem uit naar boven. Een van mijn tenen knakte dubbel tegen een traptrede. Een felle pijnscheut trok door mijn hele voet en dwars door mijn lichaam heen om ergens onder mijn schedel te blijven hangen. Het was goed pijn te voelen. Ik kroop in bed en trok de dekens ver over me heen. Het kan hem niets schelen, gromde ik, dat Parel weg is. Het kan hem ook helemaal niets schelen hoe ik me voel.

Dat was een vreselijke gedachte. Ik stompte met mijn vuisten in mijn kussen. Om mijn vader zou ik geen traan vergieten.

Een labyrint van reageerbuisjes, gevuld met vloeistoffen in alle kleuren van de regenboog, waartussen mensen in witte jassen zich schimmig voortbewogen, zo zag zijn wereld er uit. Jaren geleden was ik er eens geweest, aan de hand van mijn moeder. Zorgvuldig, om geen lawaai te maken, sloot ze de zware houten deur achter ons en liet haar ogen rondgaan in het laboratorium. Haar blik volgend ontdekte ik tegelijk met haar mijn vader. Over zijn stalen bril heen, die op het puntje van zijn neus rustte, tuurde hij naar een glinsterend buisje met een vuurrode vloeistof erin, dat hij tegen het licht hield.

'Goedemiddag,' zei mijn moeder bedeesd en ze knikte beleefd naar iedereen in het algemeen.

Mijn vader, vanuit de diepte van zijn concentratie dromerig opziend, herkende ons niet. Ik ben het, dacht ik, zie je dat dan niet?

'Daarnet was hij geel,' riep ik hem toe, de toverbal die mijn moeder me bij het betreden van het fabriekscomplex in de mond gestoken had omhoog stekend, 'en nu is hij groen!'

Hij verstijfde. Het buisje gleed tussen zijn vingers door. Op de grond vormde zich een rode plas, alsof hij aan een slagader gewond was. De toverbal ontsnapte uit mijn hand en rolde het laboratorium in, eigengereid op verkenningstocht. Ik keek van het groene balletje naar mijn vader en weer terug. Het bleef maar door rollen om pas in de rode vijver temidden van glasscherven aan zijn voeten tot stilstand te komen. (Later ben ik gaan denken dat het verbeelding is geweest of een wensdroom en dat de toverbal in werkelijkheid gewoon in een willekeurige richting rolde om tenslotte ergens onder een kast te verdwijnen.)

De dag na Parels verdwijning hing de hitte laag en zinderend boven de aarde. De vogels zwegen. De planten met slap en futloos langs de stengels neerhangende bladeren snakten naar regen. Alles wat leefde was zuinig op zijn energie. Om na te denken klom ik in een kastanjeboom met een breed uitwaaierende, beschermende bladerkroon en ging op een tak zitten vanwaar ik een ruim uitzicht had, terwijl ik zelf voor de buitenwereld onzichtbaar was.

De tuin lag roerloos in de diepte; overbekend tot in z'n verste uithoeken verveelde hij me. Mijn wereld was me te klein. Bergen wilde ik zien, besneeuwde bergen met ravijnen ertussen, oerwouden, tropische stranden met kokospalmen, kastelen, tempels, amfitheaters, negers met ringen door hun neus, parelvissers die minutenlang onder water bleven, medicijnmannen, tovenaars. Hoe klein waren de pygmeeën? Hoe hoog de wolkenkrabbers? Hoe diep was de Valley of Death?

Ik wilde eindelijk eens iets meemaken. Hier stikte ik bijna, in deze hete tuin temidden van uitgestrekte, gortdroge dennenbossen en nergens een meer of een rivier om in te zwemmen. Tegen het hek stond mijn fiets, twee wielen en een stuur. Waar zou ik heen moeten fietsen?

Lusteloos liet ik me weer uit de boom glijden. Ik had niets om over na te denken.

Uit behoefte aan koelte slenterde ik het huis in. Vanuit de kamer bromde monotoon mijn vaders stem als een in de verte voorbij tuffende vrachtboot op een rivier. Hij was de hele week thuis gebleven. Vanwege de hitte, zei hij. Toch straalde hij geenszins de luchthartigheid van vakantie uit: urenlang zat hij samenzweerderig met mijn moeder te praten in de bedompte, oranjekleurige atmosfeer van de huiskamer, waar de ramen gesloten en de markiezen neergelaten waren. Herhaaldelijk zette mijn moeder koffie. Er broeide iets. Ik had het gevoel dat hem iets onuitsprekelijk ergs boven het hoofd hing, dat uiteindelijk ons allemaal zou treffen.

Op mijn tenen liep ik door de gang. In het van ouderdom verweerde glas van de gangspiegel zag ik mezelf sterk vervormd langssluipen, voorovergebogen, met opeengeklemde lippen. Achter de deur van de kamer bleef ik staan. De nerven in het hout vormden een mannenhoofd met een grijns van oor tot oor en donkere, in knoesten wegzinkende ogen; onwillekeurig bracht ik het in verband met de naam die ik mijn vader op dat moment hoorde noemen: 'De Gaai chef van de research, dat betekent de domheid aan de macht.'

'Maar je kunt toch gewoon verder gaan met je onderzoek.' Mijn moeder sprak met een dichtgeknepen keel.

'Dat is 't 'm nu juist,' mijn vader verhief zijn stem, 'ik weet precies wat er dan gebeurt: zodra er enig resultaat is, grist hij 't uit je handen en gaat dan...'

Traag opende ik de kamerdeur en keek om de hoek.

'...met andermans veren pronken...' besloot hij en bekeek met opgetrokken wenkbrauwen mijn entree.

Mijn moeder, als een vogeltje ineengedoken in een leunstoel, staarde verslagen voor zich uit.

'Zou Parel in een strik geklemd kunnen zitten?' vroeg ik, 'net als een konijn?'

'Alles kan,' zei mijn vader, ongeduldig met zijn vingers op de stoelleuning trommelend, 'in principe is niets uitgesloten.'

'We kunnen toch niet het hele bos afzoeken, kind.' Nerveus stopte mijn moeder enkele ontsnapte sprietjes haar terug in haar kapsel. 'Dat is toch onbegonnen werk.'

Besluiteloos bleef ik staan. Ik wipte van mijn tenen op mijn hielen en weer terug. Er dreven vellen in de verflenste restjes koffie in hun kopjes.

'Wat is er eigenlijk?' vroeg ik.

'Er is niets,' zei mijn vader snel.

'Het is gewoon erg heet,' voegde mijn moeder er vermoeid aan toe.

Intens en langdurig haalde mijn vader adem. Ik hoorde de lucht door zijn neusgaten suizen. 'Ga maar lekker naar buiten,' zei hij.

Ongerust verliet ik de kamer. Leunend tegen de muur van de

gang, met mijn nagels krassend over de lambrizering, bleef ik luisteren.

'En aan het eind van de maand,' vervolgde mijn vader, 'strijkt hij het drievoudige op van wat wij verdienen. Hij laat een bungalow bouwen aan de rand van de stad met een garage voor zeker drie auto's, een paardestal en een verwarmd zwembad, de parvenu.'

'Krankzinnig,' zei mijn moeder.

Hierna zwegen ze allebei. Ik sleepte me weer naar buiten, de lichtzee tegemoet.

In de namiddag kwamen er golven muziek door het open raam naar buiten. Een orkest met huilende violen verhevigde de hitte; opnieuw werd ik overvallen door een gevoel van dreiging. Om me gerust te laten stellen liep ik het huis weer in, naar de bron van de muziek.

Mijn vader lag languit op de bank met open ogen naar het plafond te staren. Zo ziet hij er uit als hij dood is, dacht ik, bleek en met een strak profiel. De atmosfeer rondom hem was geladen van het nadenken en de sombere voorgevoelens. Door de lauwe, oranje-rode schemering had ik even de vreemde gewaarwording dat ik me in een ander tijdperk bevond, ergens in een onbestemde toekomst, en dat alles wat er te gebeuren stond al voorbij was.

Schoorvoetend, alsof ik een tempel betrad, liep ik naar het midden van de kamer. Voelde hij dat er naar hem gekeken werd? Als een zwaar zieke draaide hij uiterst langzaam zijn hoofd in mijn richting, totdat ik in twee uitdrukkingsloze ogen keek, waarin de pupillen leken te ontbreken en die me het onbehaaglijke gevoel gaven, dat hij me helemaal niet zag. Misschien bestond ik ook niet, was mijn hele leven tot nu toe gewoon de vervelende, langdradige droom van iemand anders, die straks zou ontwaken, mijn beeld van zich af schudden en overgaan tot de orde van de dag.

Mijn vader zuchtte en wendde zijn hoofd af. Een piano voerde nu de boventoon, razendsnel buitelden de klanken over elkaar heen; nadat ik me had omgedraaid was het of ze me haastig met tientallen vijandige duwhandjes de kamer uitwerkten. Met een klap sloot ik de deur achter me om ze te beletten me achterna te komen. In de gang botste ik achterwaarts tegen mijn moeder op, die me met beide handen opving, zorgelijk op me neerziend. Dat was geruststellend, even tegen haar aan te hangen en de satijnen stof van haar witte jurk met bosvarens langs mijn wang te voelen. Maar ze duwde me tot op armslengte van zich af, keek me dwingend aan en zei op gedempte toon: 'Je moet je vader met rust laten, hij heeft het al zo moeilijk.'

'Waarom dan?' vroeg ik uitdagend.

'Dat vertel ik je later wel eens,' zei ze. 'Doe me een plezier en haal de kinderen even uit de tuin. Ze moeten in bad.'

Op dat moment had ik de goudgerande porseleinen schaal die sinds mensenheugenis op het Biedermeier gangtafeltje stond in mijn handen willen nemen en zomaar, onnozel, op de vloer laten vallen.

's Avonds werd het koeler. Het rook zoet naar levenssappen uit geknakte bloemen. Mijn moeder had, als een verpleegster aan een herstellende zieke, mijn vader voorgesteld een boswandeling te maken en deze had het voorstel als een herstellende zieke geaccepteerd.

Mij was opgedragen Gisela en Mathijs voor te lezen. Die zaten klaar op de verweerde bank achter in de tuin, geurend naar seringezeep, in een schone pyjama, met bungelende blote voeten. Door de lamp, die achter ze aan de schuur hing, wierpen ze korte schaduwen voor zich uit. Gisela sabbelde op het oor van een uit lappen gemaakte, vunzige oude haas en neuriede een toonloos liedje dat op een onbegrijpelijke manier bij de avond paste.

Met Winnie-de-Poeh in mijn handen ging ik tussen ze in zitten. 'Waar waren we ook alweer gebleven?' vroeg ik, want het was zeker voor het begin van de hittegolf geweest, dat ik het laatst had voorgelezen.

'Winnie-de-Poeh zat vast in de deur van het hol van Konijn,' zei Mathijs kalm alsof hij de situatie uit het verhaal al die tijd bij zich gedragen en gekoesterd had.

'Hou op met dat gewiebel,' zei ik tegen hem, 'ik kan niet lezen als je de hele tijd zo met je benen zit te trappelen.' Ik bladerde in het boek totdat ik op een illustratie stuitte, waarop duidelijk een in het nauw gebrachte beer afgebeeld was, die met zijn volgevreten berelijf niet meer voor- of achteruit kon, en een op enige afstand rustig analyserend Konijn, wiens voornaamste zorg zijn geblokkeerde voordeur scheen te zijn.

Hier begon ik te lezen. Tevergeefs probeerde Konijn door hard aan Poeh's poot te rukken beweging in het lichaam te krijgen. Poeh gilde van de pijn en verweet Konijn diens nauwe voordeur.

Gisela kneep in mijn arm. Met opengesperde ogen, donker door de grote pupillen, vroeg ze: 'Zou Parel ook vast kunnen zitten? In een konijnehol of in een hazehol?' Haar haas hield ze achteloos bij een achterpoot.

'Ja,' viel Mathijs haar bij, 'dat zou best kunnen.'

'Ik denk van niet,' zei ik, 'want hazen en konijnen zijn dikker en groter dan katten, of...' want omtrent de omvang van konijnen kreeg ik opeens mijn twijfels, 'toch minstens even groot.'

'Dat is zo,' gaf Mathijs peinzend toe.

'Aaach,' zei Gisela teleurgesteld alsof ze gedacht had met deze veronderstelling Parel al half gevonden te hebben, 'waarom kan het nou niet. Het kan toch best?'

'Nee,' herhaalde ik, 'het kan niet. Als het konijn dat in het hol woont door de opening kan, dan kan Parel er zeker doorheen.'

'Aaach,' zeurde Gisela, 'het kan best.'

Als zij wilde dat het kon, dan kon het ook, wist ik. Als zij wilde dat dieren konden spreken en mensen vliegen, dan konden zij het en was Gisela met geen stok tot andere gedachten te brengen. En eigenlijk was ook niets zeker. Er was van alles mogelijk waar je gewoon niet aan dacht, geen mens kon het allemaal begrijpen.

'Zullen we morgen gaan zoeken?' stelde ik voor. 'Wij met ons drieën? Dan lopen we het hele bos door en roepen overal zijn naam en luisteren heel goed met onze handen aan onze oren of we ergens misschien een miauwtje horen.'

'Ja,' zei Mathijs en opnieuw slingerden zijn benen heen en weer. Gisela staarde me diepzinnig aan, knikte toen sprakeloos en leunde zwaar tegen mijn arm, zodat ik het boek nog maar met een hand vast kon houden.

Ik las verder. Het was nog een heel gedoe voordat de beer eindelijk uit het hol bevrijd was. Mijn mond werd er droog van. Toen het hoofdstuk uit was keek ik op en bevochtigde met mijn tong mijn lippen.

Onbeweeglijk, onder een boom waarvan de onderste, neerhangende takken als vingers naar haar grepen, stond mijn moeder in een onwezenlijk witte jurk. Hoe lang al? Hoe lang sloeg ze ons al gade?

'Kom eens mee,' zei ze zacht.

Het boek gleed op de grond. Volgzaam liepen we achter haar aan door de tuin, die z'n adem inhield, naar het terras bij de keuken. Binnen brandde al licht. De keukendeur stond open. Ik zag mijn vader bij de gootsteen staan, uitvoerig zijn handen wassend. Een streep licht viel over het terras en werd halverwege onderbroken door iets. Mijn moeder wenkte ons dichterbij te komen. Samen bogen we ons over wat daar lag heen. Niemand zei iets, we keken maar.

'Waar hebben jullie hem gevonden?' fluisterde ik tenslotte.

'In een greppel langs het pad,' antwoordde mijn moeder, 'met een steen naast zijn kop.'

Mathijs hield zijn hand voor zijn mond, Gisela wurgde gedachteloos haar haas.

Hij lag op zijn zij, in een houding waarin ik hem tijdens zijn leven nooit aangetroffen had, met de poten gestrekt. Hij leek wel bevroren. Zijn ogen waren bijna gesloten, in de spleetjes glinsterde iets zwarts. De dikke, grijsgestreepte vacht was dof en dor. Zijn bek was opengesperd, alsof hij op 't laatst nog een gigantische, hemel en aarde aanklagende mauw had weggegeven.

'Kom,' zei mijn moeder en legde een arm om Gisela's schouders, 'jullie kunnen beter naar bed gaan.'

'We moeten hem toch begraven?' protesteerde ik.

'Dat doe ik zo wel.' Mijn vader ging wijdbeens in de deuropening staan, waardoor het lichaam van Parel in het donker kwam te liggen.

'Waar dan?' vroeg ik.

'Eh...' Ongeduldig en verstrooid dacht hij na. 'Op de plek waar ik laatst die dode lariks gerooid heb.'

'Toe nou maar,' drong mijn moeder aan, 'morgen moeten we weer vroeg op, want dan krijgen we bezoek.' Willoos lieten Gisela en Mathijs zich langs mijn vader heen naar binnen schuiven.

Ik passeerde hem rakelings. 'Hij is dus dood,' zei ik.

'Ja,' zei hij. Hij had zijn bril afgezet en keek me vermoeid aan, met een zekere afweer alsof hij dacht: loop alsjeblieft door.

Nooit meer, dacht ik, als een plank in bed liggend, nooit meer zal Parel langs mijn benen strijken, nooit meer zal ik hem in zijn nek kietelen of op zijn buik krabben tot hij begint te grommen van genot, nooit meer kan ik mijn neus in zijn troostrijke vacht duwen. Vanaf het kussen op de tuinbank dat zijn geur draagt zal hij zijn heersersblik nooit meer over zijn territorium laten gaan zodat de vogels hoog in de bomen blijven en zijn soortgenoten eerbiedig onze tuin mijden. Wat was dat: nooit meer? Wat moest je je daarbij voorstellen? Was het zoiets als het heelal waar nooit een eind aan kwam? Nooit meer, dat was een angstaanjagende gedachte, waarin je kon verdwijnen en als in een draaikolk weggezogen worden, steeds dieper, steeds verder, tot je in een gebied kwam waar geen levend wezen was, geen familie, geen vriend, niemand, alleen het niets dat geen gezicht had.

Ik gleed uit bed en schuifelde op de tast door de slaapkamer op zoek naar iets dat ik mee naar bed zou kunnen nemen, dat ik stijf tegen me aan zou kunnen drukken. Maar de poppen, in hun zondagse kleren tegen elkaar aan leunend, had ik al lang verworpen en afgedankt en de andere voorwerpen waren kil en zielloos. Ik schoof de gordijnen open en leunde uit het raam. Nog nooit was ik zo klaar wakker geweest. Achter in de tuin zag ik in het zwakke lamplicht de gebogen gestalte van mijn vader, die aan het spitten was.

De volgende morgen werd ik wakker in het besef dat ik een grote schuld had jegens Parel en dat ik geen rust zou kennen voordat ik die had ingelost.

In de ochtendschemering staarden zes paar poppeogen mij uitgeblust aan. Ik schoof in mijn kleren, die ik de avond tevoren binnenstebuiten op een hoop op de grond had laten vallen. Op mijn tenen liep ik de trap af. Buiten zocht ik de plek op waar deze zomer een oude, topzware lariks het leven had gelaten. Zijn ragfijne, lichtgroene naalden waren voortijdig geel geworden en verdord en de boom was, alsof zijn krachteloos geworden wortels hun greep op de aarde verloren, langzaam gaan kapseizen totdat hij uitgeput in de armen van een stevige eik was gestorven. Als een grimmig gedenkteken stak de schop kaarsrecht in de omgewoelde grond. In een oogopslag zag ik dat dit geen waardig graf was. Het lag naakt en kwetsbaar in een open ruimte, een kleine vlakte bijna, zonder planten of omlijsting. Parel zou zich hier nooit op z'n gemak voelen.

Zonder enig geluid te maken ging ik het huis weer in, naar de kamer van Mathijs en Gisela. Met mijn vinger op mijn lippen wekte ik ze en vroeg ze fluisterend me te helpen met het opdelven en opnieuw begraven van Parel. Even later volgden ze me in pyjama, nog door slaap bevangen, als in trance naar buiten. Toen we de bank op het terras passeerden, griste ik Parels kussen mee.

Mathijs en Gisela, in hun lichte pyjama's wat ongebruikelijk maar toch stemmig gekostumeerd voor de plechtigheid, vatten post aan weerszijden van het verse graf. Ik begon te graven. Al gauw stootte ik met de schop op de rand van een kartonnen doos. Voorzichtig groef ik er omheen tot ik hem uit het gat kon tillen. Even stond ik besluiteloos met de doos, die loodzwaar was van de aarde, in mijn handen.

Bij de schuur wist ik een plek waar het zomer en winter donkergroen was van de klimop en de overhangende sparretakken. Daarheen begaven we ons in optocht: ik droeg met gestrekte armen de doos, Mathijs sleepte de schop achter zich aan en Gisela hield het kussen bij een punt vast. De lucht was rose van de opkomende zon met bizarre stukjes geel ertussen en de tuin lag stil en zwaar onder de dauw te wachten. In het voorbijgaan keek ik vanuit mijn ooghoeken naar het beeld; in de wakkere, oplettende ogen meende ik goedkeuring te zien.

Ik bukte en zette de doos behoedzaam tussen de klimop. De vochtige sparren verspreidden een kruidige geur: wierook voor Parel. Ik nam de schop over van Mathijs en begon de taaie sliertten klimop door te hakken, die hier de bodem overwoekerde. De harde grond verleende met tegenzin toegang. Ik kreeg het warm van het spitten; boven mijn ogen voelde ik een voorbode van hoofdpijn. Tenslotte leek het gat me diep genoeg. Ik kwam overeind en veegde het haar uit mijn ogen. Ik zag sterretjes. Gauw sloot ik mijn ogen en leunde op de schop, zoals ik mijn vader had zien doen.

'Durf jij hem aan te raken?' hoorde ik, timide, de stem van Mathijs.

Met tegenzin deed ik mijn ogen weer open. Van de doos zoals hij daar stond, gebed in de klimop, ging ineens een onbenoembare dreiging uit. Een golf van angst, vermengd met afkeer, sloeg door me heen: Parel moest eruit gehaald worden, de doos moest eerst schoongemaakt. Als ik van hem houd moet ik hem aanraken, dacht ik. Vol weerzin boog ik me over de doos heen en begon met mijn vingers de aarde eruit te werken, maar toen Parels contouren zich aftekenden verstijfden ze. Huiverend staarde ik naar de lichte verheffing.

'Ga nou verder,' drong Mathijs aan.

'Ik wil hem zien,' eiste Gisela.

Ik richtte me op. Met trillende handen pakte ik de schop en schoof hem onder het kattelijf door. Alsof hij een stuk hout was hief ik Parel op. Zand gleed in een ruis van hem af, zand dat met de dood in aanraking was geweest. Zijn vacht zat nog vol, evenals de spleetjes van zijn ogen. Hij was nu veel meer een ding dan de avond tevoren. Voorzichtig liet ik hem op de grond glijden.

'Vind jij hem nog lief?' vroeg Gisela.

'Ja,' zei ik, 'en jij?'

Bevreemd keek ze naar het zanderige lichaam. 'Ik weet niet.'

Door een plotselinge onrust bevangen pakte ik haastig de doos en schudde hem leeg. 'Het kussen,' ordonneerde ik. Werktuiglijk, als in een droom, reikte Gisela het kussen aan. Ik legde het in de doos. Daarna tilde ik met de schop opnieuw Parels lichaam op en vlijde het op het kussen neer. Intussen waren de vogels ontwaakt; ze kwetterden provocerend hun blijdschap uit over de begrafenis van hun tiran. Gisela rende weg en kwam terug met een hemelsblauwe, wollen poppedeken, die ze mij zwijgend in de handen duwde. Zorgvuldig drapeerde ik hem over Parel heen en raakte en passant, heel licht, zijn koude lichaam aan.

Vlug ging ik staan. 'Wacht even,' zei ik.

Ik sprong een bloemperk in, liet mijn ogen vluchtig over de zich langzaam openvouwende bloemen gaan en rukte een roos en twee lelies van de stelen. De lelies drukte ik Mathijs en Gisela in de handen.

'Dag Parel,' zei ik buigend en legde de roos plechtig op de deken, 'slaap maar lekker.'

'Dag Parel,' echoden zij in hun lichte pyjama's en lieten de lelies uit hun mollige handen in de doos vallen.

Zwijgend keken we op de deken en de bloemen neer. Het donkerrood en roomwit deden me denken aan poëzieplaatjes en een spreuk in mijn album: rozen verwelken, bloemen vergaan, maar onze liefde blijft eeuwig bestaan. Zou ik tot in lengte van dagen om Parel blijven geven? Eigenlijk voelde ik me opgelucht, nu we hem bijna begraven hadden. Beschaamd greep ik de schop en stortte aarde tot het gat gedicht was. Her en der in de tuin vonden we steentjes, waarmee we een rand om het graf heen vormden, en groeven pollen melancholische paarse viooltjes uit, die we in de rulle aarde plantten.

'Alleen wij,' zei ik bezwerend tegen Gisela en Mathijs, 'weten dat Parel hier ligt.' Ik keek ze veelbetekenend aan. Ze knikten.

Ineens was het of mijn vingers in brand stonden op de plek waar ik Parel had aangeraakt. Ik rende naar de kraan in de keuken en boende en schrobde mijn handen met water, Vim en een borstel. Als het maar niet al dwars door mijn huid is gegaan, dacht ik.

Uren later, de dauw was al lang verdampt en geen vogel gaf nog blijk van zijn tevredenheid over de begrafenis, maakte ik mijn opwachting bij het bezoek dat in de betrekkelijke koelte van de huiskamer diagonaalsgewijs doorgesneden, met rosbief en fricandeau belegde, witte boterhammen zat te eten, die alleen vandaag door mijn moeder sandwiches genoemd werden en stervormig op haar Wedgwood schaal gerangschikt lagen.

'Dat is ze dan, onze oudste dochter.' 'Zo'n grote meid al!' 'Het gaat zo snel, zo liggen ze nog in de wieg en voordat je 't weet zijn het al echte vrouwtjes.' Keurende blikken gleden over mijn lichaam. De lichtblauwe jurk knelde meer dan ooit. Ik had het onbehaaglijke gevoel naar nieuwe, onbekende maatstaven te worden beoordeeld. Lang geleden, toen zij mij nog op schoot nam, was ik met mijn hoofd in mijn moeders oksel weggedoken als de nieuwsgierigheid van vreemden me te veel werd. Nu keek ik strak terug, op mijn beurt onze gasten monsterend.

In de brede, voor mij bestemde glimlach van meneer De Gaai, waarbij een stukje brood van zijn dikke lippen op zijn stropdas viel, waren zijn ogen niet betrokken. Die bleven koel en waakzaam. Zijn vrouw torste een hoog opgemaakt, zwart kapsel op haar hoofd, dat ze traag en bestudeerd bewoog alsof de creatie er bij een onverhoedse beweging af zou kunnen vallen. Haar vingers met bloedrood geverfde nagels rustten gebogen op haar beige plissérok als de scharen van een krab op de ribbelige bodem van een zandbank.

Waarom had mijn vader ze uitgenodigd? Je kon zo zien dat ze het nooit goed met hem voor zouden hebben, noch met iemand anders. Dat ze alleen van een dure rashond konden houden of van een eersteklas renpaard, waar wedstrijden mee gewonnen werden.

'Ik ga maar weer eens naar buiten,' zei ik.

'Is het niet veel te warm om buiten te spelen, kindje?' vroeg de vrouw.

'Och,' zei ik en haalde mijn schouders op, 'het valt wel mee. Hoewel... een zwembad in de tuin zou natuurlijk wel lekker zijn.'

Geamuseerd en verbaasd trok haar man zijn wenkbrauwen op; zij tuitte haar lippen bedachtzaam tot een rode kers.

'Je vader heeft me verteld dat je een groot dierenvriend bent,' zei meneer De Gaai.

'Nou, dierenvriend,' zei ik, 'we hadden een kat, maar die is nu dood.'

Als een al lang in Afrika gewaande trekvogel, die plotseling half bevroren in de sneeuw opduikt, drong het beeld van Parel zich aan me op zoals hij daar nu voor altijd onder de grond lag en binnen korte tijd door iedereen vergeten zou zijn, misschien ook door mij op den duur, al deed ik nog zo m'n best de herinnering aan hem levend te houden. Achter mijn ogen nestelde zich een warm en week gevoel.

'Ach,' zei meneer De Gaai, 'je moet maar denken: je hebt zo weer een nieuwe kat als je wilt. Katten planten zich bijna net zo snel voort als ratten en daar weten wij over mee te praten op het lab...' tersluiks keek hij naar mijn vader die met gebogen hoofd luisterde, 'we hebben tenminste nooit gebrek aan verse toevoer.'

Van mijn vader wist ik wat er met de ratten op het laboratorium gebeurde. Met injectienaalden kregen ze bacteriën of kwaadaardige stoffen ingespoten en wanneer ze op sterven na dood waren werden er pas ontwikkelde medicijnen toegediend, die meestal niet hielpen want daar waren het experimenten voor. Soms genazen ze ten koste van hun haren en tanden, die uitvielen, zodat er in een aan het laboratorium grenzende ruimte een hele ploeg naakte ratten tegen het gaas van de hokken opklauwde.

Zonder dat ik het wilde concentreerde alle wreedheid ooit jegens dier of mens bedreven zich in meneer De Gaai, die minzaam glimlachend zijn boterhammetje at. Hij was de man met de injectienaald, die de ratten doodde, de man die de steen naar Parels kop gooide, de man die mijn vader zijn onderzoeksresultaten uit de handen griste om er een goede indruk mee te maken bij de directie.

'Ik heb gehoord dat u ook veel van dieren houdt,' zei ik.

'Hoe bedoel je?' vroeg hij, rustig doorkauwend.

'Nou,' ik verplaatste mijn lichaamsgewicht naar mijn andere been en zei effen, 'omdat u graag met andermans veren pronkt.'

De kaken van meneer De Gaai verstarden halverwege een kauwbeweging. Zijn blik schoot van mij naar mijn vader, die me overrompeld en verbaasd aanstaarde alsof hij mij voor het eerst in zijn leven zag. Mijn moeder stond bruusk op en zette de koffiekopjes rammelend op het zilveren dienblad.

Ik schraapte mijn keel. 'Ik eh,' zei ik hees, terwijl ik mijn ogen neerwaarts gericht hield op de handen van mevrouw De Gaai, waarvan de vingers zich kromden in haar schoot alsof ze een kuikentje fijnknepen, 'ik ga maar weer eens.' Ik draaide me om, opende blindelings de deur en rende naar buiten. Ik snakte naar adem. Ieder ogenblik kon mijn hoofd uit elkaar barsten.

Ik werd wakker uit een koortsige dommel waarin ik meende dat de heerschappij over de wereld in handen van insekten was geraakt. Met een bezittersair hadden ze onze huizen ingenomen. Overal krioelden ze: op het aanrecht tussen de etenswaren, in bed als je de dekens opsloeg, in het putje van de gootsteen en het bad, op de kamerplanten die ze kaal vraten, in de mouwen en broekspijpen van je kleren. De meeste hadden langwerpige, trillerige lijven met twee of vier vliesvleugels, maar er waren ook spinnen bij met behaarde poten, die geweldige waslijnen sponnen dwars door de kamers heen, en bedrijvig heen en weer scharrelende torren en mieren. In paniek was ik het huis uitgerend, maar in de tuin wachtte een nog erger tafereel: een gigantische meikever met een zwart glimmend pantser en de kop van meneer De Gaai zat boven op het beeld een ketting van rode spinnetjes te verslinden. Steeds verdwenen er twee, drie tegenspartelende spinnetjes tegelijk tussen zijn malende kaken.

Zwetend kwam ik overeind. Overal jeukte het. In de huid van mijn armen en benen stonden de afdrukken van ontelbare grasprieten en mijn jurk was een en al kreukel. Op hetzelfde ogenblik werden de tuindeuren opengegooid en braakte het huis meneer en mevrouw De Gaai uit, gevolgd door mijn ouders. Ze hadden ieder een glas in de hand met fonkelende rode wijn erin en betraden lacherig en rumoerig het terras. Gisela werd opgetild en weer neergezet. Men toostte schertsend met een kopje citroenlimonade. Terwijl hij een flinke slok nam ontdekte mijn vader mij en wenkte me.

Schoorvoetend, op zware benen, stak ik het grasveld over.

'Zo, stoute meid,' lachte meneer De Gaai en gaf me een speels klapje op mijn billen, 'ben je daar weer?'

Ik knikte stom.

'Waar heb je gezeten?' kirde zijn vrouw, 'je ziet er zo slordig uit.'

Sloom maakte ik met mijn arm een vage beweging in een onbepaalde richting.

'Kijk eens,' zei mijn moeder en drukte me een glas limonadegazeuse in de hand, 'je zult wel dorst hebben.'

Zij was de enige die niet was aangestoken door de plotselinge, onverklaarbare vrolijkheid. Vriendelijk, maar nog altijd gereserveerd, voegde zij zich aan de zijde van mevrouw De Gaai, die een beetje onvast ter been, alsof ze voor het eerst van haar leven op gras liep, haar man volgde. Deze was druk pratend en gebarend onze tuin ingewandeld terwijl mijn vader begrijpend met zijn hoofd knikte en af en toe in een daverend gelach uitbarstte. Mijn moeder wees attent op enkele bloemen, maar haar gast wierp er slechts een korte blik op omdat ze nauwlettend haar man in de gaten hield, alsof deze plotseling uit haar blikveld zou kunnen verdwijnen.

Ik slenterde de huiskamer in en pakte een uitgedroogde boterham van de schaal. Wat kon er gebeurd zijn? Ogenschijnlijk was alles op zijn pootjes terecht gekomen, maar het wachtkamergevoel was nog niet uit mijn buik verdwenen en een nieuwe angst kwam in me op: dat mijn vader misschien wel op een geraffineerde manier in de boot genomen werd, en wie weet meneer De Gaai ook door mijn vader.

In ieder geval was er niemand boos op mij. Mijn woorden hadden blijkbaar geen enkele invloed gehad. Achtergelaten in een stoel glansde de lakleren handtas van mevrouw De Gaai me tegemoet. Ik sloop erheen en opende de knip. Keurig in aparte vakjes ondergebracht wachtten lipsticks, parfums, een kanten zakdoekje met een monogram, een sigarettenaansteker en een gouden sigarettendoos, een poederdoos en vier flesjes met gekleurde pillen op de roodnagelige vingers van mevrouw De Gaai. Gauw klapte ik de tas dicht.

Als ik mijn vader was, dacht ik, zou ik niets met deze mensen te maken willen hebben. Ik zou mijn ontslag nemen en naar Canada emigreren, of desnoods naar Australië of Nieuw-Zeeland om aan hun grijpvingers te ontkomen.

Niet wetend wat te doen staarde ik naar buiten. Ging het maar onweren, dacht ik, met woedende, alle onrecht wrekende bliksems en hevige slagregens die alle onzuiverheden van de aarde wegspoelden.

De Grote Moeder

Bijna onmerkbaar gleed het glinsterende lemmet vanuit het berkehout in mijn vinger. Op het houten heft van mijn zakmes had ik meteen na aankomst in het kamp met rode letters mijn nieuwe naam geschilderd: Zwarte Bizon. Dezelfde kleur rood sijpelde nu uit mijn vinger en gleed in een straaltje omlaag over mijn handpalm.

'Ido mein, ado mein, ido mein, ado mein, ido mein Háááns...' zongen de hoge meisjesstemmen om me heen. Eén sopraan galmde er opdringerig bovenuit.

Het deed geen pijn. Traag zocht het bloed zich een weg. Ik volgde het met mijn ogen, zoals ik naar een beekje zou kijken dat van een heuvel omlaag stroomt. Het bereikte mijn pols. Zonlicht scheen in banen tussen de parapluvormige kruinen van de dennen door op de blonde en donkere hoofden, die zonder uitzondering gebogen waren over het houtsnijwerk dat voor deze middag op het programma stond. Geduldig en onder niet aflatend gezang maakten we, omdat het kamp in het teken van de Noordamerikaanse Indianen stond, ieder onze eigen miniatuurtotempaal uit een verse berketak, die we van de witte bast ontdeden, kerfden en tenslotte zouden beschilderen. Alleen guido Ravenhorst hield zich afzijdig; zij zat te lezen in een boek met een goor, grijs-bruin kaft.

'Hans hat ein Hütchen auf, Hütchen auf, mit schöne Feder d'rauf, Feder d'rauf...'

Ineens begon de kring van meisjes te trillen voor mijn ogen en ook hun gezang klonk niet meer vloeiend en melodieus, maar bereikte in staccato mijn oren. Ze zongen en zongen maar door terwijl ik langzaam leegbloedde. 'Oehoe, oehoe Maritha,' riep ik dwars door het lied heen naar Maritha, die eigenlijk leidster van de kabouters was maar voor de duur van deze vakantie door mevrouw Ravenhorst was 'geleend'. Een koele wind streek langs de wond, die venijnig begon te steken.

In gedachten verzonken keek Maritha op. 'Lieve hemel, Lise!'

Met een dikke keel stond ik voor haar. Mijn vinger stak dwaas omhoog, als een vreemd voorwerp dat ik in mijn hand hield. Het bloed drupte via mijn elleboog op de grond.

Maritha kwam overeind, trok mijn hand naar zich toe en bekeek de snee. 'Doet 't pijn?'

Ik knikte.

Guido Ravenhorst keek koeltjes over haar leesbril heen. 'Ze zal het wel overleven,' zei ze.

'Kom,' zei Maritha, 'dan halen we de verbandtrommel.'

Ze sloeg een arm om mijn schouders en voerde me mee tussen de dicht bijeen staande dennestammen, waar het zonlicht geweerd werd en een schemering heerste die niet aan seizoenen gebonden was. Zelfs de zeewind drong hier niet door; de atmosfeer was vochtig.

Naarmate wij vorderden stierf het gezang weg. Door haar blauwe padvindstersjurk heen voelde ik de warmte en de zachtheid van Maritha's lichaam. Er kwam een raar verlangen in me op: dat Maritha in een plotseling opkomende vermoeidheid de verbandtrommel zou vergeten en, mij meetrekkend, zich zou uitstrekken op het mos. In gedachten zag ik haar in dit gefilterde licht, in deze lauwte, op de zacht verende bodem liggen: met gesloten ogen, een iets geopende mond en hier en daar een dennenaald in haar uitgespreide haren. Haar ene arm lag nog steeds om mij heen. Eigenlijk wilde ik dat het kamp niet meer bestond, dat de hele kring van zingende en houtbewerkende meisjes in colonne zou afmarcheren de duinen in, met guido Ravenhorst aan de kop, dreunend met haar zware alt het tempo aangevend: links, rechts, links, rechts, halt.

'Ik was al bang,' zei Maritha, 'dat er zoiets zou gebeuren.'

'Het mes schoot zo maar uit,' zei ik, 'voordat ik er erg in had.'

Tussen de stammen door schemerde het gebroken wit van de tenten. Even later liepen we het zonovergoten kampeerterrein op. Voor de foeragetent smeulde het houtvuur van die ochtend nog na. Maritha pulkte de koordjes van de tent los en wenkte me binnen te komen. Achter potten pindakaas en appelstroop vandaan haalde ze een witte trommel met een rood kruis erop.

Het was benauwd in de tent. Maritha nam een rolletje gaas, pleister, een flesje jodium en een schaartje uit de doos. Ze draaide de dop van het flesje en liet enige druppels in de snee vloeien. Tranen sprongen in mijn ogen. ''t Is zo voorbij,' zei ze. Ze knipte een stukje gaas van de rol, vouwde het een aantal keren dubbel en legde het met haar smalle vingers behoedzaam op de wond. Met twee pleisters zette ze het tenslotte vast. Terwijl ik het schone, spierwitte verband rond mijn groezelige vinger bekeek stopte ze alle ingrediënten terug in de trommel en nam me bij de armen mee naar de pomp. Met natgemaakte watten wreef ze het bloedspoor, dat was opgedroogd en hier en daar scheurtjes vertoonde, weg.

'Ik heb dorst,' zei Maritha. Ze zwengelde nog eens aan de pomp, vormde met holle hand een kommetje en dronk met gesloten ogen.

Ik wist niet of het iets in haar gezicht was, dat smaller leek door het over haar schouders, halsdoek en insignes heenvallende donkere haar, of in de manier waarop ze dronk – met een zekere wijding alsof het om een ritueel ging – maar ik moest aan een plaatje denken in *De Engelbewaarder*, een rooms-katholiek jeugdblad dat ik soms bij mijn buurmeisje las. Er stond een Frans meisje op afgebeeld in een korenblauwe jurk, feller blauw dan Maritha's uniform. Op een dag had zij in de bossen achter het ouderlijk huis Maria zien verschijnen bij een bron die uit de rotsen opwelde. Sindsdien dronk ze elke dag van het gewijde water, in de hoop dat de gebeurtenis zich zou herhalen.

'Wil je ook?' vroeg Maritha. Opnieuw liet ze het kommetje volstromen. Ik bukte me en dronk uit haar handen, beschaamd over de slurpende geluiden die ik maakte in mijn angst dat het water voortijdig tussen haar vingers door zou sijpelen.

In de namiddag had ik corvee. Achter de foeragetent zaten Nadine en ik met een plastic emmer vol melk tussen onze benen en een lange houten lepel in de hand. Zwijgend goten we met de ene hand een indrukwekkende hoeveelheid pakjes puddingpoeder leeg in de melk die we, roerend met de andere hand, tot een klontvrije pudding moesten laten stijven.

De zon, die net boven de toppen van de bomen uitkwam, scheen recht in ons gezicht.

'Pfff,' zei Nadine, met de rug van haar hand over haar bezwete voorhoofd strijkend, 'ik kan niet meer.' Ze stak haar tong uit naar de suikerspinrose brij in de emmer, zette de lepel er rechtop in en strekte haar benen. Er zweefde een wolkje dansende muggen voorbij. In de verte zongen de anderen onvermoeibaar: 'En d'r is nog soep, soep, voor de hele troep, al in de tent, al in de tent...'

'Kom je morgenochtend ook kijken,' Nadine keek me aan, 'als guido Ravenhorst zich wast?'

'Hoezo?' vroeg ik. 'Wat is daar dan aan te zien?'

Nadine's lichtblauwe ogen werden kogelrond van verbazing: 'Wist je dat nog niet?'

'Wat?'

'Dat ze 's morgens voor dag en dauw opstaat, als iedereen nog slaapt, om zich alleen bij de pomp te kunnen wassen.'

'Wat is daar voor bijzonders aan?'

'Dat is niet te beschrijven,' giechelde Nadine en deed een wilde draai met haar lepel in de pudding, 'dat moet je zelf zien.'

'O,' zei ik.

'Moet ik je wakker maken, ja of nee?'

Ik haalde mijn schouders op: 'Doe maar.'

Guido Ravenhorst lag naast me te ronken als de motor van de vissersboot die we de vorige dag de naburige haven hadden zien uitvaren. Diep in het binnenste van haar lichaam hield een zwaar, geolied raderwerk zichzelf draaiende, de bolling van de slaapzak deinde log heen en weer. Af en toe blies ze, de adem schurend langs haar keel, met geopende mond stoom af.

Ik kreeg het benauwd bij de gedachte dat we hier met z'n tienen lagen uit te wasemen. De tent was tot in de nok toe gevuld met bedorven lucht. Pas over twaalf dagen zou ik weer in mijn eigen kamer kunnen slapen, met het raam open.

Wat deden mijn vader en moeder nu? Dronken ze champagne bij kaarslicht? Aten ze toast met kaviaar? Zaten ze in het Lido, de Moulin Rouge, op de Place Pigalle? Ik zag de verleidelijke namen over de betekenis waarvan ik alleen fantasieën had in gekleurde neonletters voor me.

Dat ze Babette wel meenamen terwijl ze mij in dit kamp hadden weggemoffeld hield me tot nu toe elke avond uit de slaap. 'Nog een paar jaar,' zei mijn vader, 'als je zo oud bent als Babette.' Teder en liefdevol sprak hij haar naam uit en meteen stond ze, hoewel niet lijfelijk aanwezig, levensgroot tussen ons in met haar kokerrokje in pied-de-poule, de dunne hakjes waarop ze zich uitgebalanceerd voortbewoog alsof haar hele leven tot nu toe één lange voorbereiding hierop was geweest, en haar krullen die ze voor de spiegel eindeloos kamde, föhnde en opstak met haarspeldjes, -kammetjes en klemmetjes, schitterend van de nepdiamantjes. Schalks over haar blote schouder kijkend genoot ze van haar spiegelbeeld, tuitte haar gestifte lippen en lachte voldaan naar mijn op de achtergrond in bewonderende overgave toekijkende, spichtige gezicht.

Met haar konden mijn ouders zich rustig op de Place Pigalle vertonen.

Aan mij, met mijn sprieterige armen en benen – ik had knokige knieën zoals voetballers en hardlopers – viel geen eer te behalen. Mijn moeder klaagde over de vlekken, scheuren, gaten en winkelhaken in mijn kleren. Ik liep altijd overal tegenop, zei ze. Wat was ze te spreken geweest over de kwaliteit van het padvindstersuniform en verheugde ze zich op de eisen die het Nederlandse padvindstersgilde aan mij zou gaan stellen volgens het boekje dat de 'Gildewinckel' met dat doel had uitgegeven: schoenen, koper en zilver poetsen; de eigen das kunnen wassen en strijken; kleren netjes uithangen of opvouwen; weekendkoffertje inpakken; tanden, nagels, oren schoonhouden en weten waarom; teken- of plakboekje maken van vijf gezondheidsregels; een voorwerp haken, breien of knutselen; bloemen schikken.

Ik kon mijn draai maar niet vinden. Nu eens keerde ik guido Ravenhorst en haar stoorzender de rug toe, dan weer meende ik op mijn andere zij toch meer kans te maken in slaap te vallen. Steeds moest ik, in de smalle slaapzak, vechten tegen de aandrang om mijn benen te spreiden of hoog op te trekken. Strotjes uit het matras prikten in mijn huid en in mijn pyjama scharrelden ontheemde mijten rond.

Het had trouwens niet veel gescheeld of ik had toch niet naar het kamp gehoeven. Twee weken voor ons vertrek had iemand mijn moeder ingefluisterd dat meneer Ravenhorst bij de NSB was geweest. Via alle kanalen waarover zij beschikte informeerde ze naar het waarheidsgehalte van dit gerucht. Het werd door iedereen bevestigd. Maar omdat de reis naar Parijs al lang tevoren geregeld was en zich voor mij niet zo gauw een andere oplossing voordeed, besloot mijn vader dat de plannen gewoon doorgang zouden vinden.

'De oorlog volgt ons als een schaduw,' zei hij, 'dat moet maar eens afgelopen zijn.'

'Sssj.'

Ik opende mijn ogen. Met een vinger op haar lippen stond Nadine over me heen gebogen. 'Kom je?'

Nog katterig van het onbehaaglijke gevoel waarmee ik de vorige avond was ingeslapen wrong ik me uit mijn slaapzak.

Nadine bukte om de voorhang van de tent los te maken, twee anderen stonden in nachtpon te wachten. Verder sliep iedereen nog. Een meisje was in haar slaap half uit haar slaapzak gekropen als een rups die halverwege haar ontpopping is blijven steken en een ander was van het matras afgerold en lag in een rare kronkel op het grondzeil. Naast me lag Hella met de punt van haar laken als een fopspeen in haar mond.

Nadine kroop als eerste naar buiten, wij volgden geruisloos.

Omzichtig sloop ze naar de achterkant van de tent en verdween in de struiken. Als vanzelfsprekend nam zij de leiding over onze patrouille. Nu waren we pas echt verkenners. Met gebogen rug en alert op dorre, krakende takjes liepen we behoedzaam in een boog rond het kamp totdat we tussen de berkebladeren en de kamperfoelie door een onbelemmerd zicht op de waterpomp hadden.

Guido Ravenhorst voltooide juist haar laatste gymnastiekoefening. Ze rekte zich op haar tenen uit met de armen hoog boven het hoofd geheven alsof ze de ochtendzon wou grijpen. Daarna boog ze diep en plechtig voorover, kwam weer overeind en rustte even, haar gezicht glimmend van inspanning. Ze nam haar bril met het dikke, zwarte montuur af en wreef in haar ogen. Toen legde ze hem op het stenen muurtje achter de pomp en pakte er een mosterdkleurige handdoek en washand af, die ze van tevoren had klaargehangen naast haar uniform en bh met reusachtige, als koepels in de zon glanzende cups.

Nadine gaf me een por in mijn zij. 'Nou komt 't,' fluisterde ze. Het leek wel of om ons heen alle vogels tegelijk wakker werden, het was een ophitsend gekwetter en gekwinkeleer. Veel heviger dan overdag rook het naar droog gras en dennenaalden. Ik voelde de moeheid nog achter mijn ogen.

Op haar gemak knoopte guido haar gestreepte pyjamajas open. Zware borsten openbaarden zich, reikend tot aan haar pyjamabroek, met grote donkerbruine tepels die ons bestraffend aankeken. Guido hield het washandje onder de straal helder pompwater en zeepte het fors in, waarbij haar borsten heen en weer wiegelden. Een voor een waste ze haar zwart besnorde oksels en haar armen, toen haar gezicht, hals en borsten.

Niemand van ons lachte. Roerloos en met ingehouden adem keken we toe. Op dit moment was het een huiveringwekkend vooruitzicht vrouw te moeten worden. Ik vroeg me af wat guido Ravenhorst met de oorlog te maken kon hebben, zo weerloos leek ze met haar blote, ingezeepte lijf. Wat was ze rose! Een vreemd, rose element temidden van al het groen. Nog geen vijftien jaar geleden hadden in deze bossen en duinen de bloedigste gevechten gewoed en nu stond guido zich hier in alle rust en vreedzaamheid te wassen.

Guido had het washandje uitgespoeld en opnieuw ingezeept. Ze ging wijdbeens staan als een bootwerker, trok met een ferme greep ter hoogte van haar buik het elastiek van de gestreepte pyjamabroek naar voren en boende zich met de rechterhand tussen de benen. Lodderig keek ze met haar bijziende ogen voor zich uit, haar mond hing woordloos open.

Boven ons ruiste de wind in de toppen van de bomen. Hoorde je hier ook de zee, of was dat verbeelding?

Het boenen hield lang aan.

Ineens spande naast mij het lichaam van Nadine zich als dat van een sprinter vlak voor de start. Haar hoge, schelle stem verbrak de stilte: 'Hoort, zegt 't voort, juicht nu mijn Nederland,' galmde het door 't bos. Het waren de eerste twee regels van het vermaarde padvinderslied.

Guido Ravenhorst verstarde en liet in paniek het elastiek van haar pyjamabroek los, dat als een katapult tegen haar buik schoot.

Nadine sleurde ons mee het bos in. Dwars door het kreupelhout renden we terug naar de tent. Hijgend en met bonzend hart kropen we naar binnen. De andere meisjes lagen nog in dezelfde houding. Onze haren vol takjes en met schrammen op de benen verscholen we ons in de slaapzakken met de onschuldige uitdrukking op ons gezicht van iemand die nog in diepe slaap is.

In een lange, wanordelijke sliert trokken we door de duinen. Af en toe scheerde een zwerm krijsende meeuwen, om ons te imponeren, laag over onze hoofden heen. Sommigen van ons gilden van schrik, van opwinding. 'Ik raad jullie aan een hand met een wijsvinger omhoog op je hoofd te leggen,' riep Maritha, 'anders pikken ze misschien in je hoofdhuid.'

Aan een touwtje om onze nek hing een boekje met opdrachten voor deze vakantie. Een totempaal snijden was een ervan geweest. Nu moesten we de namen van twintig bloemen en grassoorten, die we tijdens de wandeling naar zee ontdekten, noteren.

Van een vochtige plek in de berm had ik in het voorbijgaan een bos lange, bloeiende grasstengels meegerukt met een warreling van zilverpaarse aartjes in de halm. Ik stak er Hella, die naast me liep, een toe en zei: 'Ik weet iets leuks. We draaien de pluimen in elkaar en trekken tegelijk even hard. Een van de grashalmen breekt dan af en de ander heeft gewonnen en mag een wens doen.'

Ik trok er een voor mezelf uit de bos en duwde de halm in die van Hella. Tussen duim en wijsvinger draaiden we de stengels naar rechts. De zilveren aren raakten in elkaar verstrengeld en verstrikt. Op een teken van mij gaven we allebei een korte, felle ruk. Ik hield een onthoofde steel in mijn hand, Hella giechelde en keek toen met half dichtgeknepen ogen strak voor zich uit.

'Je mag een wens doen,' zei ik.

'Heb ik al gedaan,' vluchtig keek ze me aan, 'ik doe altijd dezelfde wens. Zullen we het nog een keer doen?'

'Het lukt alleen maar met smele,' zei ik, 'met andere grassoorten gaat het niet.'

'Smele?' Ze trok een grimas. 'Wat een naam!'

Even keek ze beduusd naar de stengel met de misvormde halm, die ze nog steeds in haar hand hield. 'Hé,' riep ze toen, 'oehoe, oehoe!' Ongeduldig trok ze Maritha die voor ons liep aan haar mouw.

'Dit gras heet smele, mogen we dat opschrijven?'

'Wie zegt dat?' vroeg Maritha.

'Lise.'

'Weet je 't zeker, Lise?' Maritha keek me ongelovig aan.

Ik knikte.

'Goed,' besloot Maritha, 'jullie kunnen allemaal smele opschrijven.'

Niet alleen de naam werd naar achteren doorgegeven, ook de stengels uit mijn grasboeket vonden gretig aftrek. De meeuwen waren vergeten. Er werden alleen nog gevechten tussen grashalmen geleverd.

Vanuit zee kwam een vage mist de duinen indrijven. We doorkruisten een moerassig gebied in een uitgestrekte vallei. De bodem sopte onder onze voeten. Betrapte vogels klapwiekten krijsend uit het riet op.

Maritha keerde zich naar mij toe. 'Weet je misschien ook wat dit is?' Ze hield een geel bloemetje in de hand met samengestelde blaadjes die aan de onderkant zilverwit opglansden.

'Dat is zilverschoon,' zei ik.

'Zilverschoon!' riep Maritha. Haar stem schalde door de vallei, de rietpollen gaven het geluid aan elkaar door. Maritha hield het fragiele bloemetje omhoog opdat men het achteraan, waar guido Ravenhorst de gelederen sloot, zou kunnen zien. Daarna ging het van hand tot hand.

Iemand anders liet een grasstengel met een eendedonsachtige pluis eraan naar mij doorgeven. Uit angst uitgelachen te worden als ik deze naam ook wist durfde ik niets meer te zeggen en haalde mijn schouders op.

'Weet je 't echt niet?' drong Maritha aan.

'Veenpluis.' Ik zei het zo zacht dat het bijna was of de zeewind het ons influisterde.

'Hoe weet je dat allemaal?' vroeg Maritha.

'Van mijn moeder.' Ik keek naar de grond. Er waren weinig planten, bomen, struiken, paddestoelen, vogels, die mijn moeder niet bij name kende. Tijdens wandelingen had ze het terloops over een drieteenstrandloper en een groenpootruiter, over tandveldkers en zandscheefkelk, met een ongedwongenheid en een vanzelfsprekendheid alsof ze het over een tafel en een stoel had. Nauwelijks had ik leren praten of ze wees me al langs de neus weg alles aan waar onderweg haar oog op viel. We hadden het nooit als een verdienste beschouwd die namen te kennen.

'Waarom kom je niet naast me lopen?' vroeg Maritha, 'dan leid jij deze verkenningstocht door het plantenrijk.'

Blozend verschoof ik zonder enige noodzaak de padvindsterspet op mijn hoofd. Maritha verzocht het meisje dat naast haar liep met mij te wisselen.

Het slingerende duinpad lag nu onbetreden voor me. Met een beetje fantasie kon ik me verbeelden dat ik met Maritha alleen liep en dat het lange, kwetterende aanhangsel achter ons niet bestond. Al lette ik koortsachtig op de bodem – geen enkele bloem of grassoort mocht nu aan mijn aandacht ontsnappen – toch kon ik niet nalaten zo nu en dan een tersluikse blik op Maritha te werpen. In ontspannen toestand had haar gezicht een weemoedige uitdrukking, alsof ze een onstilbaar verlangen koesterde waarover ze nog nooit met iemand had gesproken. Leefden misschien haar vader en moeder niet meer? Had ze bij een bombardement een broertje of een zusje verloren? Ik durfde er niet naar te vragen. Ik wist niets anders te doen dan zoveel mogelijk planten voor haar te verzamelen.

Dus verraste ik haar met het onooglijk kleine, rode bloempje van de guichelheil, met wilde reseda, slangekruid, akkerwinde, zegge, zeebies. Na ze uitvoerig te hebben bekeken gaf Maritha de planten door naar achteren, waarna ze tenslotte in beduimelde, gekneusde en misschien onherkenbare toestand bij guido Ravenhorst belandden. Toen we de jongste, nauwelijks begroeide duinen bereikten en de anderen het helmgras herkenden, waarvan we op school uitentreuren geleerd hadden dat het onze blanke duinen bij elkaar hield, waren onze boekjes al vol.

Aan het strand was de nevel dichter. Toch rukten de meesten van ons hun schoenen en sokken uit en renden de branding in. Al die pootjebadende uniformen – het was een kruising tussen soldaten die overhaast de vlucht nemen in nauwelijks zeewaardige bootjes en, vanwege het geschater, het opgewonden gegil en de hoog opgeschorte rokken, een groepje badende nonnen.

Een beetje verloren sloeg ik ze gade. Ineens was mijn glorie ten einde, mijn taak volbracht. Ik was overbodig geworden. Glimlachend liet Maritha de golven tot haar dijen komen. Niet in staat te delen in die uitbarsting van energie sjokte ik langs de vloedlijn. Ik vond een lege schoen van iemand die misschien verdronken was, een gloeilamp, een sinaasappel die nog vers leek, een krat met 'fragile' erop, zwarte slierten afgestorven zeewier, een gesloten flesje met een geheimzinnige vloeistof erin, veel planken en felgekleurde nylon touwen. Het leek of er aan de lopende band schepen door de Noordzee verzwolgen werden. Een tijdje liep ik met een mooi groen flesje vol glasblaasjes in mijn hand, maar een stuk verderop liet ik het weer vallen. Ik keerde om en zag guido Ravenhorst op de uiterste punt van de strekdam staan, weer in de bootsmanshouding; haar hoog opwaaiende rok openbaarde stevige, zich schrap zettende kuiten en dijen. Af en toe bukte ze zich om iets te pakken. De mist knabbelde aan haar contouren.

Ik voelde me leeg. De zee maakte alle menselijke gevoelens overbodig. Vermoeid sjouwde ik naar een door duinafslag op het strand gezakte bunker, die half schuilging onder het zand. Ik klauterde er op en ging zitten, mijn benen bungelend over de rand.

Wat later voegde Hella zich bij me met een pet vol schelpen. Daarna doemde uit de mist guido Ravenhorst op met een dichtgeknoopte zakdoek in haar hand. Ze hees zich hijgend op de bunker en zeeg naast me neer. Ongeduldig opende ze de zakdoek. Er zaten elegante, zwarte mosselen in met een parelmoeren weerschijn. Ze pakte haar zakmes uit haar leren gordel en liet het–klik–openschieten. Haar paddige handen vielen me op en een ring met een vette, rode steen erin. Nauwkeurig zette ze de punt van het mes in de spleet tussen de twee aaneengeklitte schelpen en wrikte de mossel open. Zwartgrijze haarslierten vielen over haar bezwete voorhoofd en de zware bril zakte tot halverwege haar neus. Met begerige handen trok ze de schelpen vaneen. Een snotterige brij kwam in zicht, met dunne slijmslierten aan de schelp vastgezogen. Guido Ravenhorst boog haar gezicht over de delicatesse heen, haar volle lippen stulpten uit en zogen de inhoud van de schelp in een geweldige slurp naar binnen.

Ik werd een beetje duizelig, wendde mijn hoofd af en keek

naar de horizon, waar de aarde ophield te bestaan om plaats te maken voor een ontzagwekkende, peilloos diepe afgrond.

Die avond ging guido laat naar bed. Als een kapitein in zijn hut zat ze bij gaslicht het logboek bij te houden met een fles wijn en een half gevulde kroes naast zich.

Temidden van het onderdrukte gepraat en gegiechel in de slaapzakken lag ik op mijn rug naar de nok van de tent te staren en telde het aantal dagen dat ik hier nog moest blijven.

'Hé, Lise.'

In het halfdonker bracht Hella haar gezicht dicht bij het mijne.

'Ik heb vandaag een brief van thuis gekregen,' fluisterde ze, een sterke dranklucht in mijn gezicht blazend, 'met een trommeltje bonbons erbij. Wil je er een?'

'Ja,' zei ik.

Er werd een grote, ronde bonbon in mijn hand gestopt. 'Niet tegen de anderen zeggen, anders zijn ze in een keer op.'

'Wat schrijven je ouders?' vroeg ik.

'O niks bijzonders,' zei Hella luchtig, 'dat ze me missen en dat soort onzin.'

Er zat likeur in de bonbon.

'Zal ik bij je komen?' Zonder op antwoord te wachten schoof ze haar matras tegen het mijne aan en ritste haar slaapzak open.

'Doe je slaapzak eens open,' gebood ze.

Hoewel ik met rust gelaten wilde worden durfde ik niet te weigeren. In haar nachtpon van soepele dunne stof kroop ze tegen me aan.

'Wil je er nog een?' Ze had haar trommeltje meegenomen.

'Best.'

Deze smaakte naar de jamaica-rumbonen die mijn vader soms meebracht.

'Kom eens met je hoofd onder de dekens.'

Ik trok de slaapzak tot over mijn haar. Met een schelle zaklantaarn scheen ze recht in mijn gezicht.

'Schei uit,' zei ik. Even sloot ik mijn ogen en zag twee rode vuurballen.

Ze lachte. 'Wat heb jij een keurige pyjama aan, zeg.'

Tussen duim en wijsvinger keurde ze de stof.

'Mag ik 's in je pyjamajasje kijken?' Haar gezicht werd vreemd belicht, zoals in griezelfilms bij mensen die 's nachts met een kaars in de hand door de eindeloze gangen van een Engels landhuis lopen.

'Waarom?'

'Zomaar.'

'Voor mijn part,' zei ik.

Met een hand pulkte ze de knoopjes los. Ze boog haar hoofd. Ik rook de mensengeur van haar borstelige rattekopje.

'Zooo,' bewonderend keek ze me aan, 'wat een grote heb jij al zeg.'

Door een mengsel van trots en schaamte in verwarring gebracht wilde ik mijn pyjamajasje weer dicht doen, maar ze hield mijn hand tegen. 'Niet doen,' zei ze, snel ademend 'ik wil nog even kijken.'

Mijn schaamte won.

'Welke filmster is jouw favoriet?' fluisterde ze.

'Ik weet niet. Doris Day misschien.' 't Was de enige die ik zo gauw wist te verzinnen.

'Voor mij is 't Brigitte Bardot,' zei Hella dromerig, 'die vind ik zo mooi.'

Haar hand gleed over mijn huid. Ik keek toe terwijl ze mij aandachtig met dunne, zachte vingers streelde. Toen richtte ze zich half op en boog zich, leunend op haar ellebogen, over me heen. In het schijnsel van de omgevallen zaklantaarn zag ik haar lippen naderen. Ik draaide mijn hoofd opzij en voelde een onhandige, natte kus achter mijn oor neerkomen.

Langs mijn voet bracht een colonne bosmieren een takje dat zeker twintig maal groter was dan zijzelf naar veiliger oorden, onbewust welk potentieel gevaar ze rakelings passeerden: mijn voet zou in een keer de arbeiders met bouwmateriaal en al kunnen vermorzelen.

In onze kring werd ook gewerkt. Van stukjes katoen en lange gekleurde veren naaiden we een indianentooi, die we deze avond zouden dragen bij het heilige inwijdingsritueel dat door guido Ravenhorst in een waas van geheimzinnigheid werd gehuld. Elke veer moest apart vastgezet worden. De zon brandde op mijn hoofd. Met verlangen dacht ik aan de zee. Intussen zongen we, als in een negro-spiritual, steeds dezelfde regels in oplopende snelheid om vast in de stemming voor die avond te komen: 'Jaagt gij mee, gij broeders, ja wij jagen mee... toemba, toemba, toemba, toemba, toemba, toemba...'

Terwijl mijn vingers het pietepeuterige werk deden zag ik in gedachten mijn vader en moeder hand in hand over een door sierlijke loofbomen beschaduwd Montmartre slenteren, in het kielzog van Babette die naar de schilders lonkte en zich door hen liet smeken haar te mogen portretteren. Ik had die ochtend een ansichtkaart van ze ontvangen waarop Montmartre in valse kleuren stond afgebeeld. 'Dag lieve schat,' schreef mijn moeder, 'geniet maar lekker in het kamp.'

'Ai.' Ik prikte in mijn vinger en zoog het bloed op. Naast mij zette Nadine met kordate snelheid de ene veer na de andere vast. Zonder van haar werk op te zien boog ze zijwaarts naar me toe en zei zachtjes: 'Ga je straks mee naar het strand? Ik heb een afspraakje.'

'Met wie?'

'Met een stel zeeverkenners uit een kamp verderop.'

'Goed,' zei ik. Alles was beter dan hier in die snikhete bossen rond te hangen onder het oog van guido.

Met onze schoenen in de hand liepen we langs de branding. Af en toe renden we er in een boog doorheen. Het zeewater spatte in een fontein van druppels op, zodat de rok van ons uniform nog donkerder blauw werd. Onze bruine benen glansden nat. Er was een grote overeenkomst tussen Nadine's rose geverfde teennagels en de tere rose schelpjes die hier aanspoelden.

Het was windstil. Wattige wolkjes hingen prentbriefkaarterig in de lucht. De zon was roesverwekkend warm. Ik had wel eindeloos door willen lopen zonder ooit terug te keren naar het kamp.

Het strand werd drukker. Behoedzaam stapten we over kastelen, slotgrachten en kanalen heen. Over mollige, met witte flaphoedjes in de branding geposteerde peuters. Vrouwen zaten aan de tijd ontheven te breien in rieten strandstoelen of hieven het gezicht in aanbidding naar de zon. Vaders legden hun zonen aan de hand van een hengeltje waarmee nooit een vis gevangen zou kunnen worden de beginselen van het vissen uit.

We lieten de zonaanbidders achter ons. In de verte kwam de al lang geleden uit zijn functie ontheven bunker in zicht. Er bovenop tekenden twee figuurtjes met witte petten op zich scherp af tegen de blauwe hemel.

'Daar heb je ze,' zei Nadine.

De twee petten sprongen met een sierlijke boog van de bunker af en liepen ons tegemoet. Met tegenzin liet ik tot me doordringen dat deze jongens het doel van onze tocht waren.

'Hallo,' zei Nadine, 'dit is Lise.'

'Hoi,' knikten de jongens kort, de handen in de zakken van hun korte zeeverkennersbroeken.

'Dit is Mark,' Nadine wees naar de langste van de twee, wiens pet op lichtblond, vikingachtig haar rustte, 'en dit is... hoe heet je?'

'Jaap,' zei de andere jongen krachtig, ironisch zijn pet afnemend, waardoor zijn agressief rechtop staande haar in zicht kwam. Hij had het korte gespierde lichaam van een jonge matroos die bij het hevigste noodweer op het dek van een schip zijn evenwicht weet te bewaren enkel door zich schrap te zetten.

'Jaap,' herhaalde Nadine. Met een benijdenswaardige onverschilligheid plofte ze in het zand neer en strekte zich als een kat geeuwend uit.

Mark legde zijn pet in het zand en ging met een zekere kalmte en waardigheid naast haar liggen.

'Wat was dat een vervelende ochtend.' De verzuchting kwam tegelijk met de geeuw diep uit Nadine's keel. Ze hief een voet op en bewoog haar tenen op en neer.

'Waarom?' Mark had het witte koord met platte knopen dat om haar hals hing in zijn hand genomen en liet het tussen zijn vingers door glijden.

'We hebben de hele ochtend indianentooien zitten naaien.'

'Wat moeten jullie met indianentooien?'

'We worden vannacht tot Indiaan gewijd,' zei ik.

'Wat een onzin!' riep Jaap uit. 'Padvinders die indiaantje spelen en dat aan zee.'

'Wat heeft de zee er nou mee te maken,' zei Nadine wrevelig.

'Ik weet wel leukere dingen te doen aan zee.' Jaap haalde zijn neus op en keek schuin naar Mark om bijval.

'Wat doen jullie dan?' vroeg ik.

'We hebben een ouwe botter,' zei Mark peinzend, 'met kaarten en instrumenten aan boord waarmee we navigatie leren.'

'Gisterennacht,' vulde Jaap aan, 'hebben we vanwege de heldere hemel een astronomisch bestek gemaakt.'

'Wat?' Nadine keek hem wantrouwend aan.

Met de vermoeidheid van een kapitein die hetzelfde al duizend maal heeft moeten uitleggen aan zijn traag denkende matrozen verklaarde Mark: 'Bepalen waar het schip zich bevindt door naar de stand van de hemellichamen te kijken.'

'Goh.' Nadine keek ongelovig en ook een beetje geërgerd. Mark liet het koord los en wikkelde een van haar krullen om zijn vinger.

'In ieder geval ben ik blij dat ik vanmiddag vrij ben,' zei Nadine alsof ze op de een of andere manier gelijk wilde hebben. Met felle vingers groef haar hand een kuiltje in het zand.

Iedereen zweeg. Er was geen zuchtje wind, geen briesje waarop een zeilboot uit zou kunnen varen. Zo viel er natuurlijk niets te navigeren. Landerig sjouwde Jaap naar de zee. Ik stond besluiteloos bij Mark en Nadine. Het leek of het zand ook hitte afstraalde. Ik kreeg een beklemmend gevoel alsof we met elkaar in een bootje op de oceaan roerloos in een windstilte ronddobberden. Kon ik maar in mijn eentje doorlopen, bij elke voetstap het kamp en een ieder, die er mee te maken had, verder achter me latend.

Te bedenken dat deze jongens echt de zee op gingen en dat hun de kneepjes van het varen werden bijgebracht, terwijl wij daar in de bossen bezig werden gehouden met huisvlijt, opgediend met een sausje indianenromantiek.

In de verte wenkte Jaap. Ik liep naar hem toe, om iets te doen te hebben.

'Een coaster,' zei hij opgewonden, 'moet je zien hoe dicht hij de kust nadert.'

Nauwelijks zichtbaar schoof, traag en discreet, een schip voorbij.

'Ik ga bij de marine,' zei Jaap, 'later.' Hij draaide zich om en keek wat voor indruk dit op me maakte. De marine, wat moest ik daar tegenover stellen?

'Leuk,' zei ik.

'Ik heb een oom in de wilde vaart. Die is overal geweest.'

Hij had spleten tussen zijn tanden, vijandige, roofdierachtige spleten. Terwijl we langs de zee slenterden gaf Jaap een opsomming van de landen waar zijn oom allemaal geweest was. Er waren namen bij waarvan ik nog nooit had gehoord en vermoedde, dat hij ze ter plekke verzon. Ieder willekeurig woord werd aardrijkskundig als je er maar -ië of -ia achter voegde.

Ineens bleef hij staan. 'Kijk eens wat een joekel.'

Er lag een geweldige kwal voor zijn voeten, alsof hij een twaalfpersoons gelatinepudding van een schaal op de grond had laten glijden. De zon werd door het glanzende oppervlak weerkaatst. In het binnenste flonkerden geheimzinnige rose en blauw-paarse organen.

Jaap trok zijn zakmes tevoorschijn en hurkte. Beheerst trok

hij het lemmet dwars door de trillende massa heen. Daarna nog eens overdwars en diagonaalsgewijs, het weekdier in gelijke taartpunten verdelend.

'Wat doe je nou,' riep ik, 'misschien leeft hij nog.'

'Die is zo dood als een pier,' zei Jaap, 'alleen dode kwallen blijven op het strand achter. Trouwens,' zijn stem daalde en hij keek mij over de drillerige schijven met half dichtgeknepen ogen aan, 'al leefde hij, dan zou het nog niet tegen de natuur indruisen om hem open te snijden. Er zijn heel wat roofdieren die hun prooi levend verscheuren. Heb je wel eens gezien hoe tijgers een antilope uiteen rukken? Of een boa constrictor die een heel varken opslokt? Zelfs een kat die een muis vangt doodt hem niet meteen, maar geeft hem steeds een tik met zijn klauw of een kleine beet en laat hem dan weer los om de bloedende muis het idee te geven dat hij toch nog kan ontkomen.'

Geamuseerd lachte hij. Een wanhopige muis probeerde tevergeefs tussen de spleten van zijn tanden door te ontkomen.

'Hier,' met een snelle beweging prikte hij een partje van de kwal aan de punt van zijn mes en hield het onder mijn neus, 'wil je een stukje?'

Vanuit mijn middenrif kwam een golf van misselijkheid naar boven. Vol walging duwde ik bruusk de arm met het mes van me af, waardoor het stukje kwal losschoot en in zijn gezicht glibberde. Brullend van afkeer schoot hij overeind. Ik rende weg, het zonlicht flitste verblindend in mijn ogen.

'Kom hier,' hoorde ik achter me, 'dat zal ik je betaald zetten.'

Het zand brandde aan mijn voeten. Met schrik zag ik dat er niemand was om naar toe te vluchten. Nadine was verdwenen. De enige materieel aanwezige op het strand was de bunker. Daar liep ik zonder omzien heen. Aan de schaduwzijde leunde ik hijgend tegen het beton. Het bonkte in mijn hoofd. Een hoog, steil duin, afgezet met prikkeldraad waar dotten vogelveren in hingen, verhief zich massief en ondoordringbaar voor mijn ogen. De hitte hing in trillingen boven het zand.

'Zo,' zei de stem van Jaap, 'jij bent me d'r een zeg.' Grijnzend verscheen zijn hoofd om de hoek, alle tanden los van elkaar blikkerend in de zon. 'Godverdomme wat is het warm.' Met een mannelijke zwaai zette hij zijn pet op. 'Ik had niet gedacht dat het zo warm zou zijn.' Hij kwam naast me staan met zijn rug tegen de bunker.

'Kijk,' hij opende zijn hand, er lag een geel, plastic flesje in, 'lees eens wat er op staat.'

'Ascorbinezuur,' las ik.

'Zwaar vergif,' zei hij dreigend, 'als dit in zee open was gegaan waren alle vissen in de omtrek dood geweest.' Met een boog gooide hij het over het prikkeldraad heen. Koortsachtig vroeg ik me af hoe ik deze onheilsprofeet, die me overal zou volgen, kwijt moest raken. En waar zat Nadine?

'Ik wil je iets bijzonders laten zien.' Zijn ogen peilden me vanuit de schaduw van zijn pet.

'Wat dan?' vroeg ik flauwtjes.

'Het zit in mijn broekzak, je mag het er zelf uithalen.'

Ik keek steels opzij. Zijn schonkige lichaam kwam me onoverwinnelijk voor. In zijn hals klopte een dikke ader. 'Als de dood opnieuw zijn ergernis te wekken vroeg ik: 'Welke broekzak?'

Zwijgend klopte hij op de rechter, aan mijn kant. Voorzichtig liet ik mijn hand naar binnen glijden. Jaap stond doodstil en staarde naar de duinen alsof het hem niet aan ging. Mijn vingers tastten blind rond in de stugge stof en schoten ineens dwars door de zak heen.

Mijn hand werd gevuld door iets warms en zachts, dat een heel eigen leven scheen te leiden, los van de padvinderij, los van Jaaps toekomstdromen, los van zijn macabere fantasieën. Alsof ik me brandde trok ik mijn hand terug. Jaap keek me vreemd wazig en een beetje dom aan. Ik maakte me los uit de schaduw van de bunker en holde weer door het hete mulle zand. Een vliegtuig scheerde laag over het land, met veel geraas van motoren. Ergens in de vloedlijn bleef ik met mijn voet in een lus van fel oranje touw haken en smakte voorover. Ik krabbelde overeind en keek over mijn schouder. Hij volgde me niet. Eenzaam als een schipbreukeling zat hij op het zinkende schip, de bunker. Er vloog een meeuw over hem heen, verongelijkt krijsend.

Waar Nadine in het zand had gelegen stonden mijn schoenen nog met de sokken erin gepropt. Nadine was spoorloos, alleen het kuiltje dat haar vingers gegraven hadden was nog intact.

Terwijl ik het drukke strand passeerde, waar kinderen joelend in de golven doken, kreeg ik zin om ook de zee in te gaan. Op het stille, verlaten gedeelte dat volgde, liet ik mijn uniform op de grond glijden. Voor ons vertrek had ik mijn badpak, dat ik tijdens de vakantie nog niet één keer had mogen dragen, er onder aangetrokken.

Bijna struikelend over mijn eigen voeten rende ik de branding in en stortte me in een aanrollende golf. Het water bruiste over me heen. Ik liet me een eindje meevoeren en zocht dan weer een nieuwe golf op, die zich aanzwellend tot een muur boven de andere verhief. Niet ik ging op en neer, maar het strand met op de achtergrond de duinen. Wat had ik met het land te maken, met de idioten die er rondliepen, met het hele laag-bij-de-grondse mensengedoe.

Af en toe rustte ik even en keek met mijn hand boven mijn ogen tegen de zon in. Het was net of de donkerblauwe streep die je aan de horizon zag een langgerekt land was. Als er eens een paradijselijk eiland bestond, midden in de zee, waar iedereen die niet meer mee wilde doen naar toe zou kunnen zwemmen.

Rondwentelend liet ik me door het zeewater grondig schoonspoelen. Toen keerden van het ene op het andere moment de rollen zich om: het water werd koud en afwijzend, het strand warm en uitnodigend. Bibberend liet ik me terugvoeren en aan land brengen. Ik raapte mijn uniform op en liep door het weldadig warme zand naar de duinen.

'Wakker worden, wakker worden!' Uit mijn diepste slaap gehaald, onpasselijk, opende ik mijn ogen. Een lichtbundel uit een forse zaklantaarn schoot als een zoeklicht door de tent. Het was oehoe Maritha die ons wekte. Ik had haar nog nooit zo daadkrachtig gezien.

'Het feest gaat beginnen,' zei ze, 'neem je tooi, je totempaal en je kralenketting mee.'

Slaperig dromden we achter haar aan de tent uit, blootsvoets, in flodderige pyjama's en nachtponnen. De meisjes van de andere tent voegden zich onordelijk bij ons. Bijgelicht door de maan volgden we een kronkelig pad vol boomwortels.

'Heb jij het ook zo koud?' fluisterde Hella naast me.

'Een beetje,' zei ik. Het was net of iemand anders dan ik deze tocht maakte.

Tussen de hoog oprijzende stammen van de bomen door zag ik een lichtschijnsel.

Het pad werd breder om plaats te maken voor een open ruimte. In het midden brandde een groot vuur waarvan de vlammen begerig uithaalden naar de sterren. Op een boomstronk zat guido Ravenhorst somber in het vuur te staren. Haar plakkerige haar ging schuil onder een kolossale indianentooi waar met artistieke letters Blauwe Slang op geschilderd was. Een van klei gemaakte ketting, zoals we er allemaal een hadden, volgde de welvingen van haar borsten, die half uit de diep uitgesneden, misschien wel speciaal voor deze gelegenheid aangetrokken nachtpon puilden. Een ogenblik verloor ik mezelf in de donkere gleuf in het midden, toen trok de tamtam, die ze als een wasbord tussen haar benen geklemd hield, mijn aandacht.

Oehoe Maritha verdeelde ons rond het vuur en ging daarna recht tegenover guido zitten op een iets kleinere stronk.

'Nu doen we allemaal onze ketting om,' ze boog haar hoofd en liet het kralensnoer om haar hals glijden, 'en zetten de tooi op.'

Gedwee volgde iedereen haar voorbeeld.

'En nu gaat guido Ravenhorst ons vertellen waarom we hier bijeen zijn.'

Iedereen hield de adem in. Achttien gezichten waren bleek van de slaap en het middernachtelijk gebeuren naar guido opgeheven. Een rare, misplaatste vogelkreet klonk schril door het bos, gevolgd door wild geklapwiek van vlerken. Ik keek in het vuur. Waar het blauw was suisde het. Guido gaf met haar dikke vingers een roffel op de trom en schraapte haar keel.

'Meisjes,' haar stem klonk zwaar en gedragen, 'we hebben gewacht tot het volle maan zou zijn om ons verbond met een bloedoffer te kunnen vieren.' Ze zweeg even. Ik prikte mijn totempaal voor me in de grond.

'Wij Indianen,' hervatte ze, 'staan niet buiten de natuur, zoals de bleekgezichten, maar maken er deel van uit en zijn haar dankbaar voor haar gaven. Vooral eren wij de Grote Moeder,' haar handen gaven een driftige roffel weg, waarbij haar borsten trilden en ik niet kon laten weer naar de donkere spelonk in het midden te kijken, 'die ons respecteert zolang wij haar respecteren. Daarom zullen wij haar vandaag onze totempaal offeren en haar mild stemmen door met elkaar uit de vredesbokaal te drinken ter bezegeling van onze trouw jegens elkander tot in de dood.'

De hand met de ring gaf oehoe Maritha een teken. Maritha stond op – haar gezicht was bleek – om te zeggen dat we nu een rondedans deden.

'Jaagt gij mee, gij broeders,' zong guido.

'Ja, wij jagen mee,' antwoordden wij in koor, onbeholpen rondhuppelend.

'Jaagt gij mee, gij zusters,' riep guido nu onder escorte van een roffel in marstempo.

'Ja, wij jagen mee,' zongen we weer. Toemba, toemba, toemba, toemba, toemba, toemba, dansten we in opbollende nachtponnen. De vlammen laaiden wild heen en weer door de luchtverplaatsingen die onze rondedans veroorzaakte. Guido joeg ons met haar in hevigheid toenemende roffel op tot een steeds sneller en meeslepender ritme, alsof ze ons echt wilde aanvuren tot de strijd. Ik dacht aan primitieve stammen die dit uren, zelfs dagen schenen vol te houden om zich zonder voorbehoud in de jacht te kunnen storten.

Door onze moeheid willoos overgeleverd aan de meedogenloze cadans gingen we door tot we van uitputting bijna door onze knieën knikten. Toen gebood guido ons te gaan zitten. Ze schoof de trom opzij en verrees; haar nachtpon reikte als het gewaad van een priesteres bijna tot aan haar dikke blote voeten. Statig boog ze zich naar het vuur toe. Een rode weerschijn zette haar gezicht in een warme gloed.

'Blauwe Slang offert u haar totempaal, o Grote Moeder,' zei guido Ravenhorst en wierp haar houtsnijwerk, dat zij in stilte gemaakt moest hebben, in het vuur. Het vatte onmiddellijk vlam. Daarna deed ze een stap terug en gebood ons een voor een hetzelfde te doen.

Een meisje in een te kleine pyjama waar haar enkels en polsen dun uitstaken deed een stapje naar voren en prevelde iets met smalle lippen.

'Harder!' riep guido Ravenhorst.

'Pijlkind offert u haar totempaal, o Grote Moeder,' zei het meisje met trillende stem, angstig haar totempaaltje in het vuur gooiend.

Daarna volgden de anderen. Snelvoet, Hiawatha, Arendsoog, Winnetou, alle beroemde namen passeerden de revue. Gretig verzwolg het vuur de offerandes, de Grote Moeder kon tevreden zijn. Nadine had zichzelf in alle ijdelheid Goudhaar gedoopt. Niet zonder welbehagen wierp ze haar totem van zich af. Vlak voor het avondeten was ze thuis gekomen, met verwarde krullen en een afwezige blik in haar ogen. Ik scheen niet meer te bestaan.

'Zwarte Bison offert u haar totem, o Grote Moeder.' Schielijk bracht ik mijn offer.

Toen iedereen geweest was roffelde guido weer op de trom. 'Nu is het grote moment aangebroken,' kondigde ze aan. 'Oehoe Maritha, waar zijn de blinddoeken?'

Zwijgend zette Maritha een met rode lappen gevulde mand voor haar neer.

'Ga je gang.' Guido's hand gaf wuivend het startsein.

Maritha trok een lap uit de mand en blinddoekte hiermee nauwkeurig het schriele meisje naast guido. Iedereen keek afwachtend toe. Met haar mandje verplaatste oehoe zich van de een naar de ander. Toen Nadine, fier rechtop zittend, geblinddoekt werd moest ik aan het beeld van vrouwe Justitia denken dat bij ons in de stad voor het gerechtsgebouw stond.

Wat zou guido met een bloedoffer bedoelen, vroeg ik me af. Het rood van al die doeken over de witte gezichten gaf me een onbehaaglijk gevoel. Dit is een zomerkamp voor padvindsters, suste ik mezelf, waar allemaal leuke spelletjes worden verzonnen om ons te vermaken. Mijn moeder zou me toch nooit naar een kamp sturen waar ze enge dingen met je doen?

Maar de angstaanjagende verhalen die door mijn hoofd schoten waren sterker, verhalen waarvan ik niet meer wist of ze me uit de aardrijkskundeles waren bijgebleven of uit de boeken van Karl May. In ieder geval hadden ze een ding gemeen: het brengen van mensenoffers aan de goden. De Azteken, de Maya's, de Inka's maakten hun eigen kinderen af om het bloed aan de onlesbaar dorstige goden te schenken wanneer deze weigerden het te laten regenen, of te laten ophouden met regenen, of de oorlog te lang lieten voortduren.

Ik keek naar guido Ravenhorst om in te schatten hoe bloeddorstig zij zou zijn, met haar volle lippen en haar gulzige lichaam. De aanblik was verre van geruststellend. Ik verplaatste mijn aandacht naar Maritha, die mij nu dicht genaderd was.

Eenmaal geblinddoekt hoorde ik veel beter. Geritsel in de struiken, plotselinge vogelgeluiden, het neerploffen van takjes in het vuur, het au-geroep van sommige meisjes, de kalmerende stem van Maritha en guido Ravenhorsts stem die 'Flink zijn, anders haal je nooit je insigne' bromde.

Toen uiteindelijk mijn hand gegrepen werd, zogen, op mijn ogen na, al mijn zintuigen guido's dreigende aanwezigheid in zich op. 'Tanden op elkaar,' zei ze. Ik kreeg een korte felle prik als met de punt van een kroontjespen in de top van mijn middelvinger en beet op mijn onderlip. 'Dat was 't,' zei Maritha.

Daarna werd er hard in mijn vinger geknepen om het bloed te laten stromen. Ik had geen idee hoeveel er uit kwam, in mijn gedachten vulde zij er een hele kom mee. Mamma, mamma, dacht ik, jij komt nu misschien wel thuis van een opwindende avond in een theater. Je moest eens weten wat ze in de tussentijd met je kind doen.

Nu Maritha zich hierbij liet betrekken was er niemand in het kamp meer te vertrouwen.

'Wij drinken om beurten uit de vredesbokaal,' riep guido.

Wat zat er allemaal in het bloed van een ander? Bacteriën, virussen, ziekelijke eigenschappen. Was guido's bloed er ook bij? Ik kon niets afstotelijkers bedenken dan guido's bloed te moeten drinken.

Denk aan iets anders, zei ik tegen mezelf. Denk aan hoe het vanmiddag was in zee, aan het kortstondige gevoel van vrijheid. Al drink ik hun bloed, toch blijf ik vrij. Het komt gewoon in mijn spijsvertering terecht en wordt daar afgebroken als bedorven vruchtesap. Ik heb wel eens appelsap gedronken met draden en wolken schimmel erin.

Er klonken kreten van afschuw. 'Ssst,' maande guido, 'de vredesbokaal moet in alle rust leeggedronken worden.'

Een harde emaille rand werd tussen mijn lippen geduwd. Mijn kin werd opgetild. Een weemakende zoetzoute vloeistof gleed mijn mond binnen. Ik onderdrukte de neiging alles weer uit te braken en slikte het vocht als levertraan weg. Mijn kin werd losgelaten, de volgende mocht.

Het was of ik de vloeistof, paniek en verderf zaaiend, naar beneden voelde glijden tot in mijn maag, waar ze vijandig werd ontvangen. Ik hoopte vurig dat mijn lichaam zich te weer zou stellen tegen de vreemde indringers.

'De plechtigheid is ten einde,' hoorde ik guido roepen, 'jullie mogen je blinddoeken afdoen.'

Met een ruk trok ik de doek van mijn hoofd. Een beetje ontheemd en uit hun evenwicht gebracht keken de zusters tot in de dood elkaar aan.

'En nu naar bed,' riep guido. Met een schepje wierp ze aarde op het vuur. Het was of zij alle sporen wilde uitwissen.

De maan hield zich schuil achter de wolken toen we terug slaapwandelden. Oehoe Maritha bescheen met haar zaklantaarn het pad en de boomstammen die het als zwijgzame, neutrale wachters flankeerden. Ik had nog maar één verlangen: in het hol van mijn slaapzak te kunnen kruipen.

Naast me liep een meisje uit de andere tent.

'Het was geen echt bloed hoor,' fluisterde ze.

'Wat dan?' vroeg ik bijna snibbig.

'Gewoon ranja met zout,' giechelde ze.

'Hoe weet je dat?'

'Ik heb zelf gezien dat guido het klaarmaakte.'

'Wanneer?'

'Vanavond, toen ik moest plassen.'

Met een kroes warme chocolademelk in de hand wachtten we op de schemering. De damp die in mijn gezicht sloeg deed me denken aan vroeger als mijn moeder midden in de nacht hete anijsmelk voor me maakte om er de laatste vonken van een nog nasmeulende nachtmerrie mee te doven. Hoe ze in haar versleten peignoir aan het grote kolenfornuis stond, roerend in het melkpannetje, en mij geruststellend toesprak: 'Het was maar een droom, Lise, die dingen gebeuren niet echt.'

De hele dag had ik me raar licht in mijn hoofd gevoeld. Iedere handeling viel me zwaar, de zon deed pijn aan mijn ogen. Het was of ik van de anderen was afgesneden. Daarbij ontnam een aanhoudend gevoel van misselijkheid mij m'n eetlust.

Terwijl de toppen van de dennen zwart en grillig afstaken tegen de roodgekleurde hemel, lichtte guido ons uitvoerig in over het allereerste padvinderskamp in 1907 aan de Engelse zuidkust, onder leiding van lord Baden-Powell, de vader van de padvinderij. Hij wist jongens uit de deftigste Londense families en jongens uit achterbuurten, bijeengebracht in één kamp, enthousiast te maken voor het spel van het verkennen en de bijbehorende technieken zoals spoorvolgen, terrein in kaart brengen en observeren.

'Voor het spel van deze avond,' zei guido, 'zullen we alle vaardigheden, die we tot nu toe hebben opgedaan, hard nodig hebben. En omdat we ons niet alleen als padvindster, maar vooral als Indiaanse in het spel begeven, moeten we ook nog de daarbij behorende slimheid tonen. Want er zijn geen betere spoorzoekers dan de Indianen: een gebroken twijgje, een gekneusd blad, een ongewoon geluid, is hun voldoende. Ik zal jullie de regels van de vossejacht, die we voor deze avond tot bisonjacht hebben omgedoopt, vertellen. Er worden drie bisons gekozen. Dat betekent dat er vijftien meisjes overblijven om te jagen. Zij moeten de bisons binnen een bepaalde tijd vangen. Slagen zij er niet in alle bisons te vangen voor het door mij gegeven eindsein, drie maal blazen op de fluit, dan hebben ze verloren. Ons jachtgebied ligt in de duinen. Aan de ene kant wordt het op natuurlijke wijze afgebakend door de zee, aan de andere kant door het bos. Aan weerszijden hebben wij als grens gekozen het moerasgebied aan de noordzijde en de denkbeeldige lijn ter hoogte van de Zeven Weduwen aan de zuidkant.'

'Wie zijn de Zeven Weduwen,' onderbrak een meisje haar.

'Dat zijn die oude, kromme dennen waar we jullie wel eens op gewezen hebben. Ze staan boven op een duintop. De bisons trekken dit aan,' guido hield een zwarte broek, trui en bivakmuts omhoog, 'om niet te veel in het oog te lopen. Dan zal ik nu de bisons kiezen.'

Er sloeg een golf van angst door me heen. Als ik nu eens achterwaarts tussen de struiken verdween?

'Het lijkt me niks leuk om bison te zijn,' fluisterde Hella, 'ik ben veel liever bij de jagers.'

'Ja,' zei ik.

'Daar hebben we onze eerste bison,' guido Ravenhorsts wijsvinger was als een speerpunt op mij gericht. 'Zwarte Bison, dat kan niet missen. Hier is je vacht.' Ze drukte me het camouflagekostuum in de handen.

Opgezweept door onze tophit 'Jaagt gij mee' begaven we ons in een stevig tempo naar de duinen. De duisternis was gevallen. In het bos was het aardedonker, maar in de duinen was het dank zij de maan licht genoeg om het terrein te kunnen onderscheiden.

Nog een keer verzamelden we ons rond guido Ravenhorst, die ons met een weidse armzwaai de grenzen van het territorium wees. 'Denk erom meisjes: peddel je kano zelf, en Weest Paraat!'

'Weest Paraat!' zeiden we in koor, aan onze mutsen tikkend.

'En nu,' zei guido, 'krijgen de bisons een voorsprong van tien minuten.'

In het wilde weg sprintte ik de duinen in. De bivakmuts kriebelde aan mijn wangen.

De bodem was oneffen. Nu eens liep ik dwars door struikerige heide heen, dan weer over zacht, glad mos dat meeveerde onder mijn voeten. Ik voelde me de hoofdpersoon in een film waarvan het geluid weggevallen is: er was een gewatteerde stilte om me heen, alleen mijn bewegingen gingen dwaas voort, zonder enige zin.

De duinen werden grilliger, met steile hellingen en geprononceerde toppen. Door de wind in hun groei gestuite, bezemachtige vlieren en duindoorns belemmerden me de doorgang. Buiten adem kroop ik onder een groepje dicht opeen staande, in elkaar verstrengelde vlieren en hijgde uit. Met mijn vingers maakte ik een kijkgat naar de duinen.

Mijn opdracht was niet gevonden te worden. Nu, daar zou ik me aan houden. Mij zouden ze niet te pakken krijgen. In mijn zwarte pak bestond ik als het ware niet. Ik was een negatief persoon geworden, het tegenovergestelde van iemand die er wel is. Mijn rol in het kamp had zijn uiteindelijke vorm gekregen. Door mijn mond ademend om niet het minste geluid te maken loerde ik vanuit mijn hol naar buiten. Het maanlicht werd weerspiegeld in het roerloze helmgras. Boven op een duin zag ik het silhouet van een konijn, dat met kleine rukjes gras en heidetwijgjes at, tussendoor nerveus om zich heen spiedend alsof er ieder moment een mededinger zou kunnen opdraven.

Ik ging liggen met mijn handen onder mijn hoofd en sloot mijn ogen. Nu was het alleen nog afwachten tot er driemaal op het fluitje geblazen werd.

Gemompel haalde me uit mijn sluimer. Ik schoot overeind en zag een kordon met stokken gewapende meisjes naderen, als jagers met geweren. Zo klein mogelijk, een embryonaal opgerold balletje, trok ik me terug onder de laagste takken. Mijn slapen klopten.

'Maar hier zijn zoveel struiken,' werd er geklaagd.

'Gewoon met je stok erin prikken tot we ze allemaal gehad hebben,' zei een ander resoluut.

De vlieren werden omsingeld. Het kraakte en ritselde om me heen alsof de struiken gekapt werden. Bevend wachtte ik af totdat een venijnige prik in mijn rug het startsein gaf aan mijn samengebundelde spieren. Als een in het nauw gebrachte vos brak ik dwars door de takken heen en holde een willekeurige kant op, een hevig tumult achter me latend.

'Grijp haar!' hoorde ik achter me als een echo door de duinen, 'grijp haar!'

Mijn benen bewogen machinaal, zonder van ophouden te weten. Bramenstruiken haalden mijn huid open. De aarde bonkte en resoneerde onder mijn voeten. Mijn hele bestaansrecht was uitsluitend nog mezelf te verplaatsen.

In mijn vlucht werd ik mijn moeder, in de oorlog, betrapt met tassen vol aardappels.

Bij elk gesprek over honger en schaarste had ze die gebeurtenis breed uitgemeten, haar steeds opnieuw oppoetsend als antiek koper. Bij het zien van mijn opengesperde ogen liet ze er geruststellend op volgen: 'Maar zulke dingen zullen nooit meer gebeuren.'

Op een fiets met houten banden was zij vanuit het gebied dat later de randstad zou gaan heten op strooptocht gegaan in Overijssel om bij de boeren sieraden te ruilen voor aardappels. Op de terugweg, met volgeladen fietstassen optornend tegen het talud van de IJsselbrug, zag zij in de verte een controlepost van de Duitsers. Het was misschien verstandiger geweest rechtsomkeert te maken, maar in paniek wierp zij haar fiets in de berm, rukte de loodzware fietstassen eraf en rende het talud af, de uiterwaarden in. Achter haar bliezen de soldaten op hun snerpende fluiten en riepen: 'Halt, halt!'

De tassen waren zo zwaar dat zij ze moest achterlaten op het soppige grasland. Zelf rende ze door, het laatste restje kracht in haar ondervoede lichaam aansprekend.

Hoe zou het afgelopen zijn, fantaseerde ik, als ze mijn moeder te pakken hadden gekregen? Zou ik dan ooit geboren zijn?

Steeds dieper zakte ik weg in de drassige bodem. Bij iedere stap kostte het inspanning om mijn voet er weer uit te trekken. Hoog riet ontnam me het uitzicht. Teruggaan durfde ik niet. Achter me hoorde en voelde ik ze naderen: vibraties van opwinding door de lucht, gestamp van voeten op de aarde. Voor me bevond zich een val die minstens zo dreigend was: het kannibalistische moeras. De toenemende zuiging aan mijn voeten bewees dat wel. In twijfel over wat erger was: langzaam naar beneden getrokken te worden in de modder of als bison gevangen, trok ik me op aan de takken van een wilgebosje en rustte in wankel evenwicht uit.

Niet ver daar vandaan schenen mijn achtervolgers behoorlijk in paniek te zijn geraakt. Het klonk als het gesnater van vogels wanneer er hoog boven de broedkolonie in stille afwachting een arend zweeft. Langzaam stierf het geluid weg. Of de jagers waren met z'n allen verzwolgen, of ze hadden de achtervolging gestaakt.

Ik ontspande. De fluwelige blaadjes van de waterwilg streken sussend langs mijn wang. Ik bewoog mijn tenen heen en weer in mijn vettig soppende gymschoenen. Juist bedacht ik dat het allemaal onzin was wat mijn tante op de Veluwe altijd vertelde over moerasgeesten en dwaallichten, toen er van heel dichtbij, onder me vandaan, vanuit de zompige rietpollen, een nooit eerder gehoorde, holle vogelroep klonk die zich laag tussen het riet door voortplantte.

In een reflex viel ik uit het bosje en waadde als een bezetene terug naar waar ik vandaan gekomen was.

Gedesoriënteerd sjouwde ik door de duinen. Mijn voeten waren afgekoeld in de natte schoenen en bij iedere stap schuurde de stof van de geleende broek langs de schrammen op mijn benen.

Van mij mocht de voorstelling nu afgelopen zijn. Er was geen spoor van de anderen te ontdekken. Misschien was ik wel in een heel ander gebied terecht gekomen.

Boven de duinen uit zag ik een glimp van de zee. Intuïtief uitkomst van haar verwachtend zette ik koers in die richting. Op de laatste duinenrij bleef ik staan, in de diepte gaapte het strand. Loom bewegend en glanzend als vloeibaar metaal strekte de zee zich voor me uit. Niets getuigde van enige welwillendheid jegens mij. Wat verborg ze niet allemaal onder haar kalm deinende oppervlak: verdronken zeelieden en passagiers; eeuwenoude wrakken; tinnen borden en drinkbekers, stenen pijpen, verzegelde flessen met antieke wijn erin; gouden munten; hele Armada's en Titanic's; dorpen, steden, Atlantis.

Niet wetend wat te doen, de natuurlijke grenzen van guido als vijandig ervarend, volgde ik over de jongste duinen de kustlijn. Er waren zoveel werelden dat mijn hoofd ervan tolde. Parijs, thuis, het kamp, en dan nog de verschillende elementen die dit gebied herbergde: de bossen, het moeras, de duinen, de zee, elk met een eigen karakter. Het was me allemaal te ingewikkeld, ik was veel te moe om er over na te denken.

Verbeeldde ik het me dat de maan veel lager stond dan in het begin? Ik had het gevoel al uren te lopen, helling op, helling af. De zee had ik de rug toegekeerd. Vroeg of laat scheen ik toch altijd weer het kamp op te moeten zoeken, zoals een getemd dier zijn geopende kooi. Ik moest het alleen nog zien te vinden. Verdoofd van moeheid strompelde ik door zand, helm, heide, vallend en weer opstaand, takjes en beestjes in mijn haar en kleren, doorntjes van de duinroos in mijn handen. Ik kreeg met mezelf te doen. Met koortsige naijver zag ik mijn ouders en Babette comfortabel in hun donszachte, Parijse hotelbedden liggen en wenste bijna dat er iets ergs met me zou gebeuren, om hen te straffen.

Door dit zwelgen in rancuneuze gedachten zag ik niet dat ik een kamp naderde van in het donker oplichtende tenten. Het drong pas tot me door toen ik tegen de omheining opliep. Verbaasd keek ik over het staaldraad heen naar de schimmige tenten. Een vreemde, oneigenlijke aanwezigheid, zo'n mensenkamp in de nacht. Ik klom over het hek en manoeuvreerde tussen de scheerlijnen door. Er waren veel meer tenten dan bij ons. Op mijn tenen bewoog ik me door de eigenaardige stilte die er heerste, alsof het kamp door haar bewoners in allerijl verlaten was. Geen gesnurk of gehoest drong er door het dunne tentdoek heen.

Bij een witgeschilderde houten pomp bleef ik staan. Dit moest het centrum zijn, de tenten waren er min of meer omheen gegroepeerd. Ik ging zitten, de pomp als ruggesteun gebruikend. Dit was duidelijk het middelpunt van de wereld, hier ging ik niet meer weg. De geruststellende tekenen van menselijke bewoning om me heen bevestigden dat buiten het hek de wildernis begon.

Mijn kin zakte op mijn borst.

In de droom veranderde het vreedzame tentenkamp dat mij zo gastvrij opnam in een nederzetting van de Indianen en de houten pomp in een totempaal waaraan ik vastgebonden was, in eindeloze, kwellende onzekerheid verkerend over het lot dat me wachtte. Uit aanzwellend tromgeroffel en dreigend gezang schrok ik klam van het zweet wakker met mijn handen op mijn oren.

De aanblik van de tenten ontnuchterde me. Ik besloot wakker te blijven tot de dageraad.

Vlak voor zonsopgang werd de voorhang van een der tenten opzij geschoven. Een man van mijn vaders leeftijd, die ik in mijn moeheid aanzag voor lord Baden-Powell zelf vanwege zijn uniform, zijn hoed en zijn korte baardje, kwam omzichtig naar buiten en verstarde toen hij mij zag. Gewoon als eerste de dag te begroeten moest hij er waarschijnlijk aan wennen dat iemand hem deze keer voor was geweest. Ik schaamde me voor mijn aanwezigheid.

Met een frons tussen zijn wenkbrauwen hurkte hij voor me neer. Voor iemand met zulke idiote kwastjes aan zijn kniekousen was ik niet bang.

'Hoe kom jij hier?' fluisterde hij.

'Ik ben verdwaald,' zei ik, mijn nachtelijke lijdensweg in één woord vangend.

'Waar kom je vandaan?'

'Uit het padvindsterskamp.'

'Waar is dat?'

Ik haalde mijn schouders op. Ik was toch verdwaald?

Hij stond op, zwengelde wat aan de pomp en hield zijn lippen slurpend in de dunne straal die er uit kwam. 'Ik geloof dat ik wel weet waar het is,' mompelde hij tussen twee slokken door.

Omslachtig hees ik mezelf aan de paal op. Mijn verstijfde spieren voelden beurs aan. Ik trok de bivakmuts van mijn hoofd en bedacht wat een rare aanblik ik geboden moest hebben toen hij uit de tent kwam. Als een dief, een insluiper.

Mijn begeleider hield even de pas in toen wij, de laatste wending van het pad achter ons latend, geheel onvoorbereid guido Ravenhorst in het oog kregen. Met een deken om haar benen gedrapeerd zat ze in het boek met de onappetijtelijke grijs-bruine kaft te lezen. De barse uitdrukking op haar gezicht zou toepasselijker zijn geweest wanneer ze stram in de houding in een rood-wit geverfd wachthuisje de ingang van een kazerne had opgeluisterd.

'Dat is onze guido,' fluisterde ik.

'Aha'. Hij rechtte zijn rug.

Toen we haar zo dicht genaderd waren dat ik op het omslag de letters kon onderscheiden die een titel in een vreemde taal vormden, kuchte hij tweemaal achter zijn hand.

Koel keek guido over haar leesbril heen. 'Zo,' zei ze, 'daar hebben we het verloren schaap.'

Hij nam zijn hoed af. 'Ze was bij ons in het kamp terecht gekomen.'

Guido glimlachte lief. 'Ik ben blij dat u haar terugbrengt, we hebben de hele nacht gezocht.'

Begrijpend knikte hij. 'Je kunt met die kinderen van alles meemaken.' Vaderlijk legde hij zijn hand op mijn schouder en keek me taxerend aan. 'Je ziet wat bleekjes,' hij tikte me op de wang, 'ik zou nog maar een paar uurtjes gaan slapen.'

Ik knikte gehoorzaam.

Zijn hoed weer op zijn hoofd klemmend wendde hij zich tot guido Ravenhorst. 'Ik laat haar verder aan uw zorgen over. Mijn jongens kunnen ieder ogenblik wakker worden.'

Met grote stappen beende hij weg, de kwastjes tikkend tegen zijn kuiten.

Toen hij door de bomen aan het oog onttrokken was siste guido Ravenhorst: 'Je hebt de boel leuk in de war weten te sturen.' Driftig sloeg ze de deken op en kwam overeind. 'Hoe kon je zo eigenwijs zijn toch in het moeras te gaan terwijl ik heel duidelijk had gezegd dat daar de grens was?'

Ik keek neer op mijn natte gymschoenen. 'Het ging per ongeluk, guido.'

'Per ongeluk?' Met haar wijsvinger onder mijn kin dwong ze me haar aan te kijken. 'Je hebt je gewoon aan de regels te houden!'

Mijn knieën trilden van moeheid. 'Mag ik nu naar bed?' smeekte ik.

'Naar bed? Gewoon naar bed, alsof er niets gebeurd is?' Schaterend wierp guido haar hoofd in de nek. 'Zo gemakkelijk gaat dat niet. Er moeten zestig boterhammen besmeerd en belegd worden, dat lijkt me een geschikte bezigheid voor jou. Dan kun je de zaak nog eens overdenken.'

Ze duwde me voor zich uit naar de foeragetent. 'Je zult nog wel wat te horen krijgen als ze wakker worden. Iedereen was woedend omdat je vals speelde.'

Achtergelaten tussen de broden, de boter, de pindakaas, jam, worst, schotels en broodplanken, toegerust met een broodmes en een mes om te smeren, probeerde ik de handelingen die verricht moesten worden in de juiste volgorde voor ogen te krijgen. Een onoverzichtelijker en ingewikkelder taak was me nooit opgedragen.

De tent riep een nostalgisch beeld in me wakker: Maritha, in de schemering over mijn gewonde vinger heengebogen, en ik, me koesterend in haar nabijheid. Lag ze nu gewoon te slapen? Ik boog me over de pindakaaspotten heen en wierp een blik op het EHBO-trommeltje. Daarnaast werd de binnengekomen post in een apart vak bewaard. Ik verbaasde me erover dat het helemaal vol was. Ze moesten de vorige dag vergeten zijn de post uit te delen. Als vanzelfsprekend pakte ik het bundeltje enveloppen en ansichtkaarten eruit. Een voor een liet ik ze door mijn handen gaan. Ik bedacht hoe raar het eigenlijk was dat ik niet van alle meisjes de achternaam kende. Ineens hield ik de Eiffeltoren in mijn hand, gebed in een gemeen blauwe hemel. Werktuiglijk draaide ik de kaart om.

Lieve Lise, las ik, we hebben het hier reuze naar onze zin. Elke dag heeft nieuwe verrassingen voor ons in petto: kerken, musea, parken, monumenten, noem maar op. Vandaag gaan we naar Versailles, het paleis van de zonnekoning die je nog wel zult kennen uit de geschiedenisles. Jullie zwemmen zeker elke dag in zee met dit mooie weer? We hopen maar dat je nog naar huis wilt als de vakantie afgelopen is! Veel kusjes van ons alle drie: mamma, pappa en Babette.

Babette had zwierig haar handtekening er onder gezet.

Met de ansichtkaart in de hand zakte ik door mijn knieën totdat ik tussen de broodkruimels op het grondzeil zat.

Om en om keerde ik de kaart, van de geschreven tekst naar de Eiffeltoren en weer terug.

Op hoge hakken

Het fort van Korfoe werd steeds meer rots. De gladde, hoog oprijzende muren en de bastions op de hoeken werden opgenomen in het grotere geheel van een bergachtige landtong, waarvandaan ook nog het scherpe, gouden kruis van de orthodoxe kerk de lucht inpriemde.

Vanuit het binnenste van het schip klonk het landerige gebrom van de motoren. Links en rechts van Berber leunden tientallen mensen over de railing, starend naar het langzaam krimpende eiland en het schuimspoor achter de boot. Ze kon zich niet herinneren tijdens de vakantie ooit ergens alleen naar te hebben gekeken. Altijd waren er anderen die elkaar verdrongen om vanaf een op de kaart aangegeven rots het uitzicht te bewonderen, de smalle trappen in een oud klooster te beklimmen of zich in een baai te nestelen.

Moe van het staan op haar hoge witte schoenen keerde ze zich om. Richard zat in volmaakte sereniteit op een van de lange houten banken en keek naar de horizon. Berber liet de leuning los, zwikte even door haar enkel, herstelde zich en liep zo onverschillig mogelijk naar hem toe.

'Wat is het warm.' Ze ging naast hem zitten.

'Heerlijk,' zei hij.

De bank was hard. Hopelijk kreukte haar rok niet. Er was geen steun voor de rug. Als op een strenge kloosterbank was ze gedwongen rechtop te zitten, zoals Richard, met kaarsrechte rug. Ze had de neiging krom te zitten; haar wervelkolom was net een krachteloze stengel. Ze leunde zijdelings tegen Richard aan en keek naar hem op. In gedachten volgde ze de lijn langs zijn voorhoofd, neus, mond, kin. Ze zou de korte krullen in zijn nek willen aanraken maar durfde niet. Hij straalde de afweer uit van iemand die zich volkomen heeft overgegeven aan de zon.

Voorzichtig legde ze haar hand op zijn borst en vroeg: 'Wat is het eigenlijk voor eiland, Paxos?'

Even bleef het stil. 'Dat zien we wel,' zei Richard.

Ze popelde om het ergens over te hebben.

'Is het groot?' vroeg ze.

'Groot, groot, wat heet groot,' zei hij, 'een vissersplaatsje en wat heuvels met olijfbomen voor zover ik weet.'

'Denk je niet dat we er gauw uitgekeken zullen zijn?'

Hij wierp een geërgerde blik op haar. 'Wat wil je nou. Het schijnt een mooi eiland te zijn, onaangetast, weinig toerisme. We zien wel.'

Ze haalde haar hand van zijn borst. Op zichzelf teruggeworpen volgde ze zijn blik om in ieder geval datgene wat hij zag met hem te delen.

Zonder angst in de Ionische Zee te vallen zat een Griekse vrouw in ontspannen evenwicht op de railing, haar ene been gestrekt, het andere opgetrokken. Onder het in een wrong losjes opgestoken haar begon haar lange, licht gebogen hals. Nieuwsgierig keek ze naar het water alsof ze zich afvroeg wat zich onder het oppervlak verborg. Haar blote armen en benen waren egaal bruin. Berber keek eens naar haar eigen huid die, herstellende van zonnebrand, lichte vlekken vertoonde. Tegen het decor van een turkooizen zee die aan de horizon wazig overging in de hemel kreeg de vrouw een mythische dimensie. Berber herinnerde zich een beeldje dat ze ergens in een museum gezien moest hebben. Het stelde Pandora voor, die haar nieuwsgierigheid naar de inhoud van een bij haar in bewaring gegeven doos niet kon bedwingen en op het punt stond hem te openen, waarna alle menselijke kwaad en ellende naar buiten zouden komen in de gedaante van afschuwelijke, mottige wezentjes met bruine vleugels.

Berber kon het onheilspellende gevoel maar niet van zich afzetten dat deze vrouw maar een fractie van een seconde naar Richard zou hoeven kijken om alle denkbare ongeluk over haar af te roepen. Rusteloos zon ze op middelen om zijn aandacht af te leiden. Een gesprek was niet mogelijk, alles wat ze op dit moment zei wekte zijn irritatie. Gewoonweg naast de Griekse gaan zitten dwong hem tot een vergelijking die zeker in haar nadeel uit zou vallen. Weglopen was het enige wat overbleef, in de hoop dat ze juist in haar afwezigheid weer een zekere aantrekkelijkheid zou krijgen.

Ze stond op en slenterde weg tussen de banken door. Ondanks de vaart die de boot had was het warm. Het heetste tijdstip van de dag, waarvoor alle Grieken in de schaduw van hun loggia's, in hun hangmatten en slaapkamers vluchtten, naderde. De overdaad aan licht brandde zich in haar netvlies. Ze had haar zonnebril in het hotel laten liggen. Ergens zat een priester met een wasbleek gezicht alsof hij zelden zijn kloostercel verliet een boek te lezen. Hij maakte zich zo smal mogelijk, vouwde zich bijna dubbel, om plaats te maken voor de vrouwen die aan weerszijden van hem zaten met uitpuilende boodschappentassen tussen hun benen en op kibbeltoon een gesprek voerden.

Berber speurde het dek af naar schaduw. Er was een hoekje bij de railing waar een streep schaduw van de mast overheen viel. Ze trok haar witte jurk glad en ging voorzichtig zitten, leunend tegen het hekwerk. Aan het toenemend aantal mensen dat reikhalzend over de leuning hing merkte Berber dat Paxos in zicht was gekomen. Het eiland vouwde zich open om de boot met zijn passagiers binnen te laten. Tegen een achtergrond van donkergroene heuvels werden dicht opeen staande witte huisjes verticaal doorsneden door de kale masten van in de haven gemeerde boten.

Zouden ze op dit eiland eindelijk kunnen beleven wat zij van de vakantie verlangde: een moment van eeuwigheidswaarde, de volledige overgave aan elkaar in harmonie met dit landschap?

Op Korfoe, voortdurend omgeven door een troep tegelijk met hen gearriveerde landgenoten, hadden ze geen centimeter vrijheid. Na het gezamenlijke ontbijt gingen ze gezamenlijk zonnebaden op het privé-strand van het hotel. Van de warme lunch via de siësta en het aperitief op het terras naar het diner met dansen na. Wanneer de aard van het voedsel niet ter discussie stond werd er gespeculeerd over het weer in Nederland. Zelfs op excursies waren ze niet van elkaar verlost: voor enkele uurtjes losgelaten uit de bus liepen ze elkaar toch nog voor de voeten en moesten fatalistisch de ah's en oh's van andermans bewondering over zich heen laten komen. Niet meer in staat op eigen kracht schoonheid te ontdekken kropen ze tenslotte murw in de snikhete touringcar. Eenmaal meenden ze in een kloof een minuscuul, verlaten strandje te hebben ontdekt. Juist hadden ze hun bezwete kleren op het zand laten vallen om, als in het paradijs, te gaan zwemmen toen ze uit een rotsspleet een werphengel tevoorschijn zagen komen, gevolgd door de eigenaar. Hij was het kopstuk van het reisgezelschap, degene die de flauwste grappen maakte en om wie het hardst gelachen werd. Grijnzend drukte hij ze op het hart, dat ze zich voor hem niet hoefden te schamen en installeerde zich op een in zee stekende rots, zijn gehate kale hoofd glanzend in het zonlicht.

Een beetje duizelig stond Berber op. Paxos was hen gunstig gezind, dat voelde ze. Toen ze de lange, boven de overige passagiers uittorenende gestalte van Richard in het oog kreeg verschikte ze vlug een haarlok en zwaaide verheugd.

De passagiers, uitgezwermd in de nauwe straatjes van het dorp, losten op in het niets. Hand in hand liepen Richard en Berber over het hobbelige plaveisel. Het dorp leek uitgestorven, alsof de bewoners over zee weggevlucht waren voor de uitbarsting van een vulkaan.

'Wat een verschil met Korfoe,' zei Richard.

'Heerlijk,' zei Berber, 'die stilte.'

Ze bleef met haar hak in een kuiltje tussen de stenen steken en bukte zich om hem eruit te trekken.

'Waarom heb je je sandalen niet aangetrokken,' zei Richard, terwijl ze ongeduldig de hoge hak loswrikte, 'deze zijn toch niet om op te lopen?'

Met een rood hoofd kwam ze overeind. 'Sandalen?' zei ze niet zonder verontwaardiging, 'bij deze jurk?'

Hij haalde zijn schouders op.

'Jij hebt ook geen idee,' zei ze.

De weg werd steeds steiler. Het bloed steeg haar naar 't hoofd. Het wit van de gepleisterde huizen en het felblauw van de luiken en deuren deden haar aan kleurenfoto's van de noordpool denken. Ze zag zichzelf in de donkerte en koelte daarbinnen op een ouderwets bed liggen.

'Ach god,' zei Richard, 'kijk nou toch eens.'

Aan een touw onder een oeroude, uitwaaierende olijfboom stond een ezel met hangende kop en half geloken ogen. Hij was het slachtoffer van zijn eigen spreekwoordelijke domheid: met de wijzers van de klok mee had hij een aantal rondjes om de boomstam gemaakt, waardoor het touw zo strak gewonden was dat hij geen enkele bewegingsvrijheid meer had en ook niet bij het droge gras kon komen dat in een wijde boog rond de boom groeide. Klikklakkend met zijn tong en allerlei argumenten verzinnend om het dier over te halen tot een redelijk inzicht probeerde Richard hem in de tegenovergestelde richting te laten lopen. Maar hij bleef stokstijf staan, hardnekkig naar de grond kijkend.

Berbers ogen gingen van de stoffige, met keutels bezaaide bodem onder de boom naar Richard die aan het touw rukte met een verbeten trek om zijn mond. 'Wind je niet zo op,' giechelde ze, 'hij wil gewoon niet.'

'Help liever een handje,' zei hij buiten adem, 'in plaats van daar zo te staan.'

'Je denkt toch niet dat ik met m'n schoenen in de stront ga staan,' ze deinsde achteruit, 'trouwens, het helpt toch niet.'

'Laat maar,' zei hij. Zijn gezicht was nat. Hij liet het touw schieten en leunde uitgeput tegen de boom, ontmoedigd op de rug van de ezel neerziend. Berber verplaatste het gewicht van haar lichaam van het ene been naar het andere. Loom kwam Richard in beweging. Hij gaf de ezel een mep op zijn billen. Het dier reageerde niet. 'Volkomen gedeformeerd,' mompelde Richard. 'Murw en uitgeblust.'

Ze lieten het dorp achter zich. De weg versmalde zich tot een pad dat naar een wit kerkje voerde. De zon brandde op hun hoofd. Ze klommen met de tanden op elkaar. Berbers jurk plakte aan haar lichaam. Wanneer ze haar ogen sloot zag ze lichtflitsen. Ze dacht aan pelgrims die in nog hetere landen op bloedende knieën een berg beklommen om tenslotte hallucinerend van uitputting voor de poorten van het bedevaartsoord neer te storten.

Het kerkje was opgetrokken van uit de rots gehouwen, wit gekalkte blokken, die ongelijk waren van grootte. De muren waren ingewikkelde puzzels. Boven de trap die naar de ingang leidde was een sierlijke boog gemetseld waar een gietijzeren klok in hing. Als een wachter keek de kerk uit over het dorp, de haven, de zee en de heuvels.

Ze beklommen de trap en duwden de deur open. Binnen heersten het halfduister en de koelte waarnaar Berber zo verlangd had. Ze liet zich op een van de banken vallen en haalde diep adem. Op het altaar stond Maria, omringd door brandende kaarsen en vers geplukte begonia's en gladiolen. Door de boogvensters scheen transcendent licht naar binnen.

Berber ontspande. De overbelichte indrukken uit de buitenwereld verdwenen uit haar bewustzijn om plaats te maken voor een gevoel van harmonie en een daaruit voortvloeiende ontvankelijkheid. Richard kwam naast haar zitten en staarde, gehoorzaam als een kleine jongen naast zijn moeder tijdens de zondagsdienst, naar het houten gewelf van het dak. Haar ogen gingen van zijn haar, zijn wimpers en de donkere stoppeltjes op zijn gezicht naar Maria, die met een sensuele glimlach neerzag op het kind dat met de weelderigheid van een cupido in haar armen lag.

'Ik heb zin om te vrijen,' fluisterde ze.

Verbaasd keek hij opzij. 'Hier?'

Berber knikte. Ze duwde haar vingers in zijn haar en kuste de stoppeltjes op zijn wang. 'En jij ?' vroeg ze in zijn oor.

Hij rilde. 'Het kietelt,' zei hij, naar zijn oor grijpend.

'Nou?' vroeg ze. De kaarsen rond Maria flikkerden in haar ogen.

'In een kerk?' Hij trok een gezicht alsof ze voorstelde het midden op een marktplein te doen. 'Als iemand het merkt. Je moet die orthodoxen niet onderschatten.'

'Maar er is toch geen sterveling,' zei Berber, 'iedereen slaapt.' Ze beet in zijn oorlel.

'Au,' zei Richard en draaide zich verschrikt om naar de deur alsof ze al betrapt werden. 'Ik weet niet,' zei hij, 'ik voel me hier niet op m'n gemak.' Vluchtig keek hij naar Maria.

Berber liet hem los en rekte zich geeuwend uit. 'Wat ben je saai,' zei ze, 'ik heb het altijd al eens in een kerk willen doen.'

Ze stond op en slenterde naar het altaar. 'Ik ga een kaars ontsteken,' zei ze over haar schouder. Ze pakte er een uit een mand naast het altaar en gooide een munt in de gleuf van een metalen busje. Van een andere kaars stal ze vuur, waarna ze de hare erbij zette. Maria, zei ze in gedachten, Jezus, God, wie dan ook, hebt u soms een hekel aan mij? Achter zich hoorde ze de deur piepen. Ze keek om en zag Richard door de deuropening verdwijnen. Een stil protest, vermoedde ze, denkend aan zijn scepsis ten opzichte van alles wat kerkelijk was. Haastig wendde ze zich met een kleine smeekbede tot Maria. Na een vluchtige blik op de kaars liep ze over het middenpad terug, haar hakken tikkend op de stenen vloer.

Richard stond onder het boogje met de klok en keek uit over het eiland. Zijn kin iets opgeheven, met koele ogen de omgeving aftastend, leek hij een veldheer die het vijandelijk gebied in ogenschouw neemt om een strategie te bepalen.

'Berber,' hij wendde zijn hoofd niet af en liet haar naam klinken als een bevel, 'zie je die baai?' Hij wees.

'Je bedoelt die kleine met een eilandje ervoor?'

'Precies. Daar wil ik heen.' Met enkele treden tegelijk daalde hij de trap af. Berber, wankel op haar hoge hakken en, na de koelte in de kerk, bevangen door de plotselinge hitte, volgde zonder tegenspraak.

De weg kronkelde tussen olijfbomen door. Elke boom beschikte over een eigen terras op de helling: een karig lapje door stenen muurtjes bijeengehouden aarde. Eronder scheen een groenig, door de bladeren gezeefd licht met zonnevlekjes ertussen. De holle bomen bestonden alleen nog uit bast waar grote gaten in gevallen waren. Ze wrongen zich in de onmogelijkste bochten als door reümatiek misvormde bejaarden, door taaie volharding op de been gehouden.

Duizenden jaren waren de bomen volgens de boekjes, die als bewijs aanvoerden dat de Phoeniciërs al olijven van deze eilanden haalden.

Richard was moeilijk bij te houden. Hij beende voor haar uit en wachtte af en toe, meewarig en met van ongeduld opgetrokken wenkbrauwen naar haar schoenen kijkend. Omzichtig stapte ze over gaten en keien heen. De schoenranden sneden in haar hielen. Haar 's morgens nog smetteloze jurk vertoonde natte plekken. Ze was bang dat haar mascara door zou lopen en verweet zichzelf dat ze geen spiegeltje bij zich had. Richards makkelijke schoenen en wijde broek, zijn ferme stappen en rechte rug, zijn zelfvertrouwen (nu begon hij ook nog te fluiten) ergerden haar. Even later bewonderde ze hem erom.

Het leek of er geen eind kwam aan het pad, of het een oeroude karavaanweg was, een handelsroute dwars door Europa. Soms opende het bos zich: verleidelijk maar ongenaakbaar lag de zee in de diepte als een onbegrijpelijk antwoord op alle levensmysteries. Moe van zichzelf daalde het pad tenslotte. Als een koorddanseres probeerde Berber voetje voor voetje met de armen wijd in balans te blijven. Het bos maakte plaats voor kale rotsen met hier en daar een borstelige struik. Onder haar ging Richard met de sprongen van een steenbok het intens blauwe water tegemoet; de gebleekte puntjes van zijn haar wipten glinsterend op in de zon. Onder aan de rotsen stond roerloos een bamboebos dat de baai een tropisch aanzien gaf. Er heerste een nadrukkelijke verlatenheid. Berber schopte haar schoenen uit en stapte in het witte zand dat als zout in haar hielen beet. Richard rekte zich uit.

'En,' vroeg hij, 'is de prinses tevreden?'

'Het is een paradijs,' zei Berber. 'Au,' ze greep naar haar voet.

'Wat is er?' vroeg Richard.

'Een blaar.'

Hij pakte haar voet en bekeek de hiel. 'Dat ziet er lelijk uit.' Verontwaardigd richtte hij zich op. 'Waarom heb je dan ook in godsnaam die...'

'Sandalen niet aangetrokken!'

Zuchtend liet hij haar voet los. Berber bleef als een ooievaar staan.

'Zout water,' zei Richard, op de zee wijzend, 'ontsmet.' Hij begon zijn kleren uit te trekken.

'Ga je er al in?' vroeg Berber onzeker.

Het laatste kledingstuk viel op het bundeltje in het zand. 'Kom op,' zei hij.

Berber vergat haar voet. Hem met broeierige ogen nastarend zoog ze zijn gestalte in zich op: een bos krullen op een bruin, pezig lichaam en lange, zich naar de zee toe reppende benen. Ze zou hem met al zijn weerstrevende eigenzinnigheid in zich op willen slokken, zodat hij nooit meer van iemand anders kon zijn dan van haar. Toen hij zich voorover stortte in het water benijdde ze de zee.

Hij kon geen minuut op haar wachten. Het interesseerde hem niets dat ze hier nog stond, aangekleed en wel, met blaren op haar hielen. Met driftige rukken trok ze de jurk over haar hoofd en hing hem tussen de bamboe. Ontevreden keek ze naar de lichte, vervelde plekken op haar buik en dijen. Tenslotte trok ze haar rode broekje uit en hing het als een vlaggetje, een sein, aan het uiteinde van een stengel. Stel je niet aan, zei ze tegen zichzelf, dit is de plek; hele volksstammen zullen nooit in hun leven zoiets meemaken. Als je nu niet in staat bent te genieten deug je niet voor het leven. Ze rechtte haar rug en liep vastberaden naar de zee.

'Weet je zeker dat hier geen haaien zijn,' vroeg Berber, er sinds ze *Jaws* gezien had altijd op bedacht door een of ander monster de diepte in getrokken te worden.

Ze zwommen eendrachtig naast elkaar, met rustige, regelmatige slagen.

'In de ondiepe kustgebieden komen geen gevaarlijke soorten voor,' zei Richard, 'en er zijn ook geen verraderlijke stromingen zoals bij ons in Nederland.'

'Een grot!' riep Berber.

Tussen de ver in zee reikende rotsen zagen ze een donkere opening, een poort naar het intieme binnenste van het eiland. 'Laten we gaan kijken,' stelde ze opgewonden voor.

'Ben je niet bang voor draken?' Hij lachte spottend. Het in de rimpelingen van het water weerspiegelde zonlicht gleed over zijn gezicht. 'Of voor de aanwezigheid van het Onbekende?'

Berber schuierde een handvol spatten in zijn gezicht.

Ze versnelden hun slag. Richard crawlde als eerste door de opening naar binnen, waar Berber hem even later staande aantrof. Het water reikte tot zijn middel. Met open mond keek hij om zich heen. Toen ze naast hem oprees uit het water viel er een vreemd, blauw-groen licht op haar borsten. Ze opende haar mond om iets te zeggen en sloot hem weer. Hoog boven hen welfde zich een grillig plafond. De muren waren rose, met bruine adertjes erin. Op de bodem schemerden witte steentjes als pepermuntjes door het kristalheldere water.

Richard waadde naar een van de wanden en betastte de rose steen.

'Marmer,' zei hij zacht, 'met sporen ijzer erin.'

'Marmer...' herhaalde Berber, 'marmora, marmora.' Het echode door de grot. 'Hier worden de zeemeerminnen geboren.'

'En Venus,' zei Richard. Langzaam kwam hij naar haar toe, bij elke stap ontelbare rimpelingen veroorzakend.

'Mijn Venus van Milo.' Hij begon haar te strelen, behoedzaam alsof ze ook van zachtrose marmer was, en likte de druppels van haar huid.

'Maar dan een met armen,' fluisterde Berber en legde haar armen om zijn middel.

Het had iets plechtigs zoals ze daar stonden, boven hen het rose gewelf, beneden de weerspiegeling van hun lichaam in het water.

'Je bent lief,' zei Richard in haar oorschelp.

'Jij ook,' zei Berber in de haartjes op zijn borst.

Plotseling tilde hij haar op uit het water en liet haar er achterover weer in vallen. Proestend kwam ze overeind en deed een uitval naar zijn benen waardoor hij zijn evenwicht verloor. Nauwelijks bovengekomen, als een hond zijn haren droog schuddend, nam hij wraak. Beurtelings gingen ze kopje onder en grepen naar elkaars glibberige lijven. Gegil, gelach en ha-ha geroep echoden door de holle ruimte. In het midden van de grot was een zandbank waar het water tot hun kuiten kwam. Daar bleek het recht van de sterkste en dwong hij haar op haar rug. Half lachend, half afwerend liet ze zich overmeesteren om in deze bijna heilige ruimte, een schoot waarin de aarde en de zee elkaar ontmoetten, onder water de liefde te bedrijven. Langs zijn dansende krullen keek ze naar de divertimento's in rose hoog boven haar. Er vond een voortdurend uitdijen en ineenkrimpen van de ruimte plaats; met hetzelfde ritme stroomde het water in en uit haar oren.

'Het lukt niet,' zei Richard gesmoord in haar hals.

Hij kwam overeind en ging naast haar in het water zitten. 'Er zit geen enkel gevoel meer in, hij lijkt wel van rubber.'

'O jé,' zei Berber. Onthutst kwam ze overeind. Hier schoot elke vindingrijkheid tekort.

'Het komt door de kou,' zei hij, 'ik ga de zon weer in.'

Gefascineerd zag Berber hem op zijn rug de grot uitdrijven: een onderzeeër waarvan de periscoop nieuwsgierig boven water uitstak.

Peinzend vulde ze haar handen met water en goot ze weer leeg. Vanuit het water keek een bleek, vervormd gezicht haar aan, met donkere holtes om de ogen. Ineens klonken overal watergeluiden: geklots in gaten en spleten en een lichte ruis van de stroming die het water vanuit zee de grot in stuwde, waar het rondcirkelend in zichzelf een einde vond. Berber rilde. Ineens meende ze te begrijpen waarom kluizenaars bij voorkeur in grotten woonden. In hun afkeer van de wereld zochten ze een soort afzondering die haar beklemde en angst aanjoeg. Gejaagd, alsof er een dreiging uitging van de grot, zwom ze met korte, slordige slagen naar buiten.

'We zouden een hut kunnen vlechten van bamboe,' zei Berber.

Ze lagen in de schaduw van de spichtige bamboebladeren.

'Daar hebben we geen tijd voor,' zei Richard, 'de boot gaat om acht uur terug.'

'Jammer.' Ze had graag een hut, een hol, een tent gebouwd. Als hun bezoek aan dit eiland maar niet uitgroeide tot een kolossale gemiste kans. Ze hief haar hoofd op en keek op haar lichaam neer. Het leek egaal bruin in de schaduw. Haar buik was ook mooi plat als ze op haar rug lag. Hoe kon Richard zo ontspannen naast haar blijven liggen? Tussen haar vingers zeefde ze witte steentjes uit het zand die aanvoelden als kraaltjes en verspreidde ze over haar lichaam.

'Kijk,' zei ze, 'ik ben gespikkeld.'

Hij deed een oog open en weer dicht. 'Ik zie 't ja.'

Ze zuchtte.

'Zou je hier willen wonen?' vroeg ze, dichter tegen hem aan kruipend.

'Wonen?' Hij aarzelde even. 'Nee, wel wat langer blijven dan we nu doen.'

'Waar zou jij dan willen wonen als je kon kiezen?'

'Ik weet niet,' hij geeuwde, 'eerst zou ik nog wat meer van de wereld willen zien. Afrika bijvoorbeeld. Al jaren ben ik van plan dwars door Afrika te trekken, van de oostkust naar de westkust.'

'Afrika?' Ze fronste haar wenkbrauwen. 'In die bloedhitte?'

'Och,' hij haalde zijn schouders op, 'in India en Mexico was het ook heet.'

''t Lijkt mij ondraaglijk,' zei Berber, 'de woestijn en zo.'

'Ik zou ook nooit een vrouw meenemen,' zei hij, 'vrouwen moeten op de meest onpraktische momenten naar de wc, hebben plotseling maandverband nodig of eyeliner, of worden overvallen door een diffuse angst. Ze zadelen je op met verantwoordelijkheid.'

'O, dank je wel.' Gekwetst ging ze rechtop zitten. De steentjes vielen terug in het zand.

'Ik bedoel jou niet schatje, maar de vrouwen in het algemeen.'

Ze staarde naar haar rode onderbroek die als een waarschuwing boven haar hoofd bungelde. Hij wil dus eigenlijk naar Afrika, dacht ze, en per se niet met mij. Erger nog: niet met een vrouw, alsof er nog andere vrouwen in aanmerking zouden komen. Deze vakantie met mij is voor hem niet meer dan een intermezzo, zoiets als een uitstapje naar Scheveningen.

Er trok een pijnscheut door haar maag, alsof ze een naald had ingeslikt die zich daarbinnen een weg baande. Bedrukt keek ze naar de zee en de rotsen waar ze heen gezwommen waren. Wij zijn niet voor jou bedoeld, gaven ze te kennen, jij mist het vermogen van ons te genieten, je met een zuidelijke zwoelheid aan ons over te geven. Weet je waar jij hoort? Aan de winderige Noordzeekust, door de regen gedwongen in een vochtig, houten vakantieoptrekje mens-erger-je-niet te spelen met ruziezoekende familieleden.

Het kwam allemaal doordat ze te dik was. Ze wierp een blik op haar buik die zich nu ze rechtop zat in rollen plooide. Al leek ze op haar hoge hakken slanker toch miste ze de frêle schoonheid die mannen zo vertederde. Ze had veel te veel gegeten, deze vakantie. Twee warme maaltijden op een dag, 's morgens gebakken eieren met geitemelk, tussendoor roomijsjes en geroosterde maïskolven. Nergens had ze voor bedankt. Ook moest ze meer bewegen en haar buik inhouden als ze liep. Misschien kon ze haar haar beter opsteken. Ze moest eens uitkijken naar een winkel waar ze haarspeldjes verkochten.

'Zullen we opstappen?' Richard kwam energiek overeind. 'Het is nog een heel stuk lopen naar het dorp.'

Wat deed hij luchthartig. Het kan hem allemaal niets schelen, dacht ze, hij gaat toch naar Afrika.

Terwijl ze zich in haar strakke witte jurk wurmde, waar een groene vlek in was gekomen van de bamboe, en haar broekje aantrok zag ze hem in gedachten een levenslustige negerin omhelzen met grote ringen door haar oren en sterke witte tanden. Donker, magisch Afrika, daar kon zij nooit tegenop.

De inwoners van het dorp waren als vossen uit hun hol gekropen. Welwillend, maar niet zonder een zekere sluwheid, serveerden ze op de terrasjes of zetten de deuren van hun winkel wijd open. Toeristen in opzichtige kleren lieten zich laconiek door hen bedienen.

Berber strompelde het dorp binnen. De leren randen van haar schoenen waren vlijmscherpe messen geworden die bij elke stap haar hielen kerfden. Haar voeten sopten in de bebloede schoenen.

'Hé,' riep ze schor, haar armen hulpeloos omhoog stekend, 'wacht even!'

Richard, het voortdurende omkijken en stilstaan beu, liep als bevrijd het pleintje aan de haven op. Een groepje Italiaanse meisjes ontfermde zich, hitsige gilletjes slakend, over een aantal witgeschilderde, smeedijzeren stoeltjes met veel krulwerk eraan. Geamuseerd volgde Richard hun bewegingen.

Berber naderde als iemand die over glasscherven loopt. Ze had tranen in haar ogen en wist niet of het van de pijn was of uit nijd. Richard installeerde zich aan een tafeltje naast de meisjes. Hij sloeg zijn ene been over het andere en stak een sigaret op. Koeltjes keek hij toe terwijl zij haar laatste onmogelijke stappen deed. Toen zij zich op een van de stoeltjes liet vallen en haar schoenen uitschopte, gleed zijn blik al weer naar het tafeltje naast hen.

Ze kon maar niet beslissen wie ze het meest haatte: het meisje dat een roomkleurige plissérok droeg met een gouden ceintuurtje, of de blonde die overgearticuleerd 'Martini Rossi' riep.

'Ik heb dorst,' zei Berber, 'waar wachten we op?'

'Op jou,' zei Richard. Er werd een verstrooide blik in haar richting geworpen, 'wat wil je drinken?'

'Witte wijn.' Ik moet maar flink wat drinken, dacht ze, dan verdwijnen de scherpe kantjes van mijn gevoel vanzelf.

Ze zaten in de schaduw van een rieten afdak. Potten met uitbundig bloeiende oleanders markeerden het terras dat bij een café met een citroengeel geschilderde gevel hoorde. De pogingen de toerist te bekoren waren iets te opzettelijk. Een serviele Griek met een lach van oor tot oor omdat hij net een bestelling had opgenomen aan het Italiaanse tafeltje keek hen vragend aan.

'Wat wilde je ook alweer?' Richard keek haar aan of ze een vreemde was.

'Witte wijn,' herhaalde Berber.

Hij bestelde een karaf, waarna de ober in de opening tussen het geel verdween.

Het tafeltje naast hen hield zijn aantrekkingskracht. Richard kon zijn ogen er niet van afhouden. 'Het zijn rumoerige types, die Italianen,' zei hij, 'maar ze hebben toch ook wel iets pikants.'

'Wat jij pikant noemt,' zei Berber, 'noem ik ordinair. Italianen trekken op een aanstellerige manier de aandacht...'

'Och.' Richard haalde zijn schouders op.

'Ik had ooit een Italiaans vriendje...' begon ze.

'Daar heb je nooit iets van verteld.' Hij keek haar aan met belangstelling van de verkeerde soort, die haar zou kunnen afleiden van wat ze wilde vertellen.

'Het stelde niets voor, hij werkte bij ons in het ziekenhuis als hulpverpleger. Mario.'

'Dat kan niet missen.' Hij stak een nieuwe sigaret op. 'Romeo, Mario...'

'Op een zondag maakten we een tochtje naar buiten. We lieten ons rondleiden door een of ander kasteel, met een hele groep. In een zaal vol familieportretten kreeg hij het opeens op zijn heupen. Hij vertelde dat een van zijn zusjes jaren terug aan een plotselinge ziekte was overleden. "Mario zeven dagen niet ete, niet drinke," riep hij. "Mario zo triste, zo triste." Waar de gids en de bezoekers bij waren! Ik schaamde me dood!'

'Een gevoelige jongen,' zei Richard.

'Welnee,' ze wuifde zijn suggestie weg, 'hij genoot ervan.'

'Ik mag dat wel,' zei hij, 'ze weten tenminste wat passie is. De Nederlanders zijn zo nuchter, zo saai. Wij onderdrukken onze emoties, zelfbeheersing noemen we dat. Zelfs onze kerkhoven zijn saai, kaal, ingetogen. Neem een Italiaans kerkhof: marmeren graven met portretjes van de overledene in een gouden lijstje erop. Bloemenkransen op ieder graf, in alle kleuren van de regenboog.'

'Van plastic zeker,' zei Berber sceptisch.

'Van plastic ja, vanwege het klimaat. En metershoge cipressen ertussen. Het is een feest, zo'n Italiaans kerkhof, de doden horen er gewoon nog bij!'

'Het lijkt me kitscherig,' zei ze.

'Maar dan mooie kitsch. Nee, wij hebben het zuidelijk temperament hard nodig om uit onze schulp te kunnen kruipen.'

Het slaat allemaal op mij, dacht Berber, hij kan bij mij niet uit zijn schulp kruipen. Daar heeft hij een Italiaanse of een Afrikaanse voor nodig.

De ober liep met een dienblad vol longdrinkglazen naar het Italiaanse tafeltje. Zonlicht fonkelde in de donkerrode Martini en Campari; op de rand van het glas geklemde schijfjes citroen staken er exotisch bij af. Een van de meisjes wilde het hangertje dat de ober aan een ketting om zijn hals droeg van dichtbij zien en boog zich naar zijn borst. Hij scheen te onthullen wat het betekende; er werden uitroepen geslaakt die allemaal variaties leken van mamma mia, mamma mia. De Griek zwol van welbehagen. Met toewijding zette hij de glazen op het tafeltje, ieder meisje een speciaal voor haar bestemde blik toewerpend. Het leek of hij met tegenzin het karafje en de twee overgebleven glazen opmerkte die hem noopten zich los te maken van het

Italiaanse tafeltje. Met zijn gezicht in de plooi van de neutrale bediening bracht hij de wijn.

Wij stralen niets dan verveling uit, dacht Berber, en ik ben daarvan de oorzaak. Zonder mij zou Richard hier naar hartelust uit zijn schulp kunnen kruipen.

Bedrukt staarde ze naar de masten in de haven waar vogels lusteloos omheen cirkelden. Het was namiddag, de overgangsfase tussen de heetste uren en de naderende avondkoelte. Bij de volledige afwezigheid van wind hulden huizen, mensen, geluiden en geuren zich in een wolk van warmte. Uit de haven steeg de weeë lucht van rottende vis en zout water op; rond het terras hing een demoraliserende bloemengeur, vermengd met sigaretterook en de lucht van gebraden vlees. Misschien spraken de Italiaanse meisjes niet werkelijk zo hard, met pathetische, melodramatische uithalen. Misschien ook waren ze niet zo mooi als ze Berber toeschenen. Wie zocht er nu zijn toevlucht in een gouden ceintuurtje?

Weer trok er een vijand met een puntige lans door haar maag. Ze legde haar hand erop en staarde troebel naar het glas witte wijn dat voor haar op het tafeltje stond.

'Is er iets?' vroeg Richard.

'Hoezo?'

'Je zit er zo krampachtig bij.'

'Krampachtig?'

'Je zit er nou niet bepaald bij als iemand die plezier in het leven heeft. Wat is er?'

'O niks.' De hand lag nog steeds op haar maag, zoals zwangere vrouwen hem op hun buik leggen om de bewegingen van het kind te voelen. Ze boog naar voren en pakte haar glas. 'Hoe smaakt de wijn?' vroeg ze als terloops.

Even keek hij haar sprakeloos aan.

Ze zette haar lippen aan het glas en sloot haar ogen.

'De wijn is goed,' zuchtte hij. Verstoord keek hij door de opening tussen de rotsen, die de haven als de scharen van een kreeft omsloten, naar de horizon.

Troostend gleed de wijn door haar keel. Hij wilde dat ze aldoor opgewekt en amusant was. Als ze even haar schouders liet hangen of moe was verplaatste zijn aandacht zich gemakzuchtig naar anderen die vrolijker, uitdagender, ongecompliceerder leken.

'We moeten zo maar eens wat gaan eten,' zei hij alsof het een corvee betrof, 'dan zijn we tenminste ruim op tijd bij de boot.'

Hij wil zo snel mogelijk weg, dacht ze. Iets te bruusk zette haar hand het glas terug op de tafel; een golfje spoelde over de rand.

'Waar?' vroeg ze.

'Ergens in het dorp.' Er lag een verveelde trek om zijn mond. Hij zette zijn zonnebril op en leek nu een verwende Amerikaanse jongen die zich verbeeldt dat hij het allemaal al gezien heeft.

Het dorp in, dat betekende weer lopen.

'Zou ik hier ergens pleisters kunnen krijgen?' vroeg ze.

'Pleisters?' Zijn wenkbrauwen kwamen in boogjes boven zijn zonnebril uit.

'Voor mijn hielen.' Ze trok haar voeten onder de stoel vandaan. De bloedende blaren kwamen als een stil verwijt in zicht.

'Je bent gek,' zei hij.

Opnieuw liepen ze door de nauwe straatjes, Berber op blote voeten, de schoenen bungelend in haar hand.

Tegen de gevels zaten in het zwart geklede vrouwtjes op stoeltjes met biezen matten als raven op een tak. Onder zwaar neerhangende, rimpelende huidplooien vandaan volgden ze met kleverige blik de bewegingen van de voorbijgangers vanaf het moment dat zij in de straat verschenen totdat zij aan het andere eind de hoek omsloegen. Zij waren de ogen van het dorp.

Soms kwamen uit een openstaand raam flarden weemoedige muziek, als klagende stemmen die lang nadat het geluid verstorven was nog hoorbaar waren. In een straat met niets dan puriteins witgekalkte gevels hing een weelderig bloeiende bougainvillea wulps over een stenen muurtje. Berber ging er onder staan alsof het er goud regende, en keek ademloos naar boven, naar de wolk van paars-rode bloemen met stukjes ijlblauwe lucht ertussen.

Richard, onder de verleidingen van het dorp zijn nuchterheid niet verliezend, ontdekte een winkel waar alles werd verkocht voor zover het niet eetbaar was.

In het zuinige licht dat door de ramen viel liepen ze bedeesd tussen overbelaste stellingen door, waar de meest uiteenlopende voorwerpen in wankel evenwicht op elkaar gestapeld waren. Aan het plafond hingen bundels theedoeken en overalls, bijeengehouden door vleeshaken.

'Hoe vinden we hier in godsnaam ooit pleisters,' zei Richard.

Berber giechelde zenuwachtig.

'Wat lach je nou?' Met een ruk trok hij een ansichtkaart uit een rekje, bekeek zonder belangstelling de verbleekte foto van een dansgroep in klederdracht, en propte hem weer terug tussen de andere. 'Een verkoopster schijnt er ook niet te zijn.'

Op hetzelfde ogenblik verscheen er van achter een stelling een forse vrouw, geruisloos alsof ze hen al die tijd gadegeslagen had. Ze droeg een schort van onverslijtbare stof en had een zwarte, glimmende wrong in haar nek die door een kam van schildpad op zijn plaats gehouden werd.

Richard deinsde terug.

'Kalispera,' zei hij om zijn aanwezigheid te rechtvaardigen.

'Kalispera.' De vrouw droogde haar handen af aan haar schort. Er hing een zure lucht in de winkel alsof er ergens een vergeten stuk geitekaas onder invloed van de warmte tot ontbinding overging.

'Pleisters,' zei Berber. Ze tilde haar voet op en wees naar haar hiel.

'Ah,' de vrouw knikte. In de schemering achter in de winkel klom ze op een trapje. Om haar kuiten ribbelden wintersdikke nylons. Hijgend daalde ze het trapje af met een kartonnen doos in haar handen.

'Corinna,' riep iemand op dreinerige toon uit het achterhuis.

'Nè, nè,' riep de vrouw met schelle stem terug. Triomfantelijk haalde ze een flesje jodium uit de doos tevoorschijn.

Richard opende zijn mond om te weigeren, maar Berber pakte het flesje aan en deed nog eens nadrukkelijk het plakken van een pleister na. De vrouw knikte, liep bedrijvig tussen de stellingen door, verschoof het trapje en haalde van achter een monsterlijke imitatie van een antieke amfoor een verschoten pakje Hansaplast tevoorschijn. Het was een raadsel welk ingenieus ordeningsprincipe zij onder haar zwarte wrong verborg.

Tenslotte probeerde Berber haar duidelijk te maken dat ze een schaar wilde lenen om twee stukjes pleister af te knippen. Opnieuw een en al behulpzaamheid opende de vrouw een kast met glazen deuren en haalde er een degelijke huishoudschaar uit, die een tapijt doormidden zou kunnen delen.

In een bak met gekleurde plastic haarspeldjes ontdekte Berber een kartonnen kaartje met bruine, metalen schuifjes. Ze gaf het aan de vrouw die verheugd knikte en naar de toonbank liep om alles in solide, grauw papier te wikkelen.

Voordat ze er erg in hadden stonden ze al weer op straat, beleefd uitgelaten door een onophoudelijk knikkende en groetende vrouw, en telde Richard het geld dat hij nog over had.

'Dure voetjes,' zei hij, 'ik hoop dat er nog genoeg over is om te eten.'

Berber schrok. 'Was het duur?' vroeg ze nerveus. 'Hier in dit achtergebleven gebied?'

'Als het om toeristen gaat zijn ze volledig bij de tijd.' Met een vermoeid gebaar stopte hij de portemonnee terug in zijn broekzak. 'En jij laat maar inpakken.'

'Moet ik die spullen soms terug gaan brengen?'

'Laten we maar gaan,' zei hij, 'zoveel tijd hebben we niet.'

Schuldbewust liep ze achter hem aan.

Gebogen onder een takkenbos die groter was dan zijzelf strompelde een naar de aarde toegegroeid vrouwtje hen tegemoet. Bij het passeren groette ze onder haar vracht – een geweldig vogelnest – vandaan, één bruine tand ontblotend.

Aan een pomp waste en verbond Berber haar voeten, ondoorgrondelijk gadegeslagen door twee meisjes met zwarte lakschoentjes en witte sokjes aan. Af en toe fluisterden ze elkaar iets in het oor. Met dubbele pleisters op elke hiel wrong Berber haar voeten weer in de schoenen. Richard schudde zijn hoofd toen ze als op stelten naast hem liep. 'Ik heb toch niets anders?' zei ze.

'Wat wil je eten?' Hij schoof haar de menukaart toe.

'Ik wil eerst even naar de wc,' zei ze, onrustig op haar stoel heen en weer schuivend.

'Beslis nou even,' drong hij aan, 'we mogen de boot niet missen.'

Ze pakte de kaart en wierp er een vluchtige blik op.

'Nee, ik moet echt eerst even naar de wc,' zei ze en klapte de kaart dicht, 'ik kan er zo niet over nadenken.'

Ze schoof haar stoel naar achteren en stond op.

Driftig streek hij een lucifer langs het doosje en stak een sigaret op. Zonder belangstelling greep hij de menukaart.

Berber profiteerde ervan dat ze even alleen was. Achter in het restaurant was een primitief toilet met een fonteintje waar een gebarsten spiegeltje boven hing.

Herboren keerde ze terug, zo elegant mogelijk tussen de tafeltjes door laverend.

'Waar bleef je?' vroeg Richard tussen zijn tanden.

'Ik heb me even opgeknapt,' zei ze, 'en ik heb geprobeerd die groene vlek eruit te halen, maar hij is alleen maar groter geworden.'

'Moest dat zo lang duren?'

'Lang?'

'Ik heb tot twee keer toe de ober terug moeten sturen.'

'O jé.'

'Heb je helemaal niet aan de boot gedacht?'

'Jawel.' Ze lachte onschuldig.

'Wat heb je met je haar gedaan?'

'Opgestoken.'

'Jezus.'

'Wat Jezus?'

'Niks. Bestel nou maar.'

'Vind je 't niet leuk?'

'Om je de waarheid te zeggen: je lijkt tien jaar ouder. Maar bestel nou maar.'

Door een floers staarde Berber in de menukaart. De namen van de gerechten, met veel ou's erin, vloeiden door elkaar heen. Ze had helemaal geen trek. 't Liefst rukte ze de speldjes er meteen uit. Weer voelde ze steken in haar maag.

'Wat wil je, moussaka maar?'

Ze knikte.

Opgelucht riep hij de ober.

Terwijl ze zich naar de haven haastten hulde de ondergaande zon de huizen in een rode gloed. Het dorp gonsde. Kinderen speelden op straat. Het rook naar houtvuurtjes, warm eten, schone was, de zee. Stemmen, gelach, het gekletter van vaatwerk en gekef van honden achtervolgden hen door de hobbelige straatjes.

Het vooruitzicht dit eiland voor altijd de rug toe te keren en terug te varen in de koelte van de avond maakte Berber immuun voor de pijn aan haar voeten. Aan boord kon ze zitten en ongemerkt de haarspeldjes eruit halen.

Het was kwart voor acht. De weg daalde, waardoor ze nog meer vaart kregen. Het was of het dorp, opgelucht over hun vertrek, hen de terugtocht vergemakkelijkte door ze met zachte handen uit te drijven. Tussen de huizen door kwam de rode bol van de zon in zicht, op het punt zichzelf uit te blussen in de Ionische Zee.

Berber verwachtte in één oogopslag de boot te zien liggen, die in haar fantasie de afmetingen van een oceaanstomer had gekregen, maar in de wemeling van inmiddels teruggekeerde vissersboten en pleziervaartuigen was hij niet te ontdekken. Tussen de rondbanjerende vissers en toeristen door zochten ze koortsachtig de aanlegplaats waar ze een mensenleven geleden voet aan wal hadden gezet.

Aan het andere eind van de haven bleef Richard staan. 'Hier moet het zijn,' zei hij toonloos, 'ik herinner me dat café.' Hij wees op een gebouw met kleine ramen dat als een vooruitgeschoven post bijna op de steiger stond. 'Zie jij een boot?' Ze keken over een lege steiger naar een even zo lege zee, waar de zon inmiddels verdwenen was.

'Ik begrijp het niet,' hij keek op zijn horloge, 'het is pas vijf voor acht.'

'Zou hij al vertrokken zijn?' vroeg Berber. Ze rilde. Uit het zeewater steeg kilte op.

'In dit land?' Spottend keek hij haar aan om zoveel naïviteit. 'Ze zijn hier altijd te laat.'

Berber knikte. Ze kon beter haar mond houden.

'Nou,' hij zuchtte, 'er zit niets anders op dan wachten.' Ostentatief ging hij op het uiteinde van de steiger zitten.

Zenuwachtig trok Berber een van de speldjes uit haar langzaam afzakkende haar en stak het er met een fel gebaar in terug. Ze deed haar schoenen uit, zette ze zij aan zij op de planken en ging naast Richard zitten. Geen van beiden zei iets. Dicht bij elkaar, lotsverbonden, maar in de geest mijlenver uiteen, tuurden ze in de verte alsof ze de boot met hun ogen de baai konden binnenloodsen. Ze durfde er niet aan te denken dat hij al vertrokken kon zijn. Misschien kwam hij wel een uur, anderhalf uur later; aan die gedachte hield ze halsstarrig vast.

Uit het café schalde muziek. Met tergende nauwkeurigheid overdacht Berber de gebeurtenissen van die dag, ze telkens anders maar nooit ten gunste van zichzelf interpreterend. Af en toe keek ze steels naar Richard die de ene sigaret na de andere opstak en de peukjes met verbeten felheid in zee wierp. Ze moest iets zeggen, ontspannen, alsof er niets aan de hand was.

'Ik had nooit gedacht dat het zo'n drukke haven zou zijn,' zei ze.

Hij antwoordde niet. Er gloeide alleen een rood puntje op in de schemering.

'Voor zo'n klein eiland,' verduidelijkte ze.

Stilte. Gelach in het café.

'Heb jij enig idee hoeveel eilanden er in Griekenland zijn?'

'Nee.'

'Het moeten er honderden zijn, misschien wel duizenden.' Ze huiverde: allemaal afsplitsingen van Paxos. 'Het lijkt me geweldig om een tocht te maken van het ene eiland naar het andere,' zei ze.

Hij gromde.

Berber zuchtte. Het uitzicht op de baai hing haar de keel uit. Ze stond op en ijsbeerde over de steiger. Het hout was nog warm. Boven de heuvels hing een doorschijnende maan; in het zwart van de bossen brandde hier en daar een licht. Het bevreemdde haar dat er verder geen passagiers wachtten. 'Zullen we eens gaan vragen hoe het zit?' stelde ze voor.

'Waar?'

'In het café?'

Kreunend kwam hij overeind. 'Vooruit maar, anders wachten we tot sint-juttemis.'

Ze bukte zich om haar schoenen aan te trekken.

Een walm van rook en gecondenseerd zweet sloeg hen tegemoet toen ze binnenkwamen. Vanuit de juke-box wedijverden een bouzouki en een zanger met elkaar om een patent op melancholie. Grieken met opgestroopte hemdsmouwen zaten rond een tafel met formicablad te kaarten. In een hoek lag er een met zijn hoofd op tafel te slapen.

Met het zelfvertrouwen van een man die eindelijk handelend kan optreden liep Richard naar de man achter de tapkast, Berber bij de deur achterlatend. Hoewel ze de enige vrouw was keek niemand op van zijn kaarten. Ik ben de moeite niet waard, dacht ze: dik, bleek en groezelig. Nauwlettend sloeg ze Richard gade. De kastelein hoorde hem welwillend aan. Toen Richard uitgesproken was, spreidde de man zijn armen en haalde zijn schouders op.

'Georgios,' brulde hij.

Gedesoriënteerd keek Richard het café rond. Een van de kaartspelers, een jongen met borstelig rood haar en een petje, keek op. Dwars door het geweeklaag van de zanger heen riep de kastelein iets onverstaanbaars, vergezeld van vage handbewegingen. Richard keek van de een naar de ander. De jongen met het rode haar beduidde de verstoord opkijkende kaartspelers even te wachten en wenkte Richard dichterbij.

Berbers ongerustheid nam toe. Ze zag dat Richard zijn vraag herhaalde en de jongen laconiek met een hand vol kaarten in de richting van de haven wees. Richards mond zakte open. De zanger staakte zijn lied en werd zonder overgang opgevolgd door een zangeres die er haar eigen treurnis aan toevoegde. De slapende man hief zijn hoofd op, keek met opengesperde ogen verdwaasd voor zich uit en liet zijn hoofd met een bons terug op tafel vallen. Berber verplaatste haar gewicht naar haar andere been en daarmee ook de pijn van haar ene voet naar de andere.

Uiterst traag, als iemand die tegen storm optornt, liep Richard in haar richting. Tenslotte stond hij zwijgend voor haar.

'En,' vroeg ze ongerust, snel en oppervlakkig ademend, 'wat zeggen ze?'

'Er gaat helemaal geen boot.'

'Helemaal geen?'

'Je hoort me toch?'

'Hoe kan dat?'

'Morgenochtend pas, om acht uur.'

Perplex staarde ze hem aan. Het leek of iedere haarwortel apart zweette. 'Hoe hebben we ons zo kunnen vergissen?'

'We?' Er zat nauwelijks beheerste woede in zijn stem. 'We? Jíj hebt de lijst met vertrektijden bekeken, terwijl ik kaartjes kocht.'

'Maar daarna ben jij het nog eens nagegaan voor de zekerheid.' Berber verslikte zich in haar adem en hoestte.

'Dat is niet waar.'

'Met je vinger op de kaart, ik weet het zeker.'

Richard keerde haar zijn rug toe en werd opeens een aandachtig toeschouwer van het kaartspel.

Berber beet in de knokkel van haar wijsvinger en slikte een huilerig gevoel in haar keel weg. Wanhopig keek ze tegen zijn wrokkige betonnen rug aan. Ze zou hem door elkaar willen rammelen. Haar ogen gleden door de ruimte zonder ergens een rustpunt te vinden. Achter haar was de deur. Wegglippen kon ook niet, buiten begon het eiland zoals ze het vanaf de steiger gezien had: zwart en ondoorgrondelijk, met verraderlijke lichtpuntjes erin.

'Wat doen we nou?' fluisterde ze, hem bij zijn schouder pakkend, 'we kunnen hier toch niet blijven staan?'

'Ik heb geen idee,' zei hij zonder op te zien, 'ik neem een glas ouzo.'

'Is er dan nog geld?' Berbers arm viel slap terug langs haar lichaam.

'Waaraan kunnen we in deze hachelijke situatie,' zei hij, 'onze laatste drachmen beter besteden dan aan drank?'

'Ik weet niet,' haar stem bibberde, 'aan een goedkope slaapplaats of zo.'

'Daar is 't veel te weinig voor,' hij begaf zich in de richting van de tapkast, Berber, zich in hem vastbijtend en wiebelend op haar schoenen, aan zijn zij.

'Wil je ook iets?' vroeg hij plichtmatig. De man achter de bar, zijn behaarde armen als berepoten tussen de tere glazen, keek hem afwachtend aan.

'Ik hoef niks,' zei Berber afgemeten, alsof de vraag een belediging inhield.

Richard keek op uit zijn portemonnee. 'Als jij niet zo'n heel assortiment voor het verbinden van twee blaartjes had aangeschaft zouden we nog net in een goedkoop hotelletje kunnen slapen.'

Ze opende haar mond om iets te zeggen en sloot hem weer.

Haar benen trilden van vermoeidheid. Met haar nagels krabde ze een oud schrammetje op de rug van haar hand open.

In de gelederen van de kaartspelers ontstond geroezemoes. Een van hen liet zich glunderend op zijn schouders slaan. De jongen met het rode haar schoof zijn stoel achteruit en ging staan. Als om zijn hersens van verse zuurstof te voorzien lichtte hij even zijn pet op. Toen kreeg hij Richard in het oog en liep als terloops, met de handen in zijn zakken, naar hem toe. Berber verbaasde zich erover dat hij bruine ogen had; ze herinnerde zich niet ooit iemand met rood haar en bruine ogen te hebben gezien.

Even later keek ze weer tegen Richards rug aan en haatte zijn Bretonse streepjestrui. Hij raakte in gesprek met de jongen en bestelde een glas ouzo voor hem. Ze kon bijna niet meer op haar benen staan. Het idee dat ze niet wisten waar ze deze nacht sliepen en òf ze wel zouden slapen was onverdraaglijk. En dat terwijl Richard lui tegen de tapkast leunde en zich geweldig scheen te vermaken, meer dan met haar tot nu toe.

Als zij er dan toch niet bijhoorde kon ze net zo goed weggaan.

De kastelein schonk juist de glazen van de kaartspelers vol, die op hun beurt met een gewichtige uitdrukking op hun gezicht de kaarten uitdeelden voor een nieuw rondje, toen Berber stil verdween als iemand die laatste geworden is bij de verkiezing van een schoonheidskoningin. De bouzouki liet nog een paar losse flodders horen en zweeg.

Ik ben te dik, dacht Berber, ik ben absoluut te dik. Ze zat op de steiger en roerde met haar grote teen in de Ionische Zee.

Wanneer een mooie, slanke vrouw ergens binnenkwam richtten alle ogen zich op haar. Met onschuldig neergeslagen ogen zocht ze ergens een plekje om te zitten. Men maakte onmiddellijk plaats voor haar. Een tikje verongelijkt keek ze uit het raam of in een tijdschrift dat ze bij zich had. Wanneer een gewone vrouw zich zo afzonderde werd ze aan haar lot overgelaten, maar zij niet. Ze hoefde maar met haar ogen te knipperen of haar onderlip te laten trillen en iemand kwam vol medeleven haar hand vasthouden.

Maar was je te dik dan moest je voortdurend moederlijk, zorgzaam en vrolijk zijn. Je ging op hoge hakken lopen om langer te lijken. Je stak je haar op om dezelfde reden. Vermoeidheid en droefenis maakten je aartslelijk zodat men met een boog om je heen liep.

Maar ik ben iemand, sprak Berber zichzelf moed in, ik ben ontegenzeglijk iemand. Zelfs als ik door niemand word gezien, dan nog ben ik iemand. Ze ging plat achterover op de steiger liggen. De in het hout opgeslagen warmte, eronder het geklots van het zeewater dat de grenzen van zijn territorium bereikte, in de verte het geroezemoes van stemmen en boven haar de ontzagwekkende ijlte: hier was zij om het in zich op te nemen.

Wat verbeeldde Richard zich wel? Dat de wereld draaide volgens de armzalige psychologische wetten die hij uit de boeken had opgedaan? Dat hij met zijn intellectuele arrogantie wist hoe zij in elkaar zat en haar daarom mocht straffen voor haar gedrag als dat hem niet aanstond?

Ze lachte. Haar lach kaatste over de waterspiegel, drie keer opspringend als een plat steentje dat horizontaal over zee wordt gegooid. Zij was even levend als het zeewater, elk moment anders, nooit aan zichzelf gelijk.

Haar schoenen lichtten op in het donker. Als ze nu eens haar kleren uittrok en naar een van de rotsen zwom die de haven omsloten. Wat zou er door hem heengaan als hij het hoopje kleren zag liggen en geen antwoord kreeg op zijn geroep? Radeloos, handenwringend, zou hij de steiger op en neer lopen, telkens weer met zijn ogen het water afzoeken en zich voor het hoofd slaan. Dan pas zou ze haar schoonheid en zachtmoedigheid terug krijgen.

Met haar handen onder haar hoofd liet ze het verrukkelijke beeld op zich inwerken, genietend van de paniek die ze zou veroorzaken. Het hele dorp in rep en roer: de kaartspelers staakten hun spel, de slapende man werd wakker, de kastelein verliet de tapkast, de toeristen dromden samen, de oude vrouwen in het zwart sloegen een kruis, de kinderen die nog niet naar bed waren tuurden met de duim in de mond in het donkere water. Er werd een reddingspoging ondernomen. En intussen zat zij uit het zeeschuim herrezen op de rotsen – haar vingers gleden achteloos door haar haar – de andere kant op te kijken, in de richting van Italië.

Ze dacht aan de laars en de hak vanwaaruit ze per boot waren overgestoken naar Korfoe en merkte daardoor niet dat er twee laarzen opdoemden die naast haar hoofd stilhielden. Als betrapt schoot ze overeind. Een Griek hurkte naast haar neer, een rij van gouden, in het maanlicht blikkerende tanden ontblotend alsof hij van binnen uit louter edelmetaal bestond.

Ze lachte zenuwachtig terug en trok in een reflex haar schoenen naar zich toe. Hij zei iets tegen haar: zij haalde vragend haar schouders op.

'Alexandros,' zei hij nadrukkelijk en zette zijn wijsvinger op zijn borst.

'Ah,' zei Berber en wierp een snelle blik op het café.

Daarna wees hij vragend naar haar. Ze deed of ze hem niet begreep en lachte onnozel.

'Name?' zei de Griek.

'O name,' zei ze.

Hij knikte verheugd.

'Berber.'

'Berrrberrr.' Hij proefde haar naam en grinnikte.

'Deutsch?' vroeg hij.

'Hollands,' zei ze.

'Hollands,' herhaalde hij en scheen dat even te moeten overdenken.

'Sprechen Sie deutsch?' vroeg hij toen.

'Ja.'

'Ich Alexandros,' hij wees op zichzelf alsof er nog misverstanden mogelijk waren, 'habe in Deutschland gearbeitet.'

'O ja?'

'Mit Bruder und Vater.' Hij wendde zijn hoofd af en keek over de baai. Ze keek naar zijn tochtlatten en zijn getailleerde overhemd. 'Nicht gut,' zei hij hoofdschuddend, 'nicht gut für Familie. Alexandros wieder zurückgekommen.'

'Deutschland nicht gut?' vroeg ze.

'Deutschland Geld verdienen.' Hij lachte. Ze gruwde van zijn tanden.

'Wir tanzen?' vroeg hij. 'Alexandros und Berrrberrr tanzen?' Slordig wees hij naar het dorp.

Even schoot de aantrekkelijke kant hiervan door Berbers hoofd. Richard zou het hele dorp afzoeken en haar tenslotte in een havenkroeg uit de armen van de Griek moeten losscheuren.

'Ich bin mit meinem Freund,' zei ze.

'Freund?' vroeg hij verbaasd.

Berber stond op en schoof haar natte tenen in haar schoenen. De Griek kwam ook overeind; hij was een hoofd kleiner dan zij. Ze kreeg plotseling haast. Alsof ze hem zou kunnen ontsnappen greep hij haar bij de armen. 'Wir tanzen?' vroeg hij nog eens.

'Nein,' zei ze, 'mein Freund.'

Op dat ogenblik ging de deur van het café open en kwam Richard naar buiten. Zijn krullen staken verwilderd af tegen het licht in het café. Het silhouet van de pet volgde hem.

'Da ist er,' zei Berber opgelucht, 'mein Freund.'

De Griek liet haar arm los, mompelde een groet en verwijderde zich met grote stappen in de richting van het dorp.

'We vroegen ons al af waar je was,' zei Richard opgewekt.

'Ik was even naar buiten,' achteloos duwde Berber een omlaag gegleden lok terug, 'het werd me te benauwd daarbinnen.'

'Dit is George,' vertrouwelijk legde Richard een hand op de schouder naast hem, 'from London.'

'Hello,' zei George, olijk aan zijn pet tikkend.

'Hij weet een slaapplaats voor ons,' zei Richard, 'bij een vriend die wel vaker gestrande toeristen in huis neemt.'

'O,' Berber zag hem nu met andere ogen, 'dat zou mooi zijn. Is het ver?'

'Is it far from here?' vroeg Richard.

'Just a little walk,' zei George.

Ze liepen achter het café om, over een primitieve weg die omhoog slingerde, de heuvels in. Nu ze tussen Richard en George in liep vielen de stukjes van Berbers wereld weer op hun plaats. Haar fantasieën op de steiger had ze zich met de beste wil van de wereld niet meer voor de geest kunnen halen.

Richard was in een uitgelaten stemming. Waarschijnlijk was het niet bij die ene ouzo gebleven. 'Het is allemaal heel toevallig,' zei hij, 'George heeft ook psychologie gedaan en is, net als ik, vlak voor 't eind gestopt omdat hij 't niet meer zag zitten.'

'Wat doet hij nu?' vroeg Berber.

'Hij hangt al twee jaar op Paxos rond. Vier maal per week vaart hij met een vrachtschip naar Igoemenitsa om goederen te laden en te lossen. Daar kan hij makkelijk van rond komen.'

'Leuk zeg.' Berbers rust verdween. Haar achterdocht kwam al weer opzetten.

'Hij zag het in Londen helemaal niet meer zitten. Het klimaat, het opgefokte leven, de drukte. Hier gaat alles langzaam, ontspannen. Contemplatief bijna.'

George glimlachte lief naar haar.

'Het lijkt me wel een mooi leven,' zei Richard, 'af en toe werken en verder een beetje rondkijken, zwemmen, een glaasje drinken, praatje maken.'

'Dat gaat ook vervelen,' zei Berber.

'Je kunt het tot een kunst verheffen.' Hij schopte een steentje over het pad. 'Wij zijn allemaal zo geconditioneerd door de vicieuze cirkel van werken, eten, slapen, werken, dat we ons niet eens meer kunnen ontspannen.'

'Dat kan allemaal wel zijn,' in een flits zag Berber de kromgegroeide mannen en vrouwen voor zich die op de hete akkers de uitgedroogde, stenige bodem bewerkten, 'maar je moet 't leven hier niet romantiseren.'

Richard zweeg. Zijn dromen werden te bruusk ingedamd.

Zij dacht aan de vicieuze cirkel van werken, eten, slapen in het ziekenhuis; aan de dagdiensten, de nachtdiensten; aan de zieken, de gewonden, de pasgeborenen, die het hele etmaal verpleegd moesten worden. Daar kwam geen rondkijken of glaasje drinken aan te pas. Niet anders dan in de staalindustrie rookten de schoorstenen van het hospitaal dag en nacht.

Het was een steil pad dat de Engelsman voor ze had uitgezocht. Zelf liep hij soepel en lenig als een bergbewoner, maar Berber voelde bij elke stap het leer weer in haar hielen snijden, alsof de pleisters er af waren. Ze bukte om te kijken. Richard liep door, maar George wachtte, weifelend van de een naar de ander kijkend.

'Tell me George,' riep Richard over zijn schouder, 'did you travel a lot?'

In drie sprongen was George bij hem. Berber hoorde ze vreedzaam pratend verder lopen. De pleisters waren weg. Ze moesten er afgeweekt zijn toen ze met haar voeten in het water zat. De verbandmiddelen zaten in Richards broekzak. Ze trok haar schoenen uit en liep, zich zo licht mogelijk makend, op blote voeten verder over het uit de rotsen gehouwen pad. De pijn verplaatste zich naar haar voetzolen.

De weg doorkruiste een pijnbomenbos dat het maanlicht in vijandige eenzelvigheid buitensloot. Het gesjirp van de krekels was oorverdovend. Berber voelde de aanwezigheid van duizenden poten en sprieten om zich heen. Het kriebelde aan haar voeten. Wat kroop er in het donker allemaal over het pad? Waren er in Griekenland slangen? Schorpioenen? Ze versnelde haar pas tot ze Richard had ingehaald en ging in zijn voetspoor lopen.

Hij was geanimeerd aan het woord. Zijn vraag aan George was waarschijnlijk bedoeld geweest om zelf los te kunnen branden. Weer hoorde ze het spannende relaas van zijn reis naar India, dwars door Turkije heen, waar ze zelf ooit ademloos naar geluisterd had. Hoe hij dagenlang op een station in niemandsland had staan wachten tot er een trein kwam en dan geduldig met de conducteur onderhandelde over de prijs. Konden ze het niet eens worden dan reed de trein gewoon verder. Tenslotte gaf hij zich gewonnen voor een veel te hoog bedrag en stapte een overvolle trein binnen, waarvan de coupés al in beslag genomen bleken door boeren in het gezelschap van hun vee en huisdieren: geiten, bokken, honden, kippen, hanen, konijnen. Vond hij eindelijk een coupé waarin twee Turken zaten die hem glimlachend gebaarden te gaan zitten, bleek hij als tegenprestatie zijn lichaam te moeten laten betasten door hun snelle, bruingebrande vingers. Weggevlucht en teruggedrongen naar de laatste open plek, een reep vloer op het balkon tussen hoog opgetaste bagage, strekte hij zich vermoeid uit om te slapen, maar ontdekte al spoedig dat hij in een gangpad lag waarlangs de reizigers dag en nacht, in het voorbijgaan speels tegen zijn lichaam schoppend, hun weg zochten ter verlichting van blaas en darmen.

Berber herinnerde zich dat ze indertijd bij dit verhaal in gedachten zijn bevuilde en gekwelde lichaam met fluwelen handen had ingezeept en in een lauw bad gedompeld had en daarna in een zacht bed gelegd, naakt tussen koele lakens.

Zelf had ze nog haast niets van de wereld gezien. Deze reis was eigenlijk de eerste, anderhalve dagtocht over de grens niet meegerekend.

Hoe lang liepen ze nu al? Just a little walk?

'Next year I'll go to Africa,' zei Richard.

Ze vertraagden hun pas.

'Here it is.' George wees naar een hoog wit huis dat zich tussen de bomen verschool. Door de gesloten luiken kierde licht.

Ze liepen het erf op. Een hond in een hok gromde gemelijk. Loom neerhangende fuchsia's in potten maakten het huis toegankelijker. Laat er in godsnaam plaats voor ons zijn, smeekte Berber.

Met beleefde distantie – ineens op en top Engelsman – klopte George aan. Ze hoorden snelle passen in de gang. Een kleine koele kamer, bad Berber, desnoods met een keihard matras. Aan de andere kant van de deur ging een schuif open. In de deuropening verscheen een korte, gedrongen vrouw die wantrouwend het donker in keek maar begon te stralen toen ze George herkende. 'Kalinigta,' lachte ze.

'Kalinigta.' Vertrouwelijk als een intieme vriend sprak George met haar. Wat hij zei klonk Griekser dan Grieks. Er school bewondering in de manier waarop ze glimlachend naar hem opkeek. Berber stelde zich haar voor in plaatselijke klederdracht met een gebloemd schort, een met goud geborduurd jasje en al haar kettingen tegelijk op haar boezem, onvermoeibaar danspasjes makend op de gezapige muziek van het dorpsstrijkje.

Ze knikte. George keek voldaan om naar Richard. Wij psychologiestudenten, scheen hij te zeggen, met een beetje tactische aanpak maken we het overal.

Maar toen kwam er van achter uit de gang een man aanlopen. Hij bleef achter zijn vrouw staan en keek over haar schouder. Er viel een rare stilte.

Zijn ogen gleden van Berber naar Richard en George en weer terug. Ze deed een pas naar achteren en drukte haar nagels in haar handpalmen.

'Kalinigta Alexandros,' zei George.

'Ah, Georgios.' Hij lachte nerveus. Het goud in zijn mond schitterde gevaarlijk. Schichtig keek Berber naar de vrouw. Hij mompelde iets tegen haar waarop zij verbaasd tegensputterde. George's mond zakte open. Hij zette zijn pet achterstevoren op zijn hoofd.

Uiterst beleefd en afstandelijk zei de Griek iets tegen hem, waarbij elektriciteit heen en weer leek te flitsen tussen de glazen lamp in de gang en zijn tanden. Daarna duwde hij zijn vrouw met zachte hand opzij en sloot de deur.

Vragend keek Richard naar George.

'I don't understand it,' fluisterde deze, 'she said: "ts all right, let your friends stay." Then Alexandros comes and he says no, the house is full of guests.' Hij nam zijn pet af en keek erin, alsof daar de oplossing rondzwom. Het huis was gesloten als een burcht. Berber slikte een gevoel van misselijkheid weg. Ze stopte haar handen in haar schoenen en klapten de zolen tegen elkaar.

Vragend keek Richard naar George. 'Wat nu?'
'I'm sorry,' zei George.

De hele terugtocht liep Berber op spitsroeden, vechtend tegen een onbehaaglijk gevoel in haar maag vanwege de affaire met de Griek, waardoor ze nu nog geen slaapplaats hadden, en gedwongen de hele weg aan te horen hoe Richard en George tegen elkaar opboden met verhalen over ongemakkelijke overnachtingen in de open lucht; in bermen van wegen, onder viadukten, op roosters in Parijs, aan het water in een muggenplaag, pal naast een zigeunerkamp, in parken tussen hondedrollen en junks.

George bood hun twee dekens aan voor de nacht. Hijzelf sliep in een kleine boot met een tweepersoons kajuitje. Ze wachtten aan de haven terwijl hij de dekens haalde. George sprong als een kat van de ene boot op de andere, een opgewekte tune fluitend die zich over het water voortplantte.

Even later kregen ze een deken van paardehaar in hun handen gedrukt en wees hij hoe ze bij het strand moesten komen. Na een ietwat ironisch 'goodnight' van zijn kant waren ze ineens weer met zijn tweeën.

'Wat sta je daar nou?' vroeg Richard. Hij had zich al opgerold in de deken. Berber staarde naar de kiezels op het strand en meende in het halfduister weggesmeten papier en plastic zakken te zien liggen. Dichtbij klonk gelach en gegier. Ze waren hier niet alleen. Was het eb? Tot waar kwam de zee als het vloed werd?

'Je gaat toch niet moeilijk doen?' zuchtte hij. 'Ga nou slapen. Morgen lig je weer in je gerieflijke hotelbed.'

Ze spreidde de deken uit over de kiezels. Haar rug deed pijn terwijl ze bukte. Behoedzaam ging ze liggen en sloeg de helft van de deken over zich heen. Het paardehaar prikte en kriebelde. Misschien zaten er vlooien in.

'Welterusten,' zei ze met een klein stemmetje.

'Slaap lekker,' bromde hij.

De stenen bobbelden in haar rug. Ze kon geen enkele houding

vinden waarin ze de kiezels niet voelde.

Hier lig ik, dacht ze met wijdopen ogen naar de hemel starend, midden in de nacht op een strand in een wildvreemd land naast iemand die niets om me geeft. Die onverstoorbaar slaapt op iedere plek waar hij niet wordt weggejaagd. Hij is ervoor geknipt om naar Afrika te gaan. Geen enkele ontbering zal hem vellen.

Het gelach kwam steeds dichterbij.

'Richard!' Ze duwde tegen zijn rug.

'Mmm?'

'Er komen mensen aan!'

'Nou en?'

Een hele sliert pratende, giechelende en gillende mensen trok in het donker aan hun hoofdeinde voorbij. De kiezels knisperden onder hun voeten. Berber trok de deken over haar hoofd. Hij stonk. Met kromme tenen wachtte ze tot het lawaai minder werd.

'Godverdomme,' brulde Richard ineens. Hij schoot overeind.

Berber stak haar hoofd boven de deken uit.

'Doe dat ergens anders wil je?' riep Richard.

Vlak naast zijn hoofd zat een meisje met opgeschorte rok, haar blote billen naar hem toegekeerd. Grinnikend trok ze haar broekje omhoog en verdween in het kielzog van de anderen.

'Gaat hier een beetje zitten pissen,' zei Richard verontwaardigd. Hij verschoof zijn deken en dommelde verder, alsof er niets gepasseerd was.

Alles deed pijn: haar voeten, haar maag, haar rug. En in haar hoofd maalden de gedachten maar door, eigenzinnig en niet te stuiten.

Hoe kon iemand met plezier ergens ongegeneerd gaan zitten plassen? Hoe kon Richard hier in slaap vallen, alsof hij veilig door vier muren omgeven was? Waar haalde hij het vertrouwen vandaan? Wie sliep was niet op z'n hoede. Katten wisten dat, die hielden één oog op een kiertje.

Ze zag slapende zieken voor zich, glimmend van koorts en

zwakte. Soms drukten ze op de bel, midden in de nacht, met een smoesje. Bang om in slaap te vallen, de Grote Slaap, waar nooit iemand uit ontwaakte. Ze zag zieken die gestorven waren langszweven in ruisende gewaden, traag wuivend in het voorbijgaan. Uit plotselinge angst ging ze rechtop zitten.

Toen in het oosten de lucht rose kleurde keek ze naar het vreemde zachtmoedige licht dat over de wereld viel en begon te huilen, stil, met heerlijk warme tranen en schokkende schouders.

Een voor een stapten ze van de loopplank op het schip. De vrouwen kregen hierbij van de grijnzende schipper een hand toegestoken, de mannen konden het alleen af.

Soepel sprong Berber op het dek. Haar lichaam tintelde. Aan het strand had ze plenzen zeewater in haar gezicht gegooid, en haar armen en benen erin gewassen. Tussen de kudde mensen vandaan die op het dek geperst werd keek ze om naar de steiger. Op het uiterste puntje stonden, naast elkaar zoals indertijd in de schoenwinkel en volmaakt onschuldig, haar schoenen. Tevreden nestelde ze zich op een bank op het achterschip en keek naar het gewriemel van de passagiers die hun draai nog niet gevonden hadden. Richard liet zich naast haar neervallen.

'Daar gaan we weer,' zei hij.

'Ja,' zei Berber monter.

Onderzoekend keek hij haar aan: 'Heb je een beetje kunnen slapen?'

'Prima,' zei ze, 'en jij?'

''t Gaat,' zei hij, 'ik heb wat last van m'n rug.'

'Zal ik je straks masseren?' Ze hief haar stevige verpleegstershanden op.

'O ja,' zuchtte hij. 'Je ziet er lekker wild uit, weet je dat? Kom eens hier.' Hij trok haar tegen zich aan. 'Je ruikt ook lekker. Een en al zon en zee.' Zijn vingers gingen door haar half opgestoken, half loshangend haar. Hij kuste haar in haar hals.

De touwen werden losgegooid, de boot vertrok. Op de steiger

stond George met de dekens in zijn armen. Hij legde ze neer en wuifde, grimassen trekkend, met zijn pet. De Italiaanse meisjes zaten een bank verder, kirrend en babbelend, en opgedoft voor nieuwe bewonderaars.

Berber duwde haar neus in Richards krullen en staarde naar de schoenen, die langzaam kleiner werden en steeds meer op een koppel schuwe witte eenden gingen lijken.

Mottenballen en parfum

Van het ene op het andere moment smaakte de laurierdrop niet meer. Ik haalde de glanzende staaf uit mijn mond en bekeek hem. De helft was nog over, met een kleverige stomp aan het eind. Het grootste deel van de weg naar huis had ik er vurig op gezogen, in de bittere zoetigheid vergetelheid zoekend. Ik dacht dat ik moest overgeven en stapte af. In de berm tussen de klaprozen boog ik me met mijn handen op mijn maag voorover, mezelf in stilte tegenover de maagdelijke bloemen ervoor verontschuldigend dat ik ze met een bruin-zwarte straal ging onteren. Maar er kwam niets. De bloemkelken waren zo uitbundig rood dat het leek of het in de wereld niets dan zomer en vrolijkheid was. Zomer was het, dat was zeker.

Moedeloos klauterde ik weer op de fiets. Uit balorigheid begon ik te slingeren waardoor het laatste stuk naar huis twee maal zo lang werd. Door al mijn aandacht toe te spitsen op het omgooien van mijn voorwiel probeerde ik hardnekkig het rapport te vergeten dat achterop mijn bagagedrager in mijn schooltas zat, maar de drieën en vieren bleven zich in fotografische helderheid manifesteren. Wat ik allemaal wèl kon was op mijn cijferlijst niet te zien: een vogelnest maken aan de hoogste tak van een boom, ballen met vier tegelijk, planten kweken, aardbeienbavaroise maken, me bij nacht oriënteren in het bos, de laatste tophits zingen, de leraren portretteren.

De weg splitste zich. Ik had de keus tussen een korte route langs huizen en een lange door het bos. Ik koos de laatste.

Toen ik door een tunnel van donkere sparren met jonge, lichtgroene uitlopers reed kreeg ik zin om tussen de bomen te verdwijnen en nooit meer terug te keren naar huis. Er waren genoeg landen op de wereld waar rapporten van geen enkel belang waren. In Afrika was een meisje van mijn leeftijd al lang uitgehuwelijkt, in Perzië leerde ze tapijtknopen, in India katoen verven, in Japan thee serveren.

Hoewel ik steeds langzamer ging fietsen kwam onherroepelijk ons huis in zicht. Mijn moeder, een vlinderachtige penseelstreek wit, zat in een bank op het gras onder een parasol in alle kleuren van het spectrum. Ze dronk thee met iemand. Dan kon het rapport beter nog even wachten. Verlicht haalde ik adem.

Ik liet me in een tuinstoel vallen. Uit een porseleinen pot met oud-rose bloemranken erop schonk mijn moeder thee waarna ze in een plastic citroen kneep, als met een waterpistool felle straaltjes in onze kopjes spuitend.

'Hoe was het op school?' vluchtig keek ze me aan.

'Gewoon.'

'Het is zeker gauw vakantie?' vroeg mevrouw Leifbrand.

'Nog een week,' zei ik.

Ze glimlachte beleefd en zweeg. Het lepeltje waarmee ze haar thee roerde tikte luidruchtig tegen de wand van het kopje. Ik was midden in een gesprek gevallen, de koffie- en theeintimiteit van vrouwen die mannen en kinderen buitensluit. Ze voelden zich opgelaten met mijn aanwezigheid. Op de tafel lag een blad met foto's en patronen voor de nieuwe zomermode. Om mezelf voor hen onzichtbaar te maken trok ik het naar me toe en sloeg het op een willekeurige bladzij open. 'Een elegant deux pièces in pasteltint.' Van onder de brede rand van een bijpassende hoed keek een donkere vrouw in een getailleerd, lichtblauw mantelpak hautain langs me heen.

'Ik wil absoluut niet meer hebben dat je komt,' zei mevrouw Leifbrand met nauwelijks beheerste emotie, 'dat heb ik hem duidelijk gezegd.'

'Daar zal hij zich dan wel aan houden,' zei mijn moeder vol vertrouwen.

Ik sloeg de bladzij om. Weer zo'n pak, nu zachtgeel. Deze keer lachte de vrouw behaagziek. Ze was van een perfectie die niet van deze wereld was, alsof ze leefde in kamers met hoge wollige tapijten, luie banken vol fluwelige kussens, angorakatten en vazen vol bloemen. Ze was een vrouw die met geen mogelijkheid iemands moeder zou kunnen zijn.

'Dat denk je maar!' mevrouw Leifbrand verhief haar stem. 'Je kent hem niet, hij is hondsbrutaal. Hij kan zijn handen niet van me afhouden. Weet je wat hij de laatste keer zei?' Haar stem daalde. 'Ik ben hartstikke gek op je,' zei hij, 'en denk erom: Van Walenburg is eraan gewend om te krijgen wat hij hebben wil.'

'Jasses,' zei mijn moeder.

Zonder nog iets te zien bladerde ik verder in het blad. Ik kon me niet voorstellen dat iemand gek zou kunnen zijn op mevrouw Leifbrand. Met haar donkerrood geverfde, glansloze haar, gelooide huid van het vele zonnebaden en hoogtezonnen, liploze, oranje geverfde mond en fonkelende ogen leek ze op een in eigentijdse kleding gestoken toverkol.

'Ik ben doodsbang voor hem,' fluisterde ze. 'Voordat ik ga slapen controleer ik of alle ramen en deuren goed dicht zijn. Ik kijk zelfs onder de bedden en in de kasten.' Ze zuchtte. 'Als vrouw alleen ben je zo kwetsbaar.'

Meneer Leifbrand was enige tijd geleden naar de stad verhuisd. Hij was een schriele man met dun, grijs haar die zenuwachtig begon te lachen als iemand hem aansprak. Het was een vertrouwd beeld voor me geweest hem 's morgens met een aktentas in de hand het huis te zien verlaten; enkele keren had ik hem er 's avonds op dezelfde manier in zien terugkeren.

'Wij zijn er ook nog,' suste mijn moeder haar. 'We houden wel een oogje in het zeil hoor.'

Mevrouw Leifbrand boog zich naar voren: 'Zouden jullie, jij en Maria of mevrouw Hondius, niet met een of ander smoesje langs kunnen komen wanneer je z'n brommer weer ziet staan?'

'Jawel, als dat je gerust stelt.'

Ik sloeg het modeblad dicht, dronk mijn lauw geworden thee in drie teugen op en kwam overeind uit de diepe zonnestoel.

'Mannen,' klaagde mevrouw Leifbrand, 'ze willen maar één ding.'

Mijn neerslachtigheid kwam weer in volle hevigheid terug. Nergens was het vrij ademen, de lange, lange weg tussen school en huis verbond de ene kwelling met de andere. Tussen de rozen door slenterde ik naar mijn tuintje.

'Hoe vaak heb ik je niet gezegd dat je om moet lopen,' riep mijn moeder.

Dwars door mijn tuintje heen had ik diagonaalsgewijs een slingerpaadje aangelegd ter breedte van mijn voet. Eindelijk op eigen bodem liep ik het enige malen op en neer, behoedzaam de ene voet voor de andere zettend; het stukje grond dijde uit tot een wereld waarin alles precies zo was als ik het hebben wilde. Ik bukte en gluurde naar binnen in een van de rose-rode klokjes van het vingerhoedskruid. Het zonlicht scheen door de dunne wand heen, de merkwaardige vlezige wereld in een warme gloed hullend. In de gedaante van een bij naar binnen te kunnen kruipen, over de trilhaartjes heen, de donkerpaarse stippen, onder de stampers en de meeldraden door tot aan de geheimzinnige groene poort bovenin; wie daar doorheen kon gleed door de stengel rechtstreeks naar het ondergrondse. Ik plukte een aardbei. Juist toen ik hem in mijn mond wou steken zag ik een aangevreten stuk met het opgedroogde snotspoor van een slak er omheen. Ik wierp hem weg en keerde mijn tuintje de rug toe.

Ongezien liep ik achter de rozen langs naar de keukendeur. 'Zijn gulp staat altijd open,' zei mevrouw Leifbrand aan de andere kant van de struiken.

Binnen heerste de ontspannen stilte van een huis in de zomer, wanneer de bewoners buiten zijn. Ik ging de huiskamer in, zette de radio aan en liet hem brabbelen en zoemen tot ik Luxemburg had.

'Ich möchte auch einen Living Doll haben,' grapte de omroeper, 'genau wie unser Cliff.'

Ik kroop met mijn oorschelp in de luidspreker. Toen hij zijn stem tot een hese bas liet dalen en 'Living Do-o-oll' tot in de gevoeligste punten van mijn zenuwen vibreerde, liepen de rillingen over mijn rug.

'Die italienische Männer sind gefährlich,' riep Luxemburg,

'Conny Froboess hat zwei Italiener kennengelernt, aus Napoli.'

Achterover gezakt in een leunstoel wachtte ik tot het voorbij was. Waarom zou ik vandaag al met mijn rapport op de proppen komen? Morgen was vroeg genoeg. Ik sloeg een been over de leuning, trok de dropstaaf uit mijn mond en wikkelde het papiertje er verder af.

Terwijl de papillen in mijn tong zich verzadigden aan verdovende laurier maakte Paul Anka zich zorgen over zijn verhouding met Diana: 'I'm so old and you're so young... o, o, o, Diana.' Nog geen week geleden op de kermis had hij me overal achtervolgd: in de botsautootjes, de cake-walk, het reuzenrad, de rups. Bij de botsautootjes beviel hij me het best. Wanneer bepaalde jongens tegen je opknalden terwijl het lied juist zijn klaaglijkste fase had bereikt gaf dat een speciaal soort opwinding.

'O ja,' zei mijn moeder en passant na het avondeten, 'ik heb tante Louise beloofd dat je vanavond bij haar slaapt.'

'Ik? Waarom?'

'Omdat ze een beetje van slag is. Het is een rustgevend idee voor haar als er nog iemand in huis is.'

'Wat moet ik daar doen, inbrekers en aanranders verjagen?' Quasi-dreigend hief ik mijn tot vuisten gebalde handen op. Mijn polsen waren zo dun dat mijn horlogebandje er omheen sloeberde, waardoor de wijzerplaat naar de binnenkant draaide.

'Het gaat om 't idee,' zei mijn moeder.

'Slaap ik dan bij haar op de kamer?'

'Wat hindert dat?'

'Dan ga ik niet.'

Mijn moeder zuchtte. 'Ze heeft een logeerkamer.'

Het huis van mevrouw Leifbrand lag aan het eind van onze straat verscholen achter imposante grove dennen waarvan ik vermoedde dat zij ze niet naar waarde wist te schatten en wenste dat ze bij ons in de tuin stonden. Sinds het vertrek van haar man vertoonde de tuin tekenen van verwildering: het grasgazon stond in bloei en in de perken schoten distels op.

Tegen mijn zin kondigden het piepen van het hek en het knarsen van het grind mijn komst aan. Ik verwachtte min of meer dat de deur al geopend zou worden maar zelfs op mijn aanbellen bleef het stil. Op verschillende plaatsen bladderde de gele verf van de voordeur af; tevergeefs probeerde ik me mevrouw Leifbrand met een andere kwast in de hand voor te stellen dan die waarmee ze op haar jukbeenderen een blosje schilderde. Een dwaze hoop kwam in me op: ze was niet thuis, ze was ergens anders bezig zich te vermaken. Ik keerde het huis de rug toe en liep opgelucht het tuinpad af.

'Hallooo!'

Ik had het hek al in mijn hand en liet het met een klap dichtvallen. Met een lichtgroen badlaken om haar romp heen gedrapeerd en een tulband van badstof op haar hoofd stond ze in de deuropening. Een plaatje in mijn geschiedenisboek, uit verveling nauwkeurig bekeken, schoot me te binnen: Mohammed, een menigte toesprekend vanaf de hoogste traptrede van een tempel in Medina.

'Ik ging juist in bad!' riep ze. 'Ik dacht dat je later zou komen.'

Weer knerpte het grind onder mijn voeten. Met mijn pyjama en tandenborstel in een door mijn moeder afgedankte jute tas stapte ik over de drempel. Een zoete walm van zeep, parfum, likeur, bloemen, frambozenpudding, sloeg me tegemoet.

'Deze kant op.' Het badlaken met een hand bij elkaar houdend ging ze me voor de trap op. Ik keek tegen haar blote benen aan waarvan de kuit zonder enkel in de voet overging. Pantoffels van een lichtgevend rose vachtje met een pompoentje erop wipten als speelgoeddieren van de ene traptrede op de andere. Vanaf een donkere overloop zag ik in het voorbijgaan door een openstaande deur een dampend bad met een drankfles op de rand, een kuikenzacht geel kleedje ervoor en een kast vol flesjes, potjes en gekleurde watten.

'Dit was de kamer van mijn man,' zei mevrouw Leifbrand,

een deur opengooiend, 'hier werkte hij 's avonds zijn boekhouding bij.'

Onder een ingelijste reproduktie, waarop een boerin in het halfduister aardappels zat te schillen, stond een strak opgemaakt opklapbed. Aan een andere wand hing een Tomadorekje met een rijtje Prisma-pockets erop en in de hoek was een wastafel. Onder onze voeten lag een somber Perzisch tapijt met slijtageplekken erin.

'Ik heb het maar een beetje ingericht,' verklaarde ze, 'hij heeft al z'n spullen meegenomen.'

Ik knikte zoals ik vermoedde dat mijn moeder zou doen: meelevend.

'Nou,' zei ze met een weidse zwaai van haar blote arm, 'je redt je wel, he? M'n bad wordt koud.'

'Ja.' Als bewijs legde ik mijn tas op bed.

Ze sloot de deur achter zich. Ik liep naar het open raam. Tussen de boomtoppen door zag ik een oranje glimp van ons dak: vandaaruit werd ik draadloos in de gaten gehouden en beschermd. Het was een doodstille avond. Dichte struiken drongen zich tegen de gevel op. Waar zou mevrouw Leifbrand bang voor zijn? Dat iemand zich in de bosjes rond haar huis verschool? Wie zou daar op z'n hurken willen zitten wachten? Er kraakte geen tak, er bewoog geen blad. Struiken, in zichzelf gekeerd als ze waren, gedroegen zich altijd alsof ze iemand verborgen.

Ineens werd de stilte verbroken door hoge galmtonen die uit het diepste binnenste van het huis leken te komen. Ik spitste mijn oren en ving 'Rosen' op en 'Tirol'. Het gezang golfde op en neer met snerpende uitschieters. Zou mevrouw Leifbrand haar tulband ophouden in bad? Wat dronk ze bij het baden? Gebruikte ze in een keer al die potjes?

Ik liep naar de wastafel en keek in de spiegel. Een smal gezicht, dat voornamelijk uit ogen bestond. Kleine muis, noemde een broer van mijn moeder mij. Allemaal drieën en vieren, zei ik tegen mijn spiegelbeeld. Ik tilde mijn pony op om te zien of ik een hoog voorhoofd had. Hoewel het erg wit was vergeleken bij de rest van mijn gezicht, stelde de hoogte ervan me gerust. Ook had ik geen bij de neuswortel in elkaar overlopende wenkbrauwen die wezen op een misdadige aanleg, of een terugwijkende kin die slapheid betekende. Ineens zag ik in de spiegel de weerkaatsing van een muurkast die me nog niet eerder was opgevallen. Ik draaide me om. Zolang er uit de badkamer gezang klonk (het was nu zoiets als: 'in Salzgammergut da kann man gut...') kon ik doen en laten wat ik wilde.

Ik verschoof het klosje dat de kast dichtklemde. Een sterke geur, een mengsel van mottenballen en parfum, sloeg me tegemoet uit de donkere holte waarin ouderwetse zwarte en paarse japonnen slap neerhingen aan knaapjes. Het waren afstotelijke oude-vrouwenjurken, misschien afkomstig uit de nalatenschap van mevrouw Leifbrands moeder. Ze riepen een scala van beelden en gevoelens op; kromgegroeide gewrichten, tandeloos gemummel, betekenisloos ja-knikken, open benen, ziekelijke nieuwsgierigheid en achterdocht. Huiverend betastte ik de soepele, zijdeachtige stof en trok een diepzwarte, met kant afgezette jurk van de kleerhanger. Om hem tot leven te wekken danste ik enkele pirouettes, de jurk als een macabere danspartner tegen me aan klemmend. 'Daar gingen drie oude wijven,' zong ik op fluistertoon, 'over een zwik-zwak bruggetje. De ene heette vrouw Biba, de tweede Biba de Binka, en de derde Sina Snikna Knikker de Kninka...' De jurk ruiste en ritselde. Zoveel overdonderende beweging had hij nog niet meegemaakt. 'Toen nam vrouw Biba een steen, en smeet die naar vrouw Biba de Binka haar been, zodat vrouw Sina Snikna Knikker de Kninka daarom green.'

Steeds sneller en wilder tolde ik rond totdat ik mijn evenwicht verloor en op het bed neerviel dat kribbig protesteerde. Plat op mijn rug liggend hijgde ik uit. Ik keek naar boven. Het goudgele licht dat op hoofd en schouders van de boerin viel was even antiek als de jurk die ik in mijn handen hield. Ik kwam op mijn ellebogen overeind en spreidde hem zorgvuldig op het bed uit. Als een grote platgeslagen vleermuis lag hij op de sprei.

Ik trok mijn kleren uit en liet ze op de grond vallen. Toen stak ik mijn armen in de omajurk en liet hem over me heen glijden. Ik rilde. Het was zoiets als een nat badpak aantrekken. Wie had hem vóór mij het laatst aangehad? Ik sleepte de keukenstoel die naast het bed stond naar de wastafel. Met beide handen de rok optillend als een vrouw die de trappen van het stadhuis beklimt klauterde ik op de stoel.

Waar ooit een omvangrijke boezem het model van de jurk tot z'n recht had laten komen viel nu de stof in voze zakjes over mijn taille. Mijn huid stak bleek-wit af bij het zwarte kant. Ik spreidde mijn armen en leek een kraai met opengesperde vlerken, klaar om vanaf een tak in glijvlucht naar beneden te zweven. Mijn onderkaak naar voren schuivend als iemand die vergeten heeft zijn bovengebit in te doen boog ik me naar de spiegel toe. Met rollende ogen en lokkende vingers kraste ik: 'Kom maar hier, kindje, wil jij een lekker snoepje van oma?' Daarna bleef ik roerloos staan en staarde naar mijn merkwaardige evenbeeld waar schemerig licht van buiten overheen viel.

Allengs werd ik overvallen door een gevoel van naargeestigheid. Ik sprong van de stoel en slenterde de kamer rond. Het kant prikte in mijn huid. Ik trok een pocketboekje van het rek en bekeek de omslag. *De das van Bruno Toll.* Gewurgd met een stropdas lag een jonge vrouw in een geblokte zomerjurk tussen hoog, verdord gras. Haar hoofd was opzij gevallen.

Op dat ogenblik hoorde ik de deur van de badkamer opengaan. Even keek ik weifelend naar de jurk, toen schoof ik razendsnel het boekje tussen het rijtje en sloop voorovergebogen naar het bed. Onder de dekens wachtte ik met ingehouden adem. Geschuifel van voeten op de overloop. Toen sloeg er een andere deur dicht. Nog geruime tijd bleef ik verstijfd liggen. De jurk kriebelde. Nu had ik met de geur van mottenballen en parfum de dood tussen mijn lakens gebracht. Ik schopte de dekens van me af, rukte de jurk uit en hing hem terug in de kast. Daarna trok ik mijn pyjama aan zodat ik een officiële logé werd en ging zonder mijn tanden te poetsen terug in bed. Het was of mijn lichaam niet meer aan mezelf toebehoorde tussen de vreemde lakens. Ik verlangde hevig naar het restant van mijn laurierstaaf, dat ik thuis had laten liggen.

'Aaah...' Een schreeuw vol angst snerpte door het huis. De wanden sidderden. Vanuit een onrustige halfslaap-halfwaaktoestand schoot ik overeind. Een blik op het rijtje Prismaboeken bracht me terug in het huis van mevrouw Leifbrand.

Er klonk een slag die het hele huis in trilling bracht. Ik dook in elkaar. 'Aaah...' hoorde ik, en nog eens: 'Aaah.'

Datgene waarvoor mevrouw Leifbrand zo bang was geweest en waarover zij zich die middag met mijn moeder het hoofd had gebroken, dat wat de reden was voor mijn aanwezigheid in haar huis: het voltrok zich nu aan haar. Dat had niets ongerijmds, het lag in het natuurlijke verloop der dingen.

Nu hoorde ik een ploffend geluid. Ik trok de dekens ver over mijn hoofd en ademde noodgedwongen de lijkengeur van de jurk in. Ik ben er niet, zei ik in gedachten, ik weet nergens van.

Nerveuze voetstappen repten zich in de richting van mijn kamer. De deur werd geopend. Ik bewoog me niet. 'Kom eens gauw,' klonk de stem van mevrouw Leifbrand, halverwege overslaand naar een andere toonhoogte, 'kom eens gauw!' Er werd aan mijn dekens gerukt. Weer liet ik me met tegenzin in haar leven betrekken. In een vitragedunne nylon nachtjapon met rouches aan hals en armen stond ze naast mijn bed. Haar van angst vertrokken gezicht contrasteerde vreemd met de poesvriendelijke nachtkleding. Ze sleurde me aan mijn arm met zich mee.

'Er zit zo'n engerd op mijn bed,' piepte ze. Mijn arm werd bijna fijngeknepen. Ik verwachtte iets vreselijks, iets ontzagwekkends, iets onnoembaar ergs. Het had de contouren van de monsterlijke, gorilla-achtige verkrachter en kindermoordenaar: de Boze Man, die huiveringwekkende, nooit eerder bedachte dingen met ons ging doen, die het voorstellingsvermogen te boven gingen en mijn ouders in diepe rouw zouden achterlaten.

Maar de kamer waar zij me in duwde was leeg, in eerste oogopslag.

'Daar!' wees mevrouw Leifbrand met trillende wijsvinger.

Op de donkerrode sprei zat roerloos een dikke, zwarte spin met harige poten. Het was niet te zien of hij terug keek, het was zelfs de vraag of er zich in al het zwart wel ogen bevonden.

Mevrouw Leifbrand hield zich vast aan de deurpost. 'Durf jij hem... ?' vroeg ze huilerig.

'Ja hoor,' zei ik, de uitzinnige opluchting die ik voelde voor haar verbergend.

Twee schoenen op het bed en een opengevallen boek op de grond getuigden dat zij al op haar manier ten strijde getrokken was. Mijn eerste opwelling was de spin met het boek te vermorzelen, maar tegelijk herinnerde ik me dat een spin in de avond geluk bracht. Wie zo onzorgvuldig met zijn geluksboodschapper omsprong zou daar zeker voor gestraft worden.

Ik raapte het boek op en liep op mijn tenen naar het bed, hem met mijn ogen biologerend. Behoedzaam schoof ik het boek onder de spin met de bedoeling hem zo naar buiten te transporteren. In paniek doorkruiste hij, met voor het oog nauwelijks waarneembare, snelle bewegingen, het oppervlak van het boek dwars over de titel in gouden letters heen, waarna hij moeiteloos overstapte op de rug van mijn hand. Ik verstarde en beet op mijn lip om hem niet in een schrikreactie van me af te schudden, maar de angst van mevrouw Leifbrand en haar vertrouwen in mij gaven me ongehoorde kracht. Met de spin op mijn hand rende ik naar het open raam en mikte hem over de vensterbank in de diepte, waar hij vast en zeker een zachte landing zou maken op zijn vele poten en trilharen.

'Hè, hè,' zuchtte mevrouw Leifbrand achter me. Ik keerde het raam en de vrije open ruimte de rug toe. Uitgeput liet ze zich op het bed neervallen, een meisje van middelbare leeftijd.

'Haal eens een glas water voor me, wil je?' vroeg ze, een vermoeid, slap gebaar makend in de richting van de badkamer.

De spiegel boven de wastafel was nog beslagen. Er hingen wel drie vochtige handdoeken aan een lijntje. Op de wastafel lag een haarborstel met een dot roodgeverfde haren erin. Ik viste een plastic bekertje tussen de flesjes vandaan en vulde het.

Gulzig sloeg ze de inhoud achterover, haar adamsappel ging gejaagd op en neer. De paarsrood geschilderde nagels vloekten bij het oranje dat ze omklemden.

'Wat sta je daar nou te kijken?' vroeg ze, mij met kogelronde ogen aanziend, 'ga maar weer naar bed hoor.'

Gehoorzaam liep ik naar de deur. Met de knop in de hand draaide ik me om. Mevrouw Leifbrand liet haar gebit in het plastic bekertje vallen. Vanuit een automatisme had ik welterusten willen zeggen. Ik slikte het in en glipte de overloop op.

De volgende dag kroop voorbij. Wat moest ik nog op school? Ik was blijven zitten. Het voetstuk waarop de leraren stonden was hoger dan ooit. Zij wisten, ik faalde. Voor hen bestond ik niet meer. Ik was niet eens zo'n geval waarvoor ze op vergaderingen verzachtende omstandigheden aanvoerden: haar ouders zijn pas gescheiden, ze moest op het land haar vader helpen, haar been was gebroken. Ik was gezond, mijn ouders hadden een solide huwelijk, ik had een eigen kamer met een tafel, een boekenkast en een kachel en ik werd voortdurend aangemoedigd.

Mijn moeder sloeg het tuinhek achter zich dicht toen ik aan kwam fietsen. Vanuit de schaduw van de bomen werd ze gevolgd door mevrouw Leifbrand.

'Waar gaan jullie heen?' Het klonk als een verwijt, een aanklacht. Eindelijk was ik eraan toe mijn rapport te laten zien, mijn hoofd lag al op het hakblok, en nu liepen ze weg.

'Een eindje om,' riep ze zangerig.

'Mag ik mee?' vroeg ik. Met mijn tenen op de straat hield ik me in evenwicht. De zon schitterde schel in het chroom van mijn stuur en koplamp. Je zou blind kunnen worden als je er lang naar keek. Als ik nu ook nog eens met het rapport in de hand moest gaan zitten wachten op haar terugkomst.

'Als je maar opschiet.'

Ik gooide mijn fiets tegen een boom en liep gejaagd achter ze aan: ik wilde geen ogenblik meer alleen zijn. Aanvankelijk bleef ik twee passen achter ze, troost peurend uit het patroon op mijn moeders jurk: zwarte bloempotten met geraniums die zich in golfbewegingen als zwermen vogels door een blauw-wit geblokt universum bewogen. Ik zou mijn gezicht tussen de plooien van haar jurk willen verbergen totdat de bui was gevallen en de lucht opgeklaard. Aan sommige fases in mijn bestaan zou ik me willen onttrekken, schuilend in een niet-zijn, zonder schuld of verantwoordelijkheid.

Zij spraken de hele weg, zonder ook maar eenmaal te lachen. Ik luisterde niet. Hun woorden verdwenen tussen het hoge gras en onder de struiken waar ontelbare insekten zich in broeierige beweeglijkheid in leven hielden. We liepen door het bremlaantje dat kort daarvoor nog in uitbundige, botergele bloei had gestaan. Nu hingen er slappe bruine dotjes aan de takken. Wanneer de opschudding over mijn rapport al lang geluwd was, zou de brem langwerpige donkere zaaddozen dragen die zich lieten openbreken als de peulen van erwten. Het geheim van mijn schandelijke domheid dat ik met me meetorste werd bij iedere stap zwaarder. Het was of ik nooit meer de rust zou hebben om iets mooi te kunnen vinden, of ontroerend. Ik keek naar de twee vrouwen, hoe ze liepen, gebaarden, elkaar soms aanzagen. Mijn moeder, onvermijdelijk in gezelschap van een buurvrouw, een vriendin, een oudere zuster, mijn vader. Ik voelde me een helft waarvan de onbekende wederhelft ontbrak. Als complement van iets dat er niet was had ik geen recht van bestaan.

Ik raapte een stok op uit de berm en sleepte hem achter me aan door het zand. Hij liet een dun spoor achter, een bewijs dat ik toch bestond.

Bij een weiland met armelijke plekken in het kale gras bleven de vrouwen abrupt staan, waardoor ik tegen ze opbotste. 'Kijk toch uit!' zei mijn moeder geprikkeld, 'jij loopt ook altijd te dromen.' Ik wierp de stok terug in de berm, waar hij hoorde. Ik was niet alleen dom, maar ook onhandig.

'Kijk nou toch eens!' fluisterde mevrouw Leifbrand, mijn moeder bij de elleboog vattend. Gefascineerd tuurde ze, haar ogen half toeknijpend tegen het zonlicht, naar een bepaald punt op het veld. Mijn moeder keek onwillig mee.

Ik zag niets, alleen twee paarden waarvan het ene onhandig op het andere geklommen was, er half overheen hangend met bungelende voorpoten.

'Kom,' zei mijn moeder, ze maakte aanstalten om verder te lopen, 'hier is niets aan te zien.'

'Jawel,' zei mevrouw Leifbrand schor, haar greep op mijn moeders elleboog verhevigend, 'ja zeker wel.'

Mijn moeder wierp een nerveuze blik op mij. Ik keek nog eens van mevrouw Leifbrand naar de paarden in een poging te begrijpen wat haar zo boeide. De dieren maakten rare, spastische bewegingen, een paard onwaardig. Ze hoorden over het veld te galopperen met wapperende manen en een veulen aan hun zij. Boven mijn bed hing een foto van een hazelnootbruin paard, dravend door een herfstig bos in de Schotse Hooglanden met opengesperde neusgaten en zachte, fluwelige lippen. Ik hield van hem. Soms galoppeerde hij door mijn droom. Dan zat ik op zijn rug, mijn armen om zijn hals geslagen, mijn knieën in zijn flanken duwend. Ik voelde het pompen van zijn hart in de geweldige romp en het gebonk van de hoeven op de aarde. Als ik opkeek zag ik in een wolk van opstuivend zand een horde volwassenen die ons als bezetenen achtervolgden. Ik herkende mijn vader en moeder, leraren van school, winkeliers uit het dorp, een debiele man aan wie mijn moeder de afgedragen kostuums van mijn vader gaf, mijn pianoleraar. Met opgetrokken bovenlippen en tot vuisten gebalde handen kwamen ze dichterbij, maar op het moment dat ze ons hadden ingehaald en mij met lange, uitschuifbare vingers wilden grijpen, groeiden er vleugels uit mijn paard en stegen we op, de ondergaande zon tegemoet, de woeste meute aan de grond genageld achterlatend.

'Het is geen schouwspel,' zei mijn moeder, 'kom mee Louise.' Ze wierp een voor mevrouw Leifbrand bestemde, veelbetekenende blik op mij. Ik was niet alleen dom en onhandig, maar ook nog onnozel.

Mevrouw Leifbrand had rode vlekken in haar hals. 'Nou nou,' zuchtte ze.

Mijn moeder zette er flink de pas in, de potten met geraniums warrelden voor mijn ogen. Ik hoopte tegelijk wel en niet dat we nu naar huis gingen. Mevrouw Leifbrand wierp nog een kleverige blik over haar schouder.

Ik lag op mijn bed en sloeg het rapport zeker voor de tiende keer open, telkens in de dwaze verwachting dat de vriendelijke ronde vormen van achten en negens erin teruggekeerd zouden zijn, die ik vroeger zo vanzelfsprekend had gevonden dat ik ze nauwelijks een blik waardig keurde.

De agressieve, in drukletters geschreven vieren bevatten precies de meetkundige driehoeken die mij dit jaar de das om hadden gedaan, met hun hoeken van negentig, van drieëndertig en van vijfenveertig graden. De drieën waren gewonde, opengebroken achten. Een eenzame zeven voor gymnastiek probeerde op zijn tenen balancerend het hoofd boven water te houden, zijn lichaam tot het uiterste toe gespannen zodat hij ieder moment de vlucht zou kunnen nemen.

Boven de cijferlijst stond, als de naam van een streng veroordelende, over leven en dood beschikkende rechter, die van de school: Titus Brandsmalyceum. Ik wist inmiddels wie Franciscus van Assisi was, Benedictus van Nursia, Godfried van Bouillon, Thomas van Aquino, maar wie was nou Titus Brandsma voor wie een standbeeld op het schoolplein was opgericht?

Het rapport zou onherroepelijke gevolgen hebben. Het bepaalde de mate van genegenheid die mijn ouders voor me voelden: wie wilde een dom kind aan zijn borst drukken? Ik sloot mijn ogen. Zelfs drop smaakte me niet meer.

Door het open raam klonk het gemurmel van mijn ouders'

stemmen in de tuin. Ineens barstten ze allebei in lachen uit. Het geschater en gebulder stegen als een uitzinnig duet op in de avondlucht. In de kastanje tegenover mijn raam ritselde een vogel. Ik klapte mijn rapport dicht en kwam overeind. Nu, schoot het door me heen. Al mijn energie, door de lethargie van de afgelopen dagen onderdrukt, bundelde zich. Bijna struikelend over mijn eigen benen stortte ik me de trap af, het huis uit, de tuin in. Mijn ouders zaten in luie klapstoelen, hun monden nog geopend van het lachen.

'Hier,' riep ik buiten adem, 'mijn rapport.'

Na een lange stilte waarin ik had opgehouden te ademen legde mijn vader het rapport op zijn schoot, keek me koel aan als een dokter die de aanwezigheid van een fatale ziekte constateert, en zei: 'Zooo...'

'Laat eens zien.' Zenuwachtig strekte mijn moeder haar hand uit. 'Nee,' na een vluchtige blik op de cijfers sloeg ze haar hand voor haar mond.

Ik keek naar mijn schoenen.

'Dit betekent natuurlijk dat je niet overgaat,' zei mijn vader.

Ik knikte.

'Ik begrijp er niets van,' zei mijn moeder klaaglijk, 'je kon die paar onvoldoendes op het paasrapport nog makkelijk ophalen, zei je.'

Wat moest ik zeggen? Ze uitleggen dat er na de eerste onvoldoendes een raar floers voor mijn bewustzijn getrokken was waardoor ik niets meer kon bevatten? Dat ik sindsdien de leraren had zien praten zonder ze te horen, als in een stomme film? Dat ik uren naar onregelmatige werkwoorden had zitten staren zonder er meer zin in te kunnen vinden dan in een kruissteekjespatroon? Dat ik tenslotte in onverschilligheid was vervallen?

'Ik heb er geen woorden voor.' Alsof ze haar handen er niet aan vuil wilde maken gaf ze het rapport terug aan mijn vader.

'Een drie voor Latijn,' las hij voor, 'hoe krijg je het voor elkaar om een drie te halen?'

Ik haalde mijn schouders op.
'Wil je geen Latijn leren?'
'Nee,' zei ik binnensmonds.
'Wat zei je?'
'Ze zei nee,' verklaarde mijn moeder die in een grijs verleden mijn babytaal al verstaan had toen nog niemand er wijs uit kon worden.
'Waarom wil je geen Latijn leren?'
'Er is op de hele wereld geen land waar het gesproken wordt,' mompelde ik.
'Waarom doe je je mond niet behoorlijk open als je spreekt?' vroeg mijn vader. 'Praat je op school ook zo onduidelijk?'
Ik zweeg.
'Stel dat je later medicijnen wilt studeren, dan moet je Latijn kennen.'
'Ik wil geen medicijnen studeren.'
'Dat kun je nu nog niet weten.' Hij las verder: 'Een vier voor geschiedenis. Dat is luiheid. Geschiedenis is gewoon een kwestie van je lessen leren.'
'Maar waarom moet ik alles weten over de stichting van kloosters,' vroeg ik verontwaardigd, 'over de pausen, Gregorius, Leo, Innocentius, over de predikers, sint Amandus, sint Eligius, sint Lambertus, sint Hubertus, sint...' Ik verslikte me in de opsomming.
'Het is nu eenmaal een katholiek lyceum,' zei hij.
Mijn ene hand hing boven een bloembak met geraniums. Gedachteloos kneep ik een van de bloemhoofden fijn en verpulverde de blaadjes met mijn vingertoppen langs de muis van mijn hand.
'Je haar is ook veel te lang,' zei mijn vader, 'het hangt voor je ogen. Waarom wordt het niet op tijd geknipt?' Hij wendde zich tot mijn moeder, 'zo kan ze toch niets op het bord zien?'
'Je hebt gelijk,' zuchtte ze, 'maar het kost me de grootste moeite haar mee naar de kapper te krijgen.'
'Wiskunde een vier.' Dat was mijn ernstigste vergrijp, wist ik.

'Voor alle interessante vakken is wiskunde onmisbaar.'

'Ik ga later nooit iets doen waar je wiskunde voor nodig hebt,' riep ik fel. Mijn vader deinsde terug in zijn stoel, mijn moeder keek gespannen van hem naar mij alsof ze ons allebei het zwijgen zou willen opleggen. Ik prees mezelf voor altijd uit de markt. 'Nooit,' fluisterde ik.

Er viel een stilte. Ik stond in de beklaagdenbank en zij namen ontdaan mijn gestalte in zich op. Tegen een achtergrond van zwijgende bomen en struiken werd ik te licht bevonden. Roerloos wachtte ik af. In de beschermende holte van de tuin, nog niet uit het nest gevallen, riep ik toekomstig onheil over me af, ik zag het in hun ogen. Ik werd bang voor mezelf.

De status-quo werd verbroken door geritsel. Iemand wrong zich tussen de jasmijnstruiken door die in een wanordelijke deining raakten alsof er een wild zwijn in rondwroette. Het hoofd van mevrouw Hondius, onze buurvrouw, kwam in zicht, daarna haar lichaam dat uit louter buik en borst leek te bestaan.

'Hij is er weer,' zei ze op een onheilspellende toon. Het klonk als: het is gebeurd met ons.

Wij staarden haar aan alsof ze uit een andere wereld in de onze was komen vallen en een taal sprak die ons onbekend was.

'Zijn brommer staat tegen het hek,' verduidelijkte ze.

'Wiens brommer?' vroeg mijn vader.

'Van Walenburgs brommer natuurlijk.' Mijn moeder ontwaakte.

Opgewonden wiebelde mevrouw Hondius heen en weer op haar in katoenen schoentjes gestoken voetjes van Chinese fijnheid. Het was een wonder dat ze haar nog steeds konden dragen, ze was net een duikelaartje, je hoefde haar maar een duwtje te geven en ze zou een kleine koprol maken waarna ze door de natuurlijke veerkracht van haar rondingen weer vanzelf in de rechte stand zou terugkeren.

Mijn moeder stond op. 'Ik heb nog een schaar van haar,' zei ze, 'die kunnen we terugbrengen.'

'Bemoei je er toch niet mee,' zei mijn vader.

Hij werd niet gehoord. Resoluut verlieten mevrouw Hondius en mijn moeder het grasveld. Mijn rapport was niet meer aan de orde, er was een andere prioriteit. Uit angst alleen te moeten achterblijven onder de strenge, misprijzende blik van mijn vader liep ik achter ze aan.

Als hulptroepen van het eerste kwartier naderden we het huis tussen de stuifdennen, mijn moeder agressief voorop met het geleende voorwerp als een dolk in de hand. Ik benijdde meneer Van Walenburg niet: ze ging hem ongetwijfeld in stukjes knippen.

''t Is toch wat,' hijgde mevrouw Hondius, 'hoe durft ie!'

Mijn moeder knikte zwijgend. Ze was nu eigenlijk onaanspreekbaar, zag ik. Ze was een gedrevene, op weg om onrecht te wreken.

Weer piepte het hek en knarste het grind. Dreigend als een stormram die ieder ogenblik kan aanvallen belde mijn moeder aan. Weer staarde ik naar de kale plekken op de voordeur. Mijn moeder belde opnieuw, ongeduldig. Ze wisselde een blik vol ongerustheid met mevrouw Hondius. 'Laat mij eens,' zei deze en drukte met haar mollige hand langdurig op de bel. Het bleef stil in huis. 'De keukendeur,' fluisterde ze. Haastig begaven we ons naar de zijkant van het huis, tussen de bloeiende grashalmen door. De keukendeur was op slot. Mevrouw Hondius rammelde aan de kruk, duwde met haar volle gewicht tegen de deur en beukte erop met haar vuisten. 'Louise doe open!' riep mijn moeder. 'Doe open, doe open,' schreeuwden ze beiden. Zenuwachtig liepen ze om het huis heen. Alle gordijnen waren gesloten. Tenslotte belandden we weer bij de voordeur. 'Wat doen we nu?' vroeg mevrouw Hondius.

Op hetzelfde ogenblik hoorden we een geluid boven ons hoofd. We keken langs de gevel omhoog en zagen de ramen van de slaapkamer openzwaaien. In de omlijsting van het kozijn bevond zich mevrouw Leifbrand met blote schouders en haren die rechtop stonden zoals bij het trollepoppetje dat ik de week daarvoor op de kermis gewonnen had.

'Zijn jullie helemaal gek geworden!' riep ze. 'Wat willen jullie toch?'

Haar lippenstift zat in wilde vegen rond haar mond, waardoor ze een vreemde, verongelijkte uitdrukking kreeg.

'We komen je schaar terugbrengen Louise,' zei mijn moeder plechtstatig.

'Mijn schaar?' vroeg mevrouw Leifbrand verward. 'Mijn schaar? Wat moet ik nou met een schaar?'

'Die had ik van je geleend, Louise.' Verbaasd keek mijn moeder naar mevrouw Hondius, 'weet je nog wel?'

'Gaan jullie alsjeblieft weg,' riep mevrouw Leifbrand. Ze begon het raam te sluiten. Los vel zwabberde onder haar bovenarmen.

'Nou... zeg,' uit het veld geslagen keek mevrouw Hondius mijn moeder aan. Die perste haar lippen op elkaar en bukte zich om de schaar met een driftig gebaar door de brievenbus te gooien. Zwijgend liepen we terug naar het hek. Ik keek als enige achterom. Nog net ving ik een glimp op van twee ogen die ons vanuit het halfduister van de slaapkamer vernietigend nakeken: de vreemde lichtvlakjes erin, de weerkaatsing van flitslicht in de ogen van iemand die recht in de lens van een fototoestel kijkt, griften zich in mijn geheugen. Daarna werden met twee forse rukken de gordijnen gesloten.

'Zoiets heb ik nog nooit meegemaakt,' zei mevrouw Hondius. Ze trok haar jurk glad, alsof die door het gebeuren gekreukt was.

'Laten we het er maar niet meer over hebben,' zei mijn moeder, 'je verstand staat erbij stil.'

Berustend slenterde ik achter ze aan. Er was zoveel wat ik niet kon bevatten.

De vuurdoop

Terwijl ze, misselijk en duizelig, de overvolle bus verliet die met hoge snelheid door de nauwelijks ontwaakte dorpen gedenderd was, wist Elida met de volstrekte zekerheid die alleen uit intuïtie kan voortkomen dat deze dag een fiasco zou worden. Op haar heup een boekentas die zeven lesuren woog liep ze naar de school. Een plein, een sigarenwinkel, een pompstation, een onbewoonbaar verklaarde villa, doken op in de volgorde die Lambert Vrisio, toen hij de route schetste, voorspeld had. Ook waarschuwde hij haar: er staan twee moderne gebouwen tegenover elkaar. Het ene moet je niet ingaan. Dat is een psychiatrische inrichting. Of het nu een nieuw stadhuis was, zei hij, een postkantoor, een ziekenhuis, een school of een crematorium, als het rijk eenmaal in de beurs tastte voor een openbaar gebouw kon je er gif op innemen dat het een rechthoekige kolos van gewapend beton werd, alleen mooi gevonden door mensen die verstand meenden te hebben van architectuur. Openhartige ramen lieten de voorbijganger niet in het ongewisse over wat zich daarbinnen afspeelde. Rondom waren bloemperken aangelegd met veel evergreens om de toegang tot het gebouw te verlevendigen en de drempel te verlagen.

Het plein met groepjes bijeenklittende, babbelende leerlingen verschilde duidelijk van het tegenoverliggende, waar alleen een oude man te zien was die het grind harkte. Omdat het harken van grind haar dwaas voorkwam, plaatste Elida hem in gedachten klakkeloos in de inrichting, maar meteen daarop herinnerde zij zich de zorgzaamheid waarmee haar eigen grootmoeder jaren geleden het grindpad rond het huis wiedde, harkte en jaarlijks aanvulde met een verse lading witte, bruine en rose steentjes die schitterden na een regenbui en de indruk wekten erosiemateriaal te zijn van een berg die uit louter edele gesteenten bestond.

Zou ze later vaak, zwetend en vol zelfverwijt, komen binnenrennen tijdens het gezoem van de bel die gramstorig haar gebrek aan stiptheid bekrachtigde, die dag was Elida een half uur te vroeg. Onopgemerkt liep ze naar de ingang van de school om zich aan de rector voor te stellen en zich wegwijs te laten maken in het gebouw. Ze had haar volle gewicht nodig om de zware, glazen deur te openen. Nauwelijks had ze een voet op de deurmat gezet of ze werd door twee reusachtige handen, die de kleur hadden van bedorven lever, opgetild en teruggezet op het plein. Terwijl diezelfde handen de deur dichttrokken en Elida met ontsteltenis de gestalte van een grote, in stofjas gehulde man in zich opnam, knarsetandde hij door de zich versmallende deuropening: 'Niet voordat de bel gaat, hoe vaak moet ik dat nou nog zeggen.' Tevergeefs bewerkte Elida met haar vuisten het dikke glas, vol afkeer over het fanatisme waarmee de conciërge zijn taak opvatte.

Een half uur lang week ze niet van haar plaats. Afwisselend probeerde ze zichzelf te zien door de ogen van de conciërge, de rector, de leerlingen.

In die dagen schreef de mode rokken voor die tot halverwege het dijbeen reikten. Aan de ene kant goedkoop, omdat er weinig katoen aan te pas kwam, bleek het aan de andere kant ook een dure mode te zijn vanwege de hoeveelheid medicijnen tegen blaasontsteking die vooral 's winters de dracht vergezelden. Elida vroeg zich af of het feit dat de conciërge haar voor een leerling aanzag te maken kon hebben met de lengte van haar rok.

Was Lambert Vrisio er maar.

'De situatie,' hoorde ze hem nog zeggen, 'is als volgt: jij bent in het bezit van een onderwijsbevoegdheid en staat te springen om al die vergaarde kennis aan anderen door te geven.'

'Nou,' zei Elida, 'zo urgent is het niet hoor.'

'Wij van onze kant,' ging hij verder, terwijl hij de zware hoornen bril waarin al zijn verantwoordelijkheid opgeslagen lag even van zijn neusbrug lichtte, 'zitten dringend om een invaller verlegen. Een van onze mensen moet in militaire dienst en nu dacht ik dat jij...'

'En hij dan ?' vroeg Elida. Blind zoekend achter haar rug vonden haar vingertoppen de zacht kloppende fontanelletjes van Folker, die zich juist kreunend van inspanning aan de stugge stof van haar spijkerbroek omhoog had gehesen. Wiebelend hield hij tussen de twee zuilen door een wantrouwend oog op Lambert Vrisio gericht.

'Dat is op te lossen. Waar het om gaat is: voel je er iets voor? Het is een prachtige gelegenheid om ervaring op te doen.'

Ze had nog nooit voor de klas gestaan. Liever negeerde ze het causale verband tussen het bezit van een diploma en een plaats in het onderwijs.

'Maar ik kom nu al tijd te kort,' wierp ze tegen.

'Tijd, tijd...' Al zolang zij Lambert Vrisio kende had hij de expressie gehad van iemand die een worm tussen zijn slablaadjes aantreft. Nu was ze getuige van de verheviging hiervan. 'Als je daarbij stil gaat staan. Kijk naar mij: ik heb een volledige betrekking, geef les op een avondschool, schrijf mijn eigen leergangen, verbouw mijn woning, heb drie kinderen, een bewerkelijke tuin, een hond, een bok, en ben actief lid van een politieke partij. Als ik over tijd zou gaan piekeren...'

Elida zweeg. Overmand door het gevoel dat hij eerder haar troost dan haar bewondering nodig had staarde ze hem aan met ogen vol medeleven.

Nog geen week later zat ze naast de soldaat over de boeken gebogen. Al droeg hij nog geen wapenrok, toch was op zijn gezicht al de verbeten, naar binnen gekeerde woede te zien van een dienstplichtige die twee jaar van zijn leven verspild ziet aan stormlopen en koper poetsen.

Tussen zijn tanden door liet hij fragmentarisch informatie los over taalexpressie, heroriëntering van grammaticaonderwijs, structurele taalmethodes, noncognitieve opdrachten. Elida luisterde niet. Het hinderde haar dat ze niet wist of hij voor de strijd te land, ter zee of in de lucht gekozen had. Zijn roodbruine haar leek haar het mooist in combinatie met een olijfgroen uniform.

'Je ziet wel,' zei hij, slordig zijn beduimelde boek doorbladerend, 'dat er veel tekstverklaringen in staan, met lexicologische en reproducerende vragen, denkvragen, combinatievragen en vrije opdrachten naar aanleiding van de tekst.'

'Ga je bij de landmacht?' vroeg ze.

'De luchtmacht,' zei hij nors.

De laatste keer dat Elida tegenover een rector had gezeten was het om hem te horen zeggen dat haar aanwezigheid op school als infectueus voor de andere leerlingen werd beschouwd en daarom niet langer gewenst was. Gezeten achter een immens eikehouten bureau met barokke ornamenten, gelegitimeerd door een zwart ebbehouten kruis dat achter hem aan de muur hing, keek hij haar aan met alle kilte en minachting die een christen voor een zondaar voelen kan. Het bovenste knoopje van zijn hooggesloten pij ging schuil achter het losbungelend vel van zijn onderkin. Zijn magere handen speelden met een pressepapier, waarin ze na ingespannen turen een bloedend hart van porselein herkende. Ze sloeg haar ogen neer en staarde naar het dikke, donkerrode tapijt. Het vermoeden bekroop haar dat deze groot-inquisiteur er behagen in schiep weerspannige leerlingen hierop te laten neerknielen teneinde ze op de blote rug te geselen, of anderszins dingen te doen waar misschien wel kettingen en gloeiende tangetjes aan te pas kwamen.

Een decennium later bood een rector haar koffie en sigaretten aan, in een kamer waarin blankhouten kantoormeubelen, tropische planten in oranje plastic bakken, abstracte schilderijen en een ingekleurd lesrooster aan de muur een nieuw soort treurigheid bewerkstelligden.

'Het is uw vuurdoop, is 't niet?' Hij lachte geamuseerd.

Wintersportbruin, met tanden die de kleur hadden van de besneeuwde wereld waar hij op zijn ski's doorheen gesuisd moest zijn, straalde hij een vitaliteit uit die zelfs voor dit schoolgebouw te krachtig was. Zijn woordkeus echter, die de saaiheid van handelsjargon, van officiële stukken uit de advocatuur of van 't gemeentehuis, jaarverslagen, notulen combineerde, was hiermee zozeer in tegenspraak dat Elida erdoor in verwarring werd gebracht.

'Ik neem aan dat uw voorganger u voldoende heeft ingelicht over de betreffende klassen en de leerstof?'

Ze knikte.

'Mijn collega hier,' hij wees naar de conrector die aan zijn rechterhand zat, 'zal u op de hoogte houden van vergaderingen, projecten en sportieve evenementen waarvoor we misschien een beroep op u zullen doen. Tevens zal hij u in contact brengen met de leden van uw sectie, die u tot steun kunnen zijn bij vaktechnische kwesties. Tenslotte zal onze juridisch medewerker...' een man aan zijn linkerzijde die naar het plafond keek alsof de zaak hem niet aanging kreeg nu profiel, 'deze week nog wat van uw tijd opeisen in verband met uw salariëring.'

Woorden bleven haar in de keel steken; op onderwijs was ze enigszins voorbereid, op management niet. Na enkele als aanmoediging bedoelde zinspelingen op een vlekkeloze loopbaan reikte hij haar een gestencilde plattegrond aan en hield de deur voor haar open.

Zoals ze door een ziekenhuis liep, op haar tenen, spijtig dat ze niet kon zweven of vliegen zodat ze helemaal niets hoefde aan te raken, en met tegenzin de levensvijandige geur van ether, lysol en de dood inademde, zo sloop ze nu door de lege gangen van de school, waar het evenzeer naar bedrukt en beschreven papier als naar verveling rook.

De lessen waren begonnen. Gejaagd gleden haar ogen over de plattegrond. Als tegemoetkoming aan het voorstellingsvermogen waren de verdiepingen in vogelvluchtperspectief getekend. Van bovenaf gluurde Elida schuin de lokalen in, waarvan de muren afgebrokkeld waren als de ruïnes van een Romeinse stad. Tot haar verbazing ontdekte ze op kelderniveau een zwembad. Was deze school een Kurort voor overspannen leerlingen?

De talen waren op de eerste verdieping gehuisvest; Nederlands in de lokalen één- tot en met drieëntwintig. Een Babylonische etage, waar Germaanse en Romaanse talen in vreedzame wedijver naast elkaar gegeven werden. Besluiteloos drentelde ze heen en weer tussen de drie deuren, ingespannen luisterend of misschien een stem, onderdrukt gelach, een vallend voorwerp, zou verraden welke van de gesloten deuren haar klas aan het oog onttrok. Een sprookje waarin de held met zijn sleutel slechts één poging mag wagen. De stilte was zo opvallend dat het haar niet verbaasd had wanneer zich achter die deuren een loze ruimte bevonden had waarin één onschuldige stap een door de hele school vol leedvermaak gadegeslagen val in de diepte betekende. Tenslotte slikte ze haar twijfel weg, deed een archaïsche poging de rok over haar dijen omlaag te trekken en opende de deur van lokaal drieëntwintig. Als over het stuur van hun fiets zaten de leerlingen met een pen in de hand over een vel onbeschreven papier gebogen; het leek of er uit de richting van de leraar een geruisloze, maar straffe wind waaide. Met van schrik en verbazing rechtop staande oren reageerde hij op Elida's verschijning en ook de kinderen keken bevreemd van hun werk op. Onder het mompelen van verontschuldigingen trok ze beschaamd de deur achter zich dicht.

Even overwoog ze vanaf nu te kloppen, maar het scheen haar toe dat wie beleefd op de deur van zijn eigen klas tikte bij voorbaat verloren had. Dus opende ze zonder aankondiging ook de andere deuren, met hetzelfde resultaat.

Wanhopig beet ze in de knokkels van haar hand, over de glanzende linoleumvloer nu eens naar het ene eind van de gang starend, dan weer naar het andere. Wachtte er wel ergens een klas op haar? Berustte haar aanwezigheid in dit gebouw, te meer omdat ze zelf ook niets anders deed dan zich hierover verbazen, misschien op een vergissing?

Op goed geluk begon ze te lopen. Waar was de conciërge? Nu hij zich eindelijk verdienstelijk kon maken hield hij zich schuil. Halverwege de trap naar de bovenste verdieping bleef ze staan. Om beter te kunnen luisteren draaide ze haar hoofd opzij. In de verte klonk gejoel, met hilarische uitschieters en kreten van opwinding: het gedruis dat op zondagmiddag uit een voetbalstadion opstijgt.

Zonder dat iemand er erg in had verscheen Elida in de deuropening. Niet alleen uit de vitrines met geëtiketteerde potjes en flesjes, buisjes en pipetjes, kon ze opmaken dat ze op de drempel van een scheikundelokaal stond, ook de kraantjes die tussen elk koppel leerlingen in de bank geplaatst waren met een emaille gootsteentje eronder bevestigden die indruk. Zonder dat iemand ze opdracht had hoeven geven maakten de leerlingen optimaal gebruik van het doel waartoe deze waren aangebracht: de watervoorziening. Sommigen onderbraken de straal halverwege met hun handen waardoor ter verlevendiging van het klaslokaal beweeglijke fonteintjes ontstonden, anderen gaven er de voorkeur aan bekertjes en lege stopflessen te vullen om deze boven elkaars hoofden om te keren.

Nog kon Elida zich ongezien terugtrekken en ze stond ook op het punt dat te doen toen er ineens een scherp, penetrant 'Ssscht' klonk, waarop onmiddellijk alle kraantjes werden dichtgedraaid en de natgeregende, van opwinding nadampende lijven zich in de banken wurmden. Schuldbewust maar ook nieuwsgierig gluurden de leerlingen schuin omhoog naar Elida.

Gedurende een kort maar ondermijnend moment zag ze zichzelf weerkaatst in zeker dertig paar ogen. Op de drempel, zich vastklampend aan de deurpost, vroeg iemand met te lange haren, een te korte rok en een te onzekere blik om ooit enig gezag te kunnen uitoefenen: 'Is dit soms klas 1c?'

De klas knikte.

'Waarom zitten jullie in het scheikundelokaal?'

Een jongen in een druipende pullover met een echt overhemd eronder stak zijn vinger op: 'We zitten hier altijd,' riep hij.

Op de vloer zochten verschillende plassen in stroompjes naar elkaar toe vingerend contact. Er tussendoor laverend liep Elida naar voren. Daar zette ze haar tas op een lessenaar die bijna van muur tot muur reikte en haar nietigheid benadrukte. De klas wachtte af, met keurende ogen.

Ze zien dat ik een charlatan ben, dacht Elida, een bedrieger. Ze zien dat ze van mij niets zullen leren, dat ik een voorraad onbruikbare kennis met me meedraag in een hermetisch gesloten kluis, die ze met het grootste genoegen ongeopend zullen laten. Zonder dat ze het zelf weten nemen ze op dit ogenblik al de beslissing of ik behoor tot de soort die gehoorzaamd of bestreden moet worden.

'Ik zal mijn naam op het bord schrijven,' zei ze.

Letters die niet van haar waren vormden een vreemde, afstotelijke naam.

'Ik hoop jullie namen ook gauw te kennen,' voegde ze er aan toe, zich in stilte voorbereidend op de wisseltruc van plaatsen. 'Wat deden jullie meestal in dit uur?'

'Bij Koos lazen we altijd op maandag,' antwoordde een meisje op familiaire toon waar nu al een vleugje heimwee in doorklonk.

Dankbaar klampte Elida zich vast aan het leesboek. Om de beurt lazen ze een stukje. Waren ze in hun totaliteit als klas zo machtig als volwassenen, één voor één lezend werden ze nu wat ze waren: kinderen van twaalf, dertien jaar. De meesten rustten niet ter hoogte van de komma's, maar gaven er de voorkeur aan te pauzeren op plaatsen waar dit louter misverstanden teweeg bracht. Ook hadden ze er geen idee van dat een aantal inhoudelijk bijeenhorende zinnen samen een alinea vormt, zodat het verhaal door hun toedoen hortend en stotend voorthobbelde als een krakkemikkige kar op een landweg vol kuilen.

Af en toe wist Elida niet waar ze gebleven waren; net als vroeger kostte het haar de grootste moeite haar aandacht erbij te houden. Wonderlijk genoeg scheen de klas zelf heel geboeid de loop der gebeurtenissen te volgen.

Sommigen maakten van iedere zin een vraag, zodat het leek alsof ze elk onderdeel van het verhaal ter discussie stelden, wat toch niet de bedoeling geweest kon zijn van de samenstellers, interfacultair nog wel, die op de titelpagina vermeld werden.

Maar het ergste waren degenen die meenden dat ze meeslepend voorlazen. Zwaar emotionele nadruk leggend op neutrale beschrijvingen en mededelingen gaven ze de luisteraar het gevoel dat hij nog maar een onmondige peuter was die zich liet voorlezen uit een prentenboek en nog niet in staat was het geschreven woord zonder opsmuk tot zich te laten doordringen.

Nadat de bel gegaan was stond Elida als eerste op de gang. De sliert leerlingen kwam als een trage duizendpoot het lokaal uit en sloeg aan het eind van de gang met een soort luie berusting de hoek om. Het was haar te moede alsof deze eerste les, die met aftrek van de vertraging nog geen half uur geduurd kon hebben, minstens een dag in beslag had genomen. Dat er nog zes van deze lesuren zouden volgen was onvoorstelbaar. Vermoeid tegen de muur van de gang leunend zag ze de volgende klas aan zich voorbij trekken. Juist toen ze, om de nieuwsgierige blikken te ontwijken, de andere kant op wilde kijken meende ze vanuit haar ooghoek een teckel het lokaal te zien binnengaan. Tussen de leerlingen door, die onmiddellijk uiteen weken, haastte ze zich naar haar loophek achter de lessenaar. De hond bleek te hebben plaatsgenomen op de bank van zijn baas, die het ene lijvige boek na het andere uit zijn schooltas trok. De andere leerlingen, vertederd, probeerden met vleiende lipbewegingen en tonggeklak de aandacht van het dier te trekken, dat zich echter niets aan hen gelegen liet liggen en geïntrigeerd naar de grote, met kopernitraat, mangaansulfaat en ijzerchloride gevulde stopflessen op de hoek van haar lessenaar tuurde.

'Wat is de bedoeling hiervan?' Ze wees op het beest.

'Dit is mijn hond,' verklaarde de jongen, verstrooid uit zijn tas opkijkend.

'We dachten dat 't je broertje was,' zei zijn buurman.

'Maar waarom heb je hem meegebracht?' vroeg Elida.

'Ik heb hem nodig bij mijn spreekbeurt,' zei hij, 'als illustratiemateriaal.'

Wat stond haar allemaal nog te wachten? Ze stelde hem voor

dan maar meteen te beginnen opdat het huisdier na afloop van de spreekbeurt rustig op de gang het einde van het lesuur kon afwachten.

'Dat kan niet,' zei hij.

'Waarom niet?'

'Dan wordt hij bang.'

'Wat hindert dat?'

'Dan gaat hij janken en blaffen.'

Er was niets aan te doen. Het beest zou de hele les het middelpunt van de belangstelling blijven.

'Kom dan maar naar voren,' zei Elida, 'en vertel ons alles over hem.'

Omslachtig, de boeken werden naar haar lessenaar gezeuld, gevolgd door een zak hondebrokjes, een bot van rubber en een bot van been, nam hij plaats op Elida's stoel en zette de hond voor zich op tafel. Zelf ging ze achter in de klas staan, werktuiglijk het voorbeeld van haar vroegere leraar volgend. Zijn ogen onverbiddelijk op zich gericht wetend durfde ze niet op te zien van haar verhaspelde betoog.

Om zich een houding te geven bladerde de jongen nog wat in de boeken. Hij had de ernst van een kleine Pascal, en de schoonheid, zag ze, van jongens uit vorige eeuwen zoals ze soms stonden afgebeeld op oude schilderijen met donkerbruin golvend haar tot op hun kanten kraag, en een blik die door alle tijden heen op een nog ver in het verschiet liggende toekomst gericht was naar de aard waarvan men alleen maar kon gissen.

'Dit is Botervlootje,' zei hij, even de sluik neerhangende oren optillend zodat het net vleugeltjes waren waarop Hond uit het klaslokaal zou kunnen wegzweven.

'Hij is dol op brokjes.' Op het gekraak van de zak draaide Hond zich onmiddellijk om en begon opgewonden te blaffen. Zijn baas, zo beroerd nog niet, nam een gulle hand uit de zak en liet de brokjes tikkend op de lessenaar neerkomen. Het dier had geen aanmoediging nodig. De plek waar anders Elida's boeken lagen zou grondig worden schoongelikt.

'Brokjes', hervatte zijn baas, 'zijn heel goed voor zijn tanden en voor zijn vacht. Ze bevatten vitaminen en mineralen, waaronder kalk, dat nodig is voor zijn bottenstelsel. Verder krijgt Botervlootje gekookte pens of hart, en soms eet hij wel eens uit de pot mee. Hij is dol op zuurkool met worst.'

Hij pauzeerde even om zijn hond bemoedigend op de rug te kloppen. De klas volgde aandachtig al zijn bewegingen.

'De officiële naam voor een hond,' een van de boeken werd nu geraadpleegd, 'luidt: Canis familiaris. De Latijnse naam voor teckel kon ik niet vinden. Honden zijn oorspronkelijk voortgekomen uit wolven. Men vermoedt dat de mensen ze getemd hebben om ze als last- of trekdier te gebruiken en bij de jacht. In Europa werden teckels speciaal gefokt voor de jacht op dassen en vossen, omdat ze klein genoeg zijn om in het hol te kruipen. De gemiddelde leeftijd van een teckel is vijftien jaar. Botervlootje is in 1964 geboren, dus hij is nu van middelbare leeftijd.'

Hond had alle brokjes verorberd, likte zijn lippen schoon en ging weer rechtop zitten. Hij keek droevig de klas in alsof hij niet wist wat hij hier nog moest doen nu hij de beloning voor zijn optreden als demonstratieobject al achter de kiezen had.

'Botervlootje is, van zijn snuit tot aan de punt van zijn staart gemeten, ongeveer zestig centimeter lang.' Hij dwong de hond op zijn poten te gaan staan, omvatte met zijn ene hand de bek terwijl hij met zijn andere hand aan de staart trok. Hij rekte hem uit als kauwgom. De hond onderging het met koele gelatenheid.

'Hij is, vanaf de bovenkant van zijn kop, zo'n dertig centimeter hoog.'

Arm dier, dacht Elida, lilliput onder de honden.

'Denk maar niet,' met een duwtje op zijn achterwerk noopte de jongen het beest tot zitten, 'dat Botervlootje altijd zo braaf en vriendelijk is als nu. Aan zee vang ik wel eens krabbetjes voor hem. Als ik die op het strand loslaat gaat hij er als een dolleman achteraan. Hij vreet ze op met scharen en al.'

'Beeh,' gruwde een meisje.

'Krabbetjes, hè, Botervlootje, lekkere krabbetjes.' Hij keek zijn speelmaatje nu recht in de ogen. Deze slaakte hoge, jankerige gilletjes bij de gedachte alleen al. Daarna wisselden ze, bewonderend gadegeslagen door de klas, geruime tijd zwijgend intimiteiten uit. Wat er tussen hen was flitste als elektromagnetisch geladen deeltjes van de een naar de ander en weer terug, een zoemtoon voortbrengend die boven het menselijk gehoor uitsteeg. Het was zo oud als de Egyptenaren die zich met hun huisdier lieten begraven. Het was van ver voor de Egyptenaren, uit de tijd dat mens en dier nog niet van elkaar gescheiden waren door het woord.

In de koffiepauze volgde Elida het spoor van een oude leraar. Stram van de discipline die hij een halve eeuw lang aan anderen had opgelegd, de muffe geur nalatend van een lessenaar die na jaren wordt geopend, voerde hij haar naar een grote ruimte waar meer leraren dan ze ooit bijeen had gezien aan verspreid staande tafeltjes koffie dronken en verstrooid hun schafttrommeltjes openden. Nu pas drong de betekenis tot haar door van de getallen die Lambert Vrisio zich had laten ontvallen: tweeëntwintighonderd leerlingen, honderddertig docenten. Dit was geen koffiekamer, dit was de kantine van een onderwijsfabriek. Elida schoof met haar koffie aan het laatste onbezette tafeltje en keek schuw om zich heen terwijl ze in de koffie bleef roeren totdat deze koud was. Hoewel ze zeker een halve dag reizen en zeven jaar studeren van haar oude school verwijderd was, meende ze duidelijk leraren van vroeger te herkennen. Misschien was het alleen een houding, een gezichtsuitdrukking, een onschuldig gebaar, waardoor ze beurtelings weer de angst, vernedering, bewondering, en vooral de eindeloze verveling onderging. Toen het met een schok tot haar doordrong dat ze nu zelf tot hun kamp behoorde, verslikte ze zich in een slok koude koffie. Hoewel haar ogen Lambert Vrisio zochten, waren de enigen die ze in de verte zag de rector en zijn secondanten.

Daarna werd haar aandacht opgeëist door een gymnastiekleraar die tegenover haar aan tafel kwam zitten. Zijn trainingspak dampte nog van het zweet en het metalen fluitje om zijn nek druppelde na van zijn vochtige adem. Neuriënd haalde hij een reusachtige jaffa-sinaasappel uit zijn zak en gooide hem enige malen van zijn ene handpalm in de andere, alsof hij een trefbal moest uitgooien en aarzelde in welke richting hij hem zou werpen. Ineens toverde hij een zakmes tevoorschijn, knipte het uit en kerfde vier meridianen in het vruchtvlees van de jaffa.

Elida huiverde. Ze was overgevoelig voor het pellen van sinaasappels. Ooit was haar de juiste techniek bijgebracht: een sinaasappel behoorde niet alleen in één lange smalle reep, die bij een worp over de schouder spontaan een acht vormde, van zijn schil te worden ontdaan, maar ook ongehavend, dat wil zeggen zonder te bloeden, van de zachte witte onderhuid. Tenslotte moesten, na de verwijdering van een eventuele navel, de partjes voorzichtig vaneen getrokken en een voor een in de mond gestoken worden. Het ergste wat iemand kon doen was de sinaasappel ruwweg in vier parten verdelen, de schil eraf trekken, en de hompen in hun geheel, of uiteengescheurd, opeten. Dit werd in haar jeugd vol verachting de Amerikaanse manier genoemd.

Er was een methode die nog onvergeeflijker was en die feilloos de onbeschaafdheid, om niet te zeggen barbaarsheid van degene die zich ervan bediende blootlegde: het met uitstulpende lippen leegzuigen van de vier parten.

Nadat ze nauwkeurig gevolgd had hoe iemand zijn sinaasappel schoonmaakte, besliste Elida of hij een gevoelige, tedere, verfijnde, subtiele natuur had of een ongemanierde, plompe bruut was.

De aard van de gymleraar verloochende zich niet: het sap droop over zijn kin en vingers.

Tijdens de lesuren die volgden verstreek de tijd zo merkwaardig traag, dat Elida herhaaldelijk het lesrooster moest openvouwen om te zien hoeveel lessen ze al gegeven had.

Telkens vriendelijk informerend naar de gewoontes van haar

voorganger, geholpen door de boeken, liet zij de leerlingen tekstverklaringen maken, stijloefeningen, samenvattingen, en slaagde ze er, vooral tot haar eigen verwondering, niet alleen in voor hen te verbergen dat ze geen enkel idee had van wat lesgeven nu eigenlijk was en waartoe het diende, maar ook dat zij alle oefeningen waaraan de leerlingen zich gewillig onderwierpen nog net zo slaapverwekkend en uit de lucht gegrepen vond als toen ze zelf nog in de schoolbanken zat.

Zo wist ze, door de lesuren heen laverend, overeind te blijven tot het zevende uur toen jongens en meisjes die langer waren dan zijzelf het lokaal binnenkwamen en haar in het voorbijgaan zo wantrouwend in zich opnamen, dat de onzekerheid van het begin in alle hevigheid terugkwam. Haar poging er achter te komen waarmee ze zich in deze les tot nu toe hadden beziggehouden werd onmiddellijk doorzien en geboycot.

'Van alles,' zei een jongen vaag, ontevreden met zijn pen op de lessenaar tikkend.

'Hoe bedoel je: van alles?' vroeg Elida met een raar hoog stemmetje.

Het bleef stil. De leerlingen keken elkaar schamper aan en haalden hun schouders op.

'Noem eens wat,' zei Alida. Ze verschoof haar boeken.

'Weet u wat het is?' riep een jongen achter uit de klas, die zijn zwarte leren jas had aangehouden. 'We hebben er allemaal de balen van dat Koos weg is.'

Iedereen knikte, opgelucht dat iemand het algemene malaisegevoel tot uitdrukking bracht. Het spook van Koos bracht Elida min of meer in een toestand van verlamming.

'Koos is echt een geweldige jongen,' zei een meisje met een moederlijk, rond gezicht, 'en een fantastische leraar.'

'Maar,' Elida schraapte haar keel, 'wat deden jullie dan zoal?'

Hierop brandde de klas los. Elida kromp ineen onder een salvo van didactische noviteiten waarvan ze tot nu toe onkundig was gebleven: rollenspel, creatief schrijven, luistertoetsen, discussiëren, lekker ouwehoeren, interviews op straat, improviseren, toneel, reclameproject, voor je mening leren opkomen, museumbezoek en nog eens lekker ouwehoeren.

Met gebogen hoofd hoorde ze het aan, zich voornemend Lambert Vrisio niet met rust te laten voordat hij haar precies uit de doeken had gedaan wat het allemaal betekende en hoe zij het in toepassing moest brengen. Tegelijkertijd besefte ze dat ze nu niets van haar onwetendheid mocht laten doorschemeren.

'Ho, ho,' riep ze, haar handen bezwerend opheffend toen de klas zich dreigde te verliezen in het ophalen van zoete herinneringen, 'ik zie niet in, waarom we niet op dezelfde voet verder zouden gaan.'

De gemoederen bedaarden, er werd ongelovig gemord, sommigen keken haar peinzend aan.

'We balen er ook van,' riep dezelfde jongen achter uit de klas, 'om halverwege het jaar met een wildvreemde opgescheept te zitten.'

'Misschien wil ze wel iets over zichzelf vertellen,' opperde een meisje vergoelijkend, 'zodat we haar eerst een beetje leren kennen.'

Men viel haar bij. Gonzend en zoemend zweerde de klas samen.

Elida lachte nerveus. Aan de ene kant neigde ze er in haar achterdocht toe te denken dat dit een smoes was om haar aan de praat te krijgen, zodat de les ongebruikt voorbij zou gaan, aan de andere kant, ontmoedigd door de verbluffende vaardigheden van haar voorganger, had ze er geen idee van wat ze anders met deze klas moest aanvangen.

'Goed,' zei ze, 'laat me even nadenken.'

Ze wilde hen verbazen. In een klap moest er een eind gemaakt worden aan de legendevorming rond de persoon van de militair, aan wie ze langzamerhand zo'n hekel begon te krijgen dat ze in stilte wenste dat men hem aan de zwaarste en meest uitzichtloze legeroefeningen zou onderwerpen, waaruit hij zich slechts per schietstoel of met een parachute, die aanvankelijk weigerde zich te openen, in veiligheid zou kunnen brengen.

'Toen ik klein was,' begon ze, terwijl ze voor het gemak op de lessenaar ging zitten, naast de potten met chemicaliën, 'hadden de mensen nog geen televisie, ijskast, auto, of wasmachine. Rond de radio geschaard luisterden we naar de Bonte Dinsdagavondtrein, de Familie Doorsnee, en Hou-je-aan-je-woord. Groente, fruit en melk bewaarden we in de kelder. Als we reisden ging dat per trein, bus of te voet (ik herinner me ellenlange wandelingen met een loodzware koffer in de hand). De was werd gekookt in grote ketels die uren op het vuur stonden te dampen; op maandag hing de weeë geur van bloedvlekken, modderspatten en zeep in alle kamers van het huis.'

De klas zweeg en liet al iets van zijn voorbehoud varen. Uit angst dat ze tijdens haar verhaal de fles kopernitraat met een arm omver zou maaien, ging ze verzitten tot de flessen buiten bereik waren.

'Dit moeten jullie weten,' ging ze verder, 'om te kunnen begrijpen hoe het was om afgelegen te wonen temidden van zandverstuivingen en schrale, met rogge ingezaaide akkers. De boeren waren zo arm dat ze niets dan aardappels aten, met eens in de week een homp afgekeurd, vet vlees waar ze uren voor in de rij hadden gestaan bij de achteringang van een slachterij. De daken van hun huizen kwamen nauwelijks boven het zand uit. Van binnen werden ze voor het grootste gedeelte in beslag genomen door stalruimte. Daar werden de aardappels, de zeis en de dorsvlegel bewaard en werd het graan opgeslagen. Een van deze huizen stond op een kruispunt van karresporen. Omdat niemand meer wist wanneer en door wie het was gebouwd ging men ervan uit dat het, tegelijk met de eeuwenoude lindebomen die het omringden, vanzelf uit de aarde was voortgekomen. Over de zwarte, bemoste muren kropen slakken en de ramen waren klein en donker als konijneholen: niemand durfde er zonder een kruis te slaan door naar binnen te kijken.'

'Bij ons in de buurt staat ook zo'n huis,' riep iemand, 'daar hebben ze geen gas, geen licht en geen water.'

'Ssst,' siste de klas, en: 'Hou je kop.'

Hieruit vatte Elida nog meer moed.

'In dat huis woonden Thies en Sjo. Tegen beter weten in bebouwden ze een stuk grond dat net genoeg koolstronken opleverde om niet van honger te hoeven omkomen. Op het aangrenzende terrein graasde een geit. Ooit hadden ze hun hele vermogen geïnvesteerd in een draaiorgel waarmee Thies de markten in de omringende dorpen afschuimde, terwijl Sjo de centen verzamelde in een groen uitgeslagen, koperen bakje. Wanneer ze niets om handen hadden verscheen in het halfduister tussen de beroete muren de fles op tafel. Op den duur kwamen allerlei dubieuze vrienden op de geur af, zodat het huis ook nog een kroeg werd. In het holst van de nacht waren soms waanzinnige orgelklanken en gezang tot in de wijde omtrek te horen. Mijn vader en moeder zaten dan rechtop in bed en gingen een boek lezen, omdat ze toch niet konden slapen.'

Bij de gedachte aan haar ouders raakte Elida even de draad kwijt. Ze lachte in zichzelf en keek de klas met een wazige blik aan. Een meisje nam deze kans waar: 'Hoe oud was u toen?'

'Ik?' Elida kneep haar ogen dicht. 'Een jaar of zeven, denk ik.'

'Leven ze nog?' vroeg een ander.

'Wie?'

'Die twee met dat orgel.'

'O nee, die zijn al lang dood.'

'Laat haar nou verder vertellen,' drong de klas aan.

Als vanzelf ging Elida voort met het oprakelen van gebeurtenissen uit een wereld die al verdwenen was en slechts willekeurige sporen had nagelaten in haar geest: beelden, geluiden, geuren, extreme voorvallen, leedvermaak en achterklap. Zo herinnerde ze zich een praatje dat van mond tot mond was gegaan en later door Thies zelf nog eens schaamteloos werd aangedikt. Op een avond in december had hij Sjo eropuit gestuurd om een fles jenever te halen. Alle chagrijn van de winter verzamelde zich in de ijzige wind die de hele weg door recht in haar gezicht bleef blazen. Daarom stond Sjo zichzelf, nadat ze in een café bij de kerk haar inkoop had gedaan, enkele slokjes toe, enkel en alleen om warm te blijven en de missie te overleven. Halverwege de terugtocht belde ze ergens aan met het verzoek de halflege fles met water aan te lengen. Nadat Thies en zijn metgezellen zich over de jenever hadden ontfermd kroop ze niet, zoals ze meende, in haar houten ledikant onder het toeziend oog van Maria. In plaats daarvan waggelde ze naar de stal en liet zich in het stro neervallen dat daar met karrevrachten was neergegooid ten behoeve van de geit. Op haar gesnurk, dat al gauw de hele ruimte vulde, trok het dier zich gegeneerd in een hoekje terug. Toen Thies het bedrog merkte dronk hij, in plaats van zich als een engel der wrake naar het slaapvertrek te begeven, eerst samen met zijn vrienden de fles leeg, zodat ze iets meer in de stemming raakten om Sjo te straffen. Na enig zoeken vonden ze haar in het stro, onschuldiger slapend dan Jezus in de kribbe tengevolge van de halve liter die hun ontzegd was gebleven. In een plotseling opkomende vlaag van creativiteit gaven ze haar niet een pak ros, zoals ze van plan waren geweest, maar trokken ze de vuile vette rokken en hemden van haar lijf tot aan het korset toe, dat met de precisie van iemand die geheel nuchter is werd opengeregen en van haar bezwete lijf gepeld.

Op dat ogenblik ging de bel. De klas was in een stadium van volledige overgave beland en volgde met open mond iedere wending die Elida aan het verhaal wenste te geven. Ze had verbazing, ongeloof, heimwee, over de gezichten zien glijden; zelfs de zwarte jas had zich gewonnen gegeven. Door deze respons was Elida, vaag beseffend dat ze hen met succes bedroog omdat ze haast niets over zichzelf losliet en toch hun aandacht gevangen hield met een mengsel van waarheid en leugens, zelf in een roes geraakt. Na de bel weigerden de leerlingen het lokaal te verlaten, zodat ze zich genoodzaakt zag de geschiedenis tot het einde te vertellen, wilde ze ongehinderd naar huis kunnen gaan.

Dus gaf ze Thies en zijn vrienden alle tijd om de geit op te zoeken, die schuw vanuit een hoekje het bedrijf had gadegeslagen, en het dier, dwars over de billen en tepels heen, Sjo's korset en bh aan te trekken. Ook beschreef Elida nog hoe hun ogen zich beurtelings verlustigden aan de aanblik van Sjo, die zich nietsvermoedend in haar slaap van de ene zij op de andere wierp, en die van de geit, die na vergeefse pogingen zich van de lingerie te ontdoen door stevig met de romp langs de stalmuur te wrijven berustend was gaan liggen.

Lambert Vrisio zwaaide het portier van zijn door het vervoer van bakstenen en zakken cement mishandelde besteleend open toen Elida het schoolplein verliet. Uitgeput kroop ze naar binnen. 'Zo,' zei hij grijnzend, 'hoe ging het?'

Met haar vingers de boekentas omklemmend vertelde ze hoe haar dag eruit had gezien vanaf het moment dat de conciërge haar de toegang weigerde tot het ogenblik dat de laatste leerlingen, afwezig tegen elkaar opbotsend, het scheikundelokaal verlieten. Terwijl ze verslag deed stak een nieuwe angst de kop op: morgen zou ze weer over zichzelf moeten vertellen, alle dagen van de week zouden ze dit van haar verlangen, gevolgd door de andere klassen wanneer deze variant van het lesgeven eenmaal tot hen was doorgedrongen.

'Wat verstaan jullie onder creatief schrijven,' vroeg Elida, nerveus het zelfverzekerde profiel van Lambert Vrisio in zich opnemend, 'en onder reclameprojecten?'

Hij haalde zijn schouders op. 'Ik doe niet aan al die onzin,' zei hij, 'een taal als Duits vraagt om een heel andere aanpak.'

'Hoe prikkel jij dan hun belangstelling?'

'Dat is heel simpel,' grinnikte hij, 'je moet afdalen naar hun belevingswereld. Wat houdt ze voornamelijk bezig, denk je?'

Elida had geen idee.

'Seks. Heel eenvoudig. Ze zitten midden in de puberteit. Zie je niet hoe ze naar elkaar zitten te loeren, dat er van alles aan de hand is? Daar moet je op inspelen. Ik behandel teksten uit de popmuziek met ze en ik heb ze een serie grove termen geleerd. Prachtig vinden ze dat. Weet je wat neuken in het Duits is?'

Ze schudde haar hoofd.

'Ficken.'

Terwijl hij dit zei bracht hij een riskante inhaalmanoeuvre tot een goed einde.

'Als mijn leerlingen in Duitsland komen,' zei hij, 'zijn ze niet alleen in staat brood en boter te kopen en de weg naar het station te vragen, maar kunnen ze zich ook in andere opzichten uitstekend redden.'

Elida zweeg. Ze was erg moe.

Het rookoffer

1 *Augustus*

'En wat doen we met haar?' vroeg de beul.

Hij wees op de prinses die handenwringend naar het zacht heen en weer bungelende lichaam van haar minnaar keek. Samen met de galg tekende het zich zwart af tegen de hemel.

'Haar straf,' sprak de koning, 'zal zwaarder zijn: wij laten haar in leven.'

Voor de prinses was er tenminste nog een gepast toevluchtsoord, het klooster, en haar uitverkorene was, door zijn dood, solidair met het grote sterven in haar dat een aanvang nam. Voor Barbara Rozemeyer was er geen plek om vergetelheid te zoeken: haar geliefde was in de ochtendschemering als een dief weggeslopen. De hoofdstad lonkte naar hem met de heupdraai van haar grachten, haar geheimenissen, haar beloften. En ofschoon de stad oud, veel ouder was dan Barbara, beschikte zij tegelijkertijd over een eeuwige jeugd.

Toen Guido Maenhout geboren werd was Barbara zo oud als hij nu was. Daarom deed ze net of ze nog sliep, toen de matras naast haar opveerde. Ze hoorde hoe zijn benen in zijn broekspijpen gleden, zijn voeten in zijn schoenen, zijn vingers door zijn haar – al die ingehouden, heimelijke geluiden sneden haar door de ziel. Ze had het gevoel dat de adertjes in haar hoofd knapten terwijl ze zich inspande om ontspannen te lijken: lippen iets van elkaar, gladde, roerloze oogleden, handen onbevangen geopend aan weerszijden van haar gezicht. Hij liep op zijn tenen over het tapijt, draaide zich met de deurknop in de hand om. Door haar wimpers zag ze nog eenmaal zijn gezicht, zich terugtrekkend, mijlenver weg al; ze zag de wenkbrauwen die boven de neuswortel, in een nauwelijks zichtbare knik naar beneden, in elkaar overliepen en over twintig jaar waarschijnlijk in een bedenkelijke frons over het bedrog van de wereld zouden zijn veranderd. Achterwaarts glipte hij weg door de deuropening, alsof iemand hem aan zijn rugpand trok.

Zijn verschijning buiten leek de vogels te alarmeren. Ze begonnen te krakelen – snerpende, ordinaire onruststokers. Ze keek op haar klokje. Bijna zes uur.

Ze draaide zich op haar buik. Waarvoor, voor wie zou ze opstaan? Ze had alle tijd van de wereld. Geen gehaast meer 's morgens, geen weggeraakte boeken, gezeul met pakken correctiewerk. Hete thee die zich door haar slokdarm een weg naar beneden brandde. Iemand als zij mocht nooit meer op hun kinderen worden losgelaten, vonden ze.

De vorige avond had ze, in een peignoir met roze bloesems, op de bank liggen lezen toen ze werd opgeschrikt door de bel. Alleen overdag werd er nog wel eens gebeld, door een glazenwasser, een messenslijper, een stoelenmatter. Dit kon maar één persoon zijn, al scheen hij maandenlang haar bestaan te zijn vergeten. Bedachtzaam legde ze het boek op de grond. Niet opendoen, gonsde het door haar hoofd. Ze knipte de lamp uit, hield haar adem in en luisterde. Door het open raam hoorde ze de wind in de bladeren van de lindeboom die voor het huis stond. Tegen haar wil maakten haar spieren zich gereed opdat ze op zou springen, naar de gang hollen, op het knopje drukken.

Opnieuw ging de bel, en nog eens. Driemaal klonk het oude eigendomsrecht. Haar leven, alles wat haar dierbaar was stond daar beneden voor de deur. Het was belachelijk, op haar leeftijd, om valse onverschilligheid voor te wenden. Het toneelspelen moest ze aan hem overlaten, hij was een natuurtalent.

Ten slotte kon ze zich niet meer bedwingen. Ze deed het licht weer aan, gordde haar peignoir dicht, haalde haar handen door haar gemillimeterde haar en liep naar de gang, zoals ze tientallen malen had gedaan. Nadat ze, vanaf de overloop, de deur beneden had geopend liep ze terug naar de kamer, wat ze vroeger nooit deed. Gewoonlijk wachtte ze hem boven aan de trap op en liet zich omhelzen.

Ze strekte zich weer uit op de bank, met het boek op haar schoot. Het geluid van zijn voetstappen op de trap ging gelijk op met het bonzen van haar hart. Ze richtte haar ogen op het boek. De deur, die ze op een kier had laten staan, ging geruisloos open. Eerst zag ze Guido buiten het brandpunt van haar blik, een donker vlak tegen een witte achtergrond.

'Hallo,' zei hij bedeesd.

Ze dwong zich langzaam op te kijken, zoals de rector wanneer een leerling voor straf naar hem werd toegestuurd. Maar zodra ze hem zag was ze verloren. Hij stond stram, met een stapeltje boeken onder de arm. Het enige aan hem dat niet in het gareel wilde was het haar dat over zijn voorhoofd viel.

Hij sloeg zijn ogen neer. Ah, de berouwvolle schurk, zijn nieuwste act.

'Nee maar,' zei Barbara.

Hij droeg een colbertje dat ze nooit eerder had gezien, zwart en glanzend. In gedachten zag ze hem ermee in een modieuze nachtgelegenheid zitten, met zijn tegenspeelster, na een toneelvoorstelling. Hij behoorde nu al aan nietsvermoedende anderen toe. Ik ben een jaloerse oude vrouw, dacht ze.

'Ik verhuis morgen,' legde hij uit. 'Ik was aan het opruimen en eh... deze boeken zijn van jou.'

'Dus je gaat ons verlaten.'

Belachelijk, dat 'ons'. Ze moest op haar woorden letten. Ze zat zo vol met opgekropte verwijten dat ze hem, als ze niet oppaste, op de vlucht zou jagen.

Hij legde de boeken op de tafel en keek de kamer rond. Prentte hij het allemaal nog eenmaal in zijn geheugen, voor later, als hij erover vertelde aan vriendinnen?

'Waar is de maagd van Orléans?' Beschuldigend wees hij naar de lege plek op het dressoir.

'Ik heb haar laten vallen,' zei Barbara. Ze verzweeg dat het haar een vreemd soort genoegdoening had bezorgd het beeld in stukken op de grond te zien liggen.

Zijn arm viel slap langs zijn lichaam. Hij zakte neer op de

bank, naast haar voeten. In een reflex trok ze ze terug tot onder haar benen. Bedrukt staarde hij naar de lege ruimte tussen hen. In een mechanisch gebaar trok zijn hand een pakje sigaretten uit de zak van het jasje. Maar een ogenblik later kwam de hand schuldbewust tot stilstand en sloten de vingers zich om het pakje. Het verdween weer, terug in het te mooie jasje.

Hij keek haar mistroostig aan. 'Wat is er met je haar gebeurd?'

Ze wierp haar hoofd in haar nek. 'Je weet toch dat vrouwen die niet deugen worden kaalgeschoren?'

Hij antwoordde niet. Hij zag er zo kwetsbaar, zo terneergeslagen uit, dat nieuwe hoop in haar opvlamde: nu ging hij zeggen dat het hem speet, dat het hem vreselijk aan het hart ging, dat hij nachten lang wakker had gelegen. Dat ze mee moest verhuizen naar de stad, opdat ze, ver weg van het gekonkel, voort konden zetten wat zo bruusk werd afgebroken.

'Heb je ergens een sjaaltje?' vroeg hij peinzend.

'Een sjaaltje?'

Hij stond op, trok het jasje uit, gooide het op een stoel en deed de bovenste knoopjes van zijn overhemd open.

'Wacht...' zei hij, zijn hand opstekend. Hij snelde naar de gang en kwam terug met een sjaaltje van lichtblauwe zijde dat aan de kapstok hing.

Barbara verstarde. Er kwam geen gesprek, er kwam een toneelvoorstelling! Zolang ze hem kende had hij korte scènes uit romans of toneelstukken voor haar gespeeld. In een dialoog speelde hij wisselend beide personages; daarbij ging hij voor de vergulde Louis-Seizespiegel staan om zichzelf te corrigeren.

Guido deed het sjaaltje om zijn hals en nam de houding van een zelfverzekerde, elegante vrouw aan.

'En je moet niet denken dat hij me ook maar een advies zal geven!' zei hij met een hoge stem. 'Je bent nog steeds twaalf jaar, jij.'

Hij draaide zich een halve slag om, zodat hij tegenover de denkbeeldige vrouw kwam te staan. Het sjaaltje ging af. Het leek of hij nu zichzelf werd: hij streek met zijn hand over zijn voorhoofd en keek de ander droefgeestig aan.

'Met jou, Nounoune' – dit was zijn eigen stem – 'is de kans groot dat ik over vijftig jaar nog twaalf ben.'

Hij nam zijn eerste positie weer in, deed het sjaaltje om en knipperde verbaasd met zijn ogen. 'Wat bedoel je?'

Sjaaltje af, twee passen opzij.

'Niet meer dan ik zeg, Nounoune. Niet meer dan de waarheid. Zou jij het durven ontkennen, jij, een eerlijk mens?'

Weer werd hij de vrouw. Die begon te lachen, half spontaan, half geschrokken: 'Maar dat is juist de helft van je charme, kuikentje, die kinderlijkheid! Dat is later het geheim van je eeuwige jeugd. En daar beklaag je je over!... Daar waag je je bij mij over te komen beklagen!'

'Ja Nounoune,' antwoordde de ander. 'Bij wie wil je dan dat ik me erover beklaag?' Hij spreidde zijn armen en keek zijn partner gekweld aan. 'M'n lieve Nounoune, m'n grote Nounoune, ik beklaag me niet alleen, ik verwijt het je ook.'

Het bleef even stil. Toen deed hij met een vermoeid gebaar het sjaaltje om en zei met een vreemde, gemaakte stem: 'Kom kom, jongetje... Je weet dat er grapjes zijn die ik niet lang tolereer.' De vrouw wendde haar hoofd af en keek onzeker en verstrooid in de spiegel.

Tegenover haar viel de jongen op zijn knieën, omklemde haar heupen en kreunde: 'Nounoune van me... och m'n arme Nounoune...'

Zijn jammerklacht was nog niet weggestorven, of de vrouw duwde hem van zich af en riep uit met een stem die oversloeg van woede: 'Laat me met rust!'

Langzaam, met een op effect beluste ingehoudenheid, liet Guido het sjaaltje zakken. Hij keek strak in de spiegel, afwachtend, luisterend. Barbara nam verontrust zijn spiegelbeeld in zich op. Kon deze momentopname op het glas worden vastgelegd, dan zou ze hem altijd bij zich hebben zoals hij nu was. Waarheen ze ook verhuisde, ze zou hem zorgvuldig in dekens wikkelen en de verhuizers op het hart drukken dat het om een zeldzaam kunstwerk ging. En als hij een gevierd acteur geworden was, van alle kanten aanbeden, vol pretenties en eigendunk, dan zou ze nog steeds die kostbare relikwie hebben.

Op het moment dat hun blikken elkaar in de spiegel kruisten draaide hij zich om. Hij kwam naar haar toe en zakte vlak voor de bank op zijn knieën. Het vermoeden dat de voorstelling zich ging herhalen benam haar haast de adem. Hij omvatte haar heupen en legde zijn hoofd in haar schoot. Moest zij hem troosten, terwijl ze zelf degene was die getroost moest worden? Kon ze hem maar in haar schoot opbergen, een achterwaartse geboorte.

Dat hij een stukje uit *Chéri* had gespeeld kon geen toeval zijn: via *Chéri* van Colette hadden zij elkaar leren kennen. Dat hij juist dit fragment gekozen had was evenmin toeval: hier verliet Chéri, na een korte hereniging, voor altijd zijn vroegere minnares. Was dit Guido's manier om afscheid van haar te nemen?

Ze wilde haar hand op zijn hoofd leggen, maar trok hem halverwege weer terug. Een angstwekkende gedachte kwam bij haar op: was het mogelijk dat de voorstelling van die avond het slotakkoord was van een optreden, dat zich uitstrekte over al die maanden dat ze met elkaar waren omgegaan? Had hij haar als proefkonijn gebruikt om uit te proberen of hij de rol van Chéri zo goed kon vertolken, dat zelfs zij, deskundig op het gebied van de Franse literatuur, erin zou vliegen?

Ze legde haar handen op zijn schouders en probeerde hem met zachte drang van zich af te duwen. De kleur van zijn ogen verhardde tot ijsblauw. Hij klauwde tegen haar op. Bleker dan ooit, alsof hij nu al was voorbestemd voor een leven in theaters en nachtcafés, kwam zijn gezicht vlak boven het hare tot stilstand. De schoonheid ervan, die door een satanische godheid moest zijn geschapen omdat tegelijk haar liefde en haar haat erdoor werden opgewekt, was onverdraaglijk.

Had ze iets geleerd van alles wat er gebeurd was? Nee, ze had niets geleerd. Ze werd willoos onder zijn aanraking. Ze liet toe dat hij het koord van haar peignoir losknoopte. Ze liet toe dat de roze bloesems op de grond gleden.

2 *Mei*

Er zijn mensen aan wie je in een oogopslag kunt zien tot welke diersoort ze in hun vorige leven behoorden. Johannes Maria Mutserts, de rector, was een pinguïn. Hij droeg bij voorkeur zwarte kostuums met wit gesteven overhemden. Zijn hoofd zat, bij gebrek aan hals, ingeklemd tussen zijn opgetrokken schouders, en zijn zwarte haar, waarvan de inplant diepe inhammen vertoonde aan weerszijden van een scherpe punt, werd zorgvuldig gepommadeerd naar achteren gekamd.

'Het is een onverkwikkelijke geschiedenis.' Hij monsterde haar op een vrijpostige manier, alsof haar reputatie haar vogelvrij maakte.

Barbara keek naar het portret van het koninklijk paar, dat schuin achter hem hing en hem een onmetelijke macht scheen te verlenen, de macht om namens het koninkrijk met haar te doen wat hij wilde.

'U zult wel begrepen hebben,' vervolgde hij, 'dat u na het voorgevallene op onze school niet meer te handhaven bent. Niet omdat wij het gebeurde niet voor een keer door de vingers zouden kunnen zien...'

Hij haperde.

Wie zijn 'wij', vroeg Barbara zich af.

'Tenslotte zijn we allemaal mensen van vlees en bloed... de zwakheid des vlezes...'

Voor het eerst sinds ze aan deze school verbonden was zag ze hem lachen. Een doorrookt gebit kwam in zicht.

Hij herstelde zich. 'Maar, zoals u weet, dit is een rooms-katholiek instituut en wij hebben voor het merendeel te maken met rooms-katholieke ouders. Zij tolereren dit niet. Dat is duidelijk geworden op de vergadering van de oudercommissie en, niet te vergeten...'

De reputatie van de school... de integriteit van de docent... het vertrouwen van de ouders...

Haar ogen gingen naar de arctisch-blauwe hemel achter de ouderwetse, hoge ramen. Ze werd uitgestoten. Ze had zich niet aan de regels gehouden. Wat waren die regels? Eigenlijk was er maar een: ervoor zorgen dat niemand iets te weten kwam van wat je deed. Had Mutserts zelf een onbevlekt blazoen? Misschien maakte hij zijn vrouw het leven zuur, sloeg hij zijn kinderen, stak hij een deel van de rijkssubsidie voor de aanschaf van leermiddelen in zijn eigen zak. Waar het om ging was dat niemand erachter kwam.

'Hier... kijkt u eens...'

Hij hield een stapeltje brieven onder haar neus. 'Lees maar... lees maar...'

Barbara trok er een uit en vouwde hem open.

'Een blauwkous die haar lusten botviert op een jongen... kan zeker geen vent van d'r eigen leeftijd krijgen... zo iemand mag nooit meer op onze kinderen losgelaten worden...'

'Geen verheffende lectuur, mmm?'

In plaats van te zeggen wat ze van al die overspannen briefschrijvers vond, die haar op zo'n gemakkelijke, zelf buiten schot blijvende manier veroordeelden, knikte ze stom.

'De zaak waar het hier om gaat is ook niet verheffend, mevrouw Rozemeyer, helemaal niet verheffend.' Hij tikte met zijn pen op het bureau. 'Enfin, hoe u hierover met uw geweten in het reine komt is mijn zaak niet. Ik zal het kort maken. U schrijft deze week nog een ontslagbrief en wij...' Hij weifelde. 'Het spreekt vanzelf dat wij u een goed getuigschrift geven. Tenslotte heeft er nooit twijfel bestaan over uw didactische kwaliteiten, integendeel, als al die vakgenoten van u... maar helaas... U moet bedenken:'–hij boog zich op een vertrouwelijke manier naar haar toe–'voor ons is het ook ellendig. Wij moeten maar weer afwachten wat er voor u in de plaats komt.' Hij schoof zijn stoel naar achteren. 'Goed, dat is dan geregeld.'

Terwijl ze naar huis fietste bedacht ze dat ze deze stad, zelfs als men haar haar misstap vergeven had, toch zou hebben verlaten. Elke dag, jaar in, jaar uit, deze route te moeten fietsen, alleen, zou een kwelling geweest zijn. De oude, langzaam stijgende straat met antiekwinkels, de kleur van de kastanjebladeren toen hij zijn eerste toenaderingspoging deed, het marktplein met de warenhuizen, het standbeeld van een stadhouder die ooit de Spanjolen verslagen had, het verwaarloosde park, de laan met huizen van rond de eeuwwisseling waarin de welgestelden woonden: dat alles bestond toch alleen bij gratie van Guido, als decor voor hem terwijl hij naast haar fietste. Wat bleef er over van de stad als, ergens onder de daken, haar uitverkorene niet over zijn boeken gebogen zat of zijn maskerades deed voor de spiegel?

Hoe u met uw geweten in het reine komt, zei Mutserts, de zaak is niet verheffend. Als ze opnieuw voor de keuze werd gesteld deed ze het weer! Ze voelde zich niet schuldig. Ze had niemand in het ongeluk gestort. Haar geweten? Als er een God bestond, dan had Hij de mensen met goede redenen hun aantrekkingskracht gegeven. Hij zou zich miskend hebben gevoeld als ze het vruchtgebruik daarvan had versmaad. Het beste wat haar in haar leven was overkomen kon niet verwerpelijk zijn.

In gedachten sprak ze de rector toe. Twee mensen die in onverschilligheid samenleven, vroeg ze hem, doelend op haar huwelijk dat een jaar daarvoor was ontbonden, is dat wel verheffend? Waarom windt niemand zich daar over op? Omdat de meesten zo leven?

3 *April*

Wanneer ze elkaar tegenkwamen in de gang, knikte Guido kort en afwezig. Toen ze het niet meer verdragen kon hem als een wildvreemde, overdreven plichtgetrouwe leerling door de school te zien ijlen, hield ze hem staande. In het nauw gebracht, nerveus om zich heen kijkend, antwoordde hij op haar vraag hoe het met hem ging met het excuus, dat hij het nu te druk had. Terwijl een horde jongens langs hen heen stoof, jongens met puisten, jongens met grote brillen, hun geteisterde boekentassen met groezelige handen tegen zich aan klemmend, staarde ze sprakeloos naar het gave, met een fijne pen getekende gezicht tegenover haar, dat ze niet mocht aanraken. 'Nou...' zei hij korzelig, zich haastig uit de voeten makend.

Intussen naderde de dag waarop hij bij haar zijn mondeling examen moest inhalen. Nu hij zijn gevoelens voor haar zo achteloos ondergeschikt had gemaakt aan zijn ambities, bekroop haar de lust om wraak te nemen. De liefde voor de Franse literatuur was een van de pijlers waarop hun verknochtheid aan elkaar tot nu toe gerust had. Het idee hem in verlegenheid te brengen met moeilijke, insinuerende vragen bekoorde haar. Buitenoord, de aardrijkskundeleraar die haar was toegewezen als gecommitteerde, zou niets in de gaten hebben.

Op de bewuste dag was ze zo gespannen dat het leek of zij degene was die examen moest doen. Toch had ze die nacht over een berouwvolle Guido gedroomd, die aan haar voeten lag en haar smeekte hem te vergeven. Zijzelf was zich, om dit zoete moment zo lang mogelijk te rekken, ongenaakbaar en onverzoenlijk voor blijven doen.

Een uur voor de vastgestelde tijd was ze in haar lokaal. Ze plaatste de tafels en stoelen zo dat zij op korte afstand van elkaar zouden zitten. Ze schikte en herschikte de boeken, zette de cassetterecorder klaar en bedacht dat ze, wanneer Guido uit haar leven verdwenen zou zijn, nog altijd zijn stem zou hebben. Ze ijsbeerde door het lokaal, bekeek een barokke prent met een scène uit een stuk van Molière en een foto van het Franse toeristenbureau, waarop druivenplukkers met volle manden de ondergaande zon tegemoet liepen.

Guido en Buitenoord kwamen tegelijk binnen. 'Ga zitten,' zei Barbara met een armgebaar naar Buitenoord. Haar zenuwen hadden dat uiterste aan spankracht bereikt waarna men ineens griezelig rustig wordt.

Met een bereidwillige blik in haar richting schoof Guido op de stoel tegenover haar. Op het lichtgrijze jasje dat hij droeg had zij in betere tijden wijn gemorst. De vlek was voor het geoefend oog ter hoogte van de zak nog altijd zichtbaar en zou Guido, of hij wilde of niet, altijd met haar blijven verbinden. Guido legde zijn handen over elkaar en keek naar de cassetterecorder.

Gewoonlijk stelde ze de kandidaat met een grapje op zijn gemak en legde ze uit, dat ze het examen op de band opnam om het thuis nog eens in alle rust te kunnen beoordelen en om, in geval van protest van de kandidaat tegen zijn cijfer, objectief bewijsmateriaal te hebben. Tegenover Guido liet ze dat allemaal na. Ze keek op haar horloge en deed alsof ze in haar paperassen naar de lijst met vragen zocht die al bijna een uur klaarlag op tafel.

'Zijn we zover?' vroeg ze.

Buitenoord knikte.

Ze verlegde haar vulpen en keek Guido aan.

'Vous avez *Les précieuses ridicules* de Molière à votre liste,' begon ze, 'alors, racontez moi...'

Aanvankelijk aarzelend, verbaasd, maar gaandeweg steeds behendiger omzeilde hij de valstrikken die ze voor hem had uitgezet. Al die tijd vermeed hij het haar aan te kijken. Hij hield zijn ogen op de cassetterecorder gericht, alsof hij vandaar uit beoordeeld werd door een onzichtbare, hem welgezinde gecommitteerde. Flaubert passeerde de revue, Daudet, Sartre. Hij wist veel meer dan er in het literatuurboek stond, meer dan ze hem geleerd had. Het leek of hij in trance raakte; zijn Frans werd steeds vloeiender en melodieuzer. Ze voelde een vreemd soort trots, die gaandeweg omsloeg in melancholie: ze ging een droomleerling verliezen.

Chéri had ze voor het laatst bewaard. Ze vroeg Guido hoe de vrouwelijke hoofdpersoon, Lea, reageerde toen haar vierentwintig jaar jongere minnaar Chéri besloot te trouwen met een meisje van zijn leeftijd. Guido beschreef hoe Lea een korte angstaanval doorstond – angst voor lichamelijk verval, angst voor een onbekende gewaarwording: verdriet om het verlies van Chéri – waarna ze op reis ging om haar zinnen te verzetten. Vervolgens vroeg Barbara wat voor effect het huwelijk had op Chéri, waarop Guido antwoordde dat de jonge vrouw Chéri's verlangen naar Lea niet kon stillen. Hij weidde erover uit hoe Chéri, terug van de huwelijksreis, een ongeregeld leven leidde dat hem uitputte en niet bevredigde.

Haar vragen kregen steeds meer het karakter van een kruisverhoor. Alle examentijd die hen restte werd gespendeerd aan *Chéri*. Guido zat kaarsrecht op zijn stoel en beantwoordde de vragen met een verbazingwekkende slagvaardigheid. Buitenoord sloeg hem met respect gade.

Chéri, weggekwijnd uit verlangen naar Lea, pleegde ten slotte zelfmoord. Dit was Barbara's laatste troef, die als een soort waarschuwing moest dienen. Maar Guido beschreef, de opgelegde dubbelzinnigheid van Barbara's vragen negerend, de teloorgang van de hoofdpersoon met distantie.

Ze schaamde zich. Wat was ze naïef! Het pad van deze droomleerling, dat door een gelukkig toeval korte tijd het hare gekruist had, voerde omhoog naar de top van een berg, waar het zich vertakte in nieuwe paden die naar alle windstreken voerden, terwijl haar pad, dat kon ze niet meer ontkennen, naar de diepte leidde.

4 *April*

De onthulling van Beverman, waar niemand om had gevraagd maar die toen zij hem eenmaal ontglipt was de atmosfeer vergiftigde, bleef niet tussen de vier muren van de vergaderruimte. Berichten die niet voor ieders oren bestemd zijn planten zich voort via grillige golflengtes. Kort na de vergadering bekroop Barbara het gevoel dat de sfeer in de klassen veranderd was. Er heerste een onderdrukte, lacherige spanning die bij de kleinste misstap van haar kant leek te zullen exploderen. Hadden zij een oordeel over haar?

In de hogere klassen maakte ze uit de familiaire blikken die sommigen haar toewierpen op dat men haar, nu ze een van hen had uitverkoren, omlaag had gehaald naar eigen niveau. Ze zag ook nieuwsgierigheid, en zelfs bewondering; of verbeeldde ze het zich allemaal?

Pas toen ze op een ochtend bij binnenkomst in haar lokaal een krijttekening op het bord aantrof, voorstellende een rij blote jongetjes in opgewonden toestand, die naar het voorbeeld van strips in een grote wolk boven hun hoofd allemaal tegelijk de vraag stelden: 'Wanneer zijn wij aan de beurt juf?', pas toen had ze definitieve zekerheid dat haar faam tot in alle regionen was doorgedrongen. Verstrooidheid voorwendend veegde ze met lange, trage bewegingen de tekening weg om haar te vervangen door een rij onregelmatige werkwoorden.

De volgende dag vond ze bij thuiskomst tussen de post een ongeadresseerde enveloppe. Er zat een foto in, die ruw uit een tijdschrift gescheurd was: een jonge man lag, in een suggestieve schemering, naakt uitgestrekt op een sofa. Hij keek zo onschuldig de camera in, dat het leek of de fotograaf hem in zijn slaap had verrast. Er zat geen verklarend briefje bij. Barbara kneep de foto tot een prop, maar streek hem daarna peinzend glad.

Ze wist niet dat dit nog maar het begin was. In de daaropvolgende week ontving ze een brief, waarin een groep verontruste ouders zich afvroeg hoe het met de lichamelijke en geestelijke veiligheid van hun kinderen gesteld was, als zelfs de vrouwelijke leerkrachten niet meer te vertrouwen waren. Ze vond anonieme scheldkanonnades op de deurmat en nieuwe varianten van de man op de sofa. Hoezeer ze zich ook inspande om de onverkwikkelijke post zo snel mogelijk te vergeten, toch kreeg de opeenvolging van insinuaties steeds meer weg van een zenuwoorlog: was de hele stad tegen haar opgehitst? Zouden ze haar binnenkort opwachten in het verwaarloosde plantsoen waar ze elke dag doorheen fietste, of in de rood met groen betegelde portiek waarop haar voordeur uitkwam? De geschiedenis kende zoveel voorbeelden van volkswoede jegens vrouwen, die zich niet aan de zedelijke wetten van hun tijd hadden gehouden. En al waren de tijden veranderd, waren de mensen dat ook?

Haar collega's negeerden haar op een subtiele manier. Zelfs Fred Barijn en Huub Stroop, van wie het een publiek geheim was dat ze op schoolfeesten geen weerstand boden aan de verleiding van een korte romance met een vroegrijpe leerling, hadden het steeds erg druk wanneer zij in de buurt kwam. Ook van haar twee vrouwelijke collega's kwam weinig steun. Margot Fluwijn schrok, wanneer Barbara haar aansprak. In haar kleine, dode ogen verscheen plotseling de angstige schittering, die bij dieren ren-voor-je-leven betekent. Ze waakte over haar blauwkousenleven: ergens bij betrokken raken was het ergste wat haar kon overkomen. Minnie Glasstra, in een permanent, uitputtend gevecht verwikkeld met haar lesrooster en een huishouden van vier kinderen die alles afbraken wat zij opbouwde, was de enige die na de vergadering begrip getoond had. 'Trek het je niet aan,' zei ze, 'over een maand is iedereen het vergeten.'

Maar waar bleef Guido? Hij was voor niemand bang. Liever haalde hij de toorn van de hele wereld over zich heen dan dat hij zich in zijn vrijheid liet beknotten. Waarom kwam hij dan niet? Was ze achttien jaar jonger geweest dan had ze hem gewoon op kunnen bellen. Achttien jaar. Toen hij geboren werd zat zij, zoals hij nu, vlak voor haar eindexamen! Terwijl hij over de grond kroop, terwijl hij tanden wisselde, studeerde zij. Hij ging voor het eerst naar school toen zij trouwde. Achteraf bezien waren de jaren van haar huwelijk één grote windstilte geweest, één groot wachten tot hij opgegroeid zou zijn. Ze probeerde zich het samenzijn met haar man voor de geest te halen, maar ze herinnerde zich niets. Had ze al die tijd geslapen?

Een verschil van achttien jaar. Ogenschijnlijk was het winst, zoveel eerder geboren te zijn – achttien jaar kennis van de wereld – maar in haar geval was het verlies.

Op een avond maakte de bel, die driemaal achtereen hard en langdurig ging, abrupt een einde aan dit wachten. Meteen nadat ze vanaf de overloop de deur had geopend stortte Guido zich naar binnen, alsof hij ternauwernood ontkwam aan een hysterische meute.

'Geef me een borstel,' riep hij, met drie treden tegelijk de trap oprennend, 'en een zeem.'

Gejaagd wrong hij zich langs haar heen naar de keuken om daar in het wilde weg kasten open te trekken. Barbara, na een week vol angstige hunkering opzij geduwd om een borstel, bleef verstijfd boven aan de trap achter. De kraan werd wijd opengedraaid; ze luisterde wantrouwend naar het geklater. Vol geconcentreerde ernst, als een glazenwasser die betaalde arbeid verricht, passeerde hij haar even later met een dampende emmer.

'Daar blijven,' brulde hij over zijn schouder toen ze hem wilde volgen. Bedremmeld trok ze zich terug in de huiskamer. Ze opende de deuren aan de straatkant. Vochtige kou drong de kamer binnen. Vanaf het balkon zag ze dat, recht onder haar, Guido bij het licht van een straatlantaarn de etalageruit van de ijzerhandel schoonschrobde. Het was een wonderlijk gezicht de lange, tengere gestalte in de uitgestorven straat koortsachtig bezig te zien. De kerk aan de overkant, die meer leek op een kazerne voor militante christenen dan op een toevluchtsoord voor gelovigen, keek misprijzend toe alsof er iets onoorbaars gebeurde.

'Wat stond er?' vroeg ze toen hij, nog nahijgend en met een kleur van verontwaardiging, eindelijk tegenover haar zat.

Hij ontweek haar blik. 'Iets waarvan je huisbaas als hij morgenochtend de winkel opent zo zou schrikken, dat hij je op staande voet de huur op zou zeggen.'

'Maar wat stond er dan?'

Hij wreef met zijn handen over zijn kaken en keek met een zekere huiver naar het raam. 'Dat zeg ik niet.'

'Kom,' zei Barbara, 'ik ben wel wat gewend.' Ging hij haar nu ineens ontzien, nadat hij haar een week lang aan haar lot had overgelaten? Ze stond op, pakte de lasterlijke brieven van de secretaire en legde ze zwijgend op zijn schoot. Niet zonder genoegdoening sloeg ze hem gade, terwijl hij met groeiende verbijstering de inhoud las en de foto's uitvouwde. Maar voordat hij de laatste brief uit had was haar verlangen naar hem zo groot geworden, dat de stennis en de verdachtmakerij van de buitenwereld haar koud lieten en er voor haar nog maar één noodzaak bestond: hem tegen zich aan te klemmen en nooit meer los te laten.

Met een zucht legde hij de post op tafel. 'Wat een bekrompenheid,' zei hij, 'het is om te stikken in deze stad.'

Barbara knikte, maar zei niets. Wat viel er te zeggen als er zoveel verloren tijd moest worden ingehaald? Maar toen op zijn woorden een pijnlijk zwijgen volgde, waarin geen van beiden een poging tot toenadering ondernam, was Barbara de eerste die de stilte verbrak.

'Wanneer hoorden je ouders het?'

'De dag na de vergadering al, van vrienden die een dochter hebben in de tweede klas.'

'Hoe staan ze ertegenover?'

'Ach...' Moedeloos wuifde hij haar vraag weg. De sierlijke welving van zijn bovenlip, die haar altijd had ontroerd, drukte weerzin uit. 'Werden ze maar boos. Hadden ze me maar het huis uit gegooid.' Hij sloeg zijn ogen ten hemel. 'Maar nee: ze zijn een en al begrip. Ze hebben me de raad gegeven ermee te stoppen. En nu behandelen ze me als een herstellende zieke, met alle zorg en omzichtigheid. Het zijn moderne ouders, begrijp je...' Zijn stem stokte. 'Moderne ouders!' Het klonk als een aanklacht. 'Vol begrip!'

Dat haar geliefde, in plaats van uit het schuim van de zee, uit ouders van vlees en bloed moest zijn voortgekomen had Barbara in haar bewustzijn altijd handig omzeild. Moderne ouders. Dat klonk alsof ze van haar eigen leeftijd waren. Zou zijn moeder in verwachting zijn geraakt toen ze nog op school zat, in het onverlichte tijdperk van de levensgevaarlijke abortussen? Zou ze zijn bevallen van haar eerste kind terwijl haar klasgenoten en de jonge vader eindexamen deden? Terwijl zij, Barbara, eindexamen deed? Deze gedachte schiep een angstwekkende afstand tussen Guido en haar, die nog vergroot werd door de terughoudendheid die hij uitstraalde.

'Heb je nog iets leuks gelezen?' Haar stem klonk onnatuurlijk.

'Ik werk alleen maar,' zei hij.

Weer viel er een stilte. Koortsachtig overlegde ze hoe ze de kloof tussen hen moest overbruggen.

'Wil je iets drinken?'

Hij schoot bruusk overeind, bij ongeluk de post van de tafel vegend. De man op de sofa kwam opengevouwen op de grond te liggen.

'Nee nee,' riep hij, verschrikt van de foto naar Barbara kijkend, alsof zij in het geheim toch een band had met het triviale naakt en hemzelf nu met haar heksenbrouwsels probeerde te verleiden. 'Ik ben thuis even weggeglipt om je uit te leggen waarom ik voorlopig niet kan komen. ' Hij bukte zich om de post op te rapen. 'Ik móét slagen, zie je,' zei hij, overeind komend.

Voor ze het wist was hij, zonder haar ook maar met een vinger te hebben aangeraakt, de trap afgestommeld en had hij de huisdeur achter zich dichtgeslagen.

Toen de nagalm hiervan was weggestorven kwam ze in beweging. In de keuken stond de emmer vuil water. Pas na enige aarzeling goot ze hem leeg, omdat ze het gevoel had dat hij, in plaats van met het spoelwater van de smadelijke graffiti, gevuld was met de tranen die zij in de jaren die voor haar lagen zou vergieten.

5 *Maart*

De vergadering werd voor de tweede maal bijeengeroepen omdat er, zo bleek uit het stencil dat de notulen van de vorige begeleidde, bij een enkeling behoefte bestond kanttekeningen te maken bij de beslissingen die toen genomen waren, en omdat enkele nieuwe kwesties om aandacht vroegen.

Uiterlijk kalm, maar vol angstige voorgevoelens, stapte Barbara die middag de vergaderzaal binnen, die naar bijenwas en lang geleden gestorven leraren rook. De tafels vormden een ovaal, zodat men elkaar niet alleen kon horen, maar ook zien. Gewoonlijk viel er voor oog en oor weinig te genieten. De meeste leraren, in de waan dat intellect en eruditie omgekeerd evenredig waren aan uiterlijk vertoon, liepen dag in dag uit in dezelfde colbertjes en morsige corduroybroeken. Aan de vergadertafel stelden ze elkaars geduld op de proef met lange uiteenzettingen op vlakke doceertoon over kwesties, die maar weinigen interesseerden. Onder hen bevonden zich ook de ongelukkigen die de aandacht van hun leerlingen niet geboeid konden houden en op de vergadering wanhopig probeerden hun gebrek aan welsprekendheid te verbeteren. Anderen waren zo gewend aan het geluid van hun eigen stem, dat ze alle grond onder de voeten zouden verliezen als ze niet met vaste regelmaat werden gerustgesteld door het sonore gebrom van hun stembanden. Maar de geboren vergaderaars waren degenen, die handenwrijvend de vergaderruimte betraden omdat deze het enige strijdperk was waar ze wel eens een overwinning behaalden. Ze bliezen de onnozelste kwesties op tot problemen van wereldformaat, nu eens het ene, dan weer het andere standpunt huldigend, als het maar controversieel was en de duur van de vergadering rekte.

De rector begon met een: 'Dames en heren, in de eerste plaats wilde ik uw aandacht vragen voor...' Barbara luisterde naar zijn stem zoals ze als kind naar die van de pastoor geluisterd had: zonder de betekenis van de woorden tot zich te laten doordringen. Haar blik dwaalde rond langs een bonte verzameling wandversieringen. Thomas van Aquino, de paus en Spinoza hingen broederlijk naast elkaar, terwijl verderop de Melancholie van Dürer wanhopige pogingen deed te harmoniëren met een stadsgezicht uit het begin van de eeuw en een abstracte aquarel van een plaatselijk kunstenaar.

Na enige tijd dwong ze zichzelf tot oplettendheid. Er was geharrewar over de conciërge, die zich er bij de rector over beklaagd had dat de opdrachten van de leraren om proefwerken te vermenigvuldigen op de stencilmachine nu eens lange tijd uitbleven, dan ineens allemaal tegelijk kwamen, zodat hij zich tot middernacht moest afbeulen. De meningen hierover wedijverden met elkaar in wijdlopigheid. Even beloofde de stemming levendig te worden, toen iemand bij wijze van grap – een zeldzaamheid – voorstelde de ontevreden conciërge te vervangen door een nieuwe, die sneller kon stencillen.

'We gaan over naar punt vijf,' riep de rector ten slotte, 'nogmaals de kwestie Guido Maenhout.' Hij stak zijn kin martiaal naar voren. 'Voordat ik deze zaak definitief afrond wilde ik het woord geven aan de heer Beverman, die naar ik meen ook nog iets te berde wilde brengen.'

Barbara verstarde. Het wachtkamergevoel, dat zich vanaf het begin van de vergadering in haar buik had schuilgehouden, kroop op tot haar keel. Beverman perste zijn roze lippen op elkaar en bladerde in zijn notulen. Toen keek hij quasi verstrooid op.

'De zaak is deze,' begon hij. 'Zoals u zich ongetwijfeld zult herinneren is tijdens de vorige vergadering met zestien tegen vijftien stemmen besloten af te zien van verdere sancties en de jongeman een laatste kans te geven alsnog eindexamen te doen. Dit was een zeer minieme meerderheid. Eén stem minder en de zaak had er heel anders voor gestaan. U zult zich herinneren dat zich in de groep, die de jongen deze kans wilde geven, ook mevrouw Rozemeyer bevond. Tot ons aller verbazing, want wij hebben haar leren kennen als een overtuigd en strijdbaar tegenstandster van het roken op school. Welnu, ik wist toen al, maar was te verbluft om hiermee meteen voor den dag te komen, wat de oorzaak van deze inconsequentie was. Ik wil u deze alsnog niet onthouden, omdat hierdoor een heel ander licht op de affaire geworpen wordt.'

Hij pauzeerde even om zijn woorden te laten bezinken en de

nieuwsgierigheid van de aanwezigen te prikkelen. Tijdens zijn breedvoerige opening had Barbara opgehouden te ademen. Gebiologeerd naar het zalverig-vriendelijke gezicht starend besefte ze, dat hij op het punt stond bloot te geven wat er onder de waslaag van zijn beschaafdheid schuilging: een nietsontziende wraakzucht, die door zijn gekrenkte trots gevoed werd, en zij kon niets doen om hem tegen te houden.

'Het is namelijk zo,' hervatte Beverman, 'en ik verzeker u dat ik over deze pijnlijke zaak liever gezwegen zou hebben als niet de omstandigheden me hadden genoodzaakt deze in de openbaarheid te brengen...' Zonder enige reden pakte hij de notulen op, om ze even later weer neer te leggen. 'Het is namelijk zo dat ik bij toeval op de hoogte ben gekomen van het feit, dat de relatie tussen mevrouw Rozemeyer en de onderhavige Guido Maenhout zich niet beperkt tot de gangbare docent-leerling verhouding, maar veel meer is dan dat, namelijk een...' Hij keek zoekend rond met een weifelende blik in zijn ogen. Kreeg hij op het laatste nippertje last van zijn geweten?

'Ik weet niet waar u heen wilt,' zei de rector stug.

'Namelijk een liefdesrelatie,' gooide hij eruit.

Tijdens de ontsteltenis die op deze uitlating volgde vond Barbara, ondanks een spervuur van indiscrete blikken, iets van haar kalmte terug: het ergste was nu gebeurd. Er was niets waar ze spijt van had, behalve van het feit dat ze Beverman, de eerste keer dat hij het woord tot haar richtte – aangenaam, de naam is Beverman, historicus – niet meteen de rug had toegekeerd.

'Weet u wel wat u daar zegt,' zei de rector, maar Beverman hoorde het niet. Hij zat te genieten van het effect van zijn woorden.

Ze begonnen op gedempte toon door elkaar heen te praten. Het was een geruis en geroezemoes van veronderstellingen, verdachtmakingen, weerleggingen; er werden hoofden geschud en vingers opgestoken. Al die tijd zat Barbara daartussen, vergeten en aan haar lot overgelaten.

Aan dit alles kwam abrupt een eind toen de rector met een

vlakke hand op de tafel sloeg. 'Dames en heren, stilte alstublieft!'

De stemmen verstomden. Beverman wierp Barbara een triomfantelijke blik toe.

'Ik moet bekennen' – de rector streek vermoeid over zijn voorhoofd – 'dat ik geschokt ben door dit bericht, maar ik wil er onmiddellijk aan toevoegen, dat ik er de voorkeur aan zou hebben gegeven als de heer Beverman dit vooraf met mij besproken had, in plaats van het zo maar in de vergadering te gooien.'

Hier en daar klonk instemmend gemompel. Beverman boog ironisch glimlachend zijn hoofd.

'Ik kan nog niet overzien wat de consequenties hiervan zijn voor mevrouw Rozemeyer.' Mutserts knikte beleefd in de richting van Barbara. Alle ogen richtten zich gedurende korte tijd op haar met koele afstandelijkheid, zoals het publiek in een rechtbank naar de beklaagde kijkt. 'Maar een ding weet ik zeker: deze mededeling kan op geen enkele manier de beslissing van de vorige vergadering beïnvloeden. Ik heb namelijk in de tussentijd nog een gesprek gehad met de inspecteur, de heer Kuulenborg, die me duidelijk heeft gemaakt dat schorsing van een eindexamenkandidaat voor een relatief onschuldig vergrijp als roken in de school onaanvaardbaar zou zijn geweest.'

6 Maart

Toen Guido zijn ouders had ingelicht over de schorsing hoefde hij overdag niet meer naar het huis van Barbara. Maar de avond na de eerste vergadering, waarop de voltallige examencommissie gestemd had over zijn toekomst, belde hij vroeg aan.

'En...?' schalde zijn stem van beneden zodra de deur geopend werd.

'Gefeliciteerd,' riep Barbara, 'je schorsing is opgeheven.'

Ze werd omhelsd alsof ze de leden van de commissie had omgekocht.

Hij ging languit op de bank liggen met zijn hoofd in haar schoot. 'Je moet me alles vertellen,' zei hij.

Barbara aarzelde. Het kostte haar de grootste moeite zich precies te herinneren wat er besproken was. De hele vergadering stond in het teken van Beverman. Het ene moment was ze bang voor hem, het volgende moment vervulde de gedachte aan hem haar met haat en afkeer. In zekere zin had hij zich haar toegeëigend, door haar in het centrum van zijn belangstelling te plaatsen. In wat voor erotische fantasieën figureerde zij ongewild? En wat haar het meest beangstigde: niet alleen in zijn gedachten, maar ook in werkelijkheid had hij nu macht over haar.

Bij stukjes en beetjes beschreef ze het meningsverschil over de vraag of het vergrijp nu in of buiten het schoolgebouw had plaatsgevonden. Guido barstte uit in hoongelach. Ze lachte werktuiglijk met hem mee. Daarna werd haar verslag van het besprokene steeds verwarder. Op de naam van Beverman schoot Guido overeind.

'De smiecht! Hij rookt zelf een pijp, voor de klas! Als een van ons hem op de regels wijst zegt hij: een pijp is iets anders. Intussen zitten wij een uur in de rook van zijn gore karamel-tabak.'

'Maar heeft niemand hem ooit verklikt?' vroeg ze verbaasd.

'Natuurlijk niet' – hij kuste haar knie en ging weer liggen – 'wie doet nou zo iets? Trouwens, volgens mij weet de schoolleiding het al lang.'

De geschiedenis van Bevermans avances lag op het puntje van haar tong, maar in plaats van zich ervan te bevrijden stond Barbara op om de gordijnen te sluiten. Toen ze zich omdraaide was de kamer leeg. Ze hoorde gestommel in de slaapkamer en het gepiep van de deur van de linnenkast. Voor Guido keerde zich nu alles ten goede. Op een dag zou hij haar verlaten. Beverman niet. Waar ze ook ging, altijd zou een Beverman haar weten te vinden. Ze liet zich in een stoel zakken en wachtte.

De deur van de slaapkamer ging open. 'Wie volgt! En wie volgt!' werd er op strijdlustige toon geroepen.

Guido stond in een krijgshaftige houding op de drempel,

naakt op een om zijn heupen geknoopte handdoek na. Zijn haar was strak naar achteren gekamd, zijn gezicht wit gepoederd en hij had koortsigrode vlekken op zijn jukbeenderen zoals de onhandig aangebrachte valse blosjes van oude dames. Hij klemde een voorwerp in zijn hand waarin ze even later een zeepdoos herkende, die ze in geen jaren gebruikt had en die hij uit een lade met rommel moest hebben opgediept.

Van het ene op het andere moment liet hij zijn zelfverzekerde houding varen. Schrikachtig om zich heen ziend, behoedzaam alsof hij met zijn blote voeten over een veld vol distels liep, sloop hij door de kamer totdat hij schuin voor de spiegel bleef staan. Vol spijt en nostalgie naar zijn spiegelbeeld kijkend, zei hij langzaam:

'Naakt, met een handdoek om mijn al te smalle lenden,
een zeepdoos in mijn hand,
mijn wangen rood gekleurd...'

Hij deed een stap opzij, ging tegenover de persoon die hij net geweest was staan en werd, ondanks zijn naaktheid en zijn aandoenlijke zeepdoos, een autoritaire bullebak.

'Wie volgt! En wie volgt!' schreeuwde hij.

Onmiddellijk ging hij weer op zijn oude plaats staan en zei, vol onderdanige verlegenheid:

'Ik was pas twintig jaar,
net als de hele bende.
Bloot, in een klamme rij van ieder-krijgt-een-beurt...'

En weer bulderde die ander: 'Wie volgt! En wie volgt!'

Het lamplicht wierp zware schaduwen. Onder zijn donkere oogkassen staken de jukbeenderen scherp naar voren. Zelfs zijn adamsappel tekende zich af in een hals, die niet smal meer was als die van een jongen, maar ook nog niet breed en gespierd als die van een man. Hij klemde de zeepdoos tegen zijn borst en vroeg om begrip:

'Ik was pas twintig jaar,
had nooit een vrouw bekend,
daar stond ik voor het kampbordeel van het regiment...'

Ondanks haar moedeloosheid werd Barbara meegesleept door de verleidelijke naïveteit van de rekruut in de spiegel. De oude blauwe zeepdoos, die de ongeïnspireerde vakanties in haar huwelijk had overleefd, werd een symbool van jongensachtige schaamte. Ze dacht aan de vermoeide, afgestompte vrouw voor wie hij in de rij stond. Zou zij, ondanks de overuren die ze maakte, consideratie met hem hebben?

'Wie volgt! En wie volgt!
Ik hunkerde zo naar wat tederheid en liefde,
of zelfs alleen een lachje, of alleen wat tijd...'

Het bleef even stil, toen maakte hij de handdoek los, spreidde hem uit op de grond, zette de zeepdoos op een van de punten en kwam langzaam overeind.

'Wie volgt! En wie volgt!
Die walmend domme rij die mijn gevoelens griefde:
verslagen was ik, lang voor de echte strijd...'

Hij bleef roerloos staan voordat hij plechtig boog, zijn armen gekruist voor zijn borst. Toen losten de twee geesten, waarvan hij het medium was geweest, op in het niets en kwam hij in beweging. Hij liet zich op de bank vallen en Barbara kwam naast hem zitten om zijn wangen, zijn hals, zijn adamsappel, zijn borst met vijf haren, te bedekken met de kussen die zij de rekruut had willen geven.

'Raad eens van wie die tekst is,' vroeg hij. Maar zij liefkoosde nog steeds zijn spiegelbeeld en gaf geen antwoord. Hij nam haar gezicht tussen zijn handen om haar aandacht af te dwingen.

'Is het een toneelstuk?' vroeg ze.

Hij schudde zijn hoofd.

'Een gedicht?' Met een natte vinger probeerde ze de valse blosjes van zijn wangen te wrijven.

'Je komt in de richting,' zei hij, 'het is het begin van een lied van Jacques Brel.'

Bij het horen van die naam stond Barbara op en liep naar een kast waar ze twee langspeelplaten uit trok. Weliswaar ontbrak het bewuste lied hierop, maar dit gemis werd ruimschoots goedgemaakt door de liederen die er wel op stonden.

Aangemoedigd door meeslepende melodieën als 'Brussel was toen nog...' en 'O Mariken, Mariken...' gaven ze zich over aan de liefde; Guido, in zijn overwinningsroes, wild en heethoofdig, Barbara met een wanhopige gretigheid alsof het de laatste keer was.

Vlak voordat hij de top van zijn triomf had bereikt ontsnapte hem een kleine juichkreet: 'Binnenkort hoef ik nooit meer naar school!'

'En de toneelschool dan?' fluisterde Barbara.

Even leek het of haar opmerking niet tot hem doordrong. Zijn armen gestrekt keek hij op haar neer met een blik die op zijn eigen genot gericht was, maar ineens helde hij langzaam en nadenkend voorover.

'Dat is geen school,' zei hij in haar oor, 'dat is de verwezenlijking van een droom.'

7 *Maart*

Barbara wist Guido ervan te overtuigen, dat het beter was de schorsing aan zijn ouders op te biechten. Toen ze op het punt stond, op haar beurt, zijn voorspraak te zijn bij de rector, bleek een protestbrief van zijn ouders haar al te zijn voor geweest. Op slag kwam er een eind aan Mutserts onverschilligheid tegenover het lot van de weerspannige eindexamenkandidaat. Diezelfde dag nog riep hij de examencommissie bijeen om, zoals hij zei, deze onplezierige zaak voor eens en voor altijd uit de wereld te helpen.

Met de dubieuze monterheid die voorafgaat aan een pittig meningsverschil schoof de commissie, die was samengesteld uit de rector, de secretaris en de leraren in de examenvakken, achter de tafels in de vergaderzaal. Waar eens de asbakken hadden gestaan stonden nu potten met Kaapse viooltjes.

'Ik zal voor de duidelijkheid de feiten nog even op een rijtje zetten,' begon de rector. Hij scharrelde wat in een wanordelijke stapel papier en richtte toen zijn sperwersblik op het getonsuurde hoofd van Thomas van Aquino, alsof hij verantwoording verschuldigd was aan deze herder van de katholieke moraal. 'U weet welk een belangrijke rol de kwestie van het roken hier op school gespeeld heeft. Wij hebben indertijd na een schier eindeloze afweging van belangen besloten het roken voor iedereen, zowel de leerlingen als de docenten, binnen de vier muren van onze school te verbieden. En zoals u weet, een regel is geen regel wanneer er geen sancties zijn om deze te handhaven. Aanvankelijk werd de nieuwe regel door alle partijen keurig in acht genomen, totdat in januari van dit jaar de dienstdoende surveillant een leerling uit de eindexamenklas, Guido Maenhout, in de pauze betrapte op het roken van een sigaret in de zijvleugel, vlak bij het gymnastieklokaal. Wij hebben toen, in verband met het schoolonderzoek, volstaan met een ernstige schrobbering. Wie schetst dan ook onze verbazing toen dezelfde leerling nog geen maand later ten tweeden male betrapt werd, op precies dezelfde plek! Nog steeds clement hebben wij hem toen, ondanks het feit dat hij nogal hoog van de toren blies, voor slechts drie dagen geschorst, na vooraf te hebben geïnformeerd of hij hierdoor geen vitale onderdelen van het schoolonderzoek misliep. Daarna dachten we, dat hij zijn lesje wel zou hebben geleerd. Maar wat gebeurt er enkele weken geleden? Hij werd niet alleen voor de derde maal gesnapt, maar had ook nog de brutaliteit een grote mond op te zetten en te ontkennen dat hij in overtreding was. Wij stonden paf! Er bleef ons geen andere keus dan hem gedurende lange tijd de toegang tot de school te ontzeggen, ongeacht of dit gevolgen zou hebben voor zijn examen.'

De rector spreidde zijn handen om aan te geven dat hij machteloos stond tegenover iemand die zo vastberaden op zijn eigen ondergang uit was. 'Zo stonden de zaken er dus voor, totdat zijn ouders schriftelijk protest aantekenden tegen de schorsing.'

'Wat de zaak gecompliceerd maakt,' zei Zwavelman, de scheikundeleraar, 'is de vraag of de jongen de derde keer werkelijk in overtreding was.'

'Hoe bedoelt u?' vroeg de rector, met nauwelijks verholen achterdocht in zijn stem.

'Wel, als ik goed geïnformeerd ben, is hij betrapt in de vensterbank van een lokaal, terwijl hij met zijn hoofd uit het raam hing.'

'Dat klopt,' beaamde Buitenoord, 'ik was degene die hem snapte en zijn eerste reactie was: ik rook niet in het gebouw maar erbuiten.'

'Nu gaat het er maar om,' zei Zwavelman, 'welk deel van zijn lichaam als het meest representatief voor de persoon Guido Maenhout moet worden beschouwd: zijn hoofd, of de rest van zijn lichaam.'

'Zijn hoofd natuurlijk,' riep de wiskundeleraar, Drievoet, 'dat is het brein, daar worden de beslissingen genomen, en bovendien vindt daar de handeling van het roken plaats.'

'Zonder het lichaam zou het hoofd niet existeren,' zei de classicus Hondius.

'Maar de rook verdween naar buiten,' wierp Zwavelman tegen, 'en verontreinigde niet de atmosfeer in het schoolgebouw.'

De twist, die hoog op dreigde te laaien, werd net op tijd beslecht door de natuurkundeleraar, die opmerkte dat de plaats waar men zich bevond gewoonlijk de plek was waar, door de aantrekkingskracht van de aarde, het gewicht van het lichaam rustte. Omdat in het onderhavige geval het lichaam op de vensterbank rustte en de vensterbank een onderdeel was van het schoolgebouw, kon men er in empirische zin niet omheen, dat dit een kwestie was van roken in de school, in plaats van erbuiten.

Daarna konden ze tot de kern komen. Moest de omstreden eindexamenkandidaat toegelaten worden tot de examens of niet?

'Als we hem weer tot de school toelaten scheppen we een precedent,' zei de secretaris.

Beverman, die tot dan toe gezwegen had maar het geharrewar over de plaats van de overtreding met schitterende oogjes gevolgd had, merkte op: 'Het is een prachtige kans om anderen een voorbeeld te stellen.'

De stem van Beverman wekte Barbara uit de verdoving, waaraan ze door de academische aanpak van het conflict ten prooi gevallen was. 'Maar de tol die de jongen betalen moet is te hoog,' zei ze scherp.

'Het is zonde van zo'n goede leerling'–Drievoet tikte met zijn pen op tafel–'hij is rijp om...'

'Een briljante leerling,' verbeterde Minnie Glasstra, die Engels gaf, hem.

'Van zo'n goede leerling,' herhaalde Drievoet, 'hij is rijp om de middelbare school te verlaten.'

'Het maakt niets uit of de leerling in kwestie goed is of zwak,' zei Beverman bits, 'ik zou zelfs zeggen: van een leerling, die zo goed bij de tijd is als hij, zou je toch verwachten dat hij weet dat hij met vuur speelt.'

'Het getuigt natuurlijk van een ongelooflijke brutaliteit om tot driemaal toe zo'n verbod te negeren,' zei Hondius.

'Ach,' zuchtte Minnie Glasstra, 'Guido is te individualistisch, te veel een minnaar van de vrijheid om zich aan al die regeltjes te kunnen houden.'

'Dit is een pleidooi voor anarchie, mevrouw,' antwoordde Hondius.

Minnie haalde haar schouders op. 'Het is eerder typerend voor de kunstenaar.'

'Kunstenaar?' vroeg Zwavelman.

'Hij gaat naar de toneelschool, heeft hij me verteld.'

'Zonde,' zei Zwavelman, 'zonde van zo'n goed stel hersens.'

'We dwalen af,' riep de rector.

'We kunnen hem toch niet gewoon examen laten doen,' zei Beverman, 'alsof er niets gebeurd is? Hem op z'n gemak stellen: ga zitten Guido, doe of je thuis bent Guido, wil je een sigaretje Guido...'

Geprikkeld en verontrust door Bevermans cynisme – had hij Guido toch gezien die ochtend op het balkon – barstte Barbara los: 'Is hij nog niet genoeg gestraft? Hij is al een paar weken thuis! Begrijpt u niet wat het is thuis te moeten zitten terwijl anderen examen doen? Het vooruitzicht een heel jaar te moeten overdoen, een jaar van je leven, niet uit onkunde, maar om zo iets onnozels als een sigaret?'

'Ik heb u wel eens anders gehoord over dit onderwerp,' glimlachte Beverman fijntjes.

'Dat is een flauwe afleidingsmanoeuvre om niet te hoeven antwoorden op mijn vraag! ' Het treiterzieke lachje op het cherubijnengezicht bracht haar buiten zichzelf. 'U bent harteloos, ik kan het niet anders noemen!'

'Nou nou,' zei Beverman, gevaarlijk bedaard, 'u wordt wel erg emotioneel. Het lijkt wel of u uw eigen zoon verdedigt.' Hij kneep zijn ogen tot spleetjes en keek haar sluw aan.

Toen begreep Barbara dat Beverman wist waarover hij sprak. Ze kromp in elkaar en wendde zich verslagen tot de rector. 'Ik vraag alleen om consideratie,' zei ze hees.

Deze keek verbaasd van de een naar de ander, herstelde zich en zei kortaangebonden: 'Ik zie dat er maar één oplossing is: stemmen.'

Zo kwam het dat er ten slotte democratisch beslist werd over het lot van Guido Maenhout. Omdat de rector voorstander was van openheid, maakten de leden van de examencommissie hun mening bij handopsteken kenbaar. Ongelukkigerwijs was Barbara als laatste aan de beurt, waardoor het leek of haar stem de doorslag gaf in een einduitslag van zestien tegen vijftien.

8 *Maart*

De ochtend na het feest van de brugklassers schrok ze zwetend wakker. Ze lag op haar zij en bleef in staat van alarm in die houding liggen. Iemand had het gebogen uiteinde van een bisschoppelijke staf om haar nek geslagen en haar met een ruk naar zich toe getrokken. Toen drong het tot haar door dat ze had liggen dromen.

Ze sloot haar ogen. Opnieuw stond ze in een schaars verlichte zaal met een hoog, gewelfd plafond. Ze droeg een ruw, harig kleed dat niet bruin en niet grijs, maar grauw was en in haar huid prikte. Recht tegenover haar stond een rij heren in paarse gewaden met bijpassende mijters, waarop een geel kruis stond afgebeeld. Zij knepen hun lippen afkeurend samen tot een pruimemondje en keken haar beschuldigend aan. 'Wat is het hier warm,' zei een van hen met een Iwan Rebrow-stem die door het gewelf echode. 'Wat is het hier warm,' vielen de anderen hem bij in Gregoriaans gezang. 'Wij weten wel hoe dat komt,' zei de bas dreigend. Barbara herkende het cherubijnenhoofd van Beverman, dat helemaal niet bij het stemgeluid paste. Beschuldigend drukte hij de punt van zijn staf in haar buik. Hij voelde aan als een ijspegel. Nu heb ik een gat in mijn buik, dacht ze, hij heeft mijn navel uitgediept. Terwijl ze om zich heen keek op zoek naar een vluchtweg, ontdekte ze een open haard waarin een reusachtig vuur brandde. Een schildknaap wakkerde met een rood-goud beschilderde blaasbalg het vuur aan. Toen hij achteruitweek om het resultaat van zijn inspanningen in ogenschouw te nemen, herkende ze Guido. Het vuur wierp een rode gloed op zijn gezicht. Hij is mooi, dacht ze, maar daarom hoeft hij het vuur nog niet zo hoog op te stoken. Hou daarmee op, wilde ze roepen, maar haar tong lag verlamd in haar mond. De hitte had haar nu ook bereikt. Het was erg benauwd, ondanks het hoge plafond. 'Het is haar schuld,' zei Beverman. 'Haar schuld,' brulden de mijters. Ineens week het gezelschap uiteen voor een kleine gestalte in een wit uniform, die met rappe schreden naderbij kwam. Hij droeg een zwarte steek, die hij even oplichtte om zichzelf lucht te verschaffen. 'Il fait très chaud ici,' pufte hij. Napoleon, dacht Barbara verheugd. Ondanks de penibele situatie waarin ze verkeerde, begreep ze heel goed dat het een geweldig voorrecht was hem in levenden lijve te ontmoeten. 'C'est sa faute,' herhaalde Beverman met een horribel accent. 'Omsingel haar,' gebood Napoleon. Beverman sloeg het kromme uiteinde van zijn staf om haar nek en trok haar naar zich toe. 'Je bent een heks,' zei hij met een vriendelijke glimlach, 'je moet verbrand worden.' 'Verbrand worden, verbrand worden,' joelden zijn makkers opgetogen. Ze maakten sprongetjes van opwinding, waarbij ze zich met hun staf afzetten: 'Verbrand!'

Verdoofd door de angstaanjagende intensiteit van de droom bleef Barbara liggen. Langzaam drong Guido's aanwezigheid tot haar door. Ze lag met haar rug naar hem toe. De vorige avond bij haar thuiskomst lag hij in haar bed en sliep. Ze had neer staan kijken op het slapende gezicht, waaruit de eerste symptomen van mannelijkheid verdwenen leken. Zijn huid had de halfmatte gaafheid van die van een kind. Af en toe trilden zijn oogleden. De halfgeopende lippen leken verbazing uit te drukken over iets dat hij in zijn slaap zag. Zijn haar lag in een sierlijke krans rond zijn hoofd, alsof een schilder hem als model voor 'De slapende Endymion' had gekozen en alles zo geënsceneerd had. Hij was een geschenk, door een mirakel in haar bed terechtgekomen. Het kon niet anders of het zou slecht met haar aflopen, omdat ze het aanvaard had alsof het haar toekwam. Behoedzaam als een moeder die over een ziek kind waakt was ze naast hem geschoven. Maar terwijl ze naar zijn ademhaling luisterde, schoof voor het beeld van de slaper het gezicht van Beverman, zoals het zich aan haar had voorgedaan op het moment dat hij het dicht bij het hare had gebracht, zeggende: 'Wij tweeën...' Met deze woorden, gonzend in haar hoofd, was ze in slaap gevallen.

'Hoe was het feest?' vroeg Guido geeuwend. Hij schoof tegen haar aan en zoende haar in haar hals.

Ze ontspande zich. 'Ik was blij toen het afgelopen was.' Ze draaide zich om en kuste zijn oogleden, die gezwollen waren van het slapen. Een streep zonlicht, die tussen de gordijnen door viel, leek een wig tussen hen te drijven. Guido streelde haar lusteloos. Het was of hij zich ertoe verplicht voelde nu hij voor het eerst in zijn leven naast een vrouw ontwaakte. Zijn onbezieldheid sloeg op haar over. Haar nek, waarin de druk van de staf nog steeds voelbaar was, was stijf en verkrampt. Vandaar uit drong de stijfheid door tot in haar vingertoppen, die van rubber werden. Vingertoppen van rubber gleden over Guido's huid.

Ten slotte liet hij zich krachteloos op zijn rug vallen. 'Een sigaret,' kreunde hij. Hij stapte uit bed, schoot haar gewatteerde ochtendjas aan en liep zonder om te zien de andere kamer in.

Barbara keek naar de streep zonlicht tot het pijn deed aan haar ogen. Hij wil weg, dacht ze, hij voelt zich opgesloten. Er moet een eind komen aan de schorsing. Hij moet zijn ouders inlichten en ik moet de rector tot andere gedachten brengen. Die moet begrijpen dat dit een straf buiten proporties is: Guido verliest een jaar van zijn leven. Misschien neemt de toneelschool hem niet voor een tweede keer aan.

Maar tegelijk drong tot haar door waarom ze zich tot nu toe zonder protest bij zijn straf had neergelegd: wat gebeurde er als hij naar de toneelschool ging? Hij zou verhuizen, nieuwe vrienden krijgen, hij zou haar vergeten.

Er viel iets op de grond in de andere kamer. Ze spitste haar oren. Even later werden de balkondeuren aan de straatkant geopend. Zelfs het idee dat Guido, als een engel des verderfs, recht tegenover het schip van de kerk, in een roze gebloemde peignoir een sigaret stond te roken beurde haar niet op.

Ze probeerde zich een leven na hem voor te stellen. Bewees niet het feit dat ze de mogelijkheid opperde de bestaanbaarheid ervan? De mens kan niet iets bedenken dat niet bestaat, zei haar vader vroeger, en beschouwde dit als godsbewijs. Zou er ooit een dag komen waarop ze Guido vervloekte, omdat hij haar een zondag in haar leven tot in het paradijs had opgetild om haar daarna met een smak op de aarde te laten terugvallen?

Terwijl ze zich op haar andere zij wierp ging de bel. Ze kneep haar ogen dicht en trok de dekens over zich heen. Opnieuw werd er gebeld, hard en nadrukkelijk.

'Je zult het niet geloven,' klonk Guido's stem, 'Beverman staat voor de deur.'

Ze sloeg de dekens een stukje terug. Guido stond aan haar voeteneind en keek haar verbaasd en geamuseerd aan.

'Heeft hij je gezien?'

Guido aarzelde. 'Hij keek vluchtig naar boven toen hij belde, maar ik geloof niet dat hij me zag.' In zijn stem klonken de spanning en hilariteit van een scholier die iets over het geheime leven van een docent heeft ontdekt. 'Hij ziet er niet uit: een knalrood trainingspak met witte biezen, en splinternieuwe, spierwitte sportschoenen!'

Waar zijzelf die ochtend gefaald had, scheen Beverman te zijn geslaagd: hij had Guido in een goed humeur gebracht.

Weer ging de bel, een dwingelanderige minuut lang. Barbara legde een vinger op haar lippen.

'Wat komt hij doen?' fluisterde Guido.

Als antwoord richtte ze zich op en trok hem naar zich toe. Hij verloor zijn evenwicht en viel over haar heen, waarna ze, onder een dekmantel van roze bloemen, eindelijk deden wat ze kort tevoren vergeefs hadden geprobeerd. De nabijheid van Beverman in sportkostuum, die nog drie pogingen ondernam om tot Barbara door te dringen, was een afrodisiacum zonder weerga.

9 Maart

Toen hij voor de tweede keer geschorst werd zocht Guido opnieuw zijn toevlucht in de kamer en suite van Barbara.

Opdat zijn ouders niets te weten zouden komen glipte hij 's morgens, wanneer zij naar school vertrok, haar woning binnen om 's middags, als ze thuiskwam, weer te vertrekken. Ze leken een mannetje en een vrouwtje in een weerhuisje. De illegale visite overdag veranderde niets aan zijn gewoonte om haar 's avonds te bezoeken.

Aanvankelijk was hij er zeker van dat zijn schorsing, net als de vorige keer, na enkele dagen zou worden opgeheven. Overdag studeerde hij met verdubbelde inzet om de lessen en onderdelen van het schoolonderzoek die hij misliep te compenseren. 's Avonds bedreven ze als vanouds de liefde in het ijzeren, met vergulde ornamenten opgesmukte ledikant, dat hen met zacht gekraak aanvuurde. In het behaaglijke goudgele schijnsel van een perkamenten lampekapje leek de slaapkamer een verlichte grot. De nuchtere buitenwereld, die mensen naar leeftijd en functie rangschikte, bestond niet langer.

Maar toen na een aantal dagen niets erop wees dat de school zich nog om hem bekommerde, sloeg Guido's ijver om in zijn tegendeel. 's Avonds hing hij, alsof zijn wervelkolom op drie plaatsen geknakt was, onderuit in een stoel en keek met uitgebluste ogen naar de bewegende beelden op het televisiescherm. Wanneer Barbara hem aanhaalde snauwde hij: 'Laat me met rust' en weerde haar af door met zijn schouder langs zijn oor te strijken.

Dan snelde ze naar de slaapkamer en ging voor de spiegel staan om te zoeken naar tekenen van plotseling verval. Soms scheen er ineens een kraaiepootje te zijn ontstaan of leken de lijnen rond haar mond scherper. Was het waar dat seksuele activiteit het verouderingsproces versnelde? Ze herinnerde zich uit haar schooljaren een oude non met een melkblanke, rimpelloze huid. Het samenleven met Christus moest gezonder zijn dan dat met een mens van vlees en bloed.

Af en toe maakte zijn lethargie haar zo zenuwachtig, dat ze een avondwandeling maakte door de uitgestorven straten, die glad waren van de opgevroren sneeuw. Waarom bleef hij elke avond komen? Om haar met zijn zelfverdiende lot te kwellen, alsof het allemaal haar schuld was?

Toch durfde ze de sombere gestalte, die met zijn slechte luim en zijn televisieprogramma's de hele kamer in beslag nam, niet tot de orde te roepen. Haar correctiewerk deed ze in de slaapkamer, op de mahoniehouten toilettafel tussen de cosmetica en de Franse parfums. Als ze opkeek van haar werk zag ze pal voor zich haar eigen gezicht, verflenst en gespannen, en vroeg ze zich af of ze ooit weer degene zou worden die ze geweest was voordat ze Guido leerde kennen. Maar wat haar tegelijk het meest ontmoedigde was de wetenschap dat ze alles verkoos, het ergste wangedrag, de verschrikkelijkste schandalen, boven een leven zonder hem.

Op een vrijdagavond liet ze hem alleen achter omdat de brugklassers een feest gaven waarop de aanwezigheid van de leraren, in de hybridische hoedanigheid van ordebewaker en gast, verplicht was. Datzelfde weekend zou Guido voor het eerst bij haar blijven slapen. Zijn ouders verwachtten logés; hij had hen wijsgemaakt dat hij, in deze tijd van examens, niet tegen de drukte kon en bij een vriend ging logeren.

De school was veranderd in een bolwerk van licht en lawaai. In de aula schetterden tophits. Een groot deel van het vloeroppervlak werd in beslag genomen door een doolhof van zwart landbouwplastic, dat over de grond was uitgespreid en waardoorheen met behulp van metalen bogen tunnels waren gespannen. Vanuit de glanzende tunnels stegen, dwars door de muziek heen, opgewonden kreten op. De klaslokalen waren ingericht tot speelholen waarin uiteenlopende spelletjes werden gedaan.

In Barbara's lokaal was het opvallend rustig. Vier groepjes leerlingen deden een quiz (Wie bouwde de Eiffeltoren?). Met haar rug tegen het bord sloeg Barbara hen gade. Terwijl de leerlingen bij elke vraag de hoofden bijeen staken om overleg te plegen, bleef Barbara zichzelf kwellen met vragen waar ze geen antwoord op wist.

Wat zou er gebeuren als het op een dag uitkwam dat ze een verstekeling verstopte, een leerling van deze school, in haar eigen huis? Als ze ontdekten dat het niet de Franse taal- en letterkunde, maar de geheimenissen van de liefde waren waaraan ze zich met hem overgaf. Aanvankelijk had het besef dat ze een taboe doorbrak haar opgewonden. Op de achtergrond aanwezig gaf het een extra dimensie aan hun verhouding, een fatale bekoorlijkheid, die zowel de fantasie als het geweten prikkelde. Hoewel de mogelijkheid dat alles uit zou lekken haar angst aanjoeg, kon ze er soms ook naar verlangen. Hierbij dacht ze aan een krantefoto, die ze eens had gezien, van een naakte man op het Binnenhof. Hij protesteerde tegen bezuinigingen op de uitkeringen met de in veelkleurige letters over een spandoek dansende klacht: Geen draad meer aan mijn lijf! De euforie, die zijn gezicht uitstraalde, deed vermoeden dat het in het openbaar, zonder schaamte, doorbreken van de zedelijke regels een wonderbaarlijk gevoel van vrijheid tot gevolg moest hebben. Maar haar aangeboren gewoonte zich aan te passen en nooit aanstoot te geven weerhield haar.

'Wie was de uitvinder van de boekdrukkunst?' werd er gevraagd.

'Laurens Janszoon Coster,' riepen twee groepen tegelijk. Er ontstond gekibbel over de vraag wie het eerst was geweest.

'Ik weet een oplossing,' riep Beverman, die net was binnengekomen en zich naast Barbara opstelde. 'Wie was zijn grote rivaal, wie was de man die er ook aanspraak op maakte de uitvinder te zijn?'

De wenkbrauwen werden gefronst. Binnen de groepen werd druk gefluisterd. Toen werd zichtbaar dat een van de groepen iemand in haar midden had, die het antwoord wist. Het golfde van de een naar de ander en stulpte er via de woordvoerder uit.

Terwijl de quiz alweer zijn loop vervolgde, zei Beverman tegen Barbara: 'De strijd tussen de Costerianen en de Gutenbergianen is bijna even hevig geweest als die tussen de Arminianen en de Gomaristen, en nooit beslecht. De ware toedracht zal wel altijd in nevelen gehuld blijven.'

Hij spuide zijn wijsheid met een hinderlijk aplomb.

'De veronderstelling dat hier sprake is van synchronisme spreekt me wel aan,' voegde hij eraan toe.

Wat wilde hij? Dacht hij dat ze onder de indruk was?

'Het ligt toch voor de hand,' zei hij, zich opdringerig tussen haar en de deelnemers plaatsend, 'dat op verschillende plaatsen in de wereld ongeveer gelijktijdig dezelfde uitvindingen worden gedaan. Zoals ver uiteen wonende stammen in de prehistorie onafhankelijk van elkaar vuur leerden maken. Het menselijk brein is voorgeprogrammeerd, het wacht alleen maar af tot de tijd rijp is.'

De roze moederskind-pafferigheid was zo dichtbij en rook zo ranzig, dat Barbara zich steeds verder tegen het bord aan drukte.

Er kwam een glimp van achterdocht in zijn ogen. 'Sorry,' zei hij, 'ik verveel je. Zo vergaat het mij nu altijd met aantrekkelijke vrouwen. Ik jaag ze op de vlucht met mijn uiteenzettingen. Maar ik heb er geen idee van wat ze dan wel interesseert. Vertel me eens, wat gaat er om in al die fraaie hoofdjes?'

Barbara wurmde zich tussen hem en het bord vandaan. Haar hart klopte in haar keel om het dédain dat in deze vraag besloten lag. Ze hoefde maar een woord te zeggen en ze zou in een uitzichtloze discussie belanden over de vraag of de vrouw gelijkwaardig was aan de man. Ze zou in de verdediging gedrongen worden en haar gevoel voor humor verliezen. Ineens kwam het vermoeden in haar op, dat hij haar op stang joeg omdat het de enige manier was waarop hij haar het hof kon maken.

'Het lijkt wel of u het over kinderen of zwakzinnigen heeft,' zei ze. 'Dacht u dat er zo weinig in de hoofden van vrouwen omgaat dat ik het u hier, tussen neus en lippen door, even zou kunnen vertellen? Kunt u mij... even... vertellen wat er in uw hoofd omgaat?'

'Nou nou, niet zo beledigd,' grijnsde hij.

'Tussen u en mij...' begon ze.

'Zeg toch Robert,' zei hij joviaal.

'Tussen u en mij. . . ik ben bang dat er werelden van onbegrip tussen ons liggen.' Ze loerde langs hem heen naar een gelegenheid om te ontsnappen.

'Vrouwen zijn veel aardser,' ging hij door, 'ze leven voor hun emoties en hun dagelijkse bezigheden. Enige neiging tot bespiegeling heb ik nog nooit bij ze bespeurd. De vrouwelijke filosofen zijn op de vingers van één hand te tellen. Dat maakt het zo verdomde...'

Ze zag aan zijn ogen dat er achter haar rug iets gebeurde. Op hetzelfde ogenblik werd ze door twee leerlingen bij haar bovenarmen gepakt en de gang op getrokken.

'U bent nog niet in de doolhof geweest,' gierden ze, slap van het lachen. Achter haar trof Beverman hetzelfde lot, ze hoorde hem protesteren. In de aula duwden twee handen haar in de opening van de tunnel. Op handen en voeten kroop ze door het donker, telkens tegen het plastic stotend en met de adem van Beverman op haar schoenzolen. Boven de mollegang klonk, vervormd door luidsprekers van slechte kwaliteit, het lied 'I can't get no satisfaction'. Dwars daardoorheen scandeerden de leerlingen: 'Rozemeyer, Beverman, Rozemeyer, Beverman!' Ze dacht aan pelgrims die op handen en voeten naar het doel van hun bedevaart kropen; het was de nederigste vorm van je voortbewegen die er bestond. Het leek of er geen eind kwam aan het gangenstelsel. In een scherpe bocht voelde ze Bevermans hand rond haar enkel. Ze schudde met haar been, maar pas na een vrijpostige massage verslapte de greep van zijn vingers. Even later stootte ze met haar hoofd tegen een muur van plastic. Ze tastte beverig rond en merkte dat de gang doodliep. Het was helemaal geen doolhof, het was een val waar ze haar met Beverman opzettelijk in hadden laten lopen. Het was een idee van Beverman zelf, hij was het brein achter de attractie! Ze keerde zich snel om, om niet in de rug door de Minotaurus te worden aangevallen. Er gebeurde niets. Ze stak haar hand vooruit, bewoog hem heen en weer in een luchtledig en begon langzaam terug te kruipen. Er was niemand. Nog steeds verwachtend bij een enkel of een pols te worden gegrepen, ontwikkelde ze een zenuwachtige kruip-door-sluip-door gang zoals een kind, dat maar niet wil leren lopen, soms ter compensatie op handen en knieën rondsjeest. Toen er na de zoveelste bocht aan het eind van de tunnel licht gloorde, aarzelde ze. Wat wachtte haar daarbuiten? Een jouwende meute, die haar vol leedvermaak als een uitgerookte vos uit de opening zou zien kruipen? Binnen was het veiliger dan buiten. Maar waar was Beverman? Stel dat ik door een ongelukkig toeval, dacht ze, met hem zou zijn getrouwd geraakt. Zou ik dan, vanwege zijn nakomelingschap, voor het leven aan hem geklonken hebben gezeten en al zijn luimen moeten gedogen (Ik beloof hem te dienen en te gehoorzamen, in voor- en in tegenspoed)? Had ik me dan van alles moeten laten welgevallen? Had hij me mogen betasten waar hij maar wilde met zijn dikke, roze vingers? Het besef dat dit alles gelukkig niet het geval was, luchtte haar zo geweldig op dat ze vanzelf in de richting van de uitgang begon te kruipen en ten slotte, zonder een spoor van verlegenheid of schaamte, haar hoofd buiten de tunnel stak.

Knipperend tegen het licht zag ze het hoofd van Beverman, een vlasblond kransje rond de schedel, op zich af komen. Met een neerbuigende glimlach trok hij haar overeind.

De leerlingen hadden zich in een kring rond de uitgang verzameld. 'Wat bleef u lang weg, juf,' merkte een van hen op.

Barbara streek haar rok glad. 'Ik was de weg kwijt,' zei ze.

De ogen gingen nieuwsgierig van haar naar Beverman, maar toen er niets sensationeels te beleven viel haakten de brugklassers af. Barbara liep naar een geïmproviseerde bar in de hoek van de aula en bestelde een flesje Seven-up. Beverman volgde haar op de voet. Terwijl ze uit een plastic bekertje stonden te drinken vatte hij de draad van zijn betoog weer op. Opnieuw luchtte hij zijn hart over 'de vrouw', maar nu begreep ze dat hij het steeds over dezelfde had, de enige die hij kende: die hem geboren had doen worden, hem had gevoed, gekleed en grootgebracht. Het was bekend dat hij nog altijd bij zijn moeder woonde. Achter zijn rug werden er grapjes over gemaakt.

Ze knikte nu en dan op goed geluk, terwijl haar gedachten uitgingen naar Guido. Nu, met Beverman tegenover zich, hield ze meer van hem dan ooit. Zou hij, alleen in een leeg huis, overvallen worden door eenzaamheid? Zou hij verlangend uitzien naar haar thuiskomst? Had hij misschien zelfs de televisie uitgedaan?

'U heeft gelijk,' beaamde ze, toen Beverman stilviel, 'maar waarom vertelt u dat allemaal aan mij? Ik ben ook maar een vrouw.'

'Ach,' zuchtte Beverman, hij liet zijn blik mismoedig over haar gestalte gaan, 'misschien helpt het, denk ik soms. Een mens blijft hopen.'

Hij nipte verongelijkt aan zijn bekertje, maar vatte daarna weer nieuwe moed.

Misschien ging Guido ervandoor. Dan zou haar huis bij thuiskomst donker en verlaten zijn. Paniek beving haar. Ze kreeg een opgeblazen gevoel in haar buik van de aanblik van Beverman. Zijn onaantrekkelijkheid werd steeds schaamtelozer. Was hij nu maar gewoon lelijk, maar nee, er was in zijn gezicht niets dat je de schuld kon geven. Het was of schoonheid en lelijkheid elkaar daar halverwege ontmoet en geneutraliseerd hadden, waarna een soort blanco, een negativum was overgebleven.

'Ik denk dat ik maar eens ga,' onderbrak ze hem, 'het feest zal zo wel afgelopen zijn.'

Zijn beduusde protest negerend haastte ze zich naar de garderobe.

Het was een verademing op de fiets in de frisse lucht te rijden. De wind voerde de zoete geur van pas ontdooid gras met zich mee. Op een avond als deze, wanneer ze door een uitgestorven stad fietste, leken uit alle windstreken beloften van vrijheid te komen. Deze gewaarwording werd ruw verstoord toen naast haar het glimmende herenrijwiel van Beverman verscheen.

'Dat is vragen om moeilijkheden,' zei hij, 'een vrouw op dit uur alleen op straat. Ik breng je wel even thuis.'

'Maar dat hoeft helemaal niet,' riep Barbara.

'Eigenwijze, overmoedige vrouwen moeten tegen zichzelf beschermd worden.'

Wie beschermde haar tegen hem?

'Fijn hè, zo te fietsen?' merkte hij na enige tijd op.

Haar zwijgen als instemming beschouwend, vervolgde hij: 'Ik fiets graag, vooral in het weekend.' Het laatste woord sprak hij op z'n Amerikaans uit. 'Dan fiets ik door de bossen de grens over. Daar weet ik een alleraardigst tentje, waar je voor een habbekrats een boterham kunt gebruiken. Heerlijk, even niks aan je kop.'

Hij sprak over zichzelf op de toon van een moeder, die opschept over haar kind: zo leuk, op zondag fietst hij helemaal alleen door de bossen, de grens over, om daar in z'n eentje te lunchen, eigenwijs hè?

Het bleef even stil. Zijn fiets maakte een vervelend zoefgeluid, alsof hij veel harder fietste dan hij deed.

'Behalve als het regent, of sneeuwt. Dan blijf ik thuis en trek met mijn tinnen soldaatjes te velde. Kijk, daar heb je de poolster.' Hij wees onvast met zijn ene hand. Zijn fiets begon te slingeren. 'De Stella Polaris.'

'Uw tinnen soldaatjes?' fluisterde Barbara.

'Ze zijn nog van mijn overgrootvader geweest, echte museumstukken. Ik speel de grote veldslagen na en analyseer ze. De slag bij Gaugamela bij voorbeeld, onder Alexander de Grote. Weet je wat een falanx is?'

'Een politieke partij in... Spanje?'

'Ook. Maar 't is oorspronkelijk een hermetisch gesloten slagorde. De voetknechten en ruiters vormen een ondoordringbare massa, waar de vijand moeilijk doorheen komt. Bij een scheve falanx valt de ene vleugel aan, terwijl de andere verdedigt. Zo heeft Alexander de Grote het Perzische Rijk veroverd.'

'En Napoleon?'

'De grote Bonaparte!' riep Beverman uit. Achter de p sprak hij een h uit, wat haar door de ziel sneed. 'Ook een geweldig strateeg. Zijn divisies bleven flexibel, speelden in op de situatie. Er werden wiggen in het front geslagen, of het werd omsingeld en geïsoleerd van de andere legeronderdelen door vernietiging van de verbindingen. De rest van het leger werd tot de laatste man achtervolgd. Ik ben in de verkeerde eeuw geboren.'

'Waarom?' vroeg ze.

'Er is nu niets meer aan. We hebben de bom, en alles is computergestuurd. Van een eerlijke, een briljante strijd is geen sprake meer.'

'Ik ben er,' zei Barbara.

'Wat jammer, ik begon er juist plezier in te krijgen.'

Ze stapte af en wilde haar fiets de stoep opduwen, maar hij greep haar zadel en kwam met zijn voeten op de grond tot stilstand.

'Ik weet wat,' zei hij. Hij kwam met zijn gezicht zo dicht bij het hare, dat ze opnieuw zijn ranzige geur rook. 'Wij tweeën, wij gaan morgen samen fietsen.'

'Ik weet niet...' stamelde ze.

'Er is goed weer voorspeld. Rond koffietijd kom ik je halen, niet vergeten.' Hij liet haar zadel los.

'Maar...'

Hij hoorde haar niet, want hij rinkelde vol bravoure met zijn bel en fietste weg.

10 *Februari*

Later zou ze zich die winter herinneren als een onafzienbare, besneeuwde vlakte. Midden in deze verlatenheid stond een iglo waar zij, als een brok ijs uit die vlakte, in de warmte van een primitief vuur gesmolten was en lichaam geworden.

Op eerste kerstdag begon het te sneeuwen waarna de wereld, met korte tussenpozen van dooi en nieuwe sneeuwval, wit bleef tot in maart. Guido kwam bijna elke avond, maar bleef nooit slapen. Tegen zijn ouders zei hij, de zeldzame keren dat ze ernaar vroegen, dat hij zich met een vriend voorbereidde op het examen. De ouders hadden weinig tijd; naast een baan hadden ze ieder voor zich geheime verstrooiingen.

De toneelvoorstellingen werden schaarser. Ze waren vervangen door die ene voorstelling die overal en altijd dezelfde is en toch telkens anders. Dat ze zich nooit samen buiten de beslotenheid van haar twee kamers konden vertonen deerde hen niet. Binnen die vier muren ontdekten ze de caleidoscopische gedaanteverwisselingen van de liefde, die ze probeerden te herhalen om zich ervan te overtuigen dat ze niet op verbeelding berustten. Ze putten zich uit, in een niet te stillen honger naar gewaarwordingen.

'Je hebt mooie ogen,' liet Guido zich een keer ontvallen, 'als je naar me kijkt.'

Barbara zag steeds iemand anders in hem. Soms stelde ze zich voor dat hij op Julien Sorel leek, de hartstochtelijke minnaar uit *Le rouge et le noir*. Een andere keer, als hij met precisie gekleed en subtiel geurend naar een reukwater van zijn vader in gedachten verzonken naast haar zat, deed hij haar denken aan Swann van Proust. Maar meestal was hij Chéri, de beeldschone, in zichzelf gekeerde, soms wrede en oppervlakkige Chéri.

Op een avond lag hij vermoeid naast haar, beroofd van zijn vitaliteit. Ze spraken over *La nausée* van Sartre, dat hij kort daarvoor gelezen had. Hij had veel herkend, zei hij, het gevoel van walging en zinloosheid week haast nooit van zijn zijde.

Barbara was verontwaardigd. Dit was een belediging van haar en van het leven zelf! Deze bekentenis moest voortkomen uit jeugdige dweepzucht, uit zijn neiging tot romantiek met een nihilistisch tintje.

'Het bestaan is niet zinloos,' zei ze fel, 'de liefde is de rechtvaardiging ervan.'

Guido haalde zijn schouders op. 'We worden geboren om te sterven,' zei hij mat, 'meer is er niet. Daarom spelen we het leven. We spelen het alsof we erin geloven.'

Barbara zweeg. Wat betekende zij dan voor hem? Werd hij onder invloed van Sartre somberder, aan zijn verhouding met Barbara ontleende hij een nieuwe trots, waarmee hij de buitenwereld tartte.

Toen een surveillerende leraar Guido betrapte op roken in de gang, vlak bij het gymnastieklokaal, werd deze, meer nog dan door het vergrijp zelf, getroffen door Guido's hooghartigheid. Die zou hebben geroepen: 'De ene mens mag de andere zijn wil niet opleggen. Ieder mens is vrij! Zo'n verbod zegt mij niets! Overal wordt gerookt!'

Omdat hij al eens voor dezelfde overtreding was gerapporteerd, werd hij voor drie dagen geschorst. Gedurende schooltijd verborg hij zich in het huis van Barbara om ontdekking door zijn ouders te voorkomen. Ondanks zijn gebrekkige mededeelzaamheid begreep ze, dat het niet angst was die hem hiertoe dreef maar schaamte. Een woordenwisseling over het vergrijp durfde ze niet aan: hij zou bij haar weglopen en nooit meer terugkomen. De kans was toch al groot, dat hij op een dag aan haar ogen niet meer genoeg zou hebben, en tientallen, honderden, misschien wel duizenden ogen nodig zou hebben om te kunnen spelen dat hij leefde.

Op een middag trof ze hem bij thuiskomst voor de spiegel aan. Hij zag er opgewonden uit. Het was of hij in alle stilte, ten overstaan van een onzichtbaar publiek, een triomf had behaald.

'Ga zitten,' zei hij, 'ik laat je een fragment van Sartre zien, uit *De eerbiedige lichtekooi*.'

Hoewel ze, zo kort na schooltijd, behoefte had aan rust ging ze gewillig zitten, de tas met correctiewerk op haar knieën.

Hij wiegde met zijn heupen als een vrouw, trok zijn hoofd tussen zijn schouders, hield zijn handen dichtgeknepen voor zijn kin, lachte knus en zei met een hoge stem: 'En toen deden we, dat we twee baby's waren, samen in één wieg. Dat weet je toch nog wel?'

Hij deed een stapje opzij, maakte een afwerend gebaar en zei met zijn eigen stem: 'Ik zeg dat je je smoel moet houden. Wat je 's nachts doet hoort bij de nacht. Daar praat je overdag niet over.'

De ander wierp het hoofd naar achteren en zei uitdagend: 'En als ik nou wel zin heb om erover te praten? Ik vond 't best leuk.'

'Zo dus jij vond 't best leuk,' zei hij dreigend. Hij stak zijn handen naar voren en streelde de imaginaire vrouw. De liefkozing eindigde in een klem om de hals. 'Dat vinden jullie altijd leuk, hè, 't idee dat je weer een man om je vinger hebt gewonden. Ik ben die nacht vergeten. Maar dan ook volkomen vergeten. Ik zie alleen die dancing nog voor me, da's alles. En de rest herinner jij je maar – jij alleen.'

'Wat doe je?' piepte een hoog stemmetje.

'Ik knijp je keel dicht,' zei hij laconiek.

'Je doet me pijn,' klaagde de ander.

'Jij alleen. Als ik nou 'n klein beetje harder kneep, zou er geen mens meer zijn, die zich deze nacht herinnert.' De handen ontspanden zich en vielen slap naar beneden. Guido boog ironisch naar zijn spiegelbeeld ten teken dat het afgelopen was en keerde zich om naar Barbara.

Zij drukte, onaangenaam getroffen, de tas tegen zich aan. Waarom had hij juist dit fragment eruit gelicht? Haatte hij haar? Vond hij dat ze zich aan hem had opgedrongen? Wilde hij haar kwijt?

'Nou?' Hij lachte onzeker om haar zwijgen. 'Wat vind je ervan?'

'Waarom heb je dit stukje gekozen?' zei ze zacht.

'Gewoon,' zei hij, 'het sprak me aan. Die man wil vergeten wat er die nacht gebeurd is, terwijl zij hem eraan blijft herinneren. Zij verbeeldt zich dat het betekenis heeft en dat ze reden heeft om trots te zijn. Ze verwacht een soort dankbaarheid, maar voor hem bestaat de nacht al niet meer. Hij leeft vooruit, zij achteruit.'

Kort nadat de schorsing was afgelopen bracht hij een roomkleurig porseleinen beeld voor haar mee. Het was een jonge ridder te paard die, de helm in de hand, onbevreesd de vijand tegemoet leek te trekken. Hij was gestileerd in lange, rijzige lijnen.

'Art deco,' zei Guido.

Hij had het gekocht in een van de antiekzaken waar ze dagelijks langs fietsten.

'Het is geen man, maar een vrouw,' zei Guido. 'Kijk maar hoe fijn het gezicht getekend is, hoe smal het figuurtje is.'

Ze veinsde enthousiasme en liet haar vingertoppen langs het beeld glijden.

'Volgens mij is het Jeanne d'Arc,' zei hij, 'op weg om Orléans te ontzetten.'

Ze wilde helemaal geen cadeau. Was het een inleiding tot een afscheid? Kocht hij haar ermee om? Hijzelf was het enige cadeau dat ze van hem wilde ontvangen.

'Ik heb haar gekocht vanwege de gelijkenis.' Guido's ogen gingen van het beeld naar haar gezicht en weer terug. 'Ze lijkt op jou, of jij lijkt op haar. Het enige verschil tussen jullie is dat zij de Franse koning behekste en jij mij.'

11 *December*

Hij bracht *La chatte* van Colette terug en leende nieuwe boeken van haar. Ondanks het eindexamen had hij tijd om te lezen. Tijd om haar korte passages voor te spelen. Hij had bericht ontvangen van de toneelschool dat hij, voorwaardelijk, was toegelaten. Alles wat hij las, proza, poëzie, vertaalde hij in toneel door korte fragmenten in scène te zetten.

In enkele maanden tijd bracht hij tientallen personages in haar huis. Het was of hij op zolder een verkleedkist had opengetrokken en zijn buurmeisje in verrukking bracht met zijn verschijn- en verdwijntrucs. Haar kamer, waarin de tijd had stilgestaan, dijde uit om al die verschillende persoonlijkheden, tijdperken, werelden te kunnen bevatten. Samen bespraken ze de karakters, de eigenaardigheden in menselijk gedrag, de gebaren, de gelaatsuitdrukkingen, de veinzerij, de misleiding. De valse opgewektheid waarachter droefheid schuilgaat. De geraffineerde charme die berekening verbergt.

Zat op school op zijn plaats nog steeds de onuitstaanbare, perfecte leerling, die het antwoord gaf dat de anderen schuldig bleven, thuis, in het rijk van de verbeelding, gingen ze vertrouwelijk met elkaar om, als Kay en Gerda in het sprookje van Andersen voordat de sneeuwkoningin het hart van Kay in een klomp ijs veranderde.

Zij hield niet op naar hem te kijken. Haar blik nestelde zich in de donkere holte tussen hals en haar, streek over het aandoenlijke dons op zijn bovenlip, omvatte zijn smalle polsen. Het leek of ze schoonheid moest inhalen voor al die jaren, dat ze deze niet gekend had.

Toen hij voor het eerst een sigaret opstak, bekende ze hem dat ze overgevoelig was voor rook. Daarna rookte hij tussendoor op het balkon. Dat zij op school de drijvende kracht was geweest achter de anti-rookcampagne wist hij niet en vertelde zij hem niet. Niet omdat ze zich er ineens voor schaamde, maar omdat ze nooit over de school spraken.

Op kerstavond vond Guido een pokerbeker met dobbelstenen erin op een boekenplank. Barbara was uitgenodigd de kerstdagen bij haar broer door te brengen; het spel was een van de cadeautjes die ze voor haar neefjes had gekocht. Behalve het blauwe vuur in de gashaard brandden er in de kamer alleen kaarsen.

'Laten we dobbelen,' zei Guido.

Hij ging op de grond zitten bij de haard en wierp de stenen uit het bekertje. Ze werden in hun val afgeremd door de hoge pool van het tapijt.

'Laten we dobbelen,' herhaalde hij. 'Wie wint krijgt een drankje. Heb je iets in huis?'

'Port,' zei ze. Hij trok zijn neus op. 'En rode wijn,' voegde ze eraan toe.

Ze aarzelde, maar haalde toen flessen en glazen en ging tegenover hem zitten, op een bil, haar benen gevouwen naast zich. Ze droeg een strakke, fluwelen rok met een paarse blouse, doorschijnend zwarte kousen met een kaarsrechte naad en smalle, hoge pumps. Al jaren kleedde ze zich zo, omdat ze meende dat er van een lerares Frans verwacht werd dat ze er als een Parisienne uitzag.

Terwijl ze, met een hand de opening van de beker bedekkend, de dobbelstenen schudde begonnen de kerkklokken te luiden. Ze hief haar hoofd op en luisterde. Het geluid vulde de kamer, het huis trilde. Er was niets vriendelijks aan de holle galm, niets uitnodigends, niets dat de gelovigen opriep: laat ons bidden, vannacht wordt Hij geboren. Het was een onheilsklok, een klok die riep: de wereld vergaat.

'Toe maar.' Guido knikte naar het bekertje.

Ze wierp. Vijven en zessen.

'Daar kom ik nooit boven,' zei hij.

Schudden, gooien, tellen, schudden, gooien, tellen. Het klokgelui stierf weg alsof het kerkgebouw zich langzaam achterwaarts verwijderde, zich terugtrok door de straat, de wijk, de stad uit.

Guido won. Hij trok de wijnfles open en schonk zichzelf in. Nu ontwaakte ook in haar de strijdlust. Ze rammelde met de beker, sprak de stenen toe, smeekte ze, verleidde ze. Dat hielp. Guido lachte zijn hoektanden bloot en schonk haar glas vol. Ze ging op beide knieën zitten, zette zich schrap met de punten van haar schoenen en keerde de beker met kracht om alsof ze een sprinkhaan ving met een jampot.

Hij won, zij won, hij won. Het leek of ze heen en weer gingen in een schommelbootje in de speeltuin. Nu eens ging hij omhoog, de wolken tegemoet, dan zij weer. Telkens schonken zij opnieuw in. Van lieverlede ging het er niet meer om wie won, maar wie het best tegen drank kon.

'Hebben we hier geen passende muziek bij?' vroeg Guido.

Barbara kwam moeizaam overeind. De kamer draaide voor haar ogen. De kaarsen bogen zich naar elkaar toe, hun lichtstralen liepen als in een bol door elkaar heen. Het leek of het gewicht van haar hoofd in haar benen was gezakt. Na lang treuzelen voor de kast met platen maakte ze een keuze die in overeenstemming was met de lichtheid in haar hoofd.

'Kerstliedjes,' giechelde ze, terwijl ze weer ging zitten. Een iele kinderstem zette 'Nu sijt wellecome' in.

'Christelijke liedjes bij een Germaans spel,' grinnikte Guido. Hij wierp de stenen met een baldadig elan op de vloer. Toen hij op zijn buik een dobbelsteen onder een kast vandaan moest halen stootte hij zijn glas om, waar nog een bodempje wijn in zat. Hij pakte de wijnfles en hield hem op ooghoogte. 'Op,' zuchtte hij, de fles boven het pokerbekertje omkerend. Pas op, wilde Barbara roepen, het is een cadeautje. Maar ze hield haar mond. Wat was, in de lichtheid van haar hoofd, het gewicht van een pokerbekertje?

'We moeten iets anders verzinnen,' zei Guido. Hij zette zijn mond aan het bekertje en deed of hij dronk. 'Ik weet wat'–zijn stem klonk gedempt–'wie verliest moet iets uittrekken.'

'Ja, wie verliest moet iets uittrekken,' herhaalde Barbara luchthartig, zoals ze dertig jaar eerder: Ja, laten we doktertje spelen, kon hebben gezegd.

'Hoe leit dit kindeke, hier in de kou...' zong het koor.

Het was een treurig, klaaglijk lied, een vreemde achtergrond voor de wending die het spel nam.

Barbara verloor. Verbaasd glimlachend liet ze haar ogen over haar kleren gaan. Toen ze opkeek lag er een uitdrukking van gespannen afwachting op Guido's gezicht. Ze weifelde en nam een slokje port. De zoetheid van de drank stelde haar gerust. Het was maar een spel. Met een snelle beweging deed ze haar smalle, gouden kettinkje af.

Het spel ging verder. Guido gespte zijn polshorloge af, zij ook. Zij trok haar ene schoen uit, de andere, hij ook. Hij zong steeds harder met het koor mee, zijn stem forcerend tot een mannelijke bas.

Toen hij opnieuw verloor trok hij zijn overhemd uit. Ze staarde naar de magere jongensborst, de schaduwen van de hoekige welvingen. Haar aandacht was niet langer bij het spel. Ze verloor haar strijdlust. Het leek of de dobbelstenen hierdoor beïnvloed werden. De ene slechte worp volgde op de andere. Vol schaamte stroopte ze haar kousen af. Het spel was, als een vat dat van een heuvel afrolt, niet meer te stoppen. Het was een toneelspel geworden waarin ook zij een rol speelde. In plaats van kleinzielig of bekrompen te reageren, moest ze haar rol met flair spelen. Toen ze haar blouse losknoopte en haar rok uittrok suste ze zichzelf: wat maakt het uit, een vrouw in bikini of een vrouw in ondergoed?

Langzamerhand herkregen de dobbelstenen de macht die ze bij de Germanen hadden bezeten: iemand alles waaraan hij hechtte afhandig te maken. De worpen leken in hun val te worden beïnvloed door een onzichtbare hand. Barbara schudde ze langdurig heen en weer, in de hoop dat haar wilskracht sterker zou zijn en hen in de juiste stand zou doen neerkomen. Maar het enige wat ze voelde was zwakte: wilde ze wel een goede worp?

In de volgende ronde verloor Guido. Hij ging staan, stapte uit zijn lange broek, vouwde hem zorgvuldig op en legde hem naast haar rok. Daarna ging hij weer zitten en hervatte het spel met onverwachte ernst. Barbara nipte zenuwachtig aan haar glas. Toen ze opnieuw verloor keek ze getroffen naar de stenen alsof haar vonnis geveld was. Op hetzelfde moment hield de muziek op. Het koor liet een rare stilte achter, die hun roes verstoorde en de hypnotiserende kracht van de stenen doorbrak.

Ze keek over haar schouder in de richting van de platenspeler en zag zichzelf in de spiegel in haar wit kanten ondergoed. De aanblik wekte haar nieuwsgierigheid maar schokte haar ook. In een onhandige, bruuske beweging tastte ze naar haar kleren, waarbij ze met haar schouder tegen de arm van Guido stootte die in een zelfde reflex naar zijn broek reikte. Door de botsing, de onverwachte aanraking van de huid, bleven hun handen geopend boven de kleren hangen. Zijn gezicht was vlak bij het hare. Het drong tot haar door dat ze, vanaf die dag in de herfst waarop hij haar de paraplu toestak, geweten had dat dit gezicht ooit zo dichtbij zou komen dat ze haar ogen zou moeten sluiten om het in z'n totaliteit te kunnen zien. Geen van beiden zei iets. Ze bogen hun hoofd–hun wangen gleden langs elkaar–totdat het op de schouder van de ander rustte. Zo bleven ze zitten, met gesloten ogen, de armen rond elkaars middel.

Het gas ruiste in de kachel. Onder de uiterlijke kalmte bonsde haar hart. Was dit het eindpunt van een enerverende wedren met dobbelstenen? Bevonden ze zich nog steeds in een toneelstuk? Was alles toegestaan zolang ze er allebei in bleven geloven dat het spel was? Ze moest goed oppassen: als ze uit haar rol viel zou ze hem verliezen.

Ze richtte zich op. Hij keek haar strak aan alsof dit het plechtigste ogenblik in zijn leven was, alsof er een noodzaak voor hem bestond haar, met wie hij dit deelde, in een eindeloze, vorsende blik te doorgronden. Zijn mond was in gespannen aandacht geopend. Niet bestand tegen dit onderzoek, waar iets van niets ontziende kinderlijke nieuwsgierigheid in school, wendde ze haar ogen af. Ze bleven op het stapeltje kleren rusten. Haar kousen slingerden lichtzinnig onder de ordentelijk gevouwen broek vandaan. Dat zijzelf, in die combinatie, het dynamische element was bemoedigde haar. In een opwelling van roekeloosheid drukte ze hem tegen zich aan en kuste hem op zijn wang, zijn voorhoofd, zijn mond. Toen ze ophield omdat hij haar liefkozingen willoos leek te ondergaan, fluisterde hij: 'Ga door.'

Langzaam helden ze naar opzij. Met haar vrije hand schoof ze de dobbelstenen weg van de plek waarop zijn lichaam neerkwam. Hij hield zich slapend. Wilde hij niets weten van wat er gebeurde? Wilde hij onschuldig blijven aan wat hem overkwam? Of was dit de vertolking van een jonge, van liefde bezwijmende aanbidder? Vol bewondering, maar niet zonder achterdocht streelde Barbara zijn lichaam, waar het blauwige schijnsel uit de kachel overheen viel. Hij was man en kind tegelijk. Haar wantrouwen maakte plaats voor vertedering om zijn volledige overgave. Ze onderdrukte het verlangen zijn sluimer op een brute manier te verstoren en bleef hem behoedzaam strelen, in hem alle mannen erend wier bestaan ze al die jaren van onverschilligheid had ontkend.

Toen ze haar hoofd op zijn borst legde en zich voorstelde dat ze zo, luisterend naar het kloppen van zijn hart, tot in lengte van dagen met hem zou willen blijven liggen, voelde ze onder zich het begin van verzet. Hij richtte zich half op, keek haar in vervoering aan, en sloeg zijn armen om haar heen. Daarna rolde hij met haar over het tapijt, om en om als de dobbelstenen kort daarvoor, haar kussend en bijtend, met gretig nieuwsgierige handen haar lichaam knedend, haar ondergoed afstropend. Ze protesteerde en stribbelde tegen, maar hij drukte haar met onvermoede doortastendheid tegen de grond. Ze wist niet of ze wilde wat er gebeurde, of ze vernederd werd, of ze zich later de haren uit het hoofd zou rukken van spijt. Ze wist alleen, dat ze hem tot het laatst toe had onderschat: ze had een jongen die met glanzende ogen *Chéri* en *Le rouge et le noir* had uitgespeld, er scènes uit had nagespeeld, onderschat!

Daarna waren er geen gedachten meer. Hij drong bij haar binnen en trok haar mee een onbekende diepte in. Haar angst en schaamte versmolten met de vertedering en bewondering die ze voor hem voelde. Uit de opgeheven tegenstelling vloeide een ongekend genot voort, dat pijn deed maar erom smeekte te worden herhaald, en herhaald. Buiten begon het gebeier van de klokken weer, er klonken stemmen op straat, en in een flits schoot het door haar heen dat dit een oproep was tot het bijwonen van de nachtmis, het feest van de maagd die onbevlekt ontving.

12 *Augustus-oktober*

Het nieuwe schooljaar begon in de nadagen van augustus, de tijd die wel het vijfde jaargetijde wordt genoemd omdat de groei van planten en bomen zijn hoogtepunt dan heeft bereikt en de natuur met ingehouden adem op de ommekeer wacht. Toen op een ochtend een eindexamenklas in de banken schoof en Barbara, een korte inventarisatie opmakend, haar ogen over de gezichten liet gaan, rustten ze een ogenblik op een jongen die van zo'n zeldzame schoonheid was, dat de vreemde gedachte bij haar opkwam dat hij het oorspronkelijk ontwerp van de mens zeer dicht moest benaderen. De jongen zelf scheen zijn schoonheid niet als een persoonlijke verdienste, maar als iets vanzelfsprekends te beschouwen. Evenals zijn klasgenoten monsterde hij, op zijn beurt, Barbara met koele nieuwsgierigheid.

Het was de eerste keer in haar leven dat het fenomeen mannelijke schoonheid haar trof. Ze had ongeschonden een huwelijk overleefd waarin het weliswaar nooit stormde, maar waarin ook nooit de zon scheen. Waarschijnlijk zou het tot haar dood vreugdeloos zijn voortgekabbeld als niet haar man, graficus bij een drukkerij, een zwak had gekregen voor een studente die daar met inpakwerkzaamheden haar vakantiegeld verdiende. Voordat het tot haar doordrong was hij uit haar leven verdwenen, geruisloos, met achterlating van een verzameling gegoten letters, een stoffig boekje over het ontstaan van de drukkerij met foto's van werknemers in hemdsmouwen achter ouderwetse, ijzeren drukpersen, en een vergeelde foto van zichzelf waarop duidelijk te zien was waarom het verschijnsel mannelijke schoonheid in haar leven nog nooit een rol had gespeeld. Ze wachtte geduldig op het verdriet dat ze in de loop der jaren om zich heen had gezien als vaste metgezel van echtscheiding, maar hoe lang ze ook wachtte, ze kon bij zichzelf geen ander gevoel bespeuren dan opluchting. Zo kwam het dat ze, toen ze even ver van de dertig als van de veertig verwijderd was, in feite nog maagd was op het gebied van de liefde.

Door de gebleken ondeugdelijkheid van het huwelijk en het onverwacht gunstige effect van de scheiding in één keer van haar angst voor verandering genezen, zocht en vond ze een nieuwe baan, in een stadje beneden de grote rivieren. Ze verhuisde met haar antieke meubels en snuisterijen, de portretten van Verlaine en Rimbaud en een verzameling boeken naar een tweekamerwoning boven een ijzerhandel in een negentiende-eeuwse wijk.

Terwijl velen, opgejaagd door de tijd, in een permanente competitie met de klok verwikkeld waren, had Barbara tot dan toe geleefd in de luxe van een minimaal tijdsbesef. Misschien hadden daarom, als bij mummificatie in het veen, de jaren van haar huwelijk geen sporen op haar lichaam nagelaten: nog altijd toonde de spiegel haar een meisje met donkerbruin pagehaar rond een ovaalvormig gezicht, met ogen die zo donker waren dat het leek of ze alleen uit pupil bestonden en een moedervlek die net te hoog zat om een tache de beauté te kunnen zijn.

De enige plek waar ze het bestaan van de klok niet kon ontkennen was de school, waar de lesuren werden afgebakend door het gezoem van de bel. Elk jaar opnieuw wachtte haar vlak voor de vakantie dezelfde pijnlijke verrassing: de eens tot haar oksels reikende kinderen, die ze met veel te grote boekentassen op school had zien aankomen, namen, volwassen geworden, op het podium in de aula hun diploma in ontvangst.

Een jaar later zou ze zich, in haar rouw om het vertrek van Guido, afvragen of het een kwade geest geweest was, die hem op haar pad had gebracht, en of deze daarmee misschien de bedoeling had gehad haar te straffen voor haar jarenlange ontkenning van de tijd.

Guido Maenhout bleek een begaafde leerling. Zijn vertalingen waren foutloos, zijn uitspraak was perfect, en zijn kennis van en inzicht in de literatuur waren verbazingwekkend. De rest van de klas luisterde fatalistisch wanneer hij als enige antwoord gaf op een vraag, in vloeiend Frans, met een zwaar aangezette dictie. Hij scheen behagen te scheppen in het geluid van zijn stem, die dieper was en van een donkerder timbre dan zijn tengere gestalte deed vermoeden.

Na enkele weken drong het tot haar door dat ze een hekel aan hem had. Hij was te mooi om waar te zijn. Hij vergiste zich nooit. Zijn haar viel in golven tot op de kraag van zijn jasje, dat perfect was van snit en toch niet te modieus. Hij knabbelde niet op zijn pen, pulkte niet aan zijn huid, krabde zich niet op het hoofd, spiekte niet. Zijn Frans was Franser dan dat van de Fransen. Zijn klasgenoten respecteerden hem, maar mochten hem niet. Zelfs de meisjes kwamen niet onder zijn bekoring: het leek of hij niet van vlees en bloed was, maar de personificatie van de perfecte leerling. Hij bewees dat de ideale leerling in werkelijkheid niet kon bestaan. Dat het niet de perfectie is waarvan we houden, maar juist de afwijking ervan – de fascinerende, de vertederende fout – een antiek beeld waarvan de armen zijn afgeknapt.

Op weg naar huis fietste ze door de straat met antiekwinkels en keek omhoog tussen de rood-gele kastanjebladeren door, alsof ze niet begreep waar de druppels die op haar gezicht vielen vandaan kwamen.

'Neemt u mijn paraplu,' zei een stem. Ze keek opzij en nam, verbluft, de paraplu aan die haar toegestoken werd. Naast haar fietste Guido Maenhout, zijn ogen half dichtknijpend tegen de regen. Zwijgend passeerden ze het marktplein; op het glimmende plaveisel braken de kooplui hun kraampjes af.

'Le rouge et le noir,' zei Guido, op haar donkerrode regenjas en de zwarte paraplu wijzend.

Ze lachte noodgedwongen. Godzijdank kleefde zijn haar wanneer het regende, net als bij andere stervelingen, in natte plukken op zijn voorhoofd.

'U heeft me verbaasd, vanmiddag.'

'O ja?'

'Omdat u *Chéri* en *La fin de Chéri* behandelde.'

'Waarom verbaast je dat?'

'Ons literatuurboek vermeldt Colette en passant, alsof ze niet de moeite waard is.'

'Heb je *Chéri* gelezen?'

Hij liet het stuur los, spreidde zijn armen en riep vol gespeelde geestdrift: 'O wat fijn, een parel voor bij het overhemd! een die een beetje roze is, ik weet al welke!'

Barbara schrok. 'Je kent het toch niet uit je hoofd?'

Zijn handen gingen weer naar het stuur. 'Sommige passages.'

Op de boekenlijsten stonden altijd dezelfde titels. Ze probeerde dit te doorbreken door af en toe boeken, die buiten het circuit vielen, te bespreken. *Chéri* was er een van.

'Hoe kwam je op het idee *Chéri* te lezen?'

'Mijn moeder gaf me de twee deeltjes, op mijn verjaardag.'

'Je moeder?' Ze zwenkte met haar stuur en prikte hem bijna in zijn ogen met de paraplu. Ze verontschuldigde zich en hervond haar evenwicht.

'Moderne ouders,' zei hij. Hij keek haar melodramatisch aan, alsof het een kruis was dat hij vol inschikkelijkheid droeg.

Ze schoot in de lach. 'Ik dacht dat er alleen over de moderne jeugd werd geklaagd.'

Zo raakten zij, tussen het marktplein en het standbeeld, vertrouwd met elkaar. Hij fietste mee tot aan haar huis. De geschiedenis van Chéri had hem zo getroffen zei hij, dat hij meer van Colette wilde lezen.

'Je kunt *La chatte* van me lenen,' zei Barbara, 'als je even meeloopt naar boven.'

Ze zag een lichte aarzeling in zijn blik.

'Je hoeft niet bang te zijn hoor,' zei ze, 'ik ben Lea niet.'

Voor het eerst lachte ook hij. Hierbij openbaarde zich eindelijk de fascinerende, vertederende fout: zijn hoektanden waren onderontwikkeld, waardoor hij ineens een dwaze, ietwat hulpbehoevende aanblik bood.

Het mirakel van de hond

Het eerste teken dat er iets aan de hand was kreeg Greta, achteraf gezien, toen de motor van haar bromfiets afsloeg. Een heldere maan bescheen de flats in de verte, eigenlijk niet meer dan sinistere staketsels die zich omhoog wrongen de lucht in waar rafelige wolken door de novemberwind werden voortgejaagd. De hond, die in een rieten mandje aan het stuur zat, ging rechtop zitten en begon met gestrekte hals klaaglijk te janken.

'Hou op,' zei Greta. Ze gaf opnieuw gas, en nog eens, maar de motor zweeg als een mokkende echtgenoot. De hond ging door met zijn gejammer, het leek of hij zich met een smeekbede tot de maan wendde.

'Hou op,' zei ze nog eens, 'je maakt me zenuwachtig.'

Gedurende de drie jaar dat ze in de nieuwbouwwijk woonde had ze steeds geweten dat op een avond tussen de struiken van het park een man zou staan wachten, onzichtbaar voor de voorbijgangers als een per ongeluk tussen de cotoneasters en berberissen opgeschoten uitheems gewas. Zodra hij haar in 't vizier kreeg en blonde haren onder de helm uit zag wapperen zou hij te voorschijn springen en haar van de bromfiets sleuren. De rest van het scenario had ze al duizenden malen in haar hoofd gerepeteerd, nu eens kwam er een mes aan te pas, dan weer deed hij het allemaal met zijn blote handen: 'Heden werd door twee jongens, die aan het voetballen waren, op een braakliggend terrein in Noord het ontzielde lichaam van een jonge vrouw aangetroffen. Sectie heeft uitgewezen dat...' Overleefde ze het dan zou ze er een ongeneeslijk trauma aan overhouden en misschien ook een smerige ziekte, die zich pas jaren later zou openbaren als er niets meer aan te doen was. Maar het allerergste wat haar kon overkomen was – bij die gedachte stokte haar adem – dat ze zwanger zou worden. Dat was te vergelijken met wat Mia Farrow overkwam in Rosemary's baby: een kind van de duivel baren. Om deze gevaren te bezweren voerde ze haar brommer ter hoogte van het park gewoonlijk op tot topsnelheid en vergezelde haar, als amulet en body-guard, de kleine spaniel Joost. Die onderging de snelle verplaatsing in het meevibrerende mandje met aristocratische gelatenheid. Eindelijk thuis liet hij zich met gespreide poten op zijn kleedje van hoogpolige schapewol vallen om bij te komen van de jet-lag. Als ze hem zo zag liggen, de ogen geloken, de punten van zijn oren sierlijk neergevlijd op het tapijt, kon ze zich niet voorstellen dat er in de wereld zoiets boosaardigs kon bestaan als een man die tussen de struiken stond te wachten.

Zwaar trappend baande ze zich tenslotte een weg door de gevarenzone. Tussendoor maande ze de hond sissend tot stilte. Zijn gebalk zou een verkrachter juist op hen attenderen. Zoals de zee bij springvloed de hoogst gelegen grotten bereikt, zo leek haar bloed van angst en inspanning in onbereikbare hersenholtes binnen te dringen. Een haast ondraaglijke druk in haar hoofd was het gevolg, maar tegelijk scheen haar waarnemingsvermogen erdoor te worden gescherpt.

Waar het fietspad een bocht naar rechts maakte schemerde tussen de takken door een blauwig schijnsel. Ze remde. Twijfelend tussen nog meer vaart maken en afstappen reed ze in een tweeslachtige slingergang verder totdat ze bij een groot, onbebouwd terrein kwam. Terwijl over de bestemming hiervan de geruchten elkaar al jarenlang tegenspraken, hadden de natuur en de omwonenden zich het niemandsland toegeëigend: tussen riet, wilgen en distels lagen conservenblikjes, lege flessen, half vergane schoenen, kledingstukken en matrassen, lekke ballen en autobanden. Hier bleek het blauwe schijnsel zijn oorsprong te vinden. Op een kaal gedeelte, waar overdag vaak gevoetbald werd, stond een rond, plat voertuig ter grootte van een passagiersvliegtuig. Bovenop, in het midden, bevond zich een uitstulping, een soort cabine, vanwaaruit het gasvlamblauwe licht via patrijspoorten in bundels op de grond viel. Het ding rustte op vier poten die een stukje in de grond wegzakten.

Greta merkte niet dat haar voeten van de trappers gleden,

waardoor ze met de bromfiets tussen haar benen tot stilstand kwam. De vanzelfsprekendheid waarmee het toestel op het voetbalveld stond–zoals de bus op het eindpunt van zijn route een tijdje staat te wachten–verraste haar zo dat haar angst wegebde. Het toestel had niets van de uitgekiende aerodynamica van een vliegtuig. De innemende ronde vorm, het zilverkleurige materiaal en de schijnbare vederlichtheid gaven het iets poëtisch. De hond was opgehouden met blaffen en liet een vergevensgezind gemurmel horen. Hij zat, alsof hij zijn behoefte deed, met een kromme rug in de mand en keek met wijd opengesperde ogen naar het merkwaardige voertuig. Het puntje van zijn staart, dat over de rand hing, schoof kwispelend heen en weer.

Later zou ze vergeefs proberen zich te herinneren hoelang ze daar zo gestaan had. Ze zou zich erover verbazen dat haar angst voor De Grote Verkrachter, die eigenlijk alleen in haar fantasie bestond, zo gemakkelijk plaats had gemaakt voor de moeiteloze acceptatie van een ding dat misschien nog veel gevaarlijker was en bovendien echt bestond, net zo echt als de ademloos toekijkende beeldengroep die zijzelf, met hond en bromfiets, vormde. Echter dan de onmenselijke flatgebouwen in de verte, echter ook dan haar man die daar ergens, halverwege tussen hemel en aarde, op haar wachtte. Ja dat alles was onbetekenend vergeleken bij wat zich hier manifesteerde. Ik wil erin, dacht ze, hoe zou het daarbinnen in die blauwe holte zijn.

Ze maakte aanstalten om haar bromfiets op de standaard te zetten toen in het ding, achter een geruisloos omhoog schuivend rolluik, een deuropening zichtbaar werd. Alsof hij op dit sein gewacht had, sprong de hond uit het mandje en begon, een langgerekte smachtende kreet uitstotend, in de richting van het toestel te rennen. De halsband sleepte achter hem aan. Uit de drempel ontrolde zich een loopplank; het leek of het voertuig, als een pad die een insekt vangt, vanuit zijn blauwe muil zijn tong uitstak in de richting van de aanstormende hond. Op het moment dat hij de loopplank bereikte verscheen op de drempel een gestalte. In zijn contouren tekende zich een diepzeeduikerspak met helm af, waaraan alleen de slang ontbrak. Zonder aarzelen rende de hond de loopplank op. De gestalte deed een stapje opzij om hem te laten passeren. Onmiddellijk trad het rolmechanisme weer in werking, nu in omgekeerde richting: de loopplank rolde zich op, in de deuropening gleed het luik naar beneden. Greta kneep in de handvatten van het stuur. Ze hoorde een licht ruisend geluid, dat haar deed denken aan een zomeravond als er na een hete, windstille periode een bries opsteekt die de aankondiging is van onweer. Er ging een siddering door het voertuig. Het leek zich schrap te zetten tegen de aarde: de poten boorden zich nog verder in het zand. Daarna verhief het zich langzaam, vibrerend als een libelle, blauwe stralen over het veld werpend en over een hoop afval, die daardoor een nieuwe, verheven functie leek te krijgen. Geluidloos, zonder vleugels, zonder propellers, zonder het ronken van motoren, steeg het ding op. Deze raadselachtige manier van voortbewegen verleende het een bijna goddelijke waardigheid. Het scheen onafhankelijk te zijn van de aardse wetten waaraan alle levende en dode materie gehoorzaamt. Het steeg hoger en hoger, zwenkte in de richting van de flats en zweefde er in een arabeske overheen. Tenslotte had het zich zo ver van de landingsplaats verwijderd dat er, als langzaam uitdovend vuurwerk, alleen nog een blauw puntje zichtbaar was.

Greta wreef over haar nek die stijf was van het in gespannen aandacht omhoog turen en keek om zich heen. Het voetbalveld was een en al onschuld en verlatenheid. Niets gaf er blijk van de opmerkelijke gebeurtenis te hebben gesignaleerd. Zij was de enige die alles als een spons in zich opgezogen had. Het ding had haar lelijk laten staan, vastgeklonken aan de aarde. Er leek iets te zijn gescheurd in haar bewustzijn, alsof het voertuig een deel van haar had meegenomen en het andere deel, de helft van degene die ze kort tevoren was geweest, hier had achtergelaten. Ze keek naar het lege hondemandje. 'Joost,' kreunde ze. Ze zag voor zich hoe hij, merkend dat ze hem niet gevolgd was, wanhopig kefte om haar aandacht te trekken. Hoe hij, begrijpend dat hij lelijk in de val gelopen was, vergeefs tegen de wanden opklauwde. Wat waren ze met zijn hondelijf van plan? Wie waren ze?

Deze gedachten brachten haar zo van streek dat ze bruusk de motor startte en, zonder zich erover te verbazen dat hij het weer deed, wegscheurde in de richting van de flats.

Niet in staat het tergende wachten op de lift te verdragen rende ze via de betonnen trap naar de vijfde verdieping. Toen ze de sleutel in het slot stak was het haar te moede of ze terugkwam van een verre reis. In de kamer schreeuwde iemand iets in het Duits. Ze gooide haar jas over de kapstok en opende de deur. Het achterhoofd van haar man stak boven de rugleuning van een stoel uit. Er was een Duitse misdaadfilm op de televisie.

'Arnold...' Ze dwong zichzelf tot kalmte, deed enkele stappen de kamer in en legde een hand op zijn schouder.

'Het is bijna afgelopen,' zei hij zonder zijn ogen van het scherm af te wenden.

'Ik heb...' begon ze. In een adem liet ze er op volgen: 'Joost is weg.'

'Wat zeg je?' Zijn stem klonk lijzig. Met tegenzin lieten zijn ogen de binnenwereld van de televisie los. Greta liep dwars door de kamer heen en knielde neer bij het kleedje van de hond. Ze tilde het met beide handen op, duwde haar gezicht in de wollen vacht en wiegde heen en weer.

'Waar is Joost?' vroeg hij, haar ongerust gadeslaand.

Ze tilde haar hoofd op en keek hem verstrooid aan. 'Hij is... weg.'

'Hoezo weg?'

'Meegenomen door een ufo,' zei ze toonloos. Nu ze de naam van het ding er zomaar uitflapte, schrompelde het ineen van een mysterieuze, ingrijpende gebeurtenis tot het welbekende verschijnsel dat door de meeste mensen laatdunkend als 'science fiction' werd afgedaan.

'Door een ufo,' herhaalde hij.

Ze knikte.

'Hoor eens,' zei hij, 'ik ben doodmoe, ik heb een slopende dag achter de rug, ik wil naar bed. Maar ik moet eerst weten waar Joost is.' Hij liep voorovergebogen naar de televisie en deed hem resoluut uit.

'Dat zeg ik toch.' Ze drapeerde het kleedje zorgzaam op de vloer en streek met vlakke hand peinzend over de pool.

'Ik ben te moe voor flauwekul,' zei hij.

Was ze tijdens de race naar huis voortgestuwd door de dringende noodzaak alles aan hem te vertellen, nu leek het of haar lippen verzegeld waren. Ze voelde zich verdoofd en uitgeblust. Maar zijn blik gaf haar te verstaan dat ze niet onder een rechtvaardiging van Joosts verdwijning uit kwam. Op matte toon begon ze te vertellen wat haar was overkomen. Al had ze, zich vastklemmend aan haar bromfiets, de gebeurtenissen als betoverd ondergaan, toch was haar geen detail ontgaan. Haar verhaal werd langer en nauwkeuriger dan ze wenste, het leek zichzelf, zonder haar tussenkomst, te vertellen. Uitvoerig hoorde ze zichzelf de aantrekkingskracht van het toestel beschrijven, waardoor Joost naar binnen was gerend alsof hem een geheimzinnige, voor haar onwaarneembare lokroep had bereikt.

Arnold hoorde haar, zonder haar te onderbreken, fatalistisch aan. Toen ze zweeg stond hij op. Hij liep naar het dressoir, pakte een fles sherry en een glas. Van deze stille handelingen ging iets onheilspellends uit. Het glas werd met vaste hand volgeschonken. Hij reikte het haar aan, ging op de leuning van een stoel zitten en zei: 'Zo, en nu ga je me serieus vertellen hoe je Joost bent kwijtgeraakt.'

'Maar ik vertel je net...' zei ze.

'Ik begrijp dat je zijn halsband hebt losgelaten, dat hij uit het mandje gesprongen is en dat hij op jouw roepen niet reageerde. Als je me nu uitlegt waar hij precies de benen heeft genomen dan weet ik tenminste waar ik moet gaan zoeken.'

Ze zette het glas op de vloer zonder een slok genomen te hebben. 'Zoeken heeft geen zin...' zuchtte ze.

Hij beende de gang in en kwam in zijn winterjas terug.

'Je gelooft me niet!' riep ze.

'Waar is hij uit het mandje gesprongen?' herhaalde hij.

Ze opende haar mond voor verder protest, maar zei in plaats daarvan vermoeid: 'Bij dat kale stuk, waar ze altijd voetballen, dat zei ik toch.'

Nadat de voordeur achter hem was dichtgevallen bleef ze enige tijd bewegingloos zitten. Plotseling dronk ze met schielijke teugen het glas leeg, zette het terug op de vloer en ging op het kleedje liggen, haar hoofd tussen haar knieën, en met haar armen om haar benen geslagen.

In de week die volgde op de verdwijning van de hond liet Arnold geen middel onbeproefd om hem terug te vinden. Hij deed navraag bij buurtbewoners, zette advertenties en zwierf, op barse toon Joosts naam roepend, rond in de omgeving van het braakliggende terrein. Tegenover Greta gedroeg hij zich met de dag vijandiger. Na elke vergeefse speurtocht ondervroeg hij haar bits, zonder haar ooit op tegenspraak te betrappen. Soms merkte ze dat hij haar met een zekere vrees gadesloeg, alsof hij met een gevaarlijke krankzinnige te doen had die met alchemistische toverkunsten de verdwijning van de hond had bewerkstelligd.

'Begrijp je dan niet dat je jezelf onsterfelijk belachelijk maakt,' riep hij op een avond. 'Een ufo! Ik durf het gewoon aan niemand te vertellen. Als straks iemand me vraagt: hoe is het met je vrouw, kan ik net zo goed zeggen: ze heeft het licht gezien, of: ze heeft het mannetje in de maan gezien. Ik schaam me dood.'

'Waarom verzet je je er toch zo tegen?' verweerde Greta zich. 'Je gelooft in allerlei dingen die niet zichtbaar zijn en waarvan je niet bewijzen kunt dat ze bestaan, zoals respect, trouw, rechtvaardigheid, vooruitgang. Waarom dan niet in een ufo, die ik met eigen ogen heb gezien?'

Haar woorden brachten hem buiten zichzelf. 'Omdat het een

verzinsel is!' schreeuwde hij. 'Een idiote, kinderachtige leugen, God mag weten waarom!'

Ten einde raad alarmeerde Arnold haar ouders. Ze kwamen op een druilerige zaterdagmiddag en gedroegen zich bij hun binnenkomst ontwijkend en omzichtig, alsof Greta, zonder het zelf te weten, aan een dodelijke ziekte leed. Het kwam haar voor dat er schijnheiligheid school in de manier waarop ze naar de hond informeerden en dat ze verbazing voorwendden, toen ze te horen kregen dat hij verdwenen was.

Opnieuw belandde Greta in de beklaagdenbank. Ze richtte haar blik op een bos blauwe chrysanten, die haar ouders hadden meegebracht, en vertelde nogmaals wat er op die gedenkwaardige avond was gebeurd. Dat blauw van die chrysanten, dacht ze intussen, dat kan niet echt zijn. Zou men witte chrysanten in een bad met blauwe verf dopen? Wat moeten we daar van denken? Vanuit haar ooghoek zag ze haar vader, die met gebogen hoofd luisterde, in schijnbare aanbidding verzonken voor de neuzen van zijn schoenen, die glommen als nooit tevoren. Onberispelijk gepoetste schoenen, een van de minimumeisen die we aan het bestaan moeten stellen, zei hij vroeger, op haar aftrappers wijzend. Vanuit haar andere ooghoek zag ze haar moeder, die voortdurend met haar hoofd schudde alsof ze met tegenzin slecht nieuws tot zich nam: in de hoop dat het door deze beweging letterlijk het ene oor in en het andere oor uit zou gaan. Zij zullen me geloven, dacht Greta, zij kennen me vanaf mijn geboorte. Zij weten dat ik niet de fantasie heb om dit allemaal uit mijn duim te zuigen. Ze verplaatste haar blik naar buiten; de onvoorstelbare uitgestrektheid van de hemel werd schijnbaar ingeperkt door de omlijsting van het raamkozijn. Daar ergens is Joost nu, dacht ze, onzichtbaar en onhoorbaar voor mensenogen en -oren. Denkt hij wel eens aan mij?

Toen ze uitgesproken was verplaatste alle aandacht zich naar haar moeder, die haar zwarte lakleren tas geopend had en daar naarstig iets scheen te zoeken. Men keek zwijgend naar haar grijze krullen, die haar gezicht aan het oog onttrokken. Het gegrabbel in de tas hield zo lang aan en de anderen keken zo eendrachtig toe, dat het leek of de oplossing voor het onuitgesproken probleem dat levensgroot tussen hen hing zich in die damestas bevond. Tenslotte verscheen er een papieren zakdoekje. Met veel gesnuif haar neus snuitend kwam ze overeind uit haar stoel, om zich met rare, omtrekkende bewegingen – waarbij men haar gezicht niet te zien kreeg – uit de kamer te verwijderen. Dit alles is geen goed teken, zei Greta bij zichzelf.

Arnold stond bruusk op en begon rammelend de theekopjes te verzamelen. 'Ja, laten we nog een kopje thee drinken,' zei Greta. Uit de gang klonken gesmoorde snikgeluiden. Er werd gesnoten, er werd gehoest.

'Een beetje frisse lucht.' Ze gooide de deur naar het balkon open en stapte naar buiten. Verdorde zomerplanten in volgeregende bakken boden een naargeestige aanblik. Ze boog zich gevaarlijk ver over de rand van het balkon om te zien of ze vandaaruit een glimp van het voetbalveld kon opvangen. Haar ogen half dichtknijpend zag ze een smalle reep tussen twee flats door. Ze waken als sfinxen over heilig terrein, zei Greta bij zichzelf. Door de deur, die op een kier stond, ving ze flarden op van een gesprek. 'Gielekens...' Haar vader. 'Ik denk niet dat Greetje...' Arnold. 'Hulp nodig...helemaal van slag...' Haar moeder mengde zich er ook in.

Ze hief haar gezicht op. De motregen legde er een waas van fijne druppels overheen. Wat kan ik eraan doen, dacht ze, je kunt een blinde geen kleuren leren zien.

'Greetje!' riep Arnold.

Ze haalde diep adem, liet de leuning los en ging schoorvoetend de kamer binnen. Drie paar ogen waren vergevensgezind op haar gericht. Haar moeder kneep haar gezwollen oogleden met een intiem gebaar dicht alsof ze zeggen wilde: al pleeg je een moord, we laten je nooit in de steek.

'Greet,' zei haar vader, 'we weten dat je een moeilijke tijd achter de rug hebt. Dat hebben we met z'n allen onderschat, denk ik. Wat je ons daarnet verteld hebt, daar weten we ons geen raad... daar hebben wij geen verstand van. Nu hadden we gedacht, als je eens met pastoor Gielekens ging praten, herinner je je die nog?'

Ze schudde haar hoofd. De naam riep niets bij haar wakker. Ze had de kerk al zo lang geleden de rug toegekeerd.

'Je weet wel,' drong hij aan, hulpeloos naar haar moeder ziend, 'hij heeft je indertijd gedoopt.'

'Ik moet me herinneren wie me gedoopt heeft,' zei Greta.

'Nee, nee,' riepen haar ouders tegelijkertijd sussend.

'Het is gewoon een aardige, verstandige man.' Haar moeder, die nog steeds met het zakdoekje speelde, kneep het papier tot een prop. 'Heel modern ook.'

'Wat moet ik met een pastoor,' zei Greta. Gingen ze maar naar huis, bad ze.

'Doe het nu maar,' zei haar moeder, 'doe het voor ons.'

Ze keken haar hoopvol aan. Ik ben tot alles bereid, dacht Greta, als ze me maar met rust laten. 'Goed,' zei ze zacht.

Opgelucht stond haar vader op. 'Dan gaan wij er nu vandoor, ik zal een afspraak voor je maken.' Hij knoopte zijn colbert dicht. Het ontging haar niet dat Arnold hem dankbaar toeknikte. Ook haar moeder kwam overeind. Ineens schenen ze een geweldige haast te hebben.

'Jullie geloven me niet, he?' zei Greta.

Het gezicht van haar vader verstarde. 'Daar gaat het nu niet om,' zei hij vlug, en tegen zijn vrouw, zich omkerend naar de deur: 'Kom, schiet eens op.'

'Maar jullie geloven wel in God,' zei Greta.

'Dat is iets anders,' zei hij over zijn schouder.

'Dat is iets heel anders schat,' echode haar moeder.

Ze werd ontvangen in de spreekkamer van een klooster dat tegen een laat-negentiende-eeuwse kerk aanleunde. Ze herinnerde zich dat het hele complex ooit de kern van een dorp had gedomineerd. Nu was het samen met het dorp, waarvan door sloop en nieuwbouw niet veel over was, door de stad geannexeerd en lag het als een archaïsche enclave in de nieuwe tijd.

Aan de muur hingen schilderijen van forse afmetingen. Toen ze binnenkwam werd haar blik naar een madonna met kind toegezogen, in een blauwe mantel statig tegen een achtergrond van Romeinse zuilen gezeten. Het mollige kind op haar schoot trok, om haar aandacht af te dwingen, speels aan de kap die haar hoofd bedekte. Vol innigheid keek zij op hem neer, hem bij voorbaat alles vergevend.

Gielekens nam plaats achter zijn bureau en beduidde haar met een beringde hand te gaan zitten. Hij had een kaarsrecht, rijzig postuur dat ze zich niet ootmoedig knielend voor het Christusbeeld kon voorstellen. Weelderig wit componistenhaar omkranste een scherpzinnige kop, eerder het gezicht van een geleerde of een filosoof dan van een dienaar Gods. Nu begreep ze dat deze man de toeverlaat van haar ouders was. Even welde het verlangen in haar op zich aan hem over te geven, te zeggen: mijn lot ligt in Uw handen. Omgeven als hij was door bovennatuurlijke voorstellingen – de heilige familie bezocht door engelen die op de kribbe toezweven, een heilige op een berg aan wie Maria zich in een stralenkrans openbaart, de vanzelfsprekendheid van de aureolen (twee kleine vliegende schotels!) boven de hoofden van de madonna en het kind – kwam hij haar voor als iemand die eraan gewend was in een andere werkelijkheid dan de voor iedereen zichtbare te verkeren en daarom toegankelijker zou zijn voor haar getuigenis dan anderen.

'Wat is er nu precies gebeurd,' begon hij, 'ik heb het verhaal alleen uit de tweede hand.' Hij steunde met zijn ellebogen op het blad van zijn bureau; zijn vingertoppen rustten tegen elkaar.

Ze ontweek zijn ogen, die haar met voyeuristische nieuwsgierigheid opnamen; haar blik schampte langs zijn witte slaap en vond rust bij de onvoorwaardelijke toewijding van de madonna. Werktuigelijk deed ze haar relaas; inmiddels bewoog ze zich erin als een ervaren zwemster die met lome slagen naar de overkant van een meer zwemt. Tussen de zuilen op het schilderij schemerde een Italiaans heuvellandschap, blauw vervagend in de verte. Daar werd ze, steeds dieper, ingezogen. Het was een oord van ongebondenheid, men hoefde er aan niemand verantwoording af te leggen. Ze werd een stipje in het blauw, totdat ook dat oploste.

Blauw vervagend in de verte: zo besloot ze ook haar verhaal. Gielekens strengelde zijn vingers strak ineen, alsof er een noodzaak bestond onmiddellijk voor haar zieleheil te bidden. Greta probeerde hem te peilen, maar hij keek haar strak aan en zweeg. Ineens begonnen ze allebei tegelijk te spreken, waarna ze tegelijk verontschuldigend lachten.

'Laat ik dit voorop stellen,' Gielekens legde zijn handen plat op zijn bureau en leunde voorover naar haar toe, 'er is geen enkele reden om je ongerust te maken.'

Ongerust? Wie was er ongerust?

'De hele geschiedenis is een grote metafoor,' zijn handen spreidend gaf hij deze de afmetingen van een pasgeboren baby, 'een prachtige metafoor, moet ik zeggen.'

'U neemt me dus niet serieus,' zei ze.

'Jawel, jawel,' hij lachte schielijk, 'ik neem dit zeer serieus.'

'Maar ufo's bestaan niet.'

'Nou kijk... Ja en nee. Feitelijk is er voor ufo's binnen het katholieke concept geen plaats. God schiep de aarde en haar bewoners en eindigde toen hij zag dat het goed was. Er staat nergens dat hij elders in de kosmos een soortgelijke scheppende daad zou hebben verricht. Zoiets zou het hele scheppingsverhaal op losse schroeven zetten. Daar komt bij dat er in de meeste ufoverhalen sprake is van een planeet waar ten gevolge van de hoog ontwikkelde ethiek van haar bewoners een volmaakte orde heerst. Deze wezens zouden zich dan, bezorgd als ze zijn over de toekomst van de aarde, in hun wonderlijke voertuigen hierheen spoeden om ons tot andere inzichten te brengen. Dit idee van de geestelijke vervolmaking van de mens op aarde is natuurlijk in tegenspraak met De Zondeval en Het Laatste Oordeel.'

'Dus ufo's bestaan niet,' herhaalde ze.

'Nee nee,' protesteerde hij, 'nu begrijp je me verkeerd. Op een bepaalde manier bestaan ze wel. Neem nu jouw geval. Ik zie dit zo...' Hij hief zijn kin op en keek over haar heen alsof hij zich tot iemand die achter haar stond richtte. Ze moest zich bedwingen om niet om te kijken. 'Je zult het je misschien niet bewust zijn,' vervolgde hij, 'maar je hebt zoëven terwijl je zat te vertellen voortdurend naar Maria gekeken. Dat was geen toeval. Vergeef me dat ik even hardop gebruik maak van de informatie die je ouders me gegeven hebben. Jarenlang heb je alles in het werk gesteld om zwanger te raken. Dat was een heel gezond streven, tenslotte is de vrouw geschapen om kinderen te krijgen. Het is haar natuurlijke bestemming en tegelijk een verheven doel. Is het een wonder dat ze ongelukkig wordt als het haar niet lukt? Welnu, ik heb me laten vertellen dat uiteindelijk het mirakel toch geschiedde: je raakte in verwachting. Je zei onmiddellijk je baan op om de vrucht alle gelegenheid te geven tot volle wasdom te komen.'

Greta huiverde. De versleten pathetiek van deze uitdrukking verhulde nauwelijks het medisch jargon, dat haar met pijnlijke precisie herinnerde aan iets dat ze liever wilde vergeten.

'En toen... toen ging het mis.' Hij wachtte even. Ze verschoof op haar stoel en drukte haar nagels in de rug van haar hand. 'Natuurlijk was je er kapot van. Ze hebben alles geprobeerd om je te troosten, maar wat baatten al die goedbedoelde woorden? Er was een verschrikkelijke leegte gekomen in je bestaan, een leegte zoals je die nooit gekend had en die erom smeekte opgevuld te worden...'

In de ban van zijn eigen woorden was hij allengs gaan spreken op de holle, gedragen toon van een voordrachtskunstenaar. Ik ben verraden, dacht Greta. Mijn ouders hebben intieme dingen aan een wildvreemde overgebriefd. Uit zijn mond moet ik, vervormd, mijn eigen geschiedenis aanhoren.

'Gods wegen zijn ondoorgrondelijk,' glimlachte Gielekens. 'Het is begrijpelijk dat je, om je bestaan toch inhoud te geven, deze vliegende schotel daarin hebt geïntroduceerd. Als je niet bent uitverkoren voor het moederschap, dan in ieder geval wel voor deze uitzonderlijke... openbaring, zou ik haast zeggen. Die geeft je als het ware toch een functie, en bovendien heb je iets om over te fantaseren.'

Hoewel er een stilte viel leek het of dit laatste woord na bleef galmen, tegen de muur opkaatste, zich probeerde te meten met de wonderbaarlijke voorstellingen op de schilderijen, maar tenslotte terugverwezen werd naar degene die het had uitgesproken.

Verbijsterd keek ze hem aan. Het gevoel van bitterheid werd overstemd door verbazing. Hoe kwam hij erop! Zo'n ingewikkelde omweg te construeren om trouw te kunnen blijven aan de katholieke leer. Zijn scherpzinnigheid overtrof de verwachtingen die zijn gelaatstrekken hadden gewekt, maar werd op haar beurt overtroffen door een fantasie die in dienst van het geloof vreemde buitelingen maakte.

Hij glimlachte behaagziek, alsof hij meende haar met zijn diagnose al half te hebben genezen.

'En dat...' Greta wees naar de schilderijen, 'is dat ook allemaal verbeelding?'

Hij keek haar bevreemd aan. Toen draaide hij zich stijfjes om en bekeek de schilderijen alsof hij ze voor het eerst zag.

'Die verschijningen, van engelen en van Maria,' zei ze, 'die komen toch ook zomaar uit de hemel naar beneden?'

'Maar dat is van een heel andere orde...' zei hij.

'Bernadette zag Maria in Lourdes en sindsdien trekken er hele volksstammen naar toe,' zei ze verongelijkt, 'maar als ik een ufo zie in Amsterdam-Noord wil niemand me geloven.'

'Je vergelijkt Maria met een ufo!' riep Gielekens uit. Al het inlevingsvermogen was nu uit zijn gezicht verdwenen. 'Je vergelijkt twee verschillende grootheden met elkaar. Een Mariaverschijning als die van Bernadette is door de Romeinse Congregatie der Riten uitgebreid op haar echtheid gecontroleerd, voordat zij door de paus werd gecanoniseerd.' In zijn stem klonk nu de officiële galmtoon van de moederkerk door.

Goedgekeurd door de Vereniging van Huisvrouwen, zei Greta bij zichzelf. Hoe was het mogelijk dat hij onvoorwaardelijk geloofde in een visioen van iemand die allang dood was, terwijl hij de getuigenis van iemand die nog springlevend was gemakzuchtig afdeed als een uit zielepijn voortspruitend droombeeld? Zij geloofde niet in de dingen waarin hij geloofde, maar wist wel dat het toestel dat ze gezien had even echt was als de man die tegenover haar zat, met zijn witte boord en een neerbuigende uitdrukking op zijn gezicht.

'Uw geloof is heel sterk,' zei ze, 'terwijl er bij mij geen sprake is van geloven. Ik heb gewoon iets gezien.'

Vermoeid schudde hij zijn hoofd. 'Luister eens Greta, ik denk dat wij zo niet veel verder komen. Mijn tijd is beperkt. Laat ik je een goede raad geven: zet de hele zaak uit je hoofd. Zoek een baan. Keer terug tot de orde van de dag.' Ten teken dat hij de zitting als beëindigd beschouwde schoof hij zijn stoel achteruit en ging staan. 'Denk maar eens na over wat ik gezegd heb,' zei hij, zich minzaam naar haar toe buigend en haar een hand toestekend, 'krijg je behoefte aan steun van de kant van de kerk, dan kun je altijd een beroep op me doen.'

Terwijl ze vertelde hoe haar consult bij Gielekens was verlopen hoorde Arnold, die sinds het bezoek van haar ouders een houding van superieur medelijden had aangenomen, haar met een trek van toenemend misprijzen om de mond aan.

'En ik mag altijd een beroep op hem doen,' besloot ze met een droog lachje.

'Dus je hebt zijn hulp afgewezen,' zei hij bitter.

'Noem je dat hulp!' Verontwaardigd wendde ze haar gezicht van hem af en keek naar buiten.

'Jammer,' zei hij, 'heel jammer.'

'Wat is jammer?'

'Dat je niet inziet dat hij gelijk had.'

Ze klemde haar lippen op elkaar. De lucht was ondoordringbaar grijs. Het was onvoorstelbaar dat zich daarachter nog iets anders bevond. De aarde leek, opgesloten in een cocon, voor eeuwig van het heelal afgesloten.

'Nu begrijp ik het,' zei ze, langzaam haar gezicht naar hem toekerend, 'die theorie van Gielekens is van jou afkomstig.'

'En van je ouders,' vulde hij aan.

'Jullie nemen me niet serieus.'

'Jij zou jezelf eens serieus moeten nemen.'

'Die is goed!' Ze lachte vreugdeloos. Waar kan ik heen, dacht ze, ik kan nergens heen. Zij die me het meest nastaan vertrouwen me niet.

Na deze woordenwisseling nam Arnold zijn toevlucht tot de tactiek van de koude oorlog. 's Avonds trok hij een scherm van kranten, tijdschriften en televisieprogramma's om zich heen: in bed keerde hij haar zijn rug toe. Vragen die nooit eerder bij haar waren opgekomen hielden haar 's nachts uit de slaap. Wat was datgene wat in de wandeling 'de werkelijkheid' genoemd werd? Had iedereen z'n eigen werkelijkheid? School er achter die optelsom van werkelijkheden een andere, waar hooguit enkele uitverkorenen een glimp van opvingen? Was zij zo'n uitverkorene? Naast haar haalde Arnold raspend adem. Zelfs in zijn slaap probeerde hij haar, door zich zo te manifesteren, aan zijn kortzichtigheid te onderwerpen. Ze kreeg een afkeer van de slapende massa naast haar. Wat is liefde, dacht ze na doorwaakte uren, wat blijft ervan over?

Naarmate haar isolement toenam raakte ze steeds meer bezeten van de gedachte dat het ufo-avontuur pas volledig zou zijn als er minstens een persoon was die haar wilde geloven. Dit verlangen dreef haar op een dag naar een oude vriendin, die als heilbrengend levensbeginsel achtereenvolgens de astrologie, de getallensymboliek, het pendelzwaaien en het schouwen in kristallen bollen had beoefend. Hoewel ze al lang uit de mode waren liep Christine in oosterse gewaden door haar huis, waar permanent een broeikasklimaat heerste – goedkoper dan een reis naar India, was haar credo.

Voor het eerst viel Greta's verhaal in een vruchtbare bodem. Christines ogen schitterden als de bollen van kristal die, stukken van de hemel en boomkruinen weerspiegelend, in verschillende maten op de vensterbank stonden. De episode waarin de hond gebiologeerd het voertuig binnenrende ontlokte haar geexalteerde kreten. Haar handen maaiden met dunne, gespreide vingers door de lucht. 'Jezus Maria,' bracht ze uit, met haar grote toverogen moeiteloos de combinatie Greta-hond-ufo voor zich ziend. Zon- maan- sterren- planeten, ze bewoog zich tussen de hemellichamen met hetzelfde gemak als waarmee een taxichauffeur zich van de ene stadswijk naar de andere rept.

'Dit mag je niet voor je houden,' zei Christine, 'je moet 't melden bij de vovo.'

'De wat?'

'De Vereniging van Ongeïdentificeerde Vliegende Objecten, daar verzamelen ze de meldingen. Het komt niet vaak voor dat iemand er een ziet.' Ze bekeek Greta taxerend. 'Ik vraag me af wat jij voor bijzonders hebt dat ze zich aan jou hebben gemanifesteerd.'

'Ze?'

'De bemanning van het ruimteschip. De mensen met wie ze in contact willen komen worden secuur uitgezocht.'

'Het was puur toeval dat ik op dat moment langskwam.'

'Dat denk je maar.' Christine schudde haar zwarte pijperagerskrullen naar achteren. 'Ze weten alles.'

'Als ik iets later naar huis was gegaan,' zei Greta, 'was het toestel allang weg geweest.'

'Ik zal je horoscoop eens trekken,' zei Christine, 'iets daarin moet wijzen op een ontmoeting met buitenaardse wezens.'

Greta staarde naar een glazen piramide op de tafel. Een zonnestraal politoerde een vlak met de kleuren van de regenboog.

'Ik had gewoon geluk,' mompelde ze, 'of pech.'

'En je zult zien,' zei Christine, 'ze komen terug. Over een maand, een jaar, tien jaar misschien, maar ze komen terug.'

'Hoe weet je dat?'

'Dat is bekend.'

Greta wist niet wat ze moest zeggen. Een gevoel van onbehagen besloop haar. Eindelijk was er iemand die haar geloofde, maar ze geloofde het te gretig. Christine eigende zich de gebeurtenis als het ware toe door er meer van af te weten dan zij. Waar haalde ze al die wijsheid vandaan? Ze sloeg door. Onbewust misschien om de weegschaal die tot nu toe doorboog onder de last van ongelovigen in evenwicht te brengen.

De juiste verhoudingen mogen niet uit het oog verloren worden, zei ze bij zichzelf, over de ware toedracht moet gewaakt worden.

Nauwelijks thuis zocht ze de VOVO op in het telefoonboek en draaide het nummer. 'Met Schwarzenegger.' Het klonk als een kolossaal oud gebouw dat op last van de sloper in elkaar stort. 'U spreekt met mevrouw Kaagman, ik heb er een gezien,' zei ze gejaagd, 'zo'n ufo.' 'Zooo...,' bromde de ander. 'Ik spreek toch met de Vereniging van Ongeïdentificeerde Vliegende Objecten?' 'Jazeker.' Een lange stilte volgde. Aan de andere kant van de lijn werd zwaar geademd. 'Nou...,' zei Greta. 'Heeft u een ogenblik,' onderbrak Schwarzenegger haar, 'dan zal ik uw naam en adres noteren.' Er werd een afspraak gemaakt bij haar thuis, tijdens de kantooruren van haar man. 'Ik kan niet beloven dat u met foto en al in de Ufoloog komt,' waarschuwde hij.

Schwarzenegger vulde de hele deuropening. Greta deinsde achteruit. Weliswaar droeg het gevaarte een gedistingeerde camel winterjas, maar het had ook een zwarte, met vet achterover gekamde kuif en tochtlatten. Een kruising tussen een overjarige bokser en Elvis Presley in zijn nadagen, dacht ze. Het stak haar een enorme hand toe en stelde zich voor. Weer stortte er een gebouw in.

Terwijl ze koffie inschonk installeerde Schwarzenegger zich zwaar hijgend in een diepe stoel. 'Ik heb de trap genomen,' verklaarde hij, 'zo'n lift, dat is niks voor mij.' Hij trok een bloknoot uit zijn diplomatenkoffertje waarop een lichtgevende ufo was afgebeeld die een paarse nacht in zweefde. Uit zijn vestzak peuterden zijn dikke vingers een vulpen. Daarna sloeg hij het bloknoot open en vestigde zijn blik op Greta, die van haar koffie nipte.

'We willen graag precies weten wat er gebeurd is,' zei de kolos. 'Ook ogenschijnlijk nietszeggende details kunnen van belang zijn.'

Ze probeerde het gevoel van bevreemding dat hij bij haar wekte van zich af te schudden en keek naar het onbeschreven vel papier in zijn bloknoot. Als ik niets zeg, dacht ze, zal het leeg blijven. Het is mijn plicht door te geven dat er een ufo geland is op het voetbalveld en dat ik het gezien heb. Zij die er verstand van hebben zullen dit bericht naar waarde weten te schatten, al moet het via deze buldog tot hen komen.

Aarzelend begon ze te spreken. Het werd een relaas zonder opsmuk dat door Schwarzenegger met forse pennestreken werd vastgelegd. Hij onderbrak haar niet. Uit zijn borst klonk gepiep als van een in het nauw gebracht kuiken. Zijn knuisten sloegen blad na blad om. Het avontuur is niet meer van mij, dacht Greta, nu het wordt opgeschreven.

'Gefeliciteerd,' zei Schwarzenegger toen ze uitgesproken was, 'het ziet ernaar uit dat u een authentieke waarneming heeft gedaan. Jammer dat u alleen was.'

'Waarom is dat jammer?'

'Het was nog mooier geweest als er meer ooggetuigen waren.' Hij sloeg het bloknoot dicht. 'Weet u zeker dat er verder niemand in de buurt was?'

'Ik heb niemand gezien,' zei Greta.

'Ach weet u, wij worden overladen met onbetrouwbare getuigenissen. Heren die wat in de astronomie liefhebberen, pseudoreligieuze dwepers die denken dat de wereld vergaat als er vanuit andere planeten niet wordt ingegrepen, dames in de menopauze met een overspannen fantasie...' Hij bracht zijn zware wenkbrauwen in een frons bijeen alsof de evocatie van al die valse meldingen hem hoofdpijn bezorgde. 'Maar die van u...ja die is van een ander kaliber.'

'Waar maakt u dat uit op?' vroeg Greta.

Hij boog zich voorover en tastte naar zijn koffie, die hij koud had laten worden.

'Zal ik even...' Ze wilde opstaan.

'Nee nee, blijft u zitten,' gebood hij. Twee sprieten haar hadden zich uit zijn kuif losgemaakt en staken recht naar voren.

'Ik maak dat op uit allerlei onderdelen van uw verhaal. Neem bijvoorbeeld het feit dat de motor van uw bromfiets afsloeg. U heeft daar niet bij stilgestaan. Toch is dat een vitaal punt. Ufo's worden door elektro-magnetische energie aangedreven. Omdat uw bromfietsmotor een magneetontsteking heeft, sloeg hij af toen het magnetisch veld gestoord werd door het toestel dat in de buurt geland was. Of neem het blauwe licht dat u heeft gezien. In de schotel wordt door draaiende schijven statische elektriciteit opgewekt waarvan de deeltjes door grote magneten gericht worden. Hierdoor straalt het toestel blauw licht uit, zoals het St. Elmisvuur.'

Beduusd keek Greta hem aan. De nuchtere, technische manier waarop hij over ufo's sprak!

'U vertelde dat het toestel bijna geen geluid maakte,' ging de stem vanuit een sonore diepte verder, 'ook dat klopt. Ufo's maken, zelfs bij het opstijgen, geen of bijna geen geluid... Afgezien van de dingen die u hebt gezien zijn de dingen die u niet hebt gezien ook veelzeggend.'

'De dingen die ik niet heb gezien,' zei ze.

'Vreemde wezens, bijvoorbeeld. Men heeft schepsels gezien met kale hoofden, zonder wimpers of wenkbrauwen. Of mensjes die maar een meter twintig lang waren. In West-Virginia is een monster van twee meter zeventig gesignaleerd, met een rood glimmend gezicht en uitpuilende ogen. Zijn lichaam, dat een groenig licht uitstraalde, verspreidde een vreselijke stank. Sommige mensen zijn meegenomen door wezens uit de ruimte die het lichaam van de betrokkenen hebben onderzocht, waarna ze hen, met een moralistische boodschap, terug naar de aarde hebben gebracht.' Hij leunde achterover in zijn stoel met een sarcastisch lachje op zijn lippen. 'Dat is allemaal onzin natuurlijk, fantasie, wensdromen.'

'Maar ik zag ook iemand,' zei Greta zwakjes.

'Dat is iets heel anders. U zag gewoon een lid van de bemanning in een ruimtepak. Daaronder, verzeker ik u, zag deze er net zo uit als u en ik. Nee, er zit maar een ding in uw verslag dat de zaak een beetje ontsiert, een schoonheidsfoutje.'

'Een foutje?'

'De hond. De hond is in deze geschiedenis een onverklaarbaar fenomeen. Zoals ik al zei, er zijn nooit mensen door een ruimtevaartuig meegenomen, laat staan een hond. Maar goed, het is een detail. In grote lijnen is het een prachtige melding. Ik kan wel vast met zekerheid zeggen dat uw verhaal in z'n geheel zal worden afgedrukt in ons maandblad de Ufoloog.'

Greta boog zich naar hem toe. 'Waar,' zei ze, hem strak aanziend, 'komen ufo's vandaan?'

Schwarzenegger keek haar aan alsof ze een onzedelijke vraag gesteld had. 'Ja,' zei hij, 'ja ja.' Hij stak het bloknoot terug in het koffertje en sloot het met een venijnige klap. Toen scheen hij zich te vermannen: 'Daar zijn verschillende theorieën over. De meest verbreide is dat ze afkomstig zijn uit een vreemde beschaving ergens in het heelal, die superieur is aan de onze. Persoonlijk,' hij wreef over zijn kaak, 'ben ik een heel andere mening toegedaan, en ik sta hierin niet alleen...' Zijn taxerende oogopslag schatte haar ontvankelijkheid in. 'Ach, het is een opvatting die ik niet graag rondbazuin, hoewel, u bent nu zelf zo nauw bij deze zaak betrokken, vooruit...' Zijn handen, weerloze berepoten, rustten op zijn knieën. 'In feite worden de schotels niet bemand door mensen uit de ruimte, maar door mensen uit de toekomst. Onze nakomelingen. In onze eeuw heeft de techniek een razendsnelle ontwikkeling doorgemaakt. Er is meer ontdekt en uitgevonden dan in achttien eeuwen daarvoor. De techniek is een zichzelf versnellend mechanisme; de mensen die twee-, driehonderd jaar na ons leven zullen oneindig veel verder zijn dan wij, daar kunnen we ons eenvoudig geen voorstelling van maken. Hoogte, lengte en breedte zijn drie dimensies, maar er is nog een vierde: de tijd. Die gebruiken zij als middel om zich te verplaatsen, zonder ook maar enige beweging in de lucht te veroorzaken–daarom maken ufo's geen geluid. Zo reizen de mensen uit de toekomst naar het verleden en verschijnen daarin stoffelijk. Ze bezoeken verschillende perioden om kennis over hun geschiedenis op te doen. Hoe zij dit doen gaat nu nog onze begrippen te boven, het zal op de een of andere manier met de relativiteitstheorie te maken hebben. In ieder geval zal de ruimtevaart helemaal naar de achtergrond gedrongen worden door de tijdsbeheersing.'

Schwarzenegger was steeds fluweliger gaan spreken. Wanneer er een ufo ter sprake kwam beeldhouwden zijn handen in de lucht de ronde vormen van een vrouw. De tederheid die het onderwerp bij hem wekte contrasteerde vreemd met zijn robuuste gestalte.

De mens van de toekomst, dacht Greta, ik ben te vroeg geboren. Onze kindskinderen zullen nieuwsgierig zijn naar ons, zoals ik nieuwsgierig ben naar de tijd waarin mijn betovergrootouders leefden. Ze zijn met een vliegende schotel in Amsterdam-Noord geland om te zien hoe wij leven. 'Dus,' haar stem klonk iel, 'het toestel dat ik zag kwam uit... uit een tijd die nog moet komen. En de man in de deuropening... hij was iemand die nog geboren moet worden...' Ze rilde. 'Hoe... hoe weet u dat allemaal?'

'Onderzoek,' mompelde Schwarzenegger, 'er wordt veel wetenschappelijk onderzoek verricht.' Zijn lichaam kwam in beweging.

'Maar...' Machteloos hief ze haar handen.

Hij maakte aanstalten om uit zijn stoel overeind te komen. 'Ik raad u aan dit niet aan de grote klok te hangen. Men zal u niet geloven.'

'Maar dan is Joost meegenomen naar de toekomst!' riep Greta.

'Wie is Joost?' zei Schwarzenegger.

'Mijn hond!'

'Ja die hond,' zei hij geïrriteerd. Hij slaagde erin te gaan staan. Zijn koffertje tegen zijn buik klemmend zei hij: 'En dan wil ik nu graag de landingsplaats zien.'

Ze schrok. Sinds die avond in november had ze het voetbalveld gemeden. Het was verboden terrein geworden. Erlangs te fietsen en vast te stellen dat het gewoon een braakliggend stuk grond was... alleen al de gedachte boezemde haar angst in. Maar nu, met een deskundige als Schwarzenegger – hij zou haar vrijgeleide zijn.

Zijn auto bracht hen tot aan de rand van het park. Het laatste stuk liepen ze. Een dunne, armoedige laag sneeuw bedekte de grond. Vrezend en hopend dat er een teken zou zijn achtergebleven – sporen, vibraties – naderde Greta het midden van het voetbalveld. 'Hier,' zei ze, met gespreide armen traag rond haar as draaiend. Schwarzenegger boog zich voorover en speurde, voetje voor voetje, de bodem af. Ik voel niets, dacht Greta. Niets op deze kale, winderige vlakte herinnert aan wat er die avond gebeurd is. De dingen gebeuren en verdwijnen en laten een leegte achter.

'In de tussentijd is er weer gevoetbald,' zei ze tegen Schwarzenegger, die zijn vruchteloze pogingen staakte en om zich heen keek om de locatie in zich op te nemen. Bevatte dit gepommadeerde hoofd werkelijk kennis over het mysterie dat hen naar deze onverkwikkelijke plek had gevoerd?

Hij haalde een klein fototoestel uit zijn zak. 'Wilt u even zo blijven staan, het hoofd iets opgeheven ja. U tuurt naar de hemel.' Hij stelde de camera in en zakte door zijn knieën. 'De kin iets omhoog.'

Nadat hij zijn foto genomen had werd hij door grote haast bevangen. Hij keerde het veld abrupt de rug toe en begaf zich met gedecideerde stappen naar de auto. Greta volgde hem op een holletje. Zwijgend reed hij haar naar huis. Wat is er aan de hand, vroeg ze zich af. Houdt hij mij ineens voor een bedriegster? Heeft hij spijt van zijn ontboezemingen? Of is het omdat hij de buit binnen heeft? Hij stak haar zijn hand toe, waarin de hare als een kinderhand verdween, sprak zijn dank uit, beloofde haar een exemplaar van de Ufoloog en verdween in volle vaart om de hoek van de straat, waar een flatgebouw hem aan het oog onttrok.

In plaats van opheldering te verschaffen had het bezoek van Schwarzenegger de verwarring alleen maar vergroot. Hij had, als een automonteur over zijn werkterrein onder de motorkap, met veel kennis van zaken over de technische aspecten van het toestel gesproken. In dat opzicht klopte alles. Maar reizen in de tijd, wie had ooit zoiets gehoord? Het is iets uit een jongensboek, zei Greta bij zichzelf, Schwarzenegger is een groot kind. Hij moet wel heel ongelukkig zijn dat hij er zulke fantasieën over het ontsnappen aan de tijd op na houdt. Of zou hij een ordinaire charlatan zijn? Hij zag eruit als een kermisklant: de eigenaar van een spookhuis of een waarzegger. Hij reed in een dure auto. Valt er aan ufo's geld te verdienen?

Al dit getob hield haar 's nachts uit de slaap. In het halfduister tegen de rug van haar man aankijkend bedacht ze theorieën waarmee ze hem zou kunnen overtuigen en vermurwen. Maar wat er ook in haar opkwam, ze verwierp het weer. Het viel niet te begrijpen, het ufo-avontuur, ook niet als je het zelf had meegemaakt. Niemand wist er iets van. Als de hemel helder was stapte ze uit bed, schoof het gordijn open en keek naar de maan en de sterren. 'Ik ben hier,' fluisterde ze, 'en zij zijn daar.' Het heelal, oneindig in zijn zwartheid, liet zich niet doorgronden. Tot wie kon ze zich nog wenden? Met die vraag op haar lippen sloop ze terug naar haar bed om pas tegen de ochtend in slaap te vallen.

Op den duur raakte ze zo vermoeid dat het daglicht pijn deed aan haar ogen. Haar hand beefde als ze thee inschonk. Boodschappen deed ze nog maar eens in de week, nadat ze zichzelf urenlang moed had ingesproken. Toen ze bang werd van haar eigen spiegelbeeld besloot ze de huisarts om slaaptabletten te vragen. Deze, haar voorgeschiedenis kennend, wilde eerst de oorzaak van haar slapeloosheid weten. Vanuit de bodem van haar vermoeidheid diepte ze haar verhaal op, voor de eerste keer ook de nasleep vermeldend, die haar meer uit haar evenwicht had gebracht dan de verschijning van de ufo. 'In plaats van slaaptabletten,' hoorde ze, uitgeput van het spreken, de huisarts zeggen, 'hebt u iemand nodig die begrip heeft voor uw situatie, iemand met wie u kunt praten, iemand die orde kan scheppen.' Zonder haar de tijd te gunnen om te protesteren pakte hij de hoorn van de telefoon en maakte een afspraak voor haar met een psycholoog. Daarna schreef hij deze, af en toe een peinzende blik op haar werpend, een brief die hij haar bij haar vertrek in de hand drukte.

Nauwlettend hield Greta het gezicht van de psycholoog, die zich had voorgesteld als Maurits Hulzebos, in het oog. Hij las de brief van de huisarts waarvan de inhoud voor haar verborgen bleef. Af en toe nam hij een oorlel tussen duim en wijsvinger en trok eraan. Wat had dat te betekenen? Was het een slecht teken? Hij kon niet veel ouder zijn dan zijzelf. Toch was hij al een eind op weg om kaal te worden. Dunne vlashaartjes bedekten nog maar de helft van een benige schedel. Misschien zat er een groot verstand onder. Achter een bril met dikke glazen trokken zijn ogen zich diep in zijn hoofd terug. Niet een hoofd om je hart bij uit te storten, dacht ze.

Nadat hij de brief had dichtgevouwen keek hij haar enige tijd zwijgend aan, alsof hij haar met zijn ogen pasklaar maakte voor het beeld dat de brief had opgeroepen. 'Ik zou graag wat met je over deze... over de ufo praten,' zei hij, 'voel je daar iets voor?'

'Wat wilt u weten,' zei Greta.

'Je. Wat wil je weten. Ik heet Maurits. Wat wil ik weten. Alles. Ik wil alles weten.'

Hij zat ontspannen achterover in zijn stoel, stelde een vraag, nam zijn bril af – ook zijn fletsblauwe ogen nodigden niet uit tot ontboezemingen – beet op een van de poten, en stelde opnieuw een vraag, waarbij hij zijn bril weer opzette. Maakt zo'n ufo lawaai? Draait hij in de rondte? Hoeveel poten heeft hij? Wat ging er door je heen toen je hem zag? Wat voelde je toen de hond naar binnen rende en het ding even later opsteeg? Wat gebeurde er toen je thuiskwam? Alles kwam aan de orde, niets bleef onbesproken. Hij kneep en kneep tot er niets meer uit kwam en zij uitgeput achterover in haar stoel hing. Door een waas nam ze haar omgeving in zich op. Metalen stoelen met een zachte, pastelkleurige bekleding. Een lichtgrijs tapijt. Indirect licht. Planten. Abstracte schilderijen. Het dient allemaal om de cliënt op zijn gemak te stellen, zei ze bij zichzelf, wat ben ik moe.

'Ik zal er niet omheen draaien,' klonk de stem van Hulzebos, 'dit is geen geval voor mij.'

Ze ondernam een onhandige poging om rechtop te gaan zitten. Ze moest weerbaar blijven. 'Waarom niet?' zei ze schor.

'Ach,' hij keek haar onderzoekend aan. 'Goed, ik zal open kaart met je spelen. Volgens mij ben je op die bewuste avond je hond gewoon kwijtgeraakt. Hij is uit het mandje gesprongen en weggelopen. Normaal gesproken niet meer dan een betreurenswaardige gebeurtenis, maar in jouw geval een kleine ramp. Enkele maanden daarvoor ben je immers iets... iets anders kwijtgeraakt, in embryonale vorm zal ik maar zeggen. Nauwelijks ben je je schuldgevoelens enigszins te boven gekomen of je raakt ook je hond nog kwijt waar je dol op was en waar je al je gefrustreerde moederliefde op botvierde.'

Laat maar praten, laat maar praten, gonsde het door haar heen.

'En daarom bedacht je het ufo-verhaal,' vervolgde Hulzebos. 'Niet bewust hoor, het is je als het ware overkomen. Je verlangen dat het werkelijk waar zou zijn was zo groot dat je het allemaal voor je ogen hebt zien gebeuren. Alsof het echt was. Zo zie je waar de menselijke geest toe in staat is als de nood maar hoog genoeg is. Op zich fascinerend. Maar goed, dit ziektebeeld valt onder de noemer hallucinaties. Daar ben ik niet voor opgeleid. Ik ben maar...' hij grinnikte, 'voor de gewone huis-, tuin- en keukengevallen. Daarom verwijs ik je door naar iemand die deskundig is op dat gebied. Ik zal hem op de hoogte stellen. Je kunt zelf een afspraak met hem maken. Hier...' hij scheurde een memovelletje uit een blok en krabbelde er iets op, 'hier heb je alles wat je weten moet. Ik zou er maar niet te lang mee wachten.'

Duizelig wrong Greta zich uit haar stoel overeind om het papiertje in ontvangst te nemen. Het hoofd van de psycholoog zeilde voor haar ogen heen en weer. Hier ben ik al die tijd bang voor geweest, dacht ze, het papiertje met een trillende hand in ontvangst nemend. Het was haar te moede of het haar doodvonnis bevatte. Met gebogen hoofd beantwoordde ze zijn groet. Instinctief vond ze de deur, bezeten van maar een gedachte: zo snel mogelijk bij hem weg te komen.

Zij zijn normaal en ik ben gek, zei ze bij zichzelf, in de bus naar huis om zich heen ziend naar haar medepassagiers. Het is nu officieel, ik heb het bewijs in mijn zak. Er worden brieven geschreven, er wordt een dossier aangelegd. Arnold wordt op de hoogte gesteld, mijn ouders. In de flat gaat het nieuws van mond tot mond.

Hoge gevelrijen gleden voorbij. Daartussen wemelde het van de mensen. Op de stoep, op de fiets, op steigers rond een kerk. Ze waren allemaal ergens mee bezig, op weg ergens naartoe. Ze hadden een doel. Zij zijn normaal, dacht Greta opnieuw, ze weten niet dat in het bestaan van een mens op een dag een ufo kan landen en dat daarna alles verandert.

Toch was er een laatste redmiddel. Het plan speelde haar al enige tijd door het hoofd, maar ze had het uit verlegenheid steeds verworpen. Er moest een neef van haar in de stad wonen die natuurkunde had gestudeerd. Ze had hem sinds haar kindertijd niet gezien. Thuisgekomen bladerde ze zenuwachtig het telefoonboek door. Een ver, onbevooroordeeld familielid, dacht ze, zijn nummer draaiend, laat hem thuis zijn. Aan de andere kant van de lijn klonk een diepe, zelfverzekerde stem. In een adem stelde ze zich voor, herinnerde haar neef aan een zomervakantie die ze gezamenlijk bij grootouders hadden doorgebracht en legde hem haar brandende vraag voor.

'Dat is aardig,' zei hij geamuseerd, 'een nichtje dus.'

Ze herhaalde haar vraag.

'Ufo's.' Hij lachte. 'Ja, dat is natuurlijk allemaal onzin. Geen verstandig mens die zich daarmee bezig houdt. Wat het dan zijn? Van alles. Satellieten, meteoren. Vooral rond november worden er veel meteoren waargenomen. Als zo'n ding explodeert ontstaat er soms een ringvormig wolkje dat als een lichtende schijf langs de hemel trekt. Een ufo, roepen ze dan. Onzin. Er zweeft van alles door onze dampkring. Allerlei troep die door een tornado of windhoos omhoog gebracht is: bladeren, takken, veren, stenen. Van alles. Het blad van een boom kan door een telescoop op een zonnetje lijken. Het kan ook een luchtspiegeling zijn, of bolbliksem. En er is nog een heel andere verklaring...' hij grinnikte. 'In de tweede wereldoorlog deed er een gerucht de ronde dat de Duitsers een geheim wapen hadden in de vorm van een vliegende schotel. Piloten zouden er herhaaldelijk melding van hebben gedaan. Een latere variant op dit verhaal is, dat de Russen en de Amerikanen met een ufo-achtig wapen experimenteren. Je mag zelf kiezen wat je wilt geloven. Hoe kwam je eigenlijk op die vraag?'

Het hele verhaal had hij vanuit een half onderdrukte lach gebracht, alsof het een studentikoze grap was. Greta liet zijn wedervraag onbeantwoord. Ze bracht nog net de kracht op om hem, enkele beleefdheidsfrasen mompelend, te bedanken en de hoorn op de haak te leggen. Toen begaf haar weerstand het. Ze liet zich voorover op de bank vallen en drukte haar gezicht in de ribbelige stof. Onder haar schedel was een grimmig meningsverschil over vliegende schotels losgebarsten. Diverse stemmen verhieven zich. In het gekrakeel kon ze duidelijk die van Schwarzenegger en Hulzebos onderscheiden. Toen ze probeerde op te vangen wat de twee stemmen te berde brachten vloeiden ze samen. Die hond is een schoonheidsfoutje, sprak de hybride, hij is gewoon weggelopen. Ze zakte weg in een koortsige slaap. In de verte blafte Joost zich de longen uit zijn lijf. Ja ja, blaf jij maar, wilde ze roepen, maar ze kon geen woord uitbrengen.

Toen ze wakker werd was het al donker. De stemmen waren gestold tot hoofdpijn. Moeizaam kroop ze overeind. Waar is Arnold, dacht ze, die hoort allang bij de televisie te zitten. Ze trok haar blouse, die aan haar lichaam plakte, tussen duim en wijsvinger los en wapperde ermee. Waar bleef Arnold? Zijn kantoor was allang gesloten. Hij heeft een vriendin, wist ze ineens, en mij wil hij laten opsluiten. Bij die gedachte begon ze in paniek door de kamer te lopen. Ze woelde door haar haar, streek met haar hand langs de kast,langs de ruggen van de stoelen en de bank, langs de lancetvormige bladeren van een plant. Intussen werkte ze deze nieuwe gedachte verder uit. Het zat geraffineerd in elkaar. Hij stond in contact met de huisarts, de psycholoog, de psychiater. Haar ouders waren ingelicht. Alles was achter haar rug om geregeld. Voor mijn eigen bestwil, zei ze hardop, u lijdt aan hallucinaties mevrouw, we zullen u een tijdje moeten observeren.

Er klonk gemorrel aan de voordeur. Ze verstarde. Ik kan geen kant op, dacht ze. Toen kwam ze razendsnel in beweging. Ze rende naar de bank en kroop met opgetrokken benen weg in een van de hoeken. Niets laten merken, zei ze bij zichzelf.

'Wat zit jij hier in het donker,' klonk zijn stem, 'hoort dat er ook al bij?'

De hoofdpijn drukte als een zware wolk die zich wil ontladen achter haar ogen. Ze kon niet verhinderen dat er tranen over haar wangen begonnen te stromen. Arnold knipte het licht aan. 'Wat is dat nou?' zei hij. Hij kwam naar haar toe, ging naast haar zitten en trok haar tegen zich aan. 'Wat is er toch allemaal?' zei hij sussend, 'waarom maak je het jezelf zo moeilijk?'

Al haar verzet vloeide weg. In een keer kwamen de gevoelens van vertrouwdheid, geborgenheid, intimiteit, die in het begin van hun huwelijk vanzelfsprekend waren geweest, terug – een bijna opgebrande kaars die nog eenmaal opflakkerde. Ze voelde zich slap en inschikkelijk worden en wilde nog maar een ding: zijn zoals hij wilde dat ze was.

'Ach ach,' zei hij, haar heen en weer wiegend, 'mijn kleine meisje.'

Ze huilde ongeremd, terwijl hij kalmerend over haar hoofd streek. Tenslotte tilde hij haar hoofd op en probeerde haar recht in de ogen te kijken. Door een floers zag ze zijn gezicht. 'Laten we de strijdbijl begraven,' zei hij, 'die ellende heeft nu lang genoeg geduurd.'

Ze knikte zwijgend.

'Als je nu gewoon toegeeft dat je maar wat hebt gefantaseerd over dat ding,' vervolgde hij, 'en dat je Joost bent kwijtgeraakt, dan is alles wat mij betreft weer bij het oude.'

'Ik heb dat ding nou eenmaal gezien,' snikte ze, 'wat kan ik daaraan doen?'

'Is het nou nog niet afgelopen?' Hij verstijfde. 'Dit is toch werkelijk... werkelijk...' Vol wanhoop en afkeer keek hij haar aan.

'Ik kan het toch niet helpen?' jammerde ze.

Hij duwde haar van zich af, stond op en liep driftig de kamer uit. 'Waar is het eten?' hoorde ze hem vanuit de keuken roepen. 'Er is geen eten!'

Ze veegde met haar mouw over haar ogen en kwam langzaam overeind. Even leek het of er van de bank een kracht uitging die haar terug naar achteren wilde trekken, maar ze hervond haar evenwicht en liep onhoorbaar de kamer uit. In de gang tilde ze haar jas van de kapstok en drukte hem met beide handen tegen haar borst. Ze opende de voordeur, stapte naar buiten en trok hem geruisloos achter zich dicht. Terwijl ze de galerij afliep trok ze haar jas aan. Een koude wind die regen met zich meevoerde blies door de galerij. Ze boog zich over de balustrade heen en keek naar beneden. Het asfalt, de stoepstenen, de daken van geparkeerde auto's glommen. Alles is nat en donker, dacht ze, toch ben ik buiten. Met een vaart liep ze de trappen af. Zo'n lift is niets voor mij, had Schwarzenegger gezegd. Dan maakte hij liever een reis door de tijd in een ufo, mompelde ze. Toen ze het gebouw verliet sloegen koele regendruppels in haar verhitte, gezwollen gezicht. Opnieuw begon ze te huilen. Geen gejank, zei ze. Ze versnelde haar looppas. Hoewel er geen mens op straat was had ze het gevoel dat er duizend ogen op haar gericht waren. Het bloed bonkte in haar hoofd. Tenslotte bereikte ze in draf het voetbalveld. In het midden, waar ze ten behoeve van Schwarzenegger om haar as was gedraaid, bleef ze staan. Het regende niet meer. Ze ging wijdbeens staan met haar handen in haar zij en keek omhoog. De maan liet zich, als een preutse vrouw, even zien tussen twee voorbijschuivende wolken door.

'Of zij zijn gek of ik ben het,' fluisterde ze, 'laat hierover nu een oordeel geveld worden.'

Het was merkwaardig stil alsof alles wat leefde zich gedeisd hield. Haar ogen stijf dichtknijpend wendde ze al haar verbeeldingskracht aan om het wonderbaarlijke, zilverkleurige toestel opnieuw voor zich te zien. Maar hoezeer ze zich ook inspande, ze wist niet meer dan een schim op te roepen, een schaduw van het fenomeen waarnaar ze zo vurig verlangde. Het begon weer te regenen. Ze raakte langzaam doorweekt en rilde. Achter haar ogen leken zich talloze spelden te verzamelen, die beurtelings in haar oogbollen prikten.

'Jullie willen toch niet dat zij gelijk krijgen!' schreeuwde ze. Haar stem verziltte in de regen. 'Hé!' riep ze hard. 'Hé! Moeten zij soms gelijk krijgen!' Ze stampte met haar voeten op de grond. Het water sopte in haar schoenen. De zwart glanzende takken van de struiken bewogen traag heen en weer.

'Joost!' Haar stem sloeg over. 'Joost, kom hier!' Ze floot de loktonen, ging op haar hurken zitten en klapte op haar dijbenen zoals ze altijd deed om hem over te halen.

Ineens schoot haar iets te binnen. Als Joost uit de struiken tevoorschijn zou komen, dacht ze, dan zou dat betekenen dat hij, zoals iedereen beweert, indertijd gewoon weggelopen is en wekenlang hier rondgezworven heeft. Dan zou ik werkelijk gek zijn. Zolang Joost wegblijft, ben ik normaal.

Ze zette haar hand aan haar mond en riep: 'Blijf zitten waar je zit en verroer je niet, want de jager is op jacht maar hij ziet je niet.'

Isabelle

I

Niet lang geleden verdween in Auvergne, een streek in Frankrijk die vermaard is om zijn uitgedoofde vulkanen, groene kratermeren, met amethist geplaveide wegen en huizen van zwarte Volvicsteen, op klaarlichte dag de beroemde filmster Isabelle Amable. Men was geschokt. Hoe kon dit gebeuren, in een modern land met een groot internationaal aanzien, met talloze kerncentrales, een land dat atoomproeven deed in overzeese koloniën? Kon dit land de veiligheid van zijn burgers wel waarborgen? Radio en televisie, kranten en weekbladen maten breed uit over de vermissing en de kolossale opsporingsactie die op gang kwam.

Bijgestaan door verontruste streekbewoners kamde de politie met honden het hele gebied uit. Ze zochten op de onafzienbare heidevelden, in de kastanjebossen, langs steile berghellingen, in ravijnen en bergstromen, in grotten en spelonken, hoog op de koude, winderige toppen van de spitse Puys en de stompe Plombs, ze zochten op de door lavastromen gevormde plateaus waar nu vruchtbare weidegronden waren, ze zochten in de bouwvallige Burons waar de herders plachten te schuilen, ze zochten in het zwarte water van de Gours, ze zochten in het veenmos van de moerassige Sagnes, maar nergens werd ook maar een spoor van haar gevonden. Het leek of ze spontaan ten hemel was gevaren – het leek of de aarde zich gulzig had geopend.

Keer op keer werd het laatste moment waarop zij levend was gezien gereconstrueerd. Sinds begin juni logeerde ze bij haar ouders op het landgoed Le Pompon, om weer op krachten te komen na de enerverende opnamen van haar laatste film. Een lange wandeling in de bergen was een dagelijkse gewoonte van haar geworden.

'Daar knapte ze zo van op,' verdedigde Isabelle's moeder haar dochter tegen de insinuatie van een jonge journalist van de *Gazette d'Auvergne* dat Isabelle haar noodlot zelf had opgezocht door er zonder gezelschap op uit te trekken.

'Vond ze het niet eng om alleen op pad te gaan?' drong hij aan.

'Ach nee,' snikte mevrouw Amable, 'wat kan hier nu gebeuren? Het is hier zo vredig. Isabelle is hier opgegroeid, als kind zwierf ze al door de bossen...'

'Was ze dan niet bang voor het Beest van Gévaudan?' vroeg hij sensatiebelust.

'Wat voor beest?' Angstig sperde ze haar betraande ogen open.

'Het Beest van Gévaudan dat, niet ver hiervandaan, tussen 1764 en 1767 het Plateau van Gévaudan terroriseerde. Meer dan honderd personen werden gruwelijk verminkt teruggevonden. Men was het er algemeen over eens dat dit alleen het werk van een weerwolf kon zijn.'

'Meneer,' kwam Isabelle's vader tussenbeide, 'dat is ruim tweehonderd jaar geleden. Wilt u alstublieft uw griezelverhalen voor u houden, mijn vrouw is al genoeg van streek.'

Gaspard Peyrol, een pafferige boer met een gezicht in de kleur van bloedworst, viel de twijfelachtige eer ten deel Isabelle het laatst te hebben gezien. Hij had haar langs zijn huis zien komen in een gebloemde zomerjurk, op rode schoentjes met hoge hakken en een riempje om de hiel. Hoe haalt iemand het in zijn hoofd op zulk schoeisel een bergpad te beklimmen, had hij zich afgevraagd. Verder had hij geen aandacht aan haar besteed. 'Ik was mijn kazen aan het keren,' zei hij.

Ook Jeanne Bitor werd ondervraagd. Zij woonde, in gezelschap van twee pitbullterriërs, een kilometer bergopwaarts voorbij Peyrol, in een eeuwenoude boerderij van grijze trachiet met lavaleien op het dak en stapels brandhout onder het scheefgezakte, beschimmelde balkon. Zij wist nergens van, zei ze stuurs, ze had wel wat anders te doen dan de hele dag voor het raam te staan. Waarmee zij het dan zo druk had? Wel, zij werkte tot middernacht in het dorpscafé en overdag maakte ze schilderijen, een dubbele taak dus. Men liet haar snel gaan, zo ontmoedigend en onaangenaam was het om met haar te spreken en haar aan te zien. Bezitten de vrouwen van Auvergne doorgaans een aardse, blozende schoonheid, deze getuige was van zo'n zeldzame lelijkheid dat zij met recht het zoveelste wonder der natuur genoemd mocht worden in deze aan natuurwonderen zo rijke streek. Zij was lang, dun en knokig. Waarschijnlijk had ze zich al in de puberteit de gewoonte aangemeten haar rug te krommen, deels om haar lengte minder in het oog te doen lopen, deels om haar platte borst te verdonkeremanen. Boven die gebogen rug stak de kop met de lange scherpe neus en de puntige kin – waartussen de ingevallen mond met een vermolmd gebit in het niet verdween – beschuldigend als een priemende wijsvinger naar voren. Had een weelderige haardos een en ander misschien nog kunnen camoufleren, zij was sinds haar geboorte nooit verder gekomen dan wat schamel, kleurloos nesthaar dat met een elastiekje op het achterhoofd bijeen werd gehouden. Haar kleine, half toegeknepen ogen, die door dikke brilleglazen wantrouwend op de ambtenaren uit het politieapparaat gevestigd waren, veroorzaakten bij de dienstdoende heren een groot onbehagen. Zij lieten haar dus gaan en slaakten een zucht van verlichting toen de deur met een mannelijke klap achter haar dichtviel. De geestigste onder hen maakte de opmerking dat zij haar naam met recht eer aandeed: Bitor was immers een verbastering van Butor, dat reiger betekent.

Al met al had de opsporingsactie niet meer opgeleverd dan het idyllische beeld van Isabelle die op naaldhakjes de berg opklauterde.

De media compenseerden het gebrek aan gegevens die nieuw licht op de zaak wierpen op hun eigen manier: Isabelle verkeerde in een depressieve toestand – haar werden geen interessante rollen meer aangeboden, scandaleuze affaires met invloedrijke mannen hadden haar uitgehold, haar stiefvader had haar als kind verkracht, haar minnaar had haar verlaten voor een ordinaire toneelspeelster, diep in haar hart verlangde zij naar een kind maar haar carrière liet dit niet toe...

Maar omdat er in de wereld elke dag, ieder uur, een overvloed aan sensationele gebeurtenissen plaatsvindt, verflauwde de aandacht van de pers ten slotte.

En ook de commissaris van politie die, wanneer men de moed dreigde te verliezen, in navolging van Joseph Charles Alexandre, de vijftiende-eeuwse kasteelheer van het naburige slot Anterroche, herhaaldelijk heldhaftig had geroepen: 'Impossible n'est pas Français,' ook hij gaf het op. Er verdwenen in Frankrijk per jaar duizenden mensen, zei hij. Het was onmogelijk de gangen van al deze mensen na te gaan, te meer omdat men de handen vol had aan degenen die, in plaats van verdwenen, juist hinderlijk aanwezig waren.

Alleen Bernard Buffon, onderwijzer op de dorpsschool, berustte niet. Hij had met hart en ziel aan de speuractie deelgenomen en verkeerde nog steeds in een toestand van diepe verslagenheid over de onbegrijpelijke verdwijning.

2

Na het verplichte bezoek aan de commissaris van politie haastte Jeanne Bitor zich naar huis. Bij elke driftige stap spatten er steentjes op uit het pad, om achter haar kletterend naar beneden te vallen. Die beuzelpraat had haar een hele ochtend gekost, een onmisbare ochtend in het onlangs op gang gekomen artistieke proces dat haar helemaal absorbeerde. Nu moesten de werkzaamheden van vandaag in het keurslijf van één middag geperst worden.

Toen ze haar huis naderde verzachtte het opgewonden geblaf van de honden haar ergernis. Ze liep naar de achterzijde van het huis om de betraliede kennel te openen. Onstuimig sprongen de honden tegen haar op, haar koude, benige handen warm likkend en vol genegenheid hun snuiten in haar kruis duwend.

'Rustig, rustig, lieve schatten.' zei Jeanne.

Ze stoven voor haar uit de keuken binnen. Die stond bol van de rottingslucht van pens die de hele ochtend op het vuur had staan sudderen. De honden renden euforisch naar hun bakken, wetend dat zich daar binnen afzienbare tijd de grijsbruine hompen zouden bevinden die deze verrukkelijke geur afscheidden.

Jeanne tilde de pan van het vuur, goot het kokende water af, liet er koud water overheen stromen en sneed met een groot mes de pens in stukken, die ze in de etensbakken liet glijden. Terwijl de honden ze grommend van welbehagen verslonden, sneed ze voor zichzelf op de keukentafel een stuk grauw brood af, drapeerde er een lap ham overheen, vulde een kom met melk en begon staande te eten.

Peinzend staarde ze naar de Plomb du Cantal, die in de verte oprees achter een beboste vallei waar een glinsterend riviertje doorheen kronkelde. Daarachter lag, tegen de wand van een ontoegankelijke rots, het stadje Murat. Ooit had op die rots de onneembare burcht van de burggraven van Bonnevie gestaan – volgens een met de hand geschreven codex, die men in het provinciaal museum kon inzien, priemden drie spitse torens de hemel in, die Le rat blanc, Le rat gris en Le rat noir werden genoemd. Van deze graven die door de omwonenden vol vrees en eerbied Les Barons de la Montagne werden genoemd, zouden Jeanne en haar broers in de vrouwelijke linie afstammen. Dit had haar vader zich ooit half schertsend, half serieus laten ontvallen.

Bij de gedachte aan haar vader verslikte ze zich. Ze zette de kom melk aan haar mond en dronk hem achter elkaar leeg. Met haar vingers op het blad van de tafel trommelend at ze verder.

Zelf kwam haar vader uit een familie van boeren, voddenrapers en rooiers van de gentiaanwortel voor de bereiding van een vanouds vermaard aperitief. Of de halfslachtigheid waarmee hij de mededeling had gedaan het gevolg was van frustratie, omdat zijn eigen familie nooit iets had voorgesteld, of voortsproot uit het feit dat hij ondanks zichzelf geïmponeerd was door een voorrecht dat alleen zijn vrouw en kinderen ten deel viel – Jeanne zou het nooit weten, want hij leefde niet meer. Dat haar vaders scherts ook kon voortkomen uit ongeloof, ja dat hij het idee alleen al misschien belachelijk had gevonden, kwam niet in haar op. Het besef uit een gevreesd, roemrucht geslacht te stammen, al was het dan via een zwakke moeder die aan tuberculose bezweek toen Jeanne vier was, vatte onmiddellijk gretig post in haar verbeelding; het verschafte haar precies de achtergrond waar het haar tot dan toe aan ontbroken had.

Van het begin af aan was het haar duidelijk geweest dat de drie torens haar en haar twee oudere broers representeerden: ondanks hun lelijkheid – dat zat in de familie – hoog verheven boven heuvels en dalen, en boven het gepeupel dat zich daartussen roerde. Veel later pas, toen de broers al lang het huis uit waren en zelden iets van zich lieten horen, was ze de bijnamen van een betekenis gaan voorzien.

Met het brood in de hand liep ze om de tafel heen tot vlak bij het raam. Op dit uur van de dag hing de hitte trillend boven de grond, een zinsbegoochelende tremor in de lucht die een verdovende uitwerking kon hebben op wie er te lang naar keek.

Le rat blanc, dat was haar ongetrouwde oudste broer. Wit was de kleur van reinheid en zuiverheid en als zodanig precies van toepassing op de mateloze goedhartigheid die dwars door zijn lelijkheid heen schemerde en aan zijn trekken iets innemends gaf. Hij was plattelandsdokter in een mijnstreek in het noorden. Als arts stond hij voor het leven: hij zou het tot zijn laatste snik verdedigen, verlengen, redden.

Le rat gris was haar andere broer. Het grijs, als mengsel van zwart en wit, sloeg niet alleen op de oneindige saaiheid en braafheid van zijn karakter, maar ook op datgene wat hij in de uitoefening van zijn beroep voor de mensen betekende: als pastoor in een voorstad van Parijs begeleidde hij hen zowel bij hun geboorte als hun sterven.

Dat zijzelf Le rat noir was leed geen twijfel. Sinds haar moeder, gestikt in bloed en slijm, haar alleen had achtergelaten in een huishouden van mannen, was ze vervuld van alles wat met verval, vergankelijkheid, de dood te maken had. In de herfst, als alles afstierf, bloeide zij op. Wanneer ze de geur van rottend blad, beschimmelde houtstronken en paddestoelen opsnoof stroomden de levenssappen in versneld tempo door haar lichaam. In de schilderkunst was ze zich meer en meer gaan toeleggen op het vereeuwigen van de vergankelijkheid – op het oog een contradictio in terminis, maar in olieverf een zeer goed te verwezenlijken ambitie. Ze had ontdekt dat de vergankelijkheid zich het best liet afbeelden in series. Zo had ze in een verfijnde, gedetailleerde stijl een aantal portretten gemaakt van een dode haas, die ze in een strik in het bos had gevonden. Op het eerste schilderij lag hij languit op een paarse, fluwelen doek, de bolle ogen gebroken, de bek half open, maar de snorharen, de lange oren, het pluimstaartje nog krachtig overeind en de vacht nog levendig naglanzend. Op het volgende schilderij hadden de maden zich over hem ontfermd; ze krioelden in zijn doffe vacht, zijn ogen, zijn oren. Donker vocht sijpelde in het fluweel. De oren lagen geknakt naast de kop. Het pluimstaartje was verdwenen. Het laatste schilderij toonde zijn afgekloven skelet, een prachtig lijnenspel van wervels en botten dat scherp afstak tegen het donkere fluweel. Op dezelfde manier had ze muizen, ratten, insekten, vogels, konijnen, vissen, kippen, ja zelfs een vroeg gestorven zuiglam vereeuwigd; van sommige dieren bestonden er zes, zeven afbeeldingen in de verschillende fasen van hun doodsslaap. In de loop der tijd was ze zichzelf als een kenner van de afbraak gaan beschouwen.

Met de rug van haar hand veegde ze de broodkruimels van haar mond. Tegelijk met het mechanisme van de kauwbeweging stopte dat van haar dagdromen. Ze liep naar het fornuis om een aftreksel van linzen in een geëmailleerd pannetje op te warmen. Toen het kookte goot ze het dampend in de kom waaruit ze melk had gedronken en riep de honden, die verzadigd hun snuiten schoonlikten. En passant tilde ze een sleutelbos van een spijker naast de deur. Daarna liep ze de gang in. Het geluid van haar voetstappen op de plavuizen galmde hol tussen de muren van ruwe, ongeplamuurde stenen. Ze bukte zich om een roestige sleutel in de deur van de kelder te steken.

'Kom schatten,' zei ze, de kelderdeur opentrekkend.

Nu volgde het snelle getrippel van hondepoten die de keldertrap afrenden. Met moeite hield Jeanne de kom soep recht.

'Le déjeuner!' riep ze. De aankondiging verplaatste zich schril en dwingend door de immense, halfduistere ruimte waarin alleen bovenin, door een klein rooster, enig daglicht doordrong.

Op een geïmproviseerd bed van strobalen lag een blonde vrouw in een vuile bloemetjesjurk. Ze lag op haar rug en staarde, zonder op de komst van Jeanne en haar honden te reageren, wezenloos naar het plafond.

3

Bernard Buffon stond al een uur in La Truite Dorée en leunde terneergeslagen op de tapkast. Van de favoriete gespreksonderwerpen in de kroeg – politiek, auto's, landbouwsubsidies, het weer – won de Tour de France het glansrijk in deze tijd van het jaar. Een renner uit de streek, Alain Puysson, had hoge ogen gegooid; men verschilde van mening over zijn kansen voor de toekomst. Bernard moest zichzelf geweld aandoen om zijn afkeer van sport te verbergen. Sport diende, meende hij, om de leegheid van geest te verdoezelen en te compenseren, en om de aangeboren mannelijke agressie die anders zou ontaarden in oorlog af te reageren. Hij haatte het mannelijkheidsvertoon, het patriottisme, de heldenverering, het gespeculeer, de valse verbroedering die de sport schiep. Als al deze energie nu eens ten bate van kunst en wetenschap kon worden aangewend, hoe anders zou de wereld er dan uitzien.

Door al die opwinding rond de Tour kreeg de missie die hem, tegen zijn natuur in, nu al dagenlang elke avond naar het café voerde, weinig kans. Hij ging erheen om zijn oor te luisteren te leggen wanneer het gesprek over de gewone, dagelijkse dingen ging; hij wachtte geduldig op een verspreking, een zinspeling, de ongewilde bekentenis van een dronkelap, die de door hem in stilte ontwikkelde theorie over de verdwijning van Isabelle Amable zou bevestigen.

De mannen van het dorp waren simpel van opvattingen, bijna primitief. Net als hun voorouders leefden ze voornamelijk van de veeteelt en de kaasmakerij. Een enkeling werkte in de Michelin-fabrieken in Clermont-Ferrand. Voor de Franse revolutie had een zekere Legrand d'Aussy over de Auvergnat geschreven: 'Hij wordt niet snel enthousiast. Hij is koud en serieus. Om hem uit deze staat van apathie te halen moet men hem diep ontroeren.'

Wat zou er gebeuren als het gemoed van zo iemand bewogen werd door de uitzonderlijke verschijning van Isabelle Amable, midden in de natuur die soms iets van het beest in de mens losmaakt? Seksueel kortgehouden als hij werd, door zijn vrouw, de kerk, de sociale controle van het dorp, moest hij wel in verwarring raken. De fragiele schoentjes, de heupen die bij elke stap het geweten in slaap wiegden, het blonde haar dat oplichtte in de zon. Het bloed dat door zijn aderen joeg bracht hem in een toestand van erogene bedwelming die aan verstandsverbijstering grensde.

Bernard, als stille aanbidder van Isabelle, kon het zich levendig voorstellen. Hij begreep ook dat deze dorpeling, nadat hij zich had laten meeslepen door die ene, allesoverheersende emotie, ten prooi zou vallen aan een andere: de angst.

Misschien lag het lichaam van Isabelle ergens in een hooischuur, een boomgaard, een waterput.

Toen de opwinding rond de Tour verstomde ondernam hij een wanhoopspoging. 'Die arme Isabelle,' zei hij, zich tot Gaspard Peyrol wendend, 'ze zal nooit weten wie de Tour wint.'

'Die?' Peyrol kneep zijn varkensoogjes tot spleetjes. 'Die had alleen belangstelling voor zichzelf.'

'Hoe kom je daar zo bij, Gaspard?'

Peyrol lachte fijntjes. Hij bestelde twee glazen cognac die

door Jeanne Bitor geruisloos werden neergezet. Haar ondoorgrondelijke, uit steen gehouwen gezicht deed Bernard denken aan de prehistorische koppen op Paaseiland, die nog altijd een onopgelost mysterie vormen. Peyrol goot een straaltje cognac in zijn keelgat en sloot zijn ogen in volledige overgave.

'Ik weet wat ze daarboven ging doen,' zei hij zacht, 'ik ben haar een paar keer gevolgd.'

'Gevolgd?' Een plotseling opkomende spanning schroefde Bernards keel dicht.

'Jawel.' Peyrols huid glom alsof hij hem in de boenwas had gezet. Hij nam nog een slok en bracht toen zijn dikke kop vlak bij die van Bernard. 'Ik liep achter haar aan. Zij zag mij niet, ik haar wel. Ze liep door het bos tot aan de brug. Daar verliet ze het pad, deed haar schoenen uit en klauterde over de rotsblokken langs de beek. Zo'n tweehonderd meter vanaf de brug, bij een waterval, verbreedt de beek zich. Ken je die plek?'

Bernard schudde zijn hoofd.

'Het is een klein, rond bassin. Je kunt er zwemmen. Er komt nooit iemand.'

Peyrol staarde peinzend in zijn glaasje alsof hij Isabelle erin zag rondzwemmen.

'En...' drong Bernard aan.

'Dan trok ze alles uit, Bernard,' fluisterde Peyrol, 'alles. Ze sprong bloot in het water. Het is koud, kerel, ijskoud. Maar zij zwom rustig een aantal rondjes, op d'r buik, op d'r rug. Alleen haar hoofd en haar borsten staken boven het water uit, prachtig. En ik zat de hele tijd achter een struik! Gaspard, zei ik tegen mezelf, jij hoeft niet naar de bioscoop, je hebt hier gratis film.'

Bernard knikte verward. Hij had het gevoel of er een afschuwelijke grote vis aan zijn lijn spartelde die hem ieder moment het water in kon trekken.

'Als ze er genoeg van had kroop ze op de kant en ging op een rots in de zon liggen drogen. Ze was verdomde bruin, van top tot teen. En dan, als ze zo een tijdje gelegen had...' Peyrol haperde. Hij keek slinks opzij naar Bernard, zette het glas aan zijn mond en leegde het in één teug. Toen legde hij met een intiem gebaar een hand op Bernards schouder en bracht zijn grote zinnelijke mond vlak bij diens oor. 'Dan deed ze het met zichzelf.'

Bernard slikte. 'Je... je bent me er een, Gaspard...' stotterde hij. Hij was geschokt. Deze dingen wilde hij niet weten over zijn oogappel. Het idee dat zij op klaarlichte dag, vanuit het kreupelhout zichtbaar voor iedere pummel uit het dorp, aan zichzelf vrijmoedig een daad voltrok die de hele mannelijke soort overbodig maakte, stond hem tegen. Een loodzware somberheid schoof als een zwarte kap over hem heen. Daarbinnen hing een bedompte, onzuivere lucht, waarvan hij het benauwd kreeg. Hij zocht naarstig naar een vleugje verse zuurstof: wie garandeerde dat Peyrol de waarheid sprak? Vertoonde deze bekentenis geen grote gelijkenis met de wensdroom van een overjarige, gefrustreerde boer die alleen nog in staat was zich vol te proppen met eten?

'Ben je haar op de dag dat ze verdwenen is ook gevolgd?' zei hij zacht.

Peyrol week achteruit. Het onderonsje was op slag afgelopen. 'Nee,' riep hij, 'ik had het veel te druk, verdomme, anders was het misschien helemaal niet gebeurd.'

'Was wat niet gebeurd?'

Peyrols kop was gezwollen; het leek of er in alle holtes van de schedel lucht zat. Zijn huid stond strak gespannen alsof hij ieder ogenblik kon barsten. Ziet een moordenaar er zo uit, dacht Bernard, een amateur die de gedachte aan moord niet kan verdragen?

'Ik weet niet,' hakkelde Peyrol, 'misschien had ik kunnen ingrijpen.'

4

De honden struinden verwoed snuffelend door de kelder, alsof het er wemelde van de interessante sporen. De enige sporen echter die zij roken waren die van de twee honden die zijzelf de vorige dag en de daaraan voorafgaande dagen geweest waren.

Jeanne snoof vol welbehagen de muffe schimmellucht op. Ze zat wijdbeens op de keldertrap en liet haar kennersblik over Isabelle glijden die apathisch haar kom leeg lepelde.

Was er, vergeleken bij de vorige dag, iets veranderd? In de holtes rond de ogen, de schaduwen onder de jukbeenderen, de knokigheid van armen en benen? Was de donkere plek op haar hoofd, veroorzaakt door de uitgroei van het geblondeerde haar, groter geworden? Stonden de blauwe ogen matter? Hadden de kloofjes in de huid zich dieper ingevreten? Was er iets veranderd in de structuur van de huid? Was deze nog bleker geworden? Schenen er meer blauwe aderen doorheen? Waarom werd ze niet vuil? Jeanne had het machteloze vermoeden dat Isabelle zich waste met haar eigen speeksel.

Al kijkend werd ze door ongeduld bevangen. Haar handen begonnen te prikken, een rilling trok langs haar ruggegraat, een grote ongedurigheid overviel haar.

'Aan het werk!' riep ze toen Isabelle de kom aan haar mond zette voor de laatste slok. Ze stond op en sloeg met haar handen op haar dijen. 'Jules, Jim!' De honden staakten onmiddellijk hun gewroet.

'Schoonheid, kom, de dag is al half voorbij!'

Isabelle kwam moeizaam overeind. Ze wankelde en kneep gepijnigd haar ogen dicht. Maar de honden gaven haar, met hun snoeten tegen haar kuiten stotend, te verstaan dat ze op moest schieten. Jeanne nam de kom van haar over en duwde haar gehaast voor zich uit de trap op. In de gang waren alleen Jeanne's voetstappen en die van de honden hoorbaar. Isabelle's blote voeten maakten geen enkel geluid, alsof ze al tot het rijk der geestverschijningen behoorde. Jeanne opende een massief eikehouten deur die toegang gaf tot een ruime kamer met ramen op het noorden. De kale, witgepleisterde muren werden alleen onderbroken door een monumentale schouw van zwarte lavasteen. De kamer werd gedomineerd door een ezel waarop een doek stond van forse afmetingen, omgeven door tafels met verfpotten en kwasten. Op een verhoging stond een antieke canapé, door Jeanne aangeschaft vanwege zijn grote gelijkenis met die op het beroemde schilderij dat Jacques-Louis David in 1800 had gemaakt van madame Récamier, de beroemde maîtresse van Chateaubriand. Er was een verschil: had het daarop afgebeelde meubelstuk een bronskleurige bekleding, deze rustbank was overtrokken met fluweel in de kleur van donkerpaarse, in het diepst van de kelk naar zwart neigende viooltjes.

Ze gingen snel over tot de dagelijkse routine. Terwijl Jeanne voorbereidingen trof voor het schilderen, strekte Isabelle zich uit op de canapé in een houding die, op voorschrift van Jeanne, het midden hield tussen zitten en liggen. In dezelfde houding zat-lag ook madame Récamier, gekleed in een sobere, witte jurk waarvan de rok sierlijk tot op de grond afhing, terwijl Isabelle haar kleren uit moest trekken en bewaakt werd door twee wachters van vlees en bloed die zich, schijnbaar sluimerend, aan weerszijden van de bank posteerden. Al werd hun beeltenis niet op het doek vastgelegd, zij waren toch in hoge mate aanwezig.

Jeanne's manier van schilderen was verre van ontspannen. Met verbeten samengeknepen lippen stond ze achter haar ezel. Koortsig glanzend gingen haar ogen van het doek naar het origineel en weer terug. Het probleem van wervelkolom en ribben slokte haar op. In de huid, die nog maar een afschaduwing was van de gladde, smetteloze volmaaktheid van weleer, profileerden zich van dag tot dag steeds meer de ribben en de wervelkolom waarin ze de ene keer zeventien, de volgende keer achttien knobbels telde. Die vage overgang van gaafheid naar verval – waar het haar om te doen was – plaatste haar voor ongekende technische problemen. Tegelijk hield het besef dat dwars door het, ooit door miljoenen aanbeden, omhulsel het skelet schemerde, haar in een voortdurende staat van opwinding. De dood deed sluipenderwijs zijn intrede, zoals de dag onmerkbaar overgaat in de nacht. Dit ging gepaard met nauwelijks waarneembare schaduwen op de huid, die Jeanne met een gewaagd mengsel van blauw, paars, roze en grijs probeerde te benaderen.

Hierbij vergeleken was het in het begin gemakkelijk gegaan. Ze had een schilderij van Isabelle gemaakt dat haar nog niet verlepte schoonheid in ondraaglijk volle luister toonde. Daar lag het lichaam waaraan vanuit warme, donkere zalen het bioscooppubliek zich avond aan avond vergaapt had. Daar lag ze, fee en vamp, meisje en vrouw, nimf en hoer. De bedrieglijke platinablonde, blauwogige lieftalligheid–een orchidee die haar prooi lokte met haar bedwelmende geur en paradijselijke schoonheid, om daarna haar bloembladeren als de klem van een ratteval dicht te klappen zodat hij daarbinnen in de kleffe honingzee jammerlijk aan zijn eind kwam. Dit was de vleesgeworden verleidelijkheid, dit was alles wat Jeanne niet was, dit was het toppunt van onrechtvaardigheid: Isabelle's buitengewone schoonheid was niet haar eigen verdienste, ze was gewoon zo geboren. Bewonderaars, aanbidders, minnaars... tederheid, hartstocht... alles viel haar in de schoot om de simpele, stompzinnige reden dat zij mooi was.

De eerste weken had Jeanne geschilderd in een toestand van euforie en ademloze haast, die het gevolg waren van een niet aflatende overwinningsroes: alles was volmaakt volgens plan verlopen.

Met geen ander wapen dan haar honden was ze Isabelle op enige afstand gevolgd. Er hing een zware stilte, die veroorzaakt werd door de hitte. Zelfs de krekels zwegen. De bomen stonden roerloos alsof elke beweging hen zou uitputten. Maar Isabelle klauterde monter en zwierig tegen de berg op, als betrof het een film (waarin de heldinnen doorgaans onaangetast–het haar nog in model–de grootste calamiteiten doorstaan).

Schril contrasterend met de middaghitte heerste er in Jeanne's hoofd en hart een buitengewone koelte, een haast Olympische onverschilligheid. Deze was een automatische reactie op het dagenlang aanhoudende, zinderende gevoel van roekeloosheid waarmee het beramen van het plan gepaard was gegaan. Ten slotte was ze er zozeer van in de ban geraakt, dat de praktische uitvoering bijna overbodig was geworden: de droom zelf gaf al bevrediging. Maar ze had zichzelf tot de orde geroepen: het was echt iets voor een vrouw om aan dromen alleen genoeg te hebben.

Na al die dagen van zichzelf bevruchtend enthousiasme bleek de verwezenlijking van het plan een nuchtere, kille aangelegenheid. Ze was niet meer dan een eenpersoonsleger dat instructies uitvoerde. Instructies van wie? Van de natuur en haar ijzeren wet dat alles wat zij aan schoonheid voortbrengt, ook weer door haar wordt afgebroken.

Toch werd ze, heimelijk, achter Isabelle aan lopend, even overvallen door de onaangename gedachte dat ook zij nu, als zoveelste bezetene, de schoonheid achterna liep. Maar ze drukte deze inval meteen de kop in: in werkelijkheid immers dreef zij de onwetende, naïeve Isabelle voor zich uit, rechttoe rechtaan in de richting van haar val.

Nadat Isabelle bij de brug linksaf was geslagen wachtte Jeanne nog geruime tijd. Vanaf de brug staarde ze naar de beek, die tussen de stenen door kolkte, en verbaasde zich over haar eigen kalmte. Beheerst begon ze aan de klimtocht over de rotsblokken, tussen de tanden sissend om de honden bij zich te houden.

Isabelle dreef op haar rug op het rimpelloze water van de kleine lagune, waar kromgegroeide acacia's zich als parasollen beschermend overheen bogen. Ze neuriede een liedje. Dit schouwspel was niet nieuw voor Jeanne. Zich tot bloedens toe op de lippen bijtend had ze het enkele malen vanachter een rotsblok gadegeslagen. Een keer had ze tot haar ontsteltenis gemerkt dat ze niet de enige was. Haar buurman, Peyrol, had zich verdekt opgesteld achter een bosje. Zijn hemdsmouwen opgestroopt –

waarbij een onduidelijke tatoeage op de purperen arm zichtbaar werd – en met een naar beneden bungelende bretel betastte hij zichzelf vol overgave. Terwijl ze de honden in hun nekvel greep om te voorkomen dat ze zich op de overjarige Dionysus zouden storten, had ze met een mengsel van nieuwsgierigheid, weerzin en minachting de eindfase van deze bedrijvigheid afgewacht.

Voorzichtig omtrekkende bewegingen makend controleerde Jeanne of Peyrol zich ook ditmaal ergens schuilhield. Daarna daalde ze langzaam af naar het water, een blauw iriserend oog in de diepte, om zich met haar adjudanten zwijgend op een platte rots te posteren die zich twee meter boven de waterspiegel verhief.

Isabelle staakte haar lied. 'Oh Capri, c'est fini...' stierf langzaam weg, opgenomen in het geruis van de beek. Met een hand boven haar ogen tegen de zon in kijkend nam ze verbaasd en geërgerd de verstoorders van haar intieme ritueel in zich op. Ze begon zenuwachtig te lachen en riep quasi-luchtig: 'Bonjour.'

Jeanne beantwoordde haar groet niet. Ze knipte bijna onhoorbaar met haar vingers, waarop de honden eendrachtig in de diepte sprongen. Snuivend en proestend gleden de gedrochten door het water.

'Haal die honden terug, wil je?' riep Isabelle.

Jeanne, vanaf haar rotsblok, lachte. De onverschilligheid was verdwenen. Ze genoot van het tafereel: de twee onnozele, maar levensgevaarlijke honden en daartussen de kwetsbare naaktheid van de in het nauw gebrachte schoonheid. Er was maar één plek waar men vanuit het water op de oever kon klimmen. Isabelle zag zich de mogelijkheid van een haastige aftocht versperd door de twee honden die maar heen en weer bleven zwemmen.

'Hé!' herhaalde Isabelle met overslaande stem, 'roep die beesten terug!'

'Als je doet wat ik zeg,' zei Jeanne.

'Ja, ja!' riep Isabelle, de armen kruiselings voor de borst gevouwen.

'Jules, Jim!' Meer uit machtsvertoon dan uit noodzaak floot Jeanne op haar vingers. De honden hieven hun koppen in haar richting, zwommen naar de oever, krabbelden uit het water en begonnen zich droog te schudden – twee fonteinen waarin alle kleuren van de regenboog fonkelden. Jeanne gebood hen bij haar te komen, waarna ze gedrieën vanaf het plateau toekeken hoe Isabelle rillend uit het water kroop en haastig haar bloemetjesjurk over haar natte lichaam liet glijden. Ze stapte in een minuscuul slipje, pakte haar schoenen en wierp een vernietigende blik op Jeanne en haar metgezellen. Daarna koos ze met een snelle, vorsende blik de beste vluchtroute en hees zichzelf, haar roodgelakte nagels als een kat in een rotsblok klauwend, krampachtig omhoog.

'Hé!' riep Jeanne, 'kom terug, je bent nog niet van ons af!'

Maar Isabelle zette haar poging zich zo snel mogelijk uit de voeten te maken onverstoorbaar voort.

'Vooruit!' siste Jeanne. De honden sprongen van het plateau af en renden schril blaffend achter Isabelle aan. Van schrik liet ze een schoen vallen. Jeanne zag hem op een steen stuiteren en een zachte landing maken op een driehoekje kiezelwit zand. Even was er een moment van stilte te midden van alle beweging. Daar lag, een rustpunt in de tijd, het absurde voorwerp, een bizar rood gebruiksartikel, merkwaardigerwijs bestemd om op te lopen. Nooit in haar leven had Jeanne zo iets aan haar grote voeten gehad. Op zulke hakjes zou ze eruitzien als een travestiet.

'Roep die rothonden terug!' gilde Isabelle.

Ineengedoken zat ze op een hoog, puntig rotsblok waar de honden grommend tegenop sprongen.

'Als je nu eens eindelijk luistert!'

Opnieuw floot Jeanne de honden terug. Gewillig liet Isabelle zich van de steen afglijden. Ze keek met gefronste wenkbrauwen omhoog naar het driespan, scheen zich te beraden, griste het schoentje uit het zand en liep traag in de richting van Jeanne. Op korte afstand bleef ze staan, schuw van de ene hond naar de andere kijkend.

'Wat wil je van me?' zei ze.

Jeanne, van haar stuk gebracht nu Isabelle in volle luister vlak voor haar stond, was even haar stem kwijt. Ineens voelde zij zich nietiger en machtelozer dan ooit tevoren. Haar miserabele voorgeschiedenis schoot als een trein waarvan de energiebron haar eigen lelijkheid was aan haar voorbij. Alle beledigingen, kleineringen, pesterijen, minachting, onverschilligheid en liefdeloosheid die haar in haar leven ten deel waren gevallen, drongen zich tegelijkertijd aan haar op. En al keek ze nu, vanaf haar plateau, op Isabelle neer, in feite troonde deze hoog boven haar in een wolkeloze hemel te midden van een schare engelachtige schoonheden, terwijl Jeanne gevangen zat in het dal van de misdeelden wier klaagzangen langs de bergwanden opkaatsten naar diezelfde hemel, waar ze niet gehoord werden.

'Dat zal ik je laten zien,' zei ze nors.

Zwijgend klauterden ze langs de beek, stroomopwaarts, tot aan de brug. Daarna daalden ze het pad af zonder iemand tegen te komen – niemand peinsde erover op dit hete middaguur in de bergen te gaan wandelen. Isabelle vertoonde een zekere gelatenheid, hoewel ze een keer een heimelijke, nieuwsgierige blik op Jeanne wierp. Toen ze bij haar huis halt hielden zei ze verwonderd:

'Woon jij hier?'

Jeanne knikte. Een aangename tinteling in haar nek kondigde het begin van de overwinningsroes aan: de moeilijkste hindernis was genomen. Ze liepen naar de achterkant van het huis en gingen via de keuken naar binnen. Rammelend met de sleutelbos als een verzuurde huisbewaarster ging Jeanne Isabelle voor de gang in. Isabelle's hakjes tikten wuft op de plavuizen.

'Hier moeten we zijn.' Jeanne duwde de deur van het atelier open. Schoorvoetend liep Isabelle de hoge kamer in. Ze keek met opgetrokken wenkbrauwen in het rond – naar het maagdelijke witte doek dat op de ezel stond, de canapé op het podium, de volle, nog onaangetaste tubes verf en de schone kwasten.

'Je schildert...' haar stem klonk aarzelend, 'hoewel...' Nogmaals tastten haar ogen de ruimte af. 'Ik zie geen schilderijen.'

'Die hangen in een andere kamer.'

De honden strekten zich vermoeid uit op de zwart-wit betegelde vloer. Een van hen gaapte verwoed, waarna zijn oogleden loom naar beneden zakten.

'Maar wat wil je van mij?' Isabelle keek Jeanne recht in de ogen.

Opnieuw dreigde Jeanne door lastige gevoelens, deze spelbrekers voor wie het hoofd koel wil houden, te worden overmand. De heldere blauwe ogen die zonder vrees op haar gericht waren, straalden vertrouwen uit, een gebrek aan besef van het kwaad in de wereld. Maar Jeanne drukte dit verraderlijke begin van medelijden haastig de kop in. Met deze ogen palmt ze iedereen in, wees ze zichzelf terecht.

'Ik wil een serie portretten van je maken,' zei ze.

'Maar dat had je toch niet op deze... op deze manier hoeven doen...' Isabelle keek veelzeggend van de ene hond naar de andere. ' Dat had je toch gewoon kunnen vragen?'

'Dan had je het niet gedaan.'

'Waarom niet?'

'Omdat je maandenlang model moet zitten.'

'Maandenlang?' Geschrokken terugdeinzend trapte Isabelle op de voorpoot van een van de honden, die met een woedende grauw overeind schoot uit zijn halfslaap. 'Maar dat kan helemaal niet,' riep ze, op het podium een veilig heenkomen zoekend, 'over drie weken beginnen de opnamen van een nieuwe film. Ik heb een contract getekend, ik kan niet zomaar wegblijven.'

'Precies,' zei Jeanne, 'daarom.'

'Dat kun je niet doen!'

'Nee,' zei Jeanne uitdagend.

'Dat is dwang!'

'Ja.'

Er viel een stilte waarin ze elkaars krachten maten. Ze stonden recht tegenover elkaar, Isabelle met machteloos geopende handen en een verbijsterde blik in haar ogen, Jeanne met spottend opgetrokken wenkbrauwen. Ze pakte een kwast van de tafel en sloeg er een oorlogsroffel mee op het houten blad. Het was drie tegen een. Het besef van overmacht, een genot dat ze nog nooit had gesmaakt, steeg Jeanne naar het hoofd als alcohol.

'Ik heb je nog niet voorgesteld,' zei ze overmoedig, met haar lijzige gestalte minzaam van de ene hond naar de andere buigend, 'Jules en Jim.'

Isabelle's mond viel open. Verschrikt bracht ze haar hand naar haar wang. 'Je hebt deze... deze beesten naar een prachtige... naar een klassieke film genoemd!' zei ze vol afkeer.

'Het zijn geen beesten, het zijn pitbullterriërs.'

'Jules en Jim...' herhaalde Isabelle klaaglijk.

'Beruchte vechtersbazen,' ging Jeanne verder, 'als ze hun prooi eenmaal beet hebben, laten ze niet los voordat ze hem helemaal verscheurd hebben.'

'Dat kun je wel zien...' zei Isabelle hees, 'aan die... aan die... leipe oogopslag.' Als om de waarheid van haar woorden te onderstrepen keken de honden met een sluwe blik op naar het podium.

'Er zijn nu eenmaal niet alleen blonde prinsesjes,' grijnsde Jeanne, 'er zijn ook monsters.'

Aan de weerzin en angst in de blik die Isabelle haar toewierp zag Jeanne dat deze haarzelf als het grootste monster beschouwde. De grijns bevroor op haar lippen. 'Kom,' zei ze ferm, 'ik breng je naar je... je logeerkamer.'

'Ik leg me hier niet zomaar bij neer,' zei Isabelle met trillende stem.

'Je zult wel moeten.' Jeanne draaide zich resoluut om en liep naar de deur. De honden kwamen geeuwend overeind. Nadrukkelijk hield Jeanne de deur voor Isabelle open. Terwijl deze haar met gebogen hoofd passeerde meende Jeanne de geur van zon, wind en water te ruiken, extraverte, vitale geuren waarvan ze een grondige afkeer had. Geuren die haar terugvoerden naar haar puberteit, toen haar leeftijdgenoten elkaar op zomerse dagen het hof maakten aan de oevers van een naburig meer, terwijl zij zich in badpak al lang niet meer kon vertonen.

Ze liepen door de gang tot aan de kelderdeur. 'Zo,' zei Jeanne, de sleutel in het slot stekend, 'hier is het.' Ze duwde Isabelle met zachte drang voor zich uit.

'De kelder!' riep Isabelle ongelovig. Ze wilde onmiddellijk rechtsomkeert maken, maar de toenemende druk van Jeanne's knokkels dwong haar de trap af te dalen. Toen de honden langs haar benen naar beneden glipten slaakte ze een gil.

'Stro,' zei Jeanne, in het halfdonker onverschillig op een stapel strobalen wijzend.

Isabelle huiverde. Ze kruiste haar armen en bedekte haar blote schouders met haar handen. 'Dit... dit kun je niet menen...' fluisterde ze, 'het is hier koud en vochtig... Waarom kan ik niet in een gewone kamer slapen? Dit is een kast van een huis...'

Jeanne trok zwijgend enkele strobalen van de stapel en schoof ze tegen elkaar aan.

'Alsjeblieft...' Isabelle greep haar bij beide armen, 'laat me hier niet achter!'

Jeanne rilde. Hoe lang was het geleden dat zij voor het laatst werd aangeraakt? Het dwingelanderige in de verkrampte greep stoorde haar. Uit Isabelle's opstandigheid bleek wel met hoeveel respect ze tot nu toe altijd behandeld was. Ze was nog maagd tegenover de wreedheid en willekeur van anderen met wie Jeanne in de loop der jaren zo vaak en zo hardhandig in aanraking was gekomen. Wat was Isabelle bevoorrecht! Het was hoog tijd dat er aan deze wanverhouding een eind kwam. Eindelijk rechtvaardigheid!

Ze bevrijdde zich van de twee handen en draaide zich demonstratief om. 'Kom,' riep ze tegen de honden, die zich in een donkere hoek van de kelder aan het oog onttrokken. Gedecideerd begon ze de trap te beklimmen.

'Alsjeblieft,' smeekte Isabelle met overslaande stem, 'alsjeblieft!'

Halverwege de trap draaide Jeanne zich geprikkeld om. 'Als je zo blijft gillen,' zei ze, 'metsel ik het luchtrooster dicht!'

5

Vanuit zijn klaslokaal staarde Bernard Buffon naar het schoolplein, dat verlaten onder de lindebomen lag. Zonder kinderen was het van een naargeestige onvolkomenheid die hem bedrukte. Diezelfde onvolkomenheid bespeurde hij ook bij zichzelf, sinds hij moest leven zonder de geruststellende zekerheid dat ergens op deze planeet Isabelle Amable in goede gezondheid rondliep.

Sinds zijn jeugd koesterde hij een oprechte, onbaatzuchtige liefde voor haar. In het begin manifesteerde deze zich in dagdromen over spectaculaire reddingsacties waarbij hij, ineens in het bezit van een slank postuur, op een schimmel kwam aansnellen om haar uit de klauwen van een draak of roofridder te bevrijden. In de puberteit kregen de dromen het karakter van erotische bespiegelingen, die hem op vleugels naar het plantsoen achter de kerk voerden waar hij urenlang met Isabelle hand in hand op een bemoste stenen bank zat tussen blauwe hortensia's.

Jaren later, toen haar roem tot in het dorp was doorgedrongen, legde hij een plakboek aan met kranteknipsels en reed hij voor iedere nieuwe film waarin zij meespeelde naar de bioscoop in een naburig stadje, avond aan avond, de hele week dat de film draaide.

In feite had zijn aanbidding van Isabelle op den duur ongemerkt de plaats ingenomen van de verering die hij, voordat zijn verstand het hem was gaan verbieden, voor Maria–maagd, moeder, heilige, maar toch in de eerste plaats vrouw–gevoeld had. Misschien stond deze metafysische allure van zijn gevoelens niet los van zijn buitenproportionele dikte, waarin zelfs het strengste dieet geen verandering kon brengen omdat zij niet aan vraatzucht maar aan een slecht functionerende schildklier te wijten was. Zijn lichaam was rond, als dat van een duikelaar. Zijn roze huid, altijd onder hoge spanning, glom: zijn ogen lagen ingebed tussen zware oogleden en dikke wangen. Op zijn korte neus rustte een brilletje dat, bij gebrek aan een duidelijk geprononceerd mannelijk neusbeen, voortdurend naar beneden gleed, zodat hij het door een samentrekkende beweging van de neus weer omhoog moest duwen. Om dit karikaturale beeld te voltooien dienden zich al sinds zijn twintigste de eerste verschijnselen van kaalheid aan. Maar onder dit bolle, ridicule uiterlijk school een romanticus die van alle grote componisten het meest aan Schubert verknocht was, niet alleen vanwege diens diep op het gevoel inwerkende muziek maar ook omdat de befaamde onaantrekkelijkheid van zijn uiterlijk Schubert zoveel ongeluk in liefdeszaken had berokkend. Hoewel innerlijk vaak ten prooi aan melancholie en een gevoel van vergeefsheid was Bernard naar buiten toe een zachtmoedige, innemende figuur, op handen gedragen door zijn leerlingen, gewaardeerd door de ouders, gezien bij de dorpsbewoners. Hij hield er een bescheiden theorie op na waarmee hij zich troostte voor de manco's in zijn eigen leven: ergens moest een contra-wereld bestaan, waar iedere op deze wereld gestorte traan een lach teweegbracht en waar Bernards ongeluk het geluk van een tegenvoeter veroorzaakte. Zo verkoos hij boven de ons bekende werkelijkheid de onwerkelijkheid van de fantasie en de dagdromen; zijn don-quichotterige speurtocht naar Isabelle, toen iedereen de moed al lang had opgegeven, sloot daar volmaakt bij aan.

Zijn liefde voor Isabelle was begonnen in een tijd dat het enorme volume van zijn lichaam zijn leeftijdgenoten nog verbaasde, irriteerde en uitdaagde. Onuitputtelijk waren ze in het bedenken van plagerijen met betrekking tot dit lichaam, dit object, voorbijziend aan de kwetsbaarheid van de ziel daarbinnen. Toen hij een jaar of tien was werd hij op een dag na schooltijd door een groep jongens gevolgd op weg naar huis. Hij klemde zijn boekentas tegen zich aan en versnelde, stug voor zich uit kijkend, zijn pas. Hardlopen zou op vluchten lijken en hen misschien prikkelen tot daden die ze nu nog niet in de zin hadden. Bovendien zou hij het, als het op snelheid aankwam, altijd van zijn achtervolgers verliezen. Ter hoogte van een boerderij, net buiten het dorp, haalden ze hem in.

'Wat heb je toch een lekker kontje, Buffon!' werd er geroepen.

De geur van mest die uit de openstaande staldeuren kwam, drong als een alarmsignaal zijn neus binnen. Een van de jongens bukte zich, raapte een tak op uit de berm en prikte ermee in de billen van Bernard. De anderen, hierdoor aangestoken, zochten nu ook een tak, waarna een bende joelende picadors zich op het weerloze slachtoffer stortte. Bernard liet zijn schooltas vallen en drukte zijn handen op zijn oren om het oorlogszuchtige gekrijs niet te hoeven horen.

'Is hij al gaar,' riep er een, 'nee, het vlees is nog niet gaar.' Er steeg een bulderend gelach op.

'Hij moet eerst gestroopt worden,' riep een ander, 'laten we hem stropen.'

Met vereende krachten stortten ze zich op zijn onderlichaam. Ze slaagden erin de riem los te trekken en zijn broek, tegelijk met zijn onderbroek, naar beneden te rukken. De algemene opwinding bereikte een hoogtepunt. Bernard hief zijn beide handen voor zijn ogen om zich te distantiëren van zijn onderste helft en om de bloeddorstige gezichten van zijn belagers niet te hoeven zien. Dit hoogtepunt riep het verlangen op naar een nieuwe, nog extremere sensatie. Hij werd van de weg af geduwd in de richting van de boerderij; halverwege struikelde hij over de broek die rond zijn enkels zwabberde. Ze sleurden hem voort, recht op een grote, verveloze ton af die onder een regenpijp tegen een blinde muur stond. Bernard verkeerde in een roes van angst, machteloosheid en schaamte. Hij zag de ton opdoemen, begreep in een flits de verschrikkelijke mogelijkheden die deze bevatte en schreeuwde een protest, dat teloorging in het euforische tumult. Dank zij een reusachtige gezamenlijke krachtsinspanning slaagden ze erin hem op te tillen en ondersteboven in de ton te laten zakken. De ton was grotendeels droog; onderin stond een plasje drabbig water dat tot zijn voorhoofd reikte. Al het bloed uit het volumineuze lichaam stroomde naar het kleine hoofd. Hij dacht dat hij stikte. Aanvankelijk hoorde hij nog geschreeuw buiten de enge ruimte waarin hij zat vastgewrikt, maar al gauw stierf dat weg. Hij wist niet welke gevolgtrekking hij hieruit moest maken: was hij bewusteloos van benauwdheid of waren zijn kwelgeesten verdwenen? Het enige dat hij hoorde was het suizen van zijn bloed.

Ineens kantelde de ton. Het stinkende water sijpelde langs zijn gezicht. Hij voelde twee handen op zijn heupen die hem langzaam lostrokken. Even later lag hij, knipperend tegen het daglicht, als een pasgeboren kalf in het gras. Twee gestalten bogen zich over hem heen. Hij verkeerde in een vreemde gemoedsstemming. Aan de ene kant was hij murw en apathisch ten gevolge van de doorstane emoties, aan de andere kant heerste er in hem een in deze situatie ongepaste vredigheid, een serene kalmte die soms iemand die niet dieper kan zinken of niets meer te verliezen heeft, plotseling overvalt. Langzaam drong het tot hem door dat een gedistingeerde heer in een roomkleurig kostuum en met een strooien hoed op zoals Maurice Chevalier droeg in oude films, in gezelschap van een blond meisje van zijn eigen leeftijd, wachtend op een levensteken, hem bezorgd aanstaarde.

Het meisje greep hem bij zijn pols om hem overeind te trekken. 'Ze zijn weg,' zei ze zacht, 'je hoeft niet bang meer te zijn.' Ze sprak beschaafd Frans, zonder de tongval van de streek waaraan Bernard gewend was.

Ineens scheen ze naar een punt ver achter hem te kijken. Ze liet zijn pols los, ging staan, rechtte haar schouders, balde haar handen tot vuisten en brulde: 'Klootzakken! Sodemieter op!'

'Isabelle,' zei haar begeleider verontwaardigd, 'wat een taal!'

Ze lachte vrijmoedig en wendde zich opnieuw tot Bernard, die langzaam overeind krabbelde en zijn broek ophees. 'We hebben ze weggejaagd, die klootzakken,' zei ze.

'Isabelle!'

Bernard veegde met zijn mouw over zijn voorhoofd. Vanuit zijn gezichtspunt stond het meisje recht onder de zon. De blonde stralenkrans rond haar hoofd en haar oprechte morele verontwaardiging gaven haar in zijn ogen het aanschijn van een kleine heilige, een wezen dat vanuit andere sferen naar de aarde was gekomen om hem in nood bij te staan.

'Papa,' zei ze, 'zullen we hem even thuisbrengen?'

De man onderwierp Bernard aan een strenge, keurende blik, toetste hem aan zijn netheidscriteria, waarin ongetwijfeld smetteloze tropenkostuums de heersende norm waren en stemde met een kort knikje toe. Opnieuw werd Bernard door schaamte overmand; hij voelde zich vies en bezoedeld. Maar het meisje sloeg haar arm om zijn schouders en leidde hem naar een grote, glanzend witte auto die aan de kant van de weg geparkeerd stond.

6

Na de ontvoering duurde het minstens een week voordat Isabelle haar verzet opgaf. Ze bleef tegenstribbelen als ze na het poseren de kelder in moest: ze was verkouden, had diarree, ze kreeg huilbuien. Ze vroeg om maandverband, ondergoed, en kreeg beide. Ze klaagde over de gedwongen hongerstaking die haar door Jeanne werd opgelegd en bestookte haar met wanhopige vragen. Goed, de zin van de ontvoering kon ze, zij het met moeite, bevatten; de zin van de opsluiting in de kelder, zij het met nog meer moeite, ook; maar wat voor waanzinnige reden kon Jeanne hebben om haar moedwillig te laten verhongeren? Ze werd gek van de honger. Ze kon de hele dag aan niets anders denken dan aan voedsel. Niet alleen had ze visioenen van zorgvuldig bereide maaltijden, maar evengoed van zo uit de aarde getrokken, rauwe bieten. Zelfs de grassprieten waarvan ze door het luchtrooster een glimp opving, kwamen haar begeerlijk voor.

Jeanne hoorde het geweeklaag hooghartig aan, zonder zich te verwaardigen ook maar een tipje van de sluier van haar bedoelingen op te lichten. Isabelle was geen mens, maar een ding. Een gesprek van vrouw tot vrouw was het laatste waaraan ze behoefte had. Ging ze in op al die verzoeken tot uitwisseling van gedachten en gevoelens dan zou ze regelrecht in de val lopen die Isabelle voor haar uitzette: Isabelle zou haar menselijkheid terugkrijgen, waardoor de status-quo verbroken werd.

Ten slotte was Isabelle, door pure uitputting en wanhoop, in een toestand van apathie vervallen. Opgelucht stelde Jeanne vast dat het leek of er iets in haar geknakt was, iets dat met geen spalk ooit nog kon worden geheeld. Eindelijk was er een periode van rust aangebroken, een rust die onontbeerlijk was voor het werk.

Maar op een dag opende Isabelle na het poseren onverwacht haar mond, om op timide toon te vragen: 'Mag ik die andere kamer eens zien?'

'Welke andere kamer,' zei Jeanne, onaangenaam verrast omdat de gebruikelijke, neutrale stilte verbroken werd.

'De kamer met je schilderijen.'

Juist die middag had Jeanne een elegante oplossing gevonden voor het probleem van de steeds dieper wordende schaduwen op het lichaam van Isabelle. In een opwelling van tevredenheid over haar eigen vindingrijkheid zei ze overmoedig: 'Waarom niet?'

Nauwgezet maakte ze haar kwasten schoon. Na een laatste keurende blik op het schilderij riep ze de honden en ging hen voor naar een vertrek dat aan het andere eind van de gang lag. Het was er donker en muf. Ze wierp de ramen en de luiken open. Het warme, bronskleurige licht van de namiddagzon nam de ruimte onmiddellijk in bezit. Het viel op een biljart dat in het midden van de kamer stond. De ballen lagen bevroren in de laatste stand, het groen van het laken was vergrijsd door een dikke laag stof. Aan de schoorsteenmantel hing een kolossaal hertegewei, geflankeerd door jachtgeweren. Op mahoniehouten kasten en tafels tegen de muren stonden opgezette dieren: verschillende vogels – een pauw in pronkhouding –, een vos, een marter, een haas, een eekhoorn met een sparreappel in zijn pootjes. Ze waren zeer dood, in het antieke licht. De schilderijen die erboven hingen sloten volmaakt bij deze naargeestige uitstalling aan.

Voetje voor voetje van het ene schilderij naar het andere schuivend bekeek Isabelle de series van dieren in de vele gedaanten van hun dood. Jeanne sloeg haar met een lichte plankenkoorts gade. Nooit eerder had zij iemand in dit heiligdom binnengelaten, nooit eerder had iemand kennisgenomen van deze nieuwe ontwikkeling in haar schilderen. Hierdoor steeg Isabelle's status ineens angstwekkend: van een Niemand was zij in luttele seconden een met een beoordelingsvermogen begiftigd wezen geworden.

Isabelle bleef staan bij het portret van een oude man die met gesloten ogen op een met kant afgezet kussen lag. 'Wie is dat?' fluisterde ze.

'Mijn vader.'

'Slaapt hij?'

'Hij is dood. Ik had maar drie dagen, anders had ik het beter kunnen uitwerken.'

Isabelle greep in een pathetisch gebaar naar haar hoofd. Ze kneep haar ogen dicht, wankelde alsof ze zeeziek was en vond steun bij het biljart.

'Wat is er?' zei Jeanne.

'Ik... ik ben duizelig...'

Jeanne bekeek haar koeltjes. Wat een schim was ze, wat een dunne armen en benen. Toch was ze nog ver verwijderd van het laatste stadium. Haar magerte was nog niet te vergelijken met die van de uitgehongerde Afrikanen op krantefoto's. Misschien beschikte ze, dank zij haar luxe achtergrond, over enorme reserves.

'Nu weet je het,' zei ze, Isabelle ongeduldig bij de schouders vattend en zachtjes de kamer uit duwend.

'Wat weet ik?' klonk het bijna onhoorbaar.

'Hoe ik schilder.'

De volgende dag zakte Isabelle tijdens het poseren door de linker elleboog waarop ze, in navolging van madame Récamier, leunde en gleed verslapt onderuit. Roerloos en met gesloten ogen bleef ze liggen.

Het eerste dat Jeanne voelde was verbazing. Die werd verdrongen door ergernis en wantrouwen: werd ze beetgenomen? Daarna kwam de ongerustheid. Het model mocht het niet voortijdig begeven, het programma moest in alle rust worden afgewerkt. Ze legde haar kwast neer en liep nerveus naar de sofa. Zich over Isabelle heen buigend raakte ze met schuchtere tegenzin haar bovenarm aan, die koud aanvoelde.

'Hé!' zei ze, zachtjes schuddend, 'wat krijgen we nu?' Het was een zonderlinge gewaarwording, zo dicht bij de naaktheid van een andere vrouw te staan. Ineens was dit lichaam niet langer het object dat zij aan het dupliceren was maar iets waarin een hart klopte en bloed stroomde, iets waarin de organen hun fabelachtige taak verrichtten, precies zoals in haar eigen lichaam. Het bezat nog maar een fractie van zijn vroegere verleidelijkheid, een machteloze, tot niets dienende en bijna aandoenlijke vleselijkheid.

Isabelle's ogen gingen half open. 'Ik... ik kan niet meer...' bracht ze met moeite uit.

'Wees even flink,' zei Jeanne, 'kom...'

Maar er kwam geen beweging in Isabelle. 'Eten...' mompelde ze, 'ik... ik moet wat eten...' Haar gebarsten lippen gingen open, dicht en weer open.

Jeanne aarzelde. Dit ging tegen al haar principes in. Maar ze had geen keus, het werk was al te lang onderbroken. 'Ik zal wat te eten halen,' zei ze stuurs.

Isabelle kwam kreunend overeind om brood en melk in ontvangst te nemen. Terwijl ze moeizaam at en dronk zette Jeanne zich weer achter haar ezel en wachtte gemelijk af. Haar animo om nog verder te schilderen, haar vitaliteit en bezieling voor die dag vloeiden weg bij elke hap en slok die Isabelle nam. Elk vertoon van haar mens-zijn hinderde haar. Een beeld hoorde Isabelle te zijn, tot nader order.

Maar het was wonderbaarlijk wat een stuk brood en een glas melk teweegbrachten. De kracht scheen terug te keren in Isabelle's ledematen. Ze veegde zelfs de broodkruimels van de sofa. Daarna hervatte ze werktuiglijk haar oude pose en keek met heldere ogen de kamer in.

Zonder animo pakte Jeanne de kwast op. De spanningsboog was verslapt, haar concentratie verdwenen. Weg was de onontbeerlijke, zichzelf aandrijvende stuwkracht waarmee een werkdag altijd begon, het vurige, kolkende enthousiasme dat de kwast stuurde, bijna zonder tussenkomst van haarzelf.

'Waarom heb je juist mij als model gekozen?'

De vraag keilde als een steen door een ruit de kamer binnen. Het blauw van Isabelle's ogen, die met een bijna hongerige belangstelling op Jeanne gericht waren, werd donkerder.

'Om je schoonheid natuurlijk,' zei Jeanne bits.

'Waarom zorg je dan zo slecht voor me? Wat mooi aan me was is al lang verdwenen.'

Jeanne, niet voorbereid op vragen en zeker niet op zulke rechtstreekse, verstarde. Ze stond stijf als een hellebaardier, haar kwast wees verdwaasd naar het plafond. Ze was sprakeloos. Maar ze riep zichzelf tot de orde: wat had ze van Isabelle te duchten? Niets! Isabelle was haar eigendom, ze kon met haar doen en laten wat ze wilde. Ze kon dus net zo goed nietsontziend eerlijk en openhartig tegen haar zijn, zoals ze ook tegenover zichzelf was.

'Ik wil aantonen,' zei ze ferm, 'dat schoonheid niet meer dan schijn is. De natuur creëert haar alleen om haar weer te vernietigen.' Nu ze haar overtuiging hardop uitsprak kreeg deze voor het eerst algemene geldigheid.

Isabelle's ooglid begon te trillen. Haar hand ging bevend naar haar voorhoofd om een denkbeeldige lok weg te strijken.

'Wil je wel stil blijven zitten?' snauwde Jeanne.

Er viel een lange stilte, die zwanger was van Isabelle's angstige speculaties. Jeanne had het gevoel dat ze haar niet alleen kon horen nadenken, maar dat ze de gedachten als een zwerm gedesoriënteerde vleermuizen rond haar hoofd zag cirkelen.

'Waarom ben je zo gebeten op schoonheid?' zei Isabelle toonloos.

'Gebeten? Ik ben niet...' begon Jeanne. Maar waarom zou ze lafhartig terugkrabbelen, nu ze de kans had vrijuit te spreken over wat sinds onheuglijke tijden zwaar op haar drukte. Ze keek strak naar het doek en bracht met vaste hand een minutieus veegje paars achter Isabelle's oor aan. 'Dank zij de schoonheid ben ik lelijk.'

'Dat begrijp ik niet.'

Jeanne zuchtte. 'De mensen hebben in de loop der eeuwen normen bedacht voor de ware, zuivere schoonheid. Wat van die norm afwijkt is lelijk. Ik... voldoe aan geen enkele schoonheidsnorm...'

Isabelle keek haar strak aan. Hier heeft ze niet van terug, dacht Jeanne voldaan. Het luchtte haar op haar grieven hardop te kunnen uitspreken. En nog wel tegen de schoonheid zelf! Voor het eerst in haar leven was ze in de gelegenheid deze rechtstreeks aan te klagen.

'Maar je bent helemaal niet zo lelijk,' wierp Isabelle zonder overtuigingskracht tegen.

Jeanne lachte schamper. 'O nee? Kijk dan maar eens goed.' Ze gooide haar penseel neer en stelde zich wijdbeens, met de armen in de zij, naast de ezel op. 'Nou? Zie je 't? Kijk...' Ze bukte zich en trok haar broekspijpen op tot aan de knie om haar magere, donker behaarde benen te laten zien. Ze voegde er enkele dwaze danspasjes aan toe om hun onbekoorlijkheid goed te laten uitkomen. Toen liet ze haar broekspijpen los, kwam overeind en knoopte het te grote, bemorste overhemd open dat ze bij het schilderen altijd droeg, opdat Isabelle haar platte borst kon zien waar het hemd vormloos overheen ribbelde. 'Begrijp je wat ik bedoel?'

'Maar...' zei Isabelle terneergeslagen, 'je hebt best leuke ogen.'

'Leuke ogen,' bauwde Jeanne haar na. Ze rukte de bril van haar neus en bracht haar gezicht provocerend dicht bij dat van Isabelle die, tot haar verwondering, niet terugdeinsde, noch met haar ogen knipperde. 'Zie je? Fretteoogjes en nog zwaar bijziend ook. Niks leuke ogen.' Triomfantelijk zette ze haar bril op.

'En dan mijn mond,' ging ze verder. 'Je kent ze wel, vooral hier op het platteland, al die oude mannen en vrouwen met hun ingevallen, tandeloze bekjes. Ik heb dat nu al!' Exhibitionistisch lachte ze haar scheve, door wolf aangevreten tanden bloot. 'Een mummelmond,' grinnikte ze. O, wat verschafte het haar een onverwacht genot, haar lelijkheid breeduit te kunnen etaleren. Haar lelijkheid onder de neus van deze schoonheid te kunnen duwen, precies zoals de mooiste vrouwen zich, in hun narcisme, dagelijks vanuit kranten, tijdschriften, en vanaf reclamezuilen ongevraagd aan hun minder bedeelde zusters opdrongen. Het liefst had ze zich helemaal uitgekleed om met het volledige spectrum van haar afstotelijkheid te pronken.

'Kijk eens naar mijn neus,' Jeanne draaide haar hoofd opzij om haar profiel te laten zien, 'mijn neus is een fenomeen. Je zult niet makkelijk een tweede neus vinden van dit formaat. Wanneer ik lach raakt hij bijna mijn kin. Als zeldzaamheid een norm voor schoonheid zou zijn, had ik een prachtige neus.'

Ze keerde Isabelle haar rug toe. 'En het haar... sieraad van de vrouw...' Ze gaf een veelbetekenende ruk aan het armetierige staartje achter op haar hoofd. 'Mijn rug, wat vind je van mijn rug?'

'Eh... je zou misschien wat rechter op kunnen lopen,' stamelde Isabelle.

'Dan toren ik boven iedereen uit!' riep Jeanne. 'Klein zijn en lelijk is erg, maar groot zijn en lelijk is verschrikkelijk. Op mijn dertiende begon ik te groeien. Ik groeide en groeide maar, als een krachteloze, sprieterige plant die te weinig licht krijgt. Ik kromde mijn schouders en boog mijn hoofd naar voren. Nu, na al die jaren, kan ik met de beste wil van de wereld niet meer rechtop lopen. Ik eindig nog eens met mijn hoofd op mijn voeten.' Grijnzend voegde ze eraan toe: 'En met mijn neus op mijn kin.'

Jeanne's exhibitionisme miste zijn uitwerking niet. Isabelle zuchtte moedeloos. Zoals ze Jeanne met haar holle hongerogen aanstaarde leek het of ze een aura van ongeluk en rampspoed om zich heen had. Dezelfde aura die Jeanne altijd omgeven had. Kon het, als een vlo, van de een op de ander zijn overgesprongen? Jeanne knoopte haar overhemd dicht.

'Maar...' zei Isabelle aarzelend, 'waarom kleed je je niet wat vrouwelijker?'

'Dacht je dat ik dat niet heb geprobeerd!' viel Jeanne verontwaardigd uit. 'Toen ik nog op de academie zat in Parijs... je dacht zeker dat je een boerentrien voor je had die nog nooit verder is geweest dan het naburige dorp?'

'Nee, nee,' verzekerde Isabelle haar haastig.

'Op de academie liepen stijlbewuste mensen rond, avantgardistisch op het gebied van de mode. Zij droegen de nieuwe lijn die later door de modehuizen werd nageaapt. Ook ik had een periode waarin ik me origineel... gewaagd kleedde... Kijk me niet zo ongelovig aan... Weet je wat het effect was? De mensen stootten elkaar op straat aan, wezen naar me en lachten. Ik werd het mikpunt van spot, van pesterijen. Het werd gevaarlijk om me in het openbaar te vertonen. Sommigen werden agressief als ze me zagen; ik was iets dat ze wilden beschadigen, vernietigen.'

'O wat vreselijk...' fluisterde Isabelle. Ze zat schuw in elkaar gedoken, als een hond die een pak slaag heeft gehad.

'Vreselijk?' Jeanne deinsde geërgerd terug. 'Het is wreed! Het is onrechtvaardig! Aan jouw wieg stond een goede fee, aan de mijne een boze. In de middeleeuwen werden wanstaltige vrouwen zoals ik als heks verbrand. Dat kon alleen maar het werk van de duivel zijn, zei men. En gelijk hadden ze. Je moet het wel heel slecht met de mensheid voorhebben om iemand zoals ik geboren te laten worden. Hoewel ik, dat moet ik toegeven, als kunstenaar respect heb voor een creatie die van zo'n totale, bijna ongeloofwaardige lelijkheid is. Zonder ook maar iets moois, stel je voor! Maar als slachtoffer zeg ik: het is onmenselijk. Het is erger dan invaliditeit–in dat geval kun je op medelijden rekenen en op zorgzaamheid. Lelijkheid wordt genegeerd, ontkend. De mensen wenden zich van je af alsof je een besmettelijke ziekte hebt die ze door naar je te kijken kunnen overkrijgen.'

Ze onderbrak haar tirade om adem te halen.

'In de stad... in de stad is het veel erger dan in de provincie. Hier in het dorp hoor ik er gewoon bij, zoals de dorpsgek. Maar in Parijs, vooral in het ijdele kunstenaarswereldje, is het taboe om lelijk te zijn. In de stad heerst het Amerikaanse model: je moet jong zijn, mooi, en succes hebben. Iets anders is er niet. Wie arm is, lelijk, mislukt... behoort als het ware tot de derde wereld, die veilig ver weg is.'

'Maar je werk,' zei Isabelle bedeesd, 'heb je succes in je werk?'

Jeanne wierp haar hoofd in haar nek. 'Ha! Succes! Dacht je dat er ook maar een galeriehouder is die werk wil exposeren van iemand zoals ik? Stel je de opening eens voor. Daar lopen ze, de genodigden, met een glas wijn in de hand, fraai uitgedost–men kijkt en laat zich bekijken–en daar loop ik dan tussen, een wanklank, een smet op het feest, een levende anti-reclame voor mijn eigen werk.'

'Toch schilder je nog steeds...'

'Op een dag...' Jeanne staarde over Isabelle's schouder uit het raam naar de verwilderde akkers, die door generaties voorouders waren bewerkt. Grote gezinnen, knechten, meiden, seizoenarbeiders, hadden hier gewerkt, geleefd, zich voortgeplant. Al dat geploeter, al dat streven, alle hoop voor de toekomst eindigde in de fuik van een gedrochtelijke vrouwelijke nakomeling met wie het geslacht zou uitsterven. 'Op een dag zal ik zo'n overdonderende collectie hebben dat ze gewoon niet om me heen kunnen. Maar wat doe ik...' Ze keek geïrriteerd om zich heen. 'Ik sta mijn tijd te verlummelen.'

In twee grote stappen stond ze achter de ezel. Ze griste haar penseel van de tafel en bracht met een vinnige streek een kleine verandering aan.

'Laten we zwijgen en werken,' zei ze verbeten.

7

Die nacht lag Jeanne in bed te woelen en te draaien, zo opgewonden was ze over haar eigen ontboezemingen. Het besprokene van die dag bleef, zonder dat zij er vat op had, door haar hoofd tollen en mengde zich moeiteloos met het getsjirp van de krekels rond het huis. Nooit eerder had zij zich aan iemand blootgegeven. Wie had zich daarvoor moeten lenen? Vriendinnen herinnerde ze zich alleen uit haar vroegste jeugd, van een vriend was nooit sprake geweest. Voor gelamenteer over lelijkheid had toch niemand belangstelling?

Wat een vreemd mechanisme was er die dag in werking getreden. Isabelle, dit schuwe, tot bijna nul gereduceerde hoopje mens, stelde de vragen en zij antwoordde. Zij brandde los. Isabelle had, als een positieve pool, een onbegrijpelijke aantrekkingskracht uitgeoefend op Jeanne's negatieve lading. Ze stroomde leeg, haar intiemste, pijnlijkste gevoelens prijsgevend aan een Isabelle die haar – in dubbele zin – hongerig aanhoorde.

Even later bekroop haar het vermoeden dat het een truc was van Isabelle, een slimme, door en door vrouwelijke truc om haar voor zich te winnen en haar te vermurwen. Dan zou al die belangstelling geacteerd zijn en was Jeanne, op een ingewikkelde manier, het slachtoffer van Isabelle's verleidingskunsten. Bij die gedachte zette ze zich schrap en nam ze zich voor zich geen woord meer te laten ontglippen.

Zo slingerden haar gevoelens heen en weer tussen hoop en vrees en wierp ze zich nu eens op haar ene, dan weer op haar andere zij, om pas in de ochtendschemering in slaap te vallen.

Halverwege de middag wist Isabelle, ditmaal zonder flauwte, Jeanne zover te krijgen dat zij haar, tot haar eigen verbazing, opnieuw vast voedsel bracht. Het eten veroorzaakte een natuurlijke pauze waarin Isabelle langs haar neus weg vroeg: 'Als je nooit exposeert, waar leef je dan van?'

Dwars tegen haar voornemens van die nacht in zei Jeanne: 'Ik sta achter de tapkast, 's avonds, in La Truite Dorée.'

'Dus je kent iedereen in het dorp?'

'De mannen. De vrouwen komen er alleen om hun man uit de kroeg te sleuren. Ik ken ze, de mannen van het dorp. Ik hoor en zie alles. Zij zien mij niet. Ik ben een ding dat drank inschenkt en geld aanpakt. Meer niet. Daarvoor ben ik ook aangenomen. Wil je weten waarom ze zo iemand als ik achter de tapkast hebben gezet?'

Isabelle nam een hap en knikte. Jeanne kwam achter de ezel vandaan – het kanon van waarachter ze tot dan toe haar doel bestookt had met blikken als ontleedmessen. Ze ging op de rand van het geïmproviseerde podium zitten. Turend naar haar kwast met blauwpaarse verf vertelde ze: 'Toen ik hoorde dat ze iemand zochten in La Truite Dorée ben ik er onmiddellijk op afgegaan. Ik kwam uit Parijs, ik had geen sou, alleen dit huis met al het land. Maar boeren is niks voor mij. Ik stelde me voor aan de baas en zijn vrouw. Hij bekeek me en slikte. Toen pakte hij zijn vrouw bij de arm en trok haar mee naar een aangrenzende kamer, die van het café gescheiden is door een gordijn. "Die meid is zo aartslelijk," hoorde ik hem zeggen, "je wordt er gewoon onpasselijk van. Ze wordt 't failliet van onze zaak." "Ben je gek," zei zijn vrouw, "die kerels komen hier om te zuipen. Het doet er niets toe wie hun glas volschenkt." "Maar ze zien toch graag iets moois achter de tapkast!" wierp hij tegen. "Jij ziet graag iets moois achter de tapkast!" siste zij. "Maar je kunt er niet van afblijven. Daarom gaat het iedere keer mis. Al die meiden raken we kwijt. Nee, deze is prima. Deze is precies wat we zoeken."'

Jeanne lachte bitter. 'Hij is bang voor me. Elke avond een

vrouw aan zijn zij die hem afstoot... Mannen raken onthand, ik bedoel ontmand, in het gezelschap van een lelijke vrouw. Ik heb eens een boek over schoonheid gelezen, uit de zestiende eeuw, van een zekere Firenzuola. Daarin kwam een man ter sprake die vertelde dat, ongeacht hoeveel beeldschone vrouwen er op een bal aanwezig waren, zijn avond geruïneerd was als hij er één lelijke tussen zag.'

'Wat een waanzin...' zei Isabelle.

'Wat een onuitstaanbare arrogantie!'

Ze zwegen beiden. Isabelle keek peinzend naar het laatste stukje brood dat ze als een kleinood in haar hand hield. Jeanne's blik rustte op de honden die languit lagen te slapen, in verrukkelijke onwetendheid van hun lelijkheid. O, wat was ze aan hen gehecht, niet in de laatste plaats vanwege hun bijna criminele monsterlijkheid. Wat een voorrecht, een dier te zijn en niet te weten hoe je eruitzag. Dieren onderscheidden geen mooie of lelijke exemplaren. Ze zuchtte.

'Jij denkt dat 't heerlijk is om mooi te zijn...' Isabelle had haar benen opgetrokken en haar armen om haar enkels geslagen.

'Je gaat me toch niet vertellen dat je eronder gebukt gaat,' zei Jeanne vinnig.

'Ze houden van me...' Isabelle haalde diep adem, 'om mijn buitenkant, mijn omhulsel, niet om mezelf. Of ze haten me erom, zoals jij, zonder me te kennen. Voor veel regisseurs ben ik niet meer dan een domme, blonde pop. Als ik met een eigen visie kom, luisteren ze niet. Ik moet enorme stennis maken om gehoord te worden. Dan wordt er geschreven dat ik een kreng ben, dat de roem me naar het hoofd gestegen is.'

Jeanne stond op. Er gebeurde iets wat ze niet kon bevatten: ineens kwamen er woorden terug. Klachten, over een wereld die zij niet kende en die haar niet interesseerde.

'We gaan verder,' zei ze kort, teruglopend naar haar ezel. Voelde zij zich, staande op een grote, zwarte tegel, in deze strategische positie gewoonlijk als een zwarte koningin die samen met haar twee lopers de witte koningin schaakmat heeft gezet, vandaag werd haar zelfvertrouwen ondermijnd door allerlei rondwarrelende gedachten. Ze doorkruisten de intense, geen seconde inzakkende aandacht die het schilderen vergde. Bovendien was het erg warm. Buiten trilde heet, wit licht. Ze beet op haar lip en zette enkele stoutmoedige streken op het doek die ze daarna weer ongedaan moest maken.

'Ik krijg altijd dezelfde rollen,' zette Isabelle op neerslachtige toon de stroom van haar gedachten voort, 'de verleidster, minnares, variété-artieste, hoer, zangeres in een nachtclub. Een echte karakterrol, waarbij het werkelijk op acteertalent aankomt, geven ze me niet. En waarom? Vanwege die vermaledijde schoonheid van mij. De interessante rollen gaan naar actrices die er alledaags uitzien. Kijk naar Jeanne Moreau, naar Isabelle Huppert, naar Jane Birkin. Ik ben een ster van het tweede plan. De critici nemen me niet serieus.'

'Je bent beroemd,' zei Jeanne, geforceerd doorschilderend, 'rijk, je wordt aanbeden, je kunt iedere kerel krijgen die je hebben wilt. Moet ik medelijden hebben met jóú...?'

'Een beetje begrip misschien...'

Jeanne zweeg. Wie had er ooit begrip voor háár gehad?

'Mannen...' Isabelle rilde. 'Ik geef toe, het is opwindend om ze te verleiden... Je geeft... neemt wat terug... geeft... neemt weer wat terug... Je verbeeldt je dat ze verliefd op je zijn... ze zeggen romantische dingen tegen je, geven je het gevoel dat je uniek bent... Maar dan... komt het moment waarop ze alle gevoel voor decorum verliezen... alle respect voor jou en voor zichzelf... Wilde beesten! Er valt niet meer met ze te praten... ze vallen aan... alle gore dromen die de laatste tijd door hun hoofd zijn gegaan, worden op jou botgevierd... alle spanningen en frustraties... je bent niet meer dan een vuilnisvat...'

Jeanne staarde haar met een langzaam openzakkende mond aan. De zweetdruppels op haar rug werden spinnetjes die vanaf haar schouderbladen een kriebelig spoor trokken tot in haar bilspleet. Een verfklodder viel van haar kwast op haar schoen. Hoe kon Isabelle zo over de liefde spreken, iets waarvoor ze van top tot teen bij uitstek geschapen was. Datgene waar het iedereen, uiteindelijk, om te doen scheen te zijn... wat de aarde draaiend hield... waarvan zijzelf altijd verstoken was gebleven. Als iemand de liefde naar waarde moest kunnen schatten, was het Isabelle. Toch deed ze het voorkomen alsof de liefde niet meer dan propaganda was uit de koker van mannen voor iets waarvan alleen zij, ten koste van de vrouw, genoten...

'Maar zover laat ik het niet meer komen...' Isabelle hief haar kin op en keek hooghartig naar beneden, alsof daar in de diepte, als in een leeuwekuil, een groep ontaarde mannen met radeloos omhoog gestrekte armen vergeefs haar hulp afsmeekte. 'Als ze handtastelijk worden maak ik er een eind aan.'

'Bedoel je...' stamelde Jeanne, met moeite een plotseling opkomend gevoel van hilariteit bedwingend, 'dat je ze eerst op de honing af laat komen en dan het deksel voor hun neus dichtklapt?'

Er verscheen een scheef lachje om Isabelle's mond. 'Ik leer ze een lesje, namens mezelf, namens alle vrouwen. Geloof me, aantrekkelijke vrouwen zijn niet bevoorrecht boven onaantrekkelijke, we hebben allemaal dezelfde vijand.'

Roerloos stond Jeanne achter haar ezel. Dit was zo'n adembenemend gezichtspunt en zo onverwacht, onaannemelijk bijna voor iemand als Isabelle, dat ze geen woord kon uitbrengen. De man niet langer een autoriteit van wiens goed- of afkeuring je afhankelijk was! Niet langer de bron van het hoogste genot, dat je zonder zijn medewerking niet deelachtig kon worden. De man niet meer dan een verwerpelijk sujet tegen wie vrouwen zich te weer moesten stellen... Samen... Waarom zou ze zich niet overgeven aan deze, in al haar eenvoud, verleidelijke gedachte? Er kwam een heerlijk gevoel van ontspanning en van jeugdige balorigheid over haar. Ze keek naar het schilderij. Wie was deze krachteloze, bleek-blauwe vrouw die haar versteend aanstaarde? Ineens voelde ze geen enkele affiniteit meer met haar eigen creatie. Haar werklust was verdwenen.

'Het is te warm,' zei ze, de bovenste knoopjes van haar overhemd lostrekkend, 'kleed je maar aan.'

Ze hurkte neer bij een van de honden en klopte hem goedmoedig op zijn rug. Hij sperde zijn bek wijd open, geeuwde hartgrondig en keek haar met één oog vol dom vertrouwen aan, terwijl het andere dodelijk vermoeid verder sliep.

'Ben je ooit getrouwd geweest?' vroeg Jeanne zonder op te kijken.

Isabelle trok de rits van haar jurk dicht. 'Twee keer.'

'En...?'

'Ach...' zei ze mat, 'er valt niet veel over te vertellen. De eerste... de eerste was een wielrenner. Ik was nog heel jong. Zomers fietsen, 's winters skiën, iets anders was er niet. Voor de wedstrijd sprak ik hem moed in, daarna stond ik klaar bij de finish om hem toe te juichen of te troosten. Had hij gewonnen dan moest ik ellenlange verhalen aanhoren over het verloop van de wedstrijd... welke moeilijkheden zich onderweg hadden voorgedaan en hoe hij die het hoofd had geboden. Had hij verloren dan kwam er ook een relaas... over de problemen onderweg en het onsportieve gedrag van de andere renners. Het lag nooit aan hemzelf als hij verloor. Ik word nog moe als ik eraan denk... Een filmrol mocht ik niet meer aannemen. Ik moest er altijd zijn: bij hem, voor hem. Ik stikte.'

De ongewone gewaarwording van totale ontspanning was als een paard van Troje Jeanne's gewoonlijk zo goed bewapende vesting binnengetrokken. Hoe ellendiger Isabelle's leven bleek te zijn geweest, hoe meer Jeanne opfleurde. Onder de palm van haar hand bespeurde zij, in de textuur van de gladde hondevacht, voor het eerst de sensuele behoefte om gestreeld te worden, in plaats van kameraadschappelijk beklopt.

'En die andere?'

'Dat leek mooi, in het begin. Hij is een bekend filosoof, doceert aan het Collège de France. Verschillende van zijn boeken zijn verplichte leerstof aan de universiteit. Hij leefde sober, dronk niet, rookte niet, bracht het grootste deel van zijn tijd door in zijn studeerkamer – de enige legitieme plek voor iemand die met denken zijn brood verdient, zei hij altijd. Eindelijk heb ik een verstandige, betrouwbare man ontmoet, dacht ik, ze bestaan dus toch.' Ze lachte schamper. 'Die droge geleerden... dat zijn de ergste! Na een beginperiode, waarin hij zich uit beleefdheid en berekening gedeisd hield, kwamen zijn perverse voorkeuren naar boven. Het was of hij in zijn imposante, antiek ingerichte studeerkamer met zware eikehouten boekenkasten niets anders had bestudeerd dan de markies de Sade! Vernedering, daar was het hem om te doen, en pijniging. Ik... ik kan nog steeds niet over mijn lippen krijgen wat hij allemaal van me verlangde... Hij haatte vrouwen, denk ik, diep in zijn hart.'

Isabelle hurkte naast Jeanne neer. Met een gestrekte wijsvinger streek ze de hond over zijn kop. Die opende loom zijn ogen en sloot ze weer.

Het was Jeanne vreemd te moede. Ze kon de warmte van Isabelle's lichaam voelen, dwars door haar zomerjurk heen. Deze gewaarwording van een ademende huid vlak bij de hare verplaatste haar in een flits terug in de tijd. Ze zag een weiland voor zich, vol traag met de wind meedeinende klaprozen. Daartussen wentelde een witte poes zich behaagziek op haar rug, terwijl ze zich op haar buik liet kietelen door twee meisjes die eendrachtig over haar heen gebogen zaten. Waarover ze spraken herinnerde Jeanne zich niet, alleen het gevoel... een gevoel van vanzelfsprekende intimiteit... alles was precies op zijn plaats... alles was zoals het behoorde te zijn... zo zou het altijd blijven.

Het was een benauwde nacht. Jeanne lag urenlang met opengesperde ogen in het donker. Ze sliep nog steeds in hetzelfde bed, in dezelfde kamer, waarin ze als kind had geslapen. Er was weinig veranderd. Alleen het speelgoed, op een verveloos hobbelpaard na, was opgeborgen in een muurkast. Een oude, onbegrijpelijke houtsnede van een lichtgevend hert dat door de jagers niet doodgeschoten kon worden hing nog steeds recht tegenover haar bed. Over haar dekens lag nog dezelfde gewatteerde sprei met een motief van zwarte rozen.

Voor het eerst was ze zich ook 's nachts bewust van Isabelle's aanwezigheid in huis. Slaapt ze, vroeg ze zich af, of ligt ze ook wakker.

Ze speelde met de gedachte Isabelle naar een van de slaapkamers te verhuizen. Die van haar vader was het meest geschikt, die zou ze voor haar kunnen inrichten. Dit idee wond haar op; het veroorzaakte een gevoel van verwachting, zoals vroeger, als er in de zomervakantie een nichtje kwam logeren. Met haar kwam er een wereld vol nieuwe ervaringen in huis. Samen vormden ze, fluisterend en giechelend, een verbond tegen haar vader en haar broers. Voor het eerst stond ze niet langer alleen tegenover een mannelijke overmacht.

8

Op zijn vrije dagen speurde Bernard nauwgezet de omgeving af. Tientallen malen had hij zijn zware lijf tegen de berg opgezeuld en was hij met een bonzend hart over rotsblokken geklauterd om bij het zwemwater van Isabelle te komen. Hier, redeneerde hij, school het geheim van haar verdwijning. Hij ging op een steen zitten en keek mijmerend naar de waterval die het bassin voedde. Het speet hem dat hij de taal van het ruisende water niet verstond, zodat hij de boodschap zou kunnen begrijpen die daar aan hem werd meegedeeld. Als de zon te lang op zijn kale kruin had geschenen, zag hij Isabelle oprijzen uit het midden van de lagune, in een fontein van zilveren druppels, lachend, gorgelend, een extatisch lied zingend. Elke vierkante centimeter rond het water had hij doorzocht op stukjes kleding, de schakel van een armband, een kraal, een oorbel, een pluk blond haar.

Hij breidde zijn territorium uit, strompelde door de bergen, daalde af in kloven, tuurde met samengeknepen, bijziende ogen naar een beek die in de diepte, tussen loodrechte wanden, stroomde. In het bos leek zij overal aanwezig, hem vanachter de bomen gadeslaand en uitlachend.

Bij toeval kwam hij erachter dat Odile Sévérac, de moeder van een van zijn leerlingen, een oude vriendin van Isabelle was. Zij zouden in hun tienerjaren op hetzelfde pensionaat hebben gezeten en door de jaren heen altijd met elkaar in contact zijn gebleven. Op een middag, toen ze haar dochter uit school kwam halen, hield hij haar staande op het schoolplein. 'Neem me niet kwalijk, mevrouw Sévérac,' hij tikte haar op de schouder, 'ik zou graag iets vertrouwelijks met u bespreken.'

'Maar meneer Buffon,' ze keek hem met haar zwarte ogen schalks aan, 'u kan ik toch zeker niets weigeren.'

'Zullen wij dan even naar... eh, binnen gaan?'

Odile Sévérac wierp een vluchtige blik op haar dochter, die onder een boom samenzweerderig stond te fluisteren met vriendinnen, en volgde hem wiegend met haar brede heupen de school in.

'Ik zal eerlijk tegen u zijn...' begon Bernard toen ze tegenover elkaar zaten in zijn klaslokaal, waarin een groenig licht scheen als in een aquarium; de bladeren van de lindebomen op het speelplein filterden het zonlicht.

'Alsof een man als u iets te verbergen zou hebben!' zei Odile Sévérac. Ze sloeg haar armen over elkaar en keek hem olijk aan. Ze was klein, mollig en beweeglijk. Haar huid was bruingebrand, het zwarte haar kortgeknipt, zoals bij de meeste vrouwen in de streek. Ze droeg een zwarte jurk–was ze in de rouw?–met een diep uitgesneden hals.

Bernard sloeg verward zijn ogen neer. Haar opmerking over zijn eerlijkheid was natuurlijk als een compliment bedoeld maar sloeg tevens, in een diepere laag, op zijn dikte die hem als het ware tot de onschuld dwong. Schuchter biechtte hij op waarom hij contact met haar had gezocht. Hij verzweeg niets, ook niet het pijnlijke voorval in zijn jeugd.

Het gezicht van Odile Sévérac betrok. De herinnering aan Isabelle bracht haar in een droevige stemming; toen Bernard verslag deed van zijn speurtochten begon ze vol hartstochtelijk medeleven te knikken.

'We hebben allemaal, diep in ons hart, afscheid van haar genomen,' zuchtte ze, 'ik vind het geweldig dat u de moed niet opgeeft.'

Bernard boog zich naar haar toe: 'Het is een idiote vraag, meer een vraag uit een politieroman dan een die men met goed fatsoen in de werkelijkheid kan stellen, maar gelooft u dat zij vijanden had?'

'Onmogelijk!' zei Odile Sévérac gedecideerd. 'Isabelle was zo vriendelijk... zo levenslustig... zo recht door zee. Ze zou nooit iemand benadelen. Hooguit... zal er wel eens iemand jaloers op haar zijn geweest.'

'Hoe was ze als kind?'

Gesticulerend met haar mollige handen beschreef Odile haar als een intelligent meisje, kameraadschappelijk, behulpzaam en met een groot inlevingsvermogen in anderen. Maar ze liet niet met zich sollen. Ze kwam niet alleen voor anderen maar ook voor zichzelf op, als het moest. 'We hebben zoveel plezier gehad samen,' zei Odile nostalgisch. 'Ik kan me nog steeds niet voorstellen dat haar iets ernstigs is overkomen. Ze was zo... zo... weerbaar, zo onverwoestbaar.'

Onwillekeurig verloor Bernard zich, gedurende een kort moment van absentie, in de fluwelen schaduw tussen haar borsten: onder in die diepe schacht verborg zich haar jeugd. Puttend uit zijn rijke ervaringen met kinderen meende hij te zien wat zij zelf voor meisje geweest moest zijn: bijdehand, uitdagend, brutaal en avontuurlijk, altijd in de stemming voor een grap, loyaal in haar vriendschap. Hij liet zich opzuigen, de warme, bronzen diepte in, heel even maar, zo kort dat Odile Sévérac het niet eens merkte.

'En haar ouders,' vermande hij zich, 'kwam ze uit een harmonieus gezin? Als je de kranten moet geloven werd zij door haar moeder benijd om haar roem en schoonheid en leefde ze op voet van oorlog met haar moeders vierde echtgenoot, die in de wapenhandel en andere louche zaakjes verwikkeld zou zijn. Er werd zelfs gesuggereerd dat hij haar zelf heeft ontvoerd om losgeld van zijn eigen vrouw te krijgen...'

'Maar meneer Buffon!' riep Odile Sévérac verontwaardigd uit. 'U gelooft toch niet wat de kranten schrijven! Isabelle had een heerlijke jeugd, ze was bevoorrecht vanaf het begin. En toch is zij geen verwend kreng geworden, dat is zo uniek aan haar. De vierde echtgenoot van haar moeder! Ik moet erom lachen! Haar moeder is nog steeds met dezelfde man getrouwd, haar eerste en enige, de vader van Isabelle. Een vader ontvoert toch niet zijn eigen dochter! Zet al die nonsens uit uw hoofd, alstublieft!'

Ze hapte naar adem; het leek of ze zich persoonlijk gegriefd voelde. 'Als ze zo'n slechte verstandhouding had met haar ouders, zou ze er toch niet meer komen? Isabelle logeerde er wekenlang, om in alle rust een nieuwe rol in te studeren en zich door hen te laten verwennen. In de weekends kwam Jean-Pierre om haar gezelschap te houden.'

'Jean-Pierre?'

'Haar verloofde... nou ja, ze waren niet officieel verloofd, maar in het najaar zouden ze trouwen...' Hoofdschuddend staarde ze naar het houten, met initialen overwoekerde blad van de schoolbank, alsof daar alle rampspoed van de wereld in hiëroglyfen in gekerfd was. 'Arme, arme Isabelle, ze zou voor het eerst in haar leven trouwen...'

Bernard plukte in de tuin een bos gladiolen, die hij splitste en over twee vazen verdeelde. Sinds Isabelle's verdwijning veroorloofde hij zich een klein eerbetoon in de vorm van twee, altijd met verse bloemen gevulde vazen aan weerszijden van haar ingelijste portret. De foto had hij jaren geleden uit een geïllustreerd maandblad geknipt. Ze stond fier rechtop, in een hemelsblauwe avondjurk met handschoenen die tot over de ellebogen reikten, schitterende sterretjes in het hoog opgestoken haar. Argeloos glimlachend keek ze in de camera.

Hij ging recht voor het portret staan en keek haar indringend in de ogen. 'We zullen je terugvinden,' zwoer hij, 'eerder zullen we niet rusten.'

9

Een invasie van onweersbeestjes maakte zowel het schilderen als het poseren onmogelijk. Misschien waren ze door de kieren van het huis naar binnen gekomen, misschien hadden de honden ze meegebracht: de minuscule zwarte onheilbrengers hadden het hele huis in bezit genomen.

'Het wordt niets vandaag,' Jeanne krabde zich loom, 'laten we buiten, in de schaduw van de appelboom, het onweer afwachten.' Ze besefte niet dat dit een revolutionair voorstel was. De chaos in haar hoofd ten gevolge van een halfdoorwaakte nacht bracht, in combinatie met de zwaarte van de atmosfeer, een aangename onverschilligheid bij haar teweeg – een ontspannen laisser-faire.

Zo kwamen zij die ochtend, alsof het een onschuldige koffievisite betrof, in een rieten stoel onder de appelboom terecht die boven hun hoofd een groene hemel van slap neerhangende bladeren vormde. De honden gingen languit in het gras liggen. Af en toe rilde hun lichaam op een bepaalde plek alsof ze door een insekt gebeten werden. Aan wie niets van de achtergronden wist zou het beeld van de twee vrouwen, de honden en de boom zich als een pastoraal tableau vivant hebben voorgedaan.

'Ik droomde vannacht dat ik mooi was...' Verbaasd, vaag glimlachend bij de herinnering, keek Jeanne Isabelle aan.

'Hoe... hoe was dat?' Isabelle streek met haar hand over de toppen van de grasprieten; ze leek een kind dat voor het eerst met het fenomeen gras kennis maakt.

'Iedereen keek naar me. Ik was iets heel bijzonders, iets... iets goddelijks, ver verheven boven de andere mensen. Die herkenden het en namen een nederige, bewonderende houding aan. Ik laadde me op aan hun blikken... Ik was de verwezenlijking van hun droom in mijn eigen droom en toch was het heel vanzelfsprekend, alsof dit mijn enige, echte verschijningsvorm was... Toen ik wakker werd moest ik aan het grafschrift van een beroemde Engelse dichter uit de romantiek denken: "Beauty is truth, truth beauty–that is all ye know on earth, and all ye need to know." '

'Jammer dat je wakker werd,' zei Isabelle, 'had je nog wat langer geslapen, dan had je misschien het vervolg gedroomd.'

'Het vervolg?'

'Als goddelijk, onbereikbaar wezen oefende je een hypnotische aantrekkingskracht uit op het soort mannen dat betoverd wil worden. Maar als na enige tijd bleek dat hun godin de kwetsbaarheid en gevoeligheid van gewone stervelingen bezat, hevelden ze hun bewondering spontaan over naar een nieuwe schoonheid die goddelijk en onbereikbaar leek. Een mooie vrouw wordt nooit bemind om haar persoonlijkheid...'

Jeanne hief haar arm op alsof ze Isabelle's woorden een halt toe wilde roepen, maar het gebaar diende alleen om tot de onderste takken van de appelboom te reiken en er in een onbezonnen greep enkele bladeren af te rukken. 'Een vrouw zoals ik,' zei ze knorrig, 'wordt noch om haar persoonlijkheid, noch om haar uiterlijk bemind. Ze ontvangt niets, van niemand.'

Isabelle keek haar moedeloos aan. 'Je blijft de schoonheid idealiseren,' zuchtte ze, 'hoe kan ik je duidelijk maken dat je je vergist?'

'Hoe kan ik jou duidelijk maken hoe het is om lelijk te zijn!' riep Jeanne uit. Toen dempte ze haar stem en zei, terwijl haar vingers de bladeren van de appelboom verscheurden: 'Heel diep in de mensen leeft nog steeds het idee dat lelijke mensen niet deugen. De fysionomie, die tot in onze eeuw als een serieuze wetenschap beoefend werd, leerde dat mooie mensen goed en lelijke mensen slecht waren. In de geïllustreerde leerboeken staan tekeningen van mensen met een hoog voorhoofd, een fraai gevormde neus en mond: zij hebben stuk voor stuk een edel karakter. Dan volgen er afbeeldingen van mensen met een adelaarsprofiel, een lage haarinplant, in elkaar overlopende wenkbrauwen, een platte neus... mensen zonder kin: zij zijn sluw, achterbaks, jaloers, gierig, dom, onbetrouwbaar... zelfs misdadig... Ken je George Eliot?'

'Is dat niet een schrijfster?'

'Zij was behoorlijk lelijk. Een vrouw met een paardekop, zeiden haar tijdgenoten. Mannen gingen met haar om vanwege haar kennis van de wetenschap en de filosofie. Ze raakte bevriend met Herbert Spencer, een bekende fysionomist in zijn tijd. Hij schreef twee essays om te bewijzen dat schoonheid nauw verbonden zou zijn met een goed karakter, met intellectuele en culturele bekwaamheden. Die theorie verluchtigde hij met portretten van allerlei mensentypes. Onder de voorbeelden van met negatieve eigenschappen gepaard gaande lelijkheid trof George Eliot tot haar schrik haar eigen portret aan.'

'Oh... wat erg,' fluisterde Isabelle.

'Ze moet er een flinke knauw van hebben gekregen. In diezelfde tijd schreef ze in een van haar brieven: "Ik ben een afschuwelijke heks... vaal en verschrompeld." '

Isabelle keek bedrukt voor zich uit, eindelijk leek ze overtuigd. Een van de honden had in zijn slaap zijn kop op haar voet gedrapeerd; ze scheen het niet te merken.

Jeanne blies de versnipperde bladeren uit de palm van haar hand en rook aan haar vingers. De tere, zachtzoete geur versterkte de voldaanheid die zij ineens voelde.

'Wat heb je veel gelezen,' zei Isabelle peinzend.

Jeanne haalde haar schouders op. 'Voor een onaantrekkelijke vrouw is kennis de enige redding, de enige manier om te ontsnappen aan de fysieke beperkingen die het bestaan haar oplegt, de enige troost. Kijk maar naar George Eliot.' Ze rekte zich geeuwend uit. 'Ik heb honger, ik zal iets voor ons klaarmaken.' Moeizaam stond ze op. Haar lichaam was zwaar en onwillig door de warmte en de slaap.

Toen ze terugkwam uit de keuken met een volgeladen dienblad–een fles met zware, bijna zwarte wijn, brood, kaas, aalbessen–verbaasde ze zich erover dat de hond nog steeds zo vertrouwelijk omging met de voet van Isabelle. Het verhoogde het gevoel van intimiteit dat het samen schuilen voor de hitte bij haar opriep.

Ze aten en dronken in stilte. Die drong zich, bij volledige afwezigheid van wind en vogelgeluiden, in zo'n hevige mate op dat zij bijna zichtbaar, tastbaar werd. Zij verschilde totaal van de stiltes die Jeanne tot nu toe in haar eentje ervaren had: dit was een vreedzame, harmonieuze stilte met zijn tweeën. Het leek of Isabelle en zij hier al sinds jaar en dag woonden, of zij, samen met de honden, een vertrouwd vierspan vormden dat de tijden trotseerde.

'Wat een domme man,' Isabelle wreef de broodkruimels van haar mond, 'zo'n Spencer. Geleerde theorieën opstellen en tegelijkertijd blind zijn voor de werkelijkheid om hem heen.'

'Waarom zou hij, omdat hij geleerd is, beter zijn dan andere mannen? Hij is toch evengoed de slaaf van zijn hormonen?' Jeanne sloeg het laatste restje wijn in haar glas in één teug achterover. 'In de zestiende eeuw schreef Firenzuola al dat een man, als hij een beeldschoon gezicht ziet, zichzelf vergeet... dat hij beeft over al zijn ledematen, dat zijn haar recht overeind gaat staan en het zweet en de koude rillingen hem uitbreken.'

'Maar dat is toch geen excuus!' riep Isabelle. Het geluid van haar stem droeg niet ver–het werd door de hitte geabsorbeerd.

'Het bevrijdt ze van hun verantwoordelijkheid,' zei Jeanne met een ironisch lachje, 'de man als slachtoffer van de vrouw.'

Isabelle veegde het haar uit haar bezwete gezicht, wierp het met een ruk van haar hoofd opzij en begon het met trillende vingers te vlechten. De invloed van de wijn manifesteerde zich in twee scherpe blosjes op haar wangen. 'Daar beriep hij zich ook altijd op...' zei ze, stug voor zich uit kijkend.

Ineens had ze iets van een klein meisje dat zich, neurotisch met haar eigen haar spelend, heeft verborgen in een diepe kast.

'Toen ik drie was,' haar stem klonk monotoon, 'kwam mijn vader om bij een auto-ongeluk. Een paar jaar later hertrouwde mijn moeder met een man die ze tijdens een vakantie in Nice had leren kennen. Hij was zo aardig voor me dat ik hem al gauw als mijn eigen vader beschouwde. Maar op een dag–ik was net twaalf geworden–kwam hij mijn slaapkamer binnen, om seksuele voorlichting te geven, zei hij, voordat anderen misbruik van me zouden kunnen maken...'

Er ging een korte, spastische beweging door haar armen en benen. De hond tilde zijn kop op en keek verontrust naar boven. 'Hij is voorlichting blijven geven tot mijn zestiende. Ik kan er niets aan doen, zei hij altijd, dan had je maar niet zo mooi moeten zijn... Mijn moeder wist ervan maar hield zich van de domme. Ten slotte ben ik van huis weggelopen...'

Om zich een houding te geven boog Jeanne voorover om de glazen bij te vullen. Haar jaloezie ten aanzien van iedereen, vrouw of kind, die door iemand – wie dan ook – begeerd werd, maakte haar tot een complete buitenstaander tegenover deze problematiek.

'Ik weet niet waarom ik je dit vertel,' zei Isabelle met een geforceerde glimlach, 'ik praat er nooit met iemand over.'

Jeanne dronk schielijk haar glas leeg om een plotseling opkomend gevoel van trots te verbergen. Isabelle vertelde haar het allerintiemste, het pijnlijkste, iets waarover ze met niemand sprak! Zij, Jeanne Bitor, Isabelle's vertrouweling!

Hier moest ze iets tegenover stellen. 'Mijn moeder stierf aan tbc,' zei ze, 'ik was vier. Daarna... mijn vader en broers behandelden me als een jongen. Toen ik ouder werd gingen we samen jagen, biljarten... we rookten sigaren. Ik herinner me...' ze keek Isabelle vluchtig aan, 'dat er een studievriend van een van mijn broers kwam logeren, een zachtmoedige, verlegen jongen met donkere ogen en weelderig, zwart haar. Rémi, heette hij geloof ik. Ik wist niet wat ik meemaakte. Mannen, dat waren mijn vader en mijn broers. Maar deze jongen... Ik ontdekte het verlangen, ziek was ik van verlangen. Hij was dag en nacht in mijn gedachten... ik dacht dat ik gek zou worden als ik hem niet een keer kon aanraken... De avond voordat hij zou vertrekken vertelde hij aan tafel dat hij naar het lustrumfeest van zijn studentenvereniging wilde maar geen vriendin had om mee te nemen. "Dan vraag je onze Jeanne toch," zei mijn broer. Rémi keek geschrokken in mijn richting en verslikte zich. Hij verslikte zich zo erg dat ze hem eindeloos op zijn rug moesten kloppen en glazen water aan moesten slepen om hem weer tot bedaren te brengen. Ik zat als bevroren op mijn stoel. Mijn lelijkheid wordt nog iemands dood, dacht ik, ik heb het boze oog.'

Na de herinnering aan dit voorval zwalkten haar gedachten langs de overvloed van soortgelijke gebeurtenissen die in de loop van de tijd gevolgd waren. Zodra zij haar oog op iemand liet vallen maakte hij zich, alsof Cupido hem met giftige pijlen bestookte, in paniek uit de voeten. Vroeger geloofde men dat de melk zuur werd als er een heks in de buurt was – precies zo werden mannen onwel als Jeanne hen benaderde. Zelfs baby's begonnen te huilen als zij zich belangstellend over de wagen boog. Zo was zij, onvrijwillig, een eiland waar nooit iemand aanlegde. Zo'n eiland waarvan ze in de middeleeuwen gezegd zouden hebben dat zij die er voet aan wal zetten, nooit terugkeerden.

'Later...' zei Isabelle, 'heb je toch wel andere mannen leren kennen?'

'Je denkt toch niet dat ik nog steeds maagd ben...' zei Jeanne verontwaardigd.

'Nee, nee...' Isabelle hief bezwerend haar handen op, 'in deze tijd... wie is er nog maagd... ik bedoel...'

'Maagd... ben ik niet meer,' onderbrak Jeanne haar ongeduldig, 'maar daar is dan ook alles mee gezegd. Die ene armzalige keer... Het was een obsessie voor me geworden: op de academie gonsde het van de erotiek, iedereen was verwikkeld in een of andere liefdesaffaire. Daar zat ik dan als magere, vroeg-oude maagd tussen. Soms stond ik model voor iemand die de schoonheid van de lelijkheid wilde schilderen – zoals... de schoonheid van rimpelige oudjes en ruïnes.' Ze lachte bitter.

'Ik moest en zou weten hoe het was, met een man. Op een dag, in de zomer, deed zich een kans voor. Ik slenterde over de vlooienmarkt, de zon stond al laag. Er was een hoek waar Algerijnen en zwarte Afrikanen stonden met hun handeltje op een kleed op de grond: horloges, sieraden van ivoor, leren riemen, colberts. Daartussen zat een oude, verkreukelde man, een Fransman, op een klapstoeltje te dutten. Voor hem op een lap bruin fluweel, stond een opgezette purperreiger. Een prachtig exemplaar, goed geprepareerd. Hij glansde alsof hij nog leefde en zo van de markt kon wegvliegen. Purperreigers zijn zeldzaam in ons land. Ik maakte de man wakker en onderhandelde over de prijs. We raakten in gesprek. Ik vertelde hem over mijn hartstocht voor opgezette dieren – ik tekende ze. Daarna klaagde ik over de warmte. O, maar dit was nog niets, zei hij, vergeleken bij de hitte in Perpignan waar hij juist negen weken had doorgebracht. Hij had een Tour-des-Veuves gemaakt, zoals hij het noemde, een tocht langs weduwen. "Weduwen?" vroeg ik. "De weduwen van mijn vrienden," legde hij uit, "elke zomer ga ik bij ze logeren. Bij ieder van hen blijf ik drie weken: de eerste week moet ik met ze naar het kerkhof om het graf van mijn vriend te bezoeken, de tweede week moet ik de foto's van de kinderen en kleinkinderen bekijken, en de derde week moet ik met ze naar bed." Hij grinnikte en voegde eraan toe: "De eerste twee weken vind ik het prettigst." We werden het eens over de prijs van de vogel. Hij beweerde dat hij er thuis nog meer had, allerlei soorten. Hij begon zijn kleedje op te vouwen; het was zijn tijd om iets te gaan drinken, zei hij. Ik bood hem iets aan, trakteerde hem daarna op een maaltijd en ging met hem mee naar huis voor de vogels. Ik kocht er nog een en betaalde hem goed. Toen... haalde hij me aan. Het gebeurde vanzelf.. ik denk dat hij het deed uit medelijden of uit dankbaarheid... uit sympathie misschien...'

Jeanne pakte de wijnfles en begon, in plaats van zich bij te schenken, aan het etiket te pulken.

'Hij deed het licht uit... ik stelde me voor dat ik daar met iemand anders lag... iemand... ik had genoeg kandidaten. Later besefte ik dat hij zich op dezelfde manier moest hebben ingebeeld dat hij een mooie vrouw naast zich had. Of hij nu met de weduwe van een van zijn vrienden in bed lag of met een afstotelijke jonge vrouw: hij deed het licht uit en schakelde zijn fantasie in. Die gedachte schokte me. We deden het dus allebei met iemand anders, via elkaar.' Bij de gedachte aan deze paradoxale manier van gesublimeerd overspel kwam de schaamte met onverminderde kracht terug. Ze wreef over haar kaak en probeerde het onappetijtelijke beeld dat zich, ondanks de duisternis waarin alles zich had afgespeeld, kristalhelder in haar geheugen had gegrift, van zich af te zetten.

'Ik besloot nooit meer iemand aan te raken, tenzij het hem werkelijk om mij te doen was, en mij om hem.'

Isabelle schoof haar stoel dichter naar die van Jeanne toe en legde medelevend een hand op haar arm. Jeanne smolt. Hoe lang was het geleden dat iemand haar had aangeraakt? Had, behalve in een grijs verleden haar moeder, een vrouw haar ooit haar genegenheid betoond met een dergelijk gebaar? Bij dit contact van huid op huid, klam van de warmte, ging iets van de ene persoon in de andere over. Het pantser waarin Jeanne zich in de loop der jaren was gaan hullen, brokkelde langzaam af; als Isabelle zo doorging zou het in gruis uiteen vallen.

Eenmaal op gang gekomen kende Jeanne's behoefte aan ontboezemingen geen grenzen meer; ze had zoveel opgepot: 'Ze zeggen dat er geen taboes meer zijn, maar een van de laatste is lelijkheid. Er zijn verenigingen voor dikke mensen, voor lilliputters, voor extreem grote mensen, voor verlegen mensen, voor stotteraars, voor mensen met een fobie... maar niet voor lelijke mensen. Lelijkheid mag niet bestaan. Wanneer je hardop zegt dat je jezelf lelijk vindt wordt er verontwaardigd geroepen: als je maar aardig bent. De meeste lelijkerds nemen die raad ter harte: ze doen zich overdreven sympathiek voor of putten zich uit in grappen en grollen – zoals een blinde zijn gehoor en tastvermogen extra ontwikkelt.'

Isabelle's hand, die zich nog niet had bewogen, begon nu bemoedigend te wrijven.

'Laten we ruilen,' stelde Jeanne overmoedig voor, 'als je mij een beetje van je schoonheid geeft, krijg jij wat van mijn lelijkheid.'

Zo ging de dag in een sfeer van vertrouwelijkheid voorbij. Als oude vriendinnen zaten ze onder de appelboom, harde groene appels boven hun hoofden, Jeanne in een vormeloze broek en een overhemd vol verfspatten, Isabelle in haar zomerjurk waarin het oorspronkelijke bloemmotief schuilging onder een waas van vuil. De zon verdween langzaam achter een geel vochtgordijn, de vogels hielden zich gedeisd. Jeanne opende een nieuwe fles. De honden schurkten langs Isabelle's benen; zij had de moed om ze te strelen. Het was of de wereld zich verkleinde tot deze ene behaaglijke plek onder de appelboom, die niets dan vrede bewerkstelligde zolang men maar niet van zijn vruchten at.

Aan het eind van de middag viel het Jeanne zwaar Isabelle als vanouds terug te brengen naar de kelder. Het afdalen van de keldertrap in gezelschap van de honden, die gewoontegetrouw meeliepen – wat een gênante, onwaardige vertoning was dat. 'Morgen maak ik de slaapkamer van mijn vader voor je in orde,' zei ze, ten overvloede iets aan de strobalen verschikkend om zich te verontschuldigen.

Daarna trok ze met lome bewegingen haar werkkleding aan, een blauwgrijze weeshuisjurk die zo neutraal en nietszeggend was dat iemand die er, puttend uit zijn herinnering, iets over zou willen zeggen, geen woorden zou kunnen vinden om hem te beschrijven.

Op weg naar La Truite Dorée liep ze de plompe dorpskerk van grijze andesietblokken binnen. Met grote stappen beende ze door het middenpad op de zwarte Madonna af die, gehuld in wit kant en fijn borduurwerk, haar met een ondoorgrondelijke, intense blik naar zich toe lokte. Jeanne keek vluchtig om zich heen. Er was niemand. Toch bekroop haar het gevoel dat ze werd gadegeslagen, vanachter de hoog oprijzende zuilen, vanuit de eikehouten biechtstoelen met fluwelen gordijntjes–bewogen ze, bewogen ze niet–, door de pastoor, ja zelfs door zijn voorgangers... door alle kerkelijke hoogwaardigheidsbekleders tot in de middeleeuwen toe. Ze stak een kaars aan en plaatste hem in een standaard te midden van andere kaarsen, die op de Madonna een mysterieuze gloed wierpen en het vreemde effect van schaduw op een zwart gezicht teweegbrachten. Ze knielde en keek op naar de Madonna.

'Ik heb u lang verwaarloosd,' fluisterde ze, 'ik ben trouweloos geweest, hoogmoedig, onverschillig, hard... en toch hebt u, in uw goedheid, iemand naar me toe gestuurd die me mijn... menselijkheid heeft teruggegeven. In geen dertig jaar heb ik me gevoeld zoals nu... ik word overspoeld door nieuwe gewaarwordingen... hoop... verwachting... Alles wordt anders! U hebt mij inzicht gegeven: als iemand consequent noordwaarts zou lopen en een ander, vanuit hetzelfde vertrekpunt, consequent zuidwaarts dan ontmoeten ze elkaar aan de andere kant van de aarde en hebben dezelfde tocht gemaakt... precies zo komen de levens van iemand die extreem mooi en iemand die extreem lelijk is uiteindelijk samen.'

Ze wachtte even, buiten adem van haar hartstochtelijke gefluister. Er leek beweging te komen in het gezicht van de Madonna... of flakkerde er een kaars? Haar trekken werden zachter, Jeanne vatte weer moed.

'Ik heb... een verzoek aan u...' zei ze gejaagd, 'laat deze vrouw altijd bij me blijven... laat haar, uit eigen vrije wil, bij mij in huis wonen. Ik geef haar de helft van het huis, van het land, ik geef haar... alles. Als ze maar blijft. Ik zal u elke dag komen bedanken... elke dag... mijn leven lang... dat zweer ik.'

10

Onrust dreef Bernard, in weerwil van het dreigende onweer, zijn huis uit. Hij liep door de hoofdstraat, onder de geknotte platanen door, langs de rivier die, bezeten door dezelfde onrust, met witte schuimkoppen onder de brug door joeg. Er was niemand op straat, op een zwarte kat na die met gestrekte staart vlak voor hem langs het trottoir overstak. Bernard, bijgelovig en zichzelf tegelijk om deze dwaasheid verfoeiend, vluchtte La Truite Dorée in.

Daar trof hij het vaste gezelschap aan. Hij hees zich zuchtend op een kruk en bestelde een cognac. Met zijn onderzoek was hij niets opgeschoten. Lusteloos monsterde hij de gezichten aan de bar. Waren ze niet stuk voor stuk te banaal, te fantasieloos, voor een lustmoord? De lust hadden ze wel, maar de heroïek van een moordenaar... liet die zich verenigen met deze simpele zielen? En als zich een moordenaar in hun midden ophield, kon deze zich dan avond aan avond, alsof er niets gebeurd was, overgeven aan een rustige kout met zijn dorpsgenoten?

Hij wendde zijn blik af en keek recht voor zich uit waar hij, tussen kleurige drankflessen, in de spiegel zijn eigen opgeblazen kop aantrof, het toppunt van slappe goedmoedigheid en onbekwaamheid. Een kop om onpasselijk van te worden. Af en toe schoof daar de lange, gebogen gestalte van Jeanne Bitor langs. Hij kreeg het gevoel dat ze veranderd was. Was het iets in haar bewegingen, in de uitdrukking van haar gezicht? Gewoonlijk wist ze zich onzichtbaar te maken door haar geruisloze gang, haar zwijgzaamheid, uitdrukkingloosheid en ogenschijnlijke blind- en doofheid. Maar vanavond was ze echt aanwezig. Ze had kleur op haar gezicht, haar ogen glansden achter de brilleglazen, ze noemde de klanten bij hun naam en serveerde met een zekere zwierigheid hun bestellingen. Bernard realiseerde zich vol verbazing dat hij nog nooit op het idee was gekomen om haar aan te spreken over Isabelle, terwijl zij toch in het laatste huis voorbij Peyrol woonde.

Hij bestelde nog een cognac. Op het moment dat zij het glas voor hem neerzette, legde hij zijn vingertoppen op haar pols.

'Denk jij nog wel eens,' zei hij, zich vertrouwelijk naar haar toe buigend, 'aan Isabelle Amable?'

Verstijvend onder zijn aanraking keek zij hem sprakeloos aan.

'Je weet wel,' zei hij, 'Isabelle.'

In een bruuske poging om haar arm terug te trekken stootte ze de cognac om. Ze griste een doekje naar zich toe en wreef ruw de gemorste vloeistof weg.

'U... u krijgt een nieuwe,' stotterde ze. Met bevende hand schonk ze zijn glas vol.

'Ik denk nog vaak aan haar,' zei Bernard glimlachend.

'Waarom? Zij... zij denkt toch ook niet aan u?' zei Jeanne lijzig.

'Je bedoelt...' Bernard nam een slokje om zijn verwarring te verbergen, 'ze is waarschijnlijk niet meer in leven... dus denkt ze helemaal niet meer...'

Jeanne keek hem wenkbrauwfronsend aan. 'Gaat u ervan uit dat ze dood is?'

'Iedereen... iedereen gaat daarvan uit. Ze is nu al zo lang weg.'

Met getuite lippen tuurde Jeanne naar zijn glas. 'Ik vind dat een beetje voorbarig...'

'Voorbarig? Na al die vergeefse zoekacties? Wat zou er anders met haar gebeurd kunnen zijn dan dat zij door iemand vermoord is en begraven?'

'Volgens mij...' Jeanne keek hem aan met een raar, scheef lachje. 'Volgens mij is ze gewoon weggelopen, met de bedoeling nooit meer door iemand te worden teruggevonden.'

Bernard schudde gedecideerd zijn hoofd. 'Waarom zou ze dat doen? Ze had geen enkele reden!'

'Dat meent u toch niet, meneer Buffon!' Op haar ellebogen leunend boog Jeanne zich naar hem toe. 'Na wat haar allemaal is aangedaan!'

'Je gelooft toch niet wat de kranten schrijven?' zei Bernard.

'Nee nee, maar ik... ik heb gehoord...' stotterde ze.

'Wat heb je gehoord?'

'Ze heeft...' Jeanne keek achterdochtig om zich heen. 'Ze heeft zoveel meegemaakt... Vanaf haar twaalfde is ze... verkracht door haar stiefvader... eh... zeggen ze... haar moeder stak geen vinger uit. Ze heeft twee verschrikkelijke huwelijken achter de rug... Bij de film wordt ze niet serieus genomen... ze krijgt nooit een behoorlijke rol... ze...'

'Hoe kom je erbij!' Bij zoveel onzin, zoveel walgelijke lasterpraat, lukte het Bernard niet de beleefdheidsregel dat je iemand niet in de rede moet vallen, in acht te nemen. 'Ze heeft helemaal geen stiefvader! Hoe kom je erbij! Haar eigen vader leeft nog, hij verkeert in goede gezondheid en is nog steeds met haar moeder getrouwd. Het is een gelukkig huwelijk! Isabelle kwam in de vakanties naar huis om zich door hen te laten vertroetelen. En wat zeg je daar over twee mislukte huwelijken? Ze is nooit getrouwd geweest... nee, ze stond juist op het punt om te gaan trouwen! Ze heeft een ontroostbare verloofde achtergelaten!'

'Hoe weet u dat?' zei Jeanne vinnig. 'Heeft u haar zo goed gekend?'

Bernard schudde zijn hoofd. 'Haar hartsvriendin, Odile Sévérac, heeft het me verteld. Die twee hebben altijd contact met elkaar gehouden... door de jaren heen...'

'Maar dat kan... helemaal niet...' Jeanne staarde hem verbluft aan. Zenuwachtig knakte ze met haar vingers. Bij dit knekelhuisgeluid liepen hem de rillingen over de rug. In de spiegel zag hij, tussen de glinsterende drankflessen, het mallotige staartje achter op haar hoofd; daaronder haar rug die ineens extra krom leek, alsof ze zich gereed maakte voor een sprong. Haar mond viel open, hij keek recht in de ruïnes van haar gebit. Toen zijn ogen haar verwilderde blik kruisten, sloeg hem de schrik om het hart.

'Weet u het... zeker?' zei ze schor.

Hij knikte.

'Dan... dan...' Haar hand omklemde een leeg bierglas dat ze kort daarvoor had schoongespoeld. Het bloed trok uit haar gezicht weg, dat spits en gespannen was in het lamplicht. Bernard hoorde het geluid van knappend glas.

'Wat doe je...Jeanne!'

Ze opende haar hand en staarde verwonderd naar het bloed dat begon te vloeien. De stamgasten keken in stille afkeuring toe. Als in trance verdween Jeanne achter het fluwelen gordijn, waar de vrouw van de eigenaar 's avonds televisie zat te kijken.

Bernard hoorde opgewonden kreten, er klonk gestommel. De baas, nu ook gealarmeerd, dook op zijn beurt achter het gordijn en kwam even later met een sarcastisch trekje om de mond terug. 'Met vrouwen heb je altijd wat,' zei hij schouderophalend.

Ontdaan keek Bernard in de spiegel. Wat was er gebeurd? Hij had zoëven een gesprek gevoerd met Jeanne Bitor. En wat voor gesprek... een moeizame, bizarre dialoog... Halverwege was er iets verkeerd gegaan, hij probeerde het te reconstrueren. Ergens was iets belangrijks gezegd, iets dat alle aandacht verdiende, iets waarvan hij de nagalm achter in zijn hoofd hoorde. Isabelle was daarin levensgroot aanwezig geweest... hij had haar als het ware geroken en het leek of het Jeanne was die haar geur had verspreid.

Wat had hij in alle onschuld aangericht? Deze vraag bleef, aangevuurd en opgezweept door het plotseling losbarstende onweer, in zijn hoofd rondtollen tot hij er duizelig van werd.

II

Als het in Auvergne onweert lijkt het of de afgeknotte bergen, die sinds de oertijd slapen, uit hun sluimer worden gewekt en opnieuw hun gedaante van rommelende, gloeiende magmahaard aannemen. Het hele gebied schudt op zijn grondvesten, de bergtoppen lichten macaber op, de donder blijft zonder aan kracht in te boeten als een diabolo heen en weer rollen tussen de ene berghelling en de andere. Af en toe wordt er een boom door de bliksem getroffen: door een hemelse klauwhamer in tweeën gespleten wacht hem een schizofreen bestaan van twee helften die zich nooit meer kunnen verenigen.

Jeanne drukte haar tot een vuist gebalde, in de haast verbonden hand tegen haar borst en keek vanaf de kade met brandende ogen neer op de rivier die in de diepte kolkte. De neerkletterende regen deed pijn op haar hoofdhuid. Smelten, wegregenen als een sneeuwpop in de lente en afgevoerd worden door de rivier!

Water worden! Door al dat ruisende water stroomden de tranen vanzelf uit haar ogen, vergezeld van een ruw geweeklaag dat zich, buiten haar wil om, vanuit haar ineen krimpende middenrif een weg baande naar buiten.

'Ik ben erin gestonken...' kermde ze, 'ik heb me laten inpalmen... wat ben ik goedgelovig geweest... naïef... wat heb ik me belachelijk gemaakt... mijn hele hebben en houden... open en bloot...' Haar stem ging verloren in de smeltkroes van geluiden. Veilig kon ze haar gekwetste ziel luchten... het gevoel van totale verlatenheid eruit schreeuwen, dat ze vaag herkende uit de tijd dat haar moeder was overleden. Door een floers van tranen zag ze een schimmig herinneringsbeeld: een klein, schreeuwend, om zich heen slaand en schoppend meisje – ze grepen haar polsen en enkels om haar tot stilte te manen. Maar toen al had niets, niemand haar kunnen afhelpen van het besef dat ze voor altijd alleen in de wereld zou staan – dat er nooit meer iemand zou zijn die evenveel om haar gaf als om zichzelf. Later had haar verdriet zich omgezet in woede: haar moeder had haar lelijk in de steek gelaten! Vanuit haar comfortabele rustplaats in de hemel keek ze op haar dochter neer zonder een vinger uit te steken.

Ook nu verkeerde haar wanhoop langzaam in woede. Zo kwam ze weer tot zichzelf, want met de woede was ze in de loop der jaren vertrouwd geraakt, de woede was de enige metgezel op wie ze kon rekenen en die haast nooit van haar zijde week. Dit noodweer – was het niet precies op het goede moment, van hogerhand, speciaal voor haar gearrangeerd om alle leugens, valsheid en onechtheid weg te spoelen? Wat bleef was niets minder dan de harde, sobere waarheid, een waarheid zonder sentimentele gevoelens, een waarheid die eiste dat je sterk in je schoenen stond.

Ze hief haar gezicht op en deed haar bril af, zodat de regen haar brandende gezicht kon blussen. Zo bleef ze nog enige tijd staan, in de stille hoop dat de bliksem haar een aantrekkelijk doelwit zou vinden. Maar zelfs die lustte haar niet. Ten slotte keerde ze de rivier de rug toe en sleepte zich, doorweekt als een drenkeling, langzaam naar huis.

Maar 's nachts, toen het onweer voorbij was en het alleen nog met een doffe gelijkmatigheid regende, hielden huiveringwekkende gedachten haar uit de slaap. Er was één zekerheid: een verdubbelde zelfdiscipline was nu geboden om het schilderij af te maken en, als afsluiting van de serie, het laatste deel van het drieluik. Het regime moest verzwaard worden. Maar hoe ver kon ze gaan? Haar ideeën daarover waren nooit scherp omlijnd geweest. Het proces van verval had steeds centraal gestaan... hoe ver kon ze dat doorvoeren... tot over de grenzen van de dood? Wat had haar voor ogen gestaan toen ze besloot Isabelle als model te gebruiken? Had ze niet gedacht: als je haar bijna niets te eten geeft zal ze, haast onmerkbaar, steeds minder levend en meer... dood worden? Een proces waar niemand schuld aan had – het zou zich in haar lichaam voltrekken als iets vanzelfsprekends en onontkoombaars. Jeanne's enige taak zou zijn dit proces vast te leggen.

Ze hield zichzelf voor: van honger sterven is niets bijzonders. Ieder jaar komen er miljoenen mensen om door voedselgebrek, mensen die niet zoals Isabelle een succesvol leven achter de rug hadden, maar een bestaan vol ziekte en armoede. Moet ik dan medelijden met haar hebben? Bovendien: niemand zal haar missen – iedereen beschouwt haar als verloren.

In de ochtendschemering stond ze op, trok haar peignoir aan en slofte vermoeid naar de kamer met de opgezette dieren. Ze knipte het licht aan, hees zich op het biljart en overzag met half toegeknepen ogen haar aan de vergankelijkheid gewijde collectie. Al die planten en dieren, ten prooi aan de passieve activiteit van het voor altijd verdwijnen... er ontbrak alleen nog een mens aan. Ineens verlangde zij er vurig naar dat het hele corvee achter de rug zou zijn en de rust zou weerkeren. Wat een kalm voortkabbelend bestaan had zij tot voor kort geleid – door niets, door niemand gehinderd. Met Isabelle had ze zinloze spanningen in haar leven gehaald. Het menselijk bestaan, had ze ooit in haar gretigheid naar kennis bij Schopenhauer gelezen, beweegt zich voortdurend tussen de twee polen pijn en verveling. Hoezeer prefereerde zij de verveling dan boven de pijn!

Uitgeput van al het denkwerk zakte ze opzij tot ze languit op het laken tussen de gekleurde biljartballen in een onrustige halfslaap verdween. Maar kort daarna schrok ze wakker van een stuiptrekking in haar lichaam, die de ballen aan het rollen bracht en met een droge tik tegen elkaar tot stilstand deed komen. Kreunend kwam ze overeind en wreef zich de slaap uit haar ogen. Daarna gleed ze van het biljart en verliet op wankele benen het vertrek. Het had geen zin meer om naar bed te gaan. Ze slofte naar de keuken, maakte het fornuis aan en zette een ketel water op het vuur.

Na drie koppen sterke koffie was haar woede in volle hevigheid teruggekeerd. Ze kleedde zich slordig aan, liet de honden uit de kennel en zette hun gevulde etensbakken met een klap op de vloer. Ongeduldig wachtte ze tot ze klaar waren met eten. Daarna goot ze met trillende hand een kom vol water en begaf zich met haar gevolg naar de kelder.

'Opstaan!' brulde ze halverwege de trap. 'Aan 't werk!'

Isabelle rekte zich uit. 'Ben ik in de war of is het echt nog heel vroeg...' geeuwde ze.

'Het is zeven uur,' snauwde Jeanne, 'we hebben de laatste dagen veel tijd verlummeld. Die gaan we nu inhalen.'

Isabelle keek haar bevreemd aan. Het prinsesje met de ogen als theeschoteltjes, dacht Jeanne grimmig, we zullen haar laten zien dat het tij gekeerd is. Ze duwde Isabelle de mok in handen en bleef als een kapitein met de handen in de zij onder aan de trap staan wachten. Maar terwijl ze daar zo stond en Isabelle gadesloeg kromp haar hart. Haar pas ontkiemde gevoelens voor Isabelle lieten zich niet als een lichtschakelaar omdraaien. In theorie hardvochtige maatregelen nemen was niet moeilijk, in de werkelijkheid bleken onvoorziene sentimenten haar vastbeslotenheid te vertroebelen. Ze moest zich heel erg schrap zetten!

'Wat... wat is er gebeurd?' zei Isabelle timide. 'Je doet zo... zo vreemd...'

'Ik? Vreemd?' Jeanne lachte cynisch. 'Je weet nog niet half hoe vreemd ik in feite ben. Wat je tot nu toe hebt meegemaakt was nog maar een voorproefje. Vanaf nu... gaan we werken, keihard werken tot... een van ons erbij neervalt. Dus... schiet een beetje op alsjeblieft.'

'Heb ik iets... verkeerds gezegd? Heb ik iets misdaan?' vroeg Isabelle klaaglijk. Nerveus dronk ze haar mok leeg.

'O nee, hoe kom je erbij... wat jij zegt of doet is van geen enkel belang.' Hooghartig draaide Jeanne zich om. Met haar vingers knippend liep ze de trap op. Isabelle volgde haar met gebogen hoofd.

Verbeten zette Jeanne zich aan het werk. Slaapgebrek en spanning bezorgden haar een ijl, geknepen, aan pijn grenzend gevoel in haar hoofd, waar de gedachten en gevoelens dolgedraaid doorheen zwalkten. Met treiterzieke regelmaat bleef het beeld van Isabelle en haarzelf onder de appelboom terugkeren. Toen was ze... je zou kunnen zeggen... gelukkig. Dat dit geluk onterecht was omdat het gebaseerd was op het onwaarachtige gedrag van een ander, vernietigde toch niet de herinnering aan het geluksgevoel: het moment zelf kon niet meer ongedaan worden gemaakt. Hoeveel mensen waren gelukkig op valse gronden, zonder het te weten?

Rond het middaguur vroeg Isabelle met neergeslagen ogen: 'Mag ik misschien wat... eten?'

'Eten?' Jeanne richtte een kwast op haar alsof ze haar onder vuur nam. 'Voorlopig wordt er niet meer gegeten.'

Isabelle schoot overeind uit haar pose. 'Nee... niet weer... ik moet toch eten! Zonder... zonder eten red ik het niet...'

Jeanne slikte. Haar hart bonkte in haar keel. Dit was een cruciaal moment, nu mocht ze niet overstag gaan. Geen water bij de wijn doen. Een remise was niet mogelijk – zij moest, vanaf haar zwarte tegel, winnen.

'Je hebt mijn plan heel goed begrepen,' zei ze, op een ondraaglijk kalme toon, 'je hebt mijn werk gezien en je gevolgtrekkingen gemaakt... Zeur nou niet, daarmee maak je het voor ons allebei alleen maar moeilijker.'

'Maar...!' Isabelle verloor haar zelfbeheersing. Op handen en voeten kroop ze het podium af, rechtstreeks naar Jeanne toe, en richtte zich, Jeanne's benen omklemmend, smekend op.

'Dit kun je toch niet menen... dit kun je niet doen... voor een schilderij... een schilderij... Ik wil me niet opofferen voor een schilderij! Wat is nou een schilderij!' Huilend drukte ze haar gezicht tegen Jeanne's broekspijpen. Jeanne verstijfde. Even voelde ze een aanvechting om zich te bukken en Isabelle te troosten en gerust te stellen, zodat de wanhopige omstrengeling van haar benen een eind zou nemen. Maar opnieuw hoorde ze een waarschuwende stem die zei: Laat je niet om de tuin leiden. Het is een uitmuntende actrice die zich hier aan je voeten werpt!

'Hou daarmee op,' zei ze bars, voorover buigend om zich van Isabelle's handen te bevrijden. Haar vingers met kracht loswrikkend beet ze haar toe: 'Moet ik de honden roepen?'

Eindelijk gaf Isabelle zich over. Uitgeput hees ze zich op het podium, op de sofa. Trillend, met een gespannen, behuild gezicht, nam ze haar oude pose aan.

Uiterlijk onaangedaan hervatte Jeanne het werk. Maar onder haar stoïcijnse effenheid, haar onwrikbare voornemen de hele onderneming snel tot een einde te brengen, wroette een pijnlijk besef van verlies: ze had iets onontbeerlijks gevonden en het meteen weer verloren. Vreemd genoeg leek het niet Isabelle te zijn aan wie de dood snuffelde, maar was zij het zelf in wie langzaam iets aan het sterven was, nog voordat het levensvatbaar was gebleken.

12

Jeanne sliep die nacht, van pure uitputting, de klok rond. Het was een diep in vergetelheid wegzinken, een hoog opstijgen boven dit tranendal.

Toen ze opstond en haar nachtpon uittrok monsterde ze in het voorbijgaan haar naakte lichaam in de verweerde, half uit de scharnieren hangende, driedelige spiegel boven de toilettafel. De felle ochtendzon scheen nietsontziend op haar bleke huid. Ze bekeek zichzelf van voren, van opzij, van achteren. In geen jaren had ze haar evenbeeld ongekleed in de spiegel gezien. Onwillekeurig legde ze er de blauwdruk van Isabelle's lichaam overheen. We worden naakt geboren, dacht ze, wat een enorme gevolgen heeft de vorm van het materiaal waarvan we gemaakt zijn... wat een stompzinnige willekeur. Was ik maar vast oud: grijs... rimpelig... tandeloos... in de ouderdom zijn we allemaal gelijk.

Dit staketsel in de spiegel, wat vreemd dat zij dat zelf was. Het stond zo ver af van wat zij als haar ik beschouwde, het lichaam van Isabelle was haar duizendmaal vertrouwder. Bizar, die lange knokige armen en benen, de sliertige romp, het vraagteken dat hoofd, hals en rug samen vormden. Alles was buitenproportioneel, tegen de regels van de gulden snede in. Wat een knoeier, degene die haar had ontworpen!

Ze wendde zich af van de spiegel en kleedde zich aan. Tijdens het ontbijt en het voeden van de honden zag ze nog steeds, dwars door de vlekken en vertekeningen in het spiegelglas heen, haar schimmige evenbeeld voor zich, beklagenswaardig en ergerniswekkend tegelijk. Ze zou het van zich af willen schudden, maar het bleef haar aanstaren alsof het een antwoord van haar verwachtte. Beseffend dat ze dit beeld alleen naar de achtergrond kon dringen door dat andere lichaam ervoor te schuiven liep ze ten slotte naar de kelder.

De honden stormden met zoveel bravoure de trap af dat ze haar bijna omver liepen. Op de onderste trede bleef ze abrupt staan. Het bed van stro was leeg. Op hetzelfde moment begonnen de honden op een alarmerende, sonore toon te blaffen. Recht op hun achterpoten staand snuffelden ze aan twee bungelende blote voeten die bleek oplichtten in het halfdonker. Jeanne omklemde de trapleuning. In haar buik nestelde zich een week, misselijk makend gevoel dat een lichte draaierigheid in haar hoofd teweegbracht. Tegelijkertijd registreerden haar ogen met een kille objectiviteit dat Isabelle daar, zachtjes heen en weer schommelend onder de aanraking van de honden, met een geknakte hals in een geïmproviseerde strop hing. Het touw was vastgeknoopt aan een haak in de zoldering, waaraan vroeger zoute hammen en worsten hadden gehangen. Naast haar stond een stapel strobalen waar ze van af moest zijn gestapt. In hun baldadigheid over de ongewone vondst stootten de honden hem om, zodat de balen met een doffe plof op de grond vielen.

Jeanne greep naar haar keel. De gronderige lucht in de kelder die ze anders vol gretigheid inademde – de geur van vochtige aarde, nat basalt, dode muizen – gaf haar nu het gevoel dat ze stikte... ze draaide zich om, rende de trap op, struikelde, krabbelde overeind, rende de gang door, de keuken door, het huis uit... alles zonder adem te halen, alsof ze door iets monsterlijks op de hielen werd gezeten. Pas toen ze buiten was durfde ze, met uitgezette neusvleugels, diep in te ademen. Ze viel neer in een van de tuinstoelen en begon gejaagd aan haar vingerkootjes te trekken.

Een peloton van de meest uiteenlopende gevoelens nam haar onder vuur – ze wist niet in welke richting ze moest vluchten. Ze wilde lachen, ze wilde huilen, ze wilde schreeuwen, maar in plaats daarvan probeerde ze de ene vinger na de andere uit zijn huls te trekken.

Hoe had dit kunnen gebeuren, terwijl zij zelf lag te slapen, onder hetzelfde dak, zonder iets te voorvoelen? Ze probeerde Isabelle voor zich te zien, op de strobalen klimmend, het touw vastmakend aan de haak, de lus knopen. Wat was er door haar heen gegaan? Waarom deed ze het... uit ijdelheid, om het aftakelingsproces niet te hoeven meemaken... uit wraak, om Jeanne artistiek dwars te zitten... of uit wanhoop... uit angst...?

Ineens werd Jeanne overvallen door een hinnikende lach die haar tenen deed krullen: wat een zotte aanblik – daar hing ze, een van 's lands meest aanbeden actrices, als in een kitscherige B-film... waar bleef de sheriff? Ze lachte en lachte tot ze er bijna in stikte; een hysterische lach met lange, gierende uithalen waarbij de tranen haar over de wangen liepen. Een appel die uit de boom viel, recht in haar schoot, wakkerde haar lach aan tot het ondraaglijke. Ze stond op en begon in het wilde weg de harde, groene appels van de onderste takken te rukken, ruw, sommige met tak en al. Als een waanzinnige sprong ze in het rond, tot het gras onder de bomen bezaaid was met appels, takken en bladeren. Maar van het ene moment op het andere viel ze, ten prooi aan een plotseling opvlammend verdriet, afgepeigerd neer in het gras en staarde naar de stoel waarin, enkele dagen geleden, Isabelle nog als een oude vriendin gezeten had. Een gevoel van onherstelbaar gemis reet haar open en schuurde langs haar zenuwen. 'Ik wilde haar alleen heel, heel langzaam lelijk zien worden...' mompelde ze.

Vanuit haar linker ooghoek zag ze de honden naar buiten komen. Niet gehinderd door sentimentele gevoelens met betrekking tot hun macabere ontdekking sprongen ze monter de tuin in en verdwenen tussen de struiken. Jeanne schudde haar hoofd om het troosteloze beeld van het slappe lichaam van Isabelle kwijt te raken, dat zich nu al in haar had vastgevreten. Ze beet op haar knokkels. Nog nooit had ze zich zo, in absolute zin, verlaten gevoeld – zo door iedereen in de steek gelaten... en ditmaal terecht, niet vanwege haar afstotelijkheid, maar om de verwerpelijkheid van haar karakter. Was ik maar nooit geboren, kreunde ze, met haar bovenlichaam heen en weer wiegend.

Ze zullen me komen halen, dacht ze ineens. Ze schoot overeind en spitste haar oren. En ja... in de verte klonk het geluid van motoren... het getrappel van paardehoeven op de weg... ze voelde de heimelijkheid van een geruisloze omsingeling...

Bleef ze hier lijdzaam wachten tot ze haar van het gras kwamen lichten? Gedurende een kort, zwak moment overwoog ze de teugels van haar leven los te laten, haar dodelijk vermoeiende galop te staken en zich over te geven... niet langer te hoeven beslissen waarheen en hoe. Maar onmiddellijk schudde ze deze verleidelijke gedachte van zich af. Ze sprong overeind. Niemand zou over haar lot beslissen!

Met opeengeklemde lippen liep ze het huis in. Zonder nog een moment te aarzelen – alsof ze op afstand bestuurd werd door een tiranniek brein – gooide ze de deur van het atelier open, ging naar binnen, pakte de portretten van Isabelle, waarvan de schaal één op één was, en sleepte ze achter zich aan de gang door, de tuin in. Met dode takken, die ze van de verwaarloosde struiken afbrak, legde ze een flink vuur aan waar ze de doeken overdwars in zette, zodanig tegen elkaar aan leunend dat de beschilderde kanten naar buiten gekeerd waren. Het vuur verspreidde zoveel hitte dat ze een stap achteruit moest doen. Wijdbeens, met de handen in de zij, keek ze naar de hoog oplaaiende vlammen die langs Isabelle lekten. Bij het smelten van de verf kwam ze nog eenmaal tot leven. De bleekblauwe huid werd warm roze en glansde fluwelig, de mondhoeken krulden lokkend en geheimzinnig om, de ogen kregen een dromerige intensiteit.

Verrukt en verbijsterd keek Jeanne toe. Het schilderij beleefde één moment van opperste schoonheid, een schoonheid die niet dank zij maar ondanks haar ontstond en die zij nooit op eigen kracht had kunnen bereiken. Kwam dit doordat zij steeds de dood geschilderd had, doordat ze zelfs in het levende het dode had weten te treffen? Als de essentie van kunst zou zijn iets van het leven te vangen, een bijna ongrijpbaar moment in de eeuwig voortgaande beweging, dan had zij al die tijd op het verkeerde spoor gezeten.

Over de hele linie heb ik gefaald, dacht ze, als vrouw... als mens... als kunstenaar... Ze keek toe hoe de schilderijen langzaam verteerden en zag daarin ook haar leven verkolen, verassen. Het vallen en opstaan, het voortdurende desperate pogen, het hardnekkige zoeken – het had alleen geleid tot dit ene ogenblik dat onthulde dat het tot niets had geleid.

Er kwam een grimmige vreugde over haar. Met een lange, gevorkte tak pookte ze het vuur extra hoog op. Ha, de vlammen! Hier brandden de jaren die achter haar lagen, haar hele bestaan, wat een opruiming! Ze keerde zich om en keek met een hand boven haar ogen tegen de zon in naar het huis, dat haar zwijgend gadesloeg. Ze kon ook het huis... Maar de nagedachtenis aan haar voorouders die er hadden geleefd, gezwoegd, en die het in zekere zin nog altijd bezaten weerhield haar. Het was of zij, in postuum protest, hun stemmen murmelend verhieven.

Ik wil weg, dacht ze. Ze wierp een laatste blik op het vuur en liep over het pad, waarin de sleepsporen van de schilderijen stonden geëtst, naar het huis. In de keuken propte ze wat willekeurige etenswaren in een oude rugzak, in de gang een regenjack. Nog steeds hoorde ze het hoefgetrappel. Het rommelde als een naderend onweer onder haar schedeldak. Gejaagd keek ze om zich heen, het huis keek nietszeggend terug alsof het nooit een band met haar had gehad. Huizen waren net hoeren, ze verkochten zich aan wie hen wou bezitten.

De honden! Ze stapte naar buiten en zocht met haar ogen vergeefs het grasveld af. Wat kon zij nog voor ze doen? Niets. Ze zouden zich weten te redden, iemand zou zich over hen ontfermen. Zonder haar waren ze, op de keper beschouwd, misschien wel beter af.

Ze trok de keukendeur achter zich dicht en liep om het huis heen de weg op. Zonder om te kijken liep ze in een ferme wandelpas bergopwaarts, door het kastanjebos, over de met mos en varens begroeide stenen brug. In het voorbijgaan keek ze ongeïnteresseerd naar het water dat eronderdoor bruiste, in de richting van de plek waar het allemaal begonnen was. Ze liep in een straf tempo verder, aanvankelijk in de richting van de Plomb du Cantal, maar verderop koos ze, in een opwelling, intuïtief voor de Puy Griou. Ze volgde het pad naar de top dat tussen majestueuze naaldbomen door kronkelde. Ze passeerde herkauwende gele koeien, die haar in stompzinnige overgave aanstaarden, ze wierp ongedurige blikken op de adembenemende panorama's aan weerszijden van het pad. Toen ze de top naderde werd het mistig en stak er een harde, gure wind op. Ze rilde en trok haar jack aan.

13

Op zijn vrije zaterdag begaf Bernard zich in alle vroegte naar het huis van Jeanne Bitor. Los gezien van het doel dat hem voor ogen stond was het een prettige wandeling. In de dauwdruppels op de struiken aan weerszijden van het pad glinsterde het zonlicht, de nacht loste op in een naar bladmoes geurende damp. Zelfs de steilte van het pad deerde hem niet – op een warmer moment van de dag zou hij bij zijn pogingen zijn gewicht bergopwaarts te verplaatsen als gewoonlijk te kampen hebben gekregen met ademnood en heen en weer schietende lichtflitsen die zijn blikveld doorkruisten.

Toen hij de boerderij bereikte was hij nog net zo energiek als toen hij die morgen uit zijn bed stapte. Behoedzaam, met zijn mollige voetkussentjes het geluid van zijn stappen dempend, sloop hij het erf op. De luiken aan de wegkant waren gesloten, waardoor het huis er ontoegankelijk en vijandig uitzag. Voorzichtige omtrekkende bewegingen brachten hem bij de zijkant van het huis. Voorovergebogen liep hij door hoog, verwilderd gras langs een blinde muur. Zijn hand scheerde langs een brandnetel, hij bleef staan om in de vurige plek te bijten. Hoe ging hij dit eigenlijk aanpakken? Daar had hij nog geen moment over nagedacht. Hij volgde spontaan zijn intuïtie, die hem ingaf eens bij Jeanne Bitor rond te snuffelen.

Terwijl hij daar zo stond en zijn ogen over de verwaarloosde, om een snoeimes smekende tuin liet gaan, viel zijn blik op iets roods dat half schuilging achter de bladeren van een uit zijn krachten gegroeide rozestruik. Hij bukte zich om de stekelige takken opzij te duwen. Toen hij overeind kwam hield hij een schoen in zijn hand. Peinzend bekeek hij de fragiele constructie: een dunne, hoge hak, een smal riempje voor de hiel, kwetsbaar leer. Geleidelijk schoof hier het beeld van Isabelle overheen zoals zij op de dag van haar verdwijning was gezien door Gaspard Peyrol, een beschrijving die in alle kranten had gestaan. Dit moest het schoentje zijn waarvan Peyrol zich verwonderd had afgevraagd hoe zij ermee de berg opkwam.

Bernard bukte zich opnieuw en vond in een vochtige holte achter de roos ook het tweede schoentje. Daarbij ontdekte hij een luchtrooster. Om naar binnen te kijken moest hij met zijn kolossale lichaam plat op de grond gaan liggen. Onder hem klonk het geknak van stelen. Hij bracht zijn gezicht dicht bij het rooster, maar zag daarachter niets dan duisternis. Moeizaam krabbelde hij overeind. Terwijl hij met zijn hand nadenkend over zijn schedel streek bekroop hem een gevoel van wrevel. Dit was te mooi om waar te zijn! Eén schoen kon onderweg verloren zijn, maar twee schoenen netjes naast elkaar, daar was een menselijke hand voor nodig. Het leek verdacht veel op een, misschien wel speciaal te zijner ere, met opzet gearrangeerd spoor. Belachelijk, een paar schoenen keurig in het gelid alsof ze in de etalage van een schoenenzaak stonden. Hij kon beter maken dat hij wegkwam!

Maar in plaats daarvan tilde hij de schoenen aan de riempjes op tot ooghoogte, staarde ernaar en rook eraan. Een gevoel van gemis overviel hem. Zij hadden haar lichaam gedragen. In zijn verbeelding rezen uit de schoenen haar benen op... haar billen, buik, taille... Hij hield zijn adem in: het was bijna een perverse daad, Isabelle, inclusief haar intiemste onderdelen, opnieuw te scheppen vanuit haar schoenen. Toch ging het verder omhoog, tot hij haar hele gestalte in haar duizelingwekkende bekoorlijkheid voor zich zag. Hij zette de schoentjes schielijk terug in het gras en tilde zijn bril van zijn neus om met duim en wijsvinger de rug te masseren. Daarna vervolgde hij in blinde gedrevenheid zijn tocht door het manshoge onkruid.

Bij de hoek van het huis kreeg hij vrij zicht op de uitgestrekte achtertuin, die zonder merkbare overgang in het omringende landschap opging. Hij verstarde. Midden op het grasveld stond, bij een hoog oplaaiend vuur, Jeanne Bitor. Op haar anders zo grauwe gezicht lag een roze gloed. Ze porde het vuur hoog op en schoof er twee grote, rechthoekige voorwerpen in. Dit was een totaal andere vrouw dan degene die hij in La Truite Dorée had leren kennen als een schuw, eenzelvig, vroeg-oud wezen: energiek, met een bijna mannelijke daadkracht, brak ze takken doormidden en wierp ze in het knetterende vuur. Als een bosneger tijdens een rondedans sprong ze om het vuur heen, het nu eens aan de ene kant opporrend, dan weer aan de andere kant nieuwe brandstof aanslepend. Maar ineens bleef ze staan en staarde in volledige overgave in de vlammen, alsof de vuurgod zich na langdurige smeekbeden eindelijk aan haar openbaarde.

Bernard begreep dat hij zich niet moest verliezen in deze verbazingwekkende, angstaanjagende vertoning: dit was een unieke kans Jeanne's huis te onderzoeken. Zijn ogen voortdurend op haar gericht houdend sloop hij naar de keukendeur. Tot zijn verwondering bevond hij zich even later in een keuken uit het begin van de eeuw, zoals hij zich die van zijn grootmoeder herinnerde. Een keuken met een houtfornuis, een koperen pomp, een olielamp, een bordenrek, zware smeedijzeren pannen. Waarom negeerde Jeanne Bitor de moderne gemakken? Hij liep de gang in, deed deuren open en dicht, wierp een vluchtige blik in de kamers en bekeek met lichte afschuw de schilderijenverzameling en de opgezette dieren. Er kwam een grote koelbloedigheid over hem; hij weigerde zich te laten opjagen door de gedachte dat hij ieder ogenblik bij zijn onderzoek gestoord kon worden.

Ten slotte opende hij de kelderdeur. Zonder aarzeling daalde hij de keldertrap af; halverwege viel zijn oog op het luchtrooster waar hij zijn merkwaardige vondst had gedaan. Knijpend met zijn bijziende ogen tastte hij de ruimte af. Hij zag oud tuingereedschap, weckpotten, strobalen, verroeste pannen op een plank, een verzameling oude, tegen elkaar aan leunende deuren. Hij zag Isabelle.

Hij tilde de bril van zijn neus en zette hem er weer op. Zijn mond voelde droog aan, hij slikte. De donkerte in de kelder sloot hem in, de bedompte atmosfeer drukte hem in elkaar alsof hij zich mijlendiep onder de oppervlakte van de zee bevond. Hij kon zich niet bewegen. Het was een patstelling: hij kon haar niet aanraken, maar hij kon ook niet weglopen.

Toen bewoog haar hand. Hij maakte een traag, wenkend gebaar alsof hij los van het lichaam een eigen leven was gaan leiden. Dit stille, bijna onmerkbare wenken verplaatste hem met een schok naar een met vaste tussenpozen terugkerende droom uit zijn jeugd, waarin plotseling het Mariabeeld in de kerk tot leven kwam. Het wenkte hem tersluiks met twee handen, de lippen bewogen, er woei een bries door de plooien van haar sluier en mantel. Hij was helemaal met haar alleen, in een sfeer van heimelijkheid en intimiteit.

Net als in die droom rende hij niet verschrikt weg maar deed werktuiglijk een stapje naar voren, om te tonen dat hij, in plaats van bang te zijn voor de onwerkelijkheid, gereed was voor het fantastische.

'Los... los...' klonk, nauwelijks hoorbaar alsof hij door een laag watten drong, haar stem.

Nu pas durfde hij, in de donkere holtes, haar ogen te zoeken. Ze keken niet star en glazig voor zich uit als de ogen van een dode, maar waren, uitpuilend van benauwdheid, strak op hem gericht. Opnieuw bewoog haar hand. Hij zag dat hij op de strobalen wees die naast haar op de grond lagen en daarna omhoog. Langzaam drong tot hem door wat er van hem verwacht werd. In een toestand van verdoving stapelde hij enkele balen op elkaar zodat zij haar voeten erop kon zetten. Op het moment dat haar lichaam niet langer hing maar stond, bracht zij haar handen naar de strop, rukte hem los en trok haar hoofd eruit. Even bleef ze verdwaasd en gedesoriënteerd staan. Bernard wilde iets zeggen maar kon geen woord uitbrengen. Het zinderde in zijn hoofd. Hoezeer hij ook bereid was het ongelooflijke te accepteren, hij had tijd nodig om aan deze dubbele herrijzenis uit de dood te wennen.

Isabelle haalde diep adem, kuchte, schraapte luidruchtig haar keel en masseerde met een pijnlijk vertrokken gezicht haar hals en nek. Maar ineens scheen ze zich haar situatie te herinneren en werd ze door haast bevangen. Ze bukte zich, Bernard strekte zijn armen uit om haar op te vangen, maar zij gleed op eigen kracht naar beneden. Toen stond ze vlak voor hem, precies als twintig jaar geleden nadat zij hém uit een benarde positie had bevrijd. Tijd om zich hierover te verheugen kreeg hij niet. Ze liep voor hem uit de kelder door, naar de trap toe en beduidde hem met een vinger op de lippen haar te volgen.

Verdwaasd liep hij haar achterna. Boven aan de trap bleef ze staan. Ze keek omzichtig de gang in en luisterde geconcentreerd voordat ze haar blote voet op de plavuizen zette. Op haar tenen liep ze door de gang, niet in de richting van de keuken maar in de tegenovergestelde, naar de voordeur. Die was al sinds mensenheugenis met twee zware grendels gesloten. Bernard schoof ze, met opeen geklemde lippen en een hoofd dat leek te exploderen, geruisloos open. Ze glipten naar buiten, waarna hij de deur voorzichtig sloot.

Pas toen de felle ochtendzon haar bleke huid en haar magerte onthulde, kwam Bernard geschrokken tot zichzelf. Ze zag er zo doorschijnend, zo breekbaar en uitgeteerd uit dat hij onwillekeurig moest denken aan de wezens die volgens oude sagen uit de streek in spelonken onder in de vulkanen leefden en nooit het daglicht zagen. Hij had haar als een Orpheus uit de onderwereld gehaald. Schichtig om zich heen kijkend stak Isabelle het erf over. Ze scheen zich er niet van bewust te zijn dat ze in gezelschap van Bernard niets meer te vrezen had. De angst joeg haar op. Maar toen ze het hek gepasseerd waren en zich niet langer in het schootsveld van Jeanne's huis bevonden, bleef Isabelle staan. Ze wankelde en greep met haar hand naar haar hoofd. In enkele stappen was Bernard bij haar.

'Ik geloof dat ik even... even moet liggen...' stamelde ze, zijn arm grijpend. Bernard knikte. Haar met beide handen ondersteunend leidde hij haar naar de berm, maar zij schudde heftig met haar hoofd.

'Ergens van de weg af.. zodat zij ons niet...'

Ze sloegen een smal bospad in, dat hen op een beschutte, door steeneiken omgeven plek in de zon bracht waar Isabelle krachteloos uit zijn handen gleed.

Bernard ging op gepaste afstand zitten. Verward nam hij haar in zich op, zoals ze in het gras lag als een aangeschoten bosnimf. Het was niet te bevatten dat zijn droombeeld hier bij hem was, licht beschadigd maar gezond, op een ongerijmde manier ontsnapt uit een ongerijmde situatie. Tientallen vragen tolden door zijn hoofd... het was een tantaluskwelling haar met rust te moeten laten.

Het begon warm te worden. Hij knoopte zijn overhemd los. Bij het zien van de roze pafferige huid van zijn borst, die nog nooit in contact was geweest met de huid van een vrouw, gleed zijn blik weemoedig naar Isabelle. De gescheurde bloemetjesjurk bedekte nauwelijks haar lichaam. Ze lag met gesloten ogen. Haar borst ging op en neer door de snelle ademhaling. Een vreemd, onbezonnen gevoel overviel hem. Hij kon haar aanraken! Ze lag op een meter afstand, als hij zich voorover boog... Eindelijk kon hij zijn fondanten droombeeld omzetten in werkelijkheid. Ze was nu van hem. Zonder hem zou ze gestorven zijn. Voor de buitenwereld was ze al lang dood. In zekere zin bestond ze dus niet meer...

Hij luisterde naar het geknirp van de krekels, het gejubel van een merel. Rondom zich voelde hij het gekrioel van dieren, tot dat van de allerkleinste insekten toe. Alles leefde er maar op los en liet zich niet door morele overwegingen van zijn natuurlijke bestemming afbrengen. Eén keer maar, ging het door zijn hoofd, één keer geen beschaafd, geen meelevend mens te zijn... Alles opofferen voor één keer... Het bloed steeg hem naar het hoofd. Hij verroerde zich niet. Geen enkel onderdeel van zijn lichaam maakte ook maar de geringste aanstalten. Hij luisterde naar het door zijn op hol geslagen gedachten veroorzaakte gesuis in zijn oren en deed niets. Daarna werd het heel stil in zijn hoofd en drong langzaam tot hem door dat hij ook nu weer ten prooi was gevallen aan zijn verbeelding. Zijn voorkeur voor de onwerkelijkheid had echter deze keer een schaamteloze, stuitende vorm aangenomen. Hier lag hij, weke, roze massa, stinkend naar zweet, vol weerzinwekkende fantasieën over een weerloze vrouw die ternauwernood aan de dood was ontsnapt. Hoe kon zo'n giftige vlam in zijn brein opschieten? Bij de afkeer die hij vanouds al van zichzelf had voegde zich nu walging, en angst. Weliswaar heb ik mezelf een halt toegeroepen, dacht hij, maar wat zou er gebeuren als die rem niet werkte? Waar gaat de fantasie over in werkelijkheid? Hoe kort is de brug tussen die twee? Ineens meende hij zich te kunnen voorstellen hoe anderen, met minder scrupules dan hij, in een roes die brug overstaken. Het was eigenlijk heel... eenvoudig. Waarom trad het afremmechanisme bij de een wel in werking en bij de ander niet? Was dat een kwestie van moraal... of van lafheid? Hoe kon hij ook maar een greintje vertrouwen in de mensheid hebben als hij zelfs bij zichzelf deze kiem ontdekte?

Er kwam beweging in Isabelle. Zachtjes kreunend – 'Oh... mijn nek' – richtte ze zich op tot ze op een elleboog steunde. Ze wreef met een hand over haar nek en hals waar een felrode striem aan het ruwe touw herinnerde.

'Ik... ik ben zo blij...' stotterde Bernard, 'dat ik u hier heelhuids voor me zie... Toen ik u zag... in de kelder... dacht ik... wist ik niet... ik ben zo verschrikkelijk geschrokken...'

'De honden...' Haar stem klonk hees. Als een nachtblinde kneep ze haar ogen dicht tegen het zonlicht. 'Het... het is mislukt door de honden.'

'Honden?'

'De honden van... van... háár honden...' Isabelle wees met haar hoofd. De beweging ontlokte haar tegelijkertijd een kreet van pijn. 'De honden gooiden de strobalen om waar ik na afloop op moest stappen...'

'Na afloop... waarvan?'

Ze greep naar haar keel en rochelde. Rood aanlopend begon ze te hoesten, een rauwe hoest waarbij haar hele lichaam zich kromde. 'Ik... ik zal het u vertellen,' zei ze, tussen twee uithalen naar adem happend.

Bernard keek machteloos toe. 'U hoeft niets te zeggen hoor...'

'Maar ik... ik wil erover praten,' hoestte ze opstandig, 'ik... ik moet het kwijt.' Met moeite bedwong ze haar hoest. 'Na de truc met de strop,' zei ze schor, 'moest ik op de strobalen gaan staan. Ik... ik heb eens meegespeeld in een film over de kettervervolging in de late middeleeuwen. Daarin werd ik opgehangen door de inquisitie. Ze gebruikten geen pop, ik werd echt opgehangen. Ze vlochten het touw rond een ring van ijzerdraad zodat ik eigenlijk op mijn kaak hing. Het is... een naar gevoel omdat je keel toch een beetje wordt dichtgeknepen... maar het gaat... het moet alleen niet te lang duren.'

Voor het eerst keek ze Bernard aan. Het was, ondanks de miserabele conditie waarin ze verkeerde, dezelfde heldere, vastberaden blik die hij zich van lang geleden herinnerde.

'Tussen het oud roest in de kelder vond ik een stuk ijzerdraad en een touw,' zei ze, 'zo kwam ik op het idee.'

'Maar wat wilde u ermee bereiken?' vroeg Bernard.

Isabelle streek haar haar naar achteren. 'Ik heb eens een boek gelezen over een Chinees die op een spitsvondige manier uit de gevangenis ontsnapte. Hij zat opgesloten in een smalle, hoge cel. Vlak voordat zijn eten zou worden gebracht, spande hij zijn lichaam tussen twee tegenover elkaar staande muren en bewoog zich zo, zijn voeten tegen de ene muur, zijn handen tegen de andere, langzaam omhoog totdat hij het plafond bereikte. Toen de bewaker zijn cel leeg aantrof rende hij verbijsterd naar buiten om de ontsnapping te rapporteren. De deur liet hij open. In de tussentijd sprong de Chinees naar beneden en smeerde 'm.'

Ze zuchtte en trok met een korte, felle ruk een polletje gras uit de grond. 'Ik hoopte dat, als ik mezelf ophing, dit hetzelfde effect zou hebben op Jeanne. Het ging ook precies zoals ik gedacht had... behalve dan... die honden...'

Bernard hoorde haar met open mond aan. De inventiviteit en daadkracht van Isabelle, tot voor kort in zijn bloedarmoedige verbeelding niet meer dan een passieve engel, imponeerden hem.

'Als u er niet was geweest...' Haar stem stokte. 'Hoe... hebt u mij gevonden?'

Bernard begon, hakkelend van verlegenheid, bij de rode schoentjes die zij al in het begin van haar gevangenschap tussen de tralies door bleek te hebben geschoven in de hoop dat ze door een voorbijganger zouden worden opgemerkt. Vanuit de schoentjes ging hij, op haar aandringen, stapsgewijs terug in de tijd. Hij vertelde over zijn raadselachtige aanvaring met Jeanne Bitor, in La Truite Dorée, en zijn gesprek met Odile Sévérac. Hij legde uit waarom hij, toen anderen hun pogingen om Isabelle te vinden al lang hadden gestaakt, tegen beter weten in vol was blijven houden. Zo belandde hij vanzelf bij de bron van zijn verering voor haar: die namiddag in een zonovergoten verleden, toen zij hem had ontzet uit de ton.

Na dit relaas, dat gaandeweg het karakter kreeg van een biecht, zweeg hij vermoeid. Gespannen keek hij Isabelle aan. Dit was het uur u: hij had zijn intiemste beweegredenen blootgelegd.

In gedachten verzonken staarde ze voor zich uit. 'Die avond met Jeanne,' zei ze, ineens opverend, 'toen ze dat bierglas kapotkneep, wanneer was dat precies?'

'Eh... eergisteren...'

Isabelle knikte langzaam. 'Dan begrijp ik 't.'

'Wat... wat begrijpt u?'

'De plotselinge verandering in haar gedrag. Daarvoor... ging het juist de goede kant op. De dooi was ingetreden tussen ons, zou je kunnen zeggen. Maar gisteren... was ze ineens weer zo hard en afstandelijk... zo bezeten... Daarom... mijn noodsprong. Ik hield 't niet langer vol... ik was óp...'

Bernards ongeduld om te weten wat er zich had afgespeeld,

won het van zijn teleurstelling over het feit dat Isabelle met geen woord inging op zijn bekentenis: 'Maar... hoe kon dit allemaal gebeuren?'

Ze keek hem aarzelend aan, alsof ze zijn incasseringsvermogen inschatte. 'U zult me niet geloven,' zuchtte ze. Maar onmiddellijk daarna liet ze haar voorbehoud varen en begon koortsachtig te vertellen. Gejaagd – het leek of Jeanne alsnog ieder ogenblik tussenbeide zou kunnen komen om haar het spreken te beletten – stortte ze de geschiedenis van haar gevangenschap over hem uit. In de felheid waarmee ze sprak zag hij de weerslag van de angst en wanhoop die ze had doorstaan en die nu, als vanzelf, op hem oversloegen.

Hij kromp in elkaar. Het was zo luguber, zo onbegrijpelijk! Het kwam hem voor als een bizar sprookje, in plaats van iets dat in de werkelijkheid had plaatsgevonden. Hij kende Jeanne Bitor... zoals dorpsbewoners elkaar kennen. Zot maar ongevaarlijk, was hij altijd van oordeel geweest, en een beetje zielig. Hoe kon zij zo iets beramen... ten uitvoer brengen... en dan 's avonds met een uitgestreken gezicht in La Truite Dorée staan. Avond aan avond had hij vis à vis tegenover de ontvoerster van Isabelle gezeten terwijl hij, in zijn vertwijfeling, links en rechts gesprekken aanknoopte met de stamgasten, in de hoop dat die misschien...

Een intense woede stak de kop op. Dat een mens zo iets met een ander mens kon uithalen! Naarmate Isabelle vorderde met haar verhaal en meer stuitende details invoegde, nam zijn boosheid steeds heviger vormen aan. Nooit eerder had hij zo'n verzengende emotie gekend. Hij was altijd de tolerantie zelf geweest, beschikte over een groot inlevingsvermogen, ook als mensen zich misdroegen. De jongens die hem in een ton hadden gestopt – hij had ze niet gehaat, ze hadden hem alleen diep gekwetst en ontgoocheld achtergelaten. Uit onbekendheid met zulke extreme gevoelens voelde hij zich misselijk. Hij had Isabelle een halt willen toeroepen maar zij liep helemaal leeg, zoveel opgekropte doodsangst spuiend dat haar magere lichaam door het geweld leek te zullen breken.

'Nooit eerder in mijn leven,' zei ze ademloos, 'hing er zoveel af van mijn acteertalent. En dan moest ik ook nog mijn eigen tekst verzinnen. Alle registers met clichés over het leven van een filmster heb ik opengetrokken... De biografie van Marilyn Monroe heb ik gebruikt... Ik heb er maar wat op los gefantaseerd... Maar het werkte! Als ik nog een paar dagen de tijd had gehad dan had ik zo weg kunnen wandelen. We dronken samen wijn onder de appelboom... ik zou de slaapkamer van haar vader krijgen!'

'Deze vrouw,' onderbrak Bernard haar ten slotte met een van kwaadheid verstikte stem, 'zal zich hiervoor moeten verantwoorden.'

Op slag viel Isabelle stil. De stortvloed van woorden had een abrupt eind gevonden. Het was of haar oren, als die van een haas die onraad ruikt, recht overeind gingen staan. 'Hoe bedoelt u?'

'Ze zullen haar voor de rechter slepen.'

Isabelle schudde haar hoofd. 'Ze moeten haar met rust laten,' zei ze zacht.

'Maar...' Bernard vergat helemaal wie hij voor zich had. 'Hoe kunt u zo iets zeggen! Zij moet toch gestraft worden!'

'Nee!'

'Maar...'

'Ik heb nog nooit iemand ontmoet,' zei Isabelle, ineens merkwaardig rustig en beheerst, 'die zo... ongelukkig is. Ik heb me ook nooit gerealiseerd dat een vrouw zozeer het slachtoffer kan worden van haar uiterlijk... van haar lelijkheid...'

'Maar lelijkheid is toch geen excuus!' riep Bernard uit. 'Ieder mens vindt beproevingen op zijn weg. De een verhardt erdoor, de ander wordt erdoor gelouterd. Onaantrekkelijke mensen kunnen hun lelijkheid compenseren... met buitengewone vriendelijkheid, of geestigheid, of door... ik noem maar iets... prachtig piano te spelen. Dan ziet men de lelijkheid niet meer en kan zij zelfs... als het ware... een verdienste worden. Er is geen enkel excuus voor om iemand die door de natuur gelukkiger bedeeld is, daarvoor te laten boeten. Stel je voor, om die reden zou de ene helft van de mensheid de andere helft kunnen uitroeien!'

Na deze eruptie was hij buiten adem. Hijgend veegde hij met de achterkant van zijn mouw het zweet van zijn gezicht.

'U kent haar niet,' zei Isabelle kalm. 'Ik zou niet willen dat haar nog meer ellende overkwam. Het leven straft haar al genoeg.'

'Ik begrijp u niet, na alles wat ze u heeft aangedaan.' Iets van de woede die Bernard voor Jeanne Bitor voelde sprong nu over op Isabelle. Hij ergerde zich aan het gebrek aan rechtvaardigheid dat hij bij haar constateerde, aan haar eigenwijsheid, haar ondankbaarheid. Waartoe had zijn ellenlange speurtocht, zijn hardnekkige volharding, gediend, als degene die de oorzaak was van alle ellende vrijuit ging? Hij voelde zich versmaad: Isabelle had meer op met de vrouw die haar bijna vermoord had dan met hem, haar redder. Hij was teleurgesteld... diep teleurgesteld... Ineens wist hij zich geen raad meer met haar... met zichzelf...

'Zullen we... zullen we dan nu de... confrontatie met de bewoonde wereld maar aangaan,' stotterde hij, moeizaam overeind krabbelend.

'Ik zie er erg tegen op,' zuchtte Isabelle, de laatste flarden zomerjurk gladstrijkend, 'maar als het dan toch moet, dan maar liever nu meteen.'

14

De nazomer was prachtig. De dagen begonnen met een laaghangende nevel waar de bergtoppen, alsof ze deel uitmaakten van een andere wereld, boven zweefden. In de bossen werden kastanjes geplukt om in Parijs op de hoeken van de boulevards door Noordafrikanen te worden gepoft.

In de tuin van Bernard bloeiden de dahlia's. Hij plukte grote boeketten en zette ze in kristallen vazen–niet langer aan weerszijden van het portret van Isabelle, maar op tafel en op het buffet. Het portret had hij in een la geschoven, te midden van oude foto's en vergeelde kranteartikelen.

De ban was verbroken. Sinds hij haar had leren kennen als een vrouw van vlees en bloed, was de betovering opgelost als mist in de ochtendzon. Hij wist niet wat hierbij de doorslag had gegeven: het feit dat zij zelfs in de grootste nabijheid onbereikbaar was gebleken, haar negatie van zijn liefde of haar onredelijke stellingname voor Jeanne Bitor. Nog steeds voelde hij medelijden als hij eraan dacht wat zij had moeten doorstaan, nog steeds had hij bewondering voor haar zelfbeheersing en vindingrijkheid in barre omstandigheden, maar de mateloze verering die hem zoveel jaren had geïnspireerd was verdwenen. Een grote leegte was ervoor in de plaats gekomen.

Hoewel hij zichzelf voorhield dat nu de tijd gekomen was om tot de alledaagse werkelijkheid terug te keren en daarmee tevreden te zijn, had hij elke morgen bij het opstaan te kampen met een verlammend gebrek aan motivatie.

De familie Amable vereerde hem als een held. Ze gaf een diner te zijner ere waaraan naast Isabelle, haar verloofde, haar producer en de burgemeester van het dorp, ook de commissaris van politie aanzat, die alles in het werk stelde om de ontvoerster van hun dochter te vinden. Op een slinkse manier had de familie Bernards passie voor Schubert ontdekt. Op een ochtend liet zij hem alle symfonieën, sonates, impromptu's en liederen bezorgen, uitgevoerd door de beroemdste orkesten, dirigenten, solisten. Het pakket ging vergezeld van een brief met de verontschuldiging dat er geen geschenk denkbaar was ter waarde van het leven van hun dochter.

Isabelle was binnen enkele weken weer op haar oude gewicht. Toonaangevende bladen interviewden haar. Tot ieders verbazing wierp zij zich telkens op als pleitbezorgster van Jeanne Bitor. Psychologen noemden het een veelvoorkomend bijverschijnsel van gijzelingen en ontvoeringen dat het slachtoffer sympathie kreeg voor – en soms zelfs gehersenspoeld werd door – de dader. Bernard weigerde zich te laten interviewen. De gretigheid waarmee de pers met de geschiedenis aan de haal ging, wekte zijn afkeer. Het gerucht dat de gebeurtenissen zelfs zouden worden verfilmd, met Isabelle in de hoofdrol, werd onmiddellijk ontzenuwd: zij zou geweigerd hebben alles nog eens te moeten doormaken.

Jeanne Bitor werd niet gevonden. Het volledige politieapparaat kamde, drijvend op de bij de vorige verdwijning opgedane ervaring, vergeefs het gebied uit. De honden, die rond de boerderij zwierven, werden gevangen genomen en afgemaakt omdat niemand ze wilde hebben. Daarna werd de boerderij dichtgetimmerd en geconfisqueerd. De dorpelingen misten Jeanne niet. In het begin sprak men met afschuw en schaamte over haar: zij was geen reclame voor het dorp, of de streek. Haar afwezigheid werd eigenlijk nauwelijks opgemerkt, zoals vroeger haar aanwezigheid iedereen was ontgaan. Men vergat haar zo snel mogelijk.

Toen de autoriteiten officieel verklaarden dat zij de hoop Jeanne terug te vinden hadden opgegeven, nam Bernard opnieuw in alle stilte het speurwerk van hen over. Het rondzwerven in de bergen, telkens weer het logge lijf tegen de berghellingen opzeulen, de ademnood, het zweten–het bleek allemaal een noodzakelijk onderdeel van een ritueel ter bezwering van de eenzaamheid.

Op een onverklaarbare manier had, gedurende een periode van diepe neerslachtigheid, Jeanne Bitor zich in het middelpunt van zijn bewustzijn genesteld. Dit was een revolutionaire omwenteling, een omverwerping van zijn hele normen- en waardenstelsel. De koningin van de dag had haar troon afgestaan aan de koningin van de nacht. Het leek of Isabelle het estafettestokje aan Jeanne had doorgegeven. De geschiedenis begon en eindigde met een verdwijning, een gegeven dat bijna even onverdraaglijk was als het mysterie van het leven zelf dat begint en eindigt op hetzelfde punt: het niet bestaan. Een slang die zichzelf in de staart bijt en verslindt.

Hij kon het niet verkroppen dat Jeanne's stille aanwezigheid achter de tapkast, avond aan avond, voor hem nooit aanleiding was geweest haar beter te leren kennen. Hij had tegenover een uitzonderlijke vrouw gezeten en wist het niet. Zijn belangstelling had niets te maken met de banale, algemeen-menselijke nieuwsgierigheid naar het zieleleven van misdadigers. Bernard werd gedreven door een fascinatie: zoals hij in Isabelle het goede en het schone had aanbeden, zo meende hij, afgaand op de kiem van onmenselijkheid die hij bij zichzelf had ontdekt, in Jeanne het kwade en het lelijke te herkennen. Wie was zij? Zijn oorspronkelijke woede en wraakzucht waren volledig ondergeschikt geworden aan deze tergende vraag.

Telkens als hij in gedachten haar lange, gekromde gestalte door de bergen zag zwerven, rusteloos van top naar top, pakte hij zijn broodtrommel en toog op onderzoek uit. Als hij aan het eind van de dag onverrichter zake was teruggekeerd, luisterde hij het liefst naar Schuberts Unvollendete, daaruit troost puttend voor het feit dat ook de kwestie Jeanne Bitor, door haar verdwijning, onvoltooid was.

Amsterdam, 30 november 1988–2 juni 1989

Verantwoording

De eerste druk van *De meisjes van de suikerwerkfabriek* verscheen in 1983 bij De Arbeiderspers, in april 1991 verscheen de zeventiende druk. 'De vuurdoop' verscheen eerder in de verhalenbundel *26 Nieuwe verhalen* die in 1984 door De Arbeiderspers werd uitgebracht. *Het rookoffer* werd in het kader van de boekenweek van dat jaar in 1987 door De Arbeiderspers geproduceerd voor de Stichting Collectieve Propaganda van het Nederlandse Boek. Het boek verscheen in maart 1992 als uitgave van De Arbeiderspers. *Het mirakel van de hond* verscheen in 1988 in licht gewijzigde vorm bij Uitgeverij De Geus in Breda. De roman *Isabelle* ten slotte verscheen in 1989 bij De Arbeiderspers, in maart 1994 verscheen de tiende druk.

De citaten in *Het rookoffer* uit Colette's *Chéri* en Sartre's *De eerbiedige lichtekooi* zijn ontleend aan de vertaling van deze werken van respectievelijk Greetje van den Bergh (Em. Querido's Uitgeverij, Amsterdam) en Anna Koopman en Jan Teulings (De Bezige Bij, Amsterdam). De citaten uit het chanson 'Au suivant!' van Jacques Brel zijn ontleend aan de vertaling daarvan 'En wie volgt!' van Ernst van Altena, opgenomen in de bundel *Van Apollinaire tot Wedekind* (Agathon, Bussum).